U0084430

網際時代的
台灣民族運動 *2.0*
Taiwanese National Movement 2.0 in the Cyber Era

劉重義 著

謹以本書紀念

所有「二二八民族屠殺」的台灣人受難者

盼望「台灣之春」的來臨

　　劉重義教授傳給我，他的新著作《網際時代的台灣民族運動2.0》，請我寫一推薦短文。我有感於他的認真執著於台灣民族運動，經常看到他發表的文章介紹世界各國特別是弱小民族革命成功的案例，尤其是在茉莉花革命阿拉伯之春來臨之後，透過網際網路的資訊媒介，大量年輕人迅速的覺醒參與民主、自由、人權的活動，爭取民族的尊嚴與社會的變革，我相信，他內心對台灣民族運動的未來一定也更熱切的盼望著「台灣之春」早日來臨。現在他有條理系統地貫注成書，我很樂於向讀者推薦，希望有更多關心台灣人命運和台灣未來的朋友，能從本書得到更多的啓發和更大的勇氣、激發台灣民族運動的熱能，也早日促使「台灣之春」的花朵綻放在苦難的美麗島——福爾摩沙的大地！

　　台灣人由於歷史、地理的因素，飽受外來政權和民族摧殘，以致台灣民族意識的覺醒較慢，也較欠缺建立台灣國家的信心。但是進入二十一世紀的今天，自由、民主、人權的種子已深入全世界人心，而民族的尊嚴與獨立主權國家的建立，也是人類共同的價值，做為台灣人，天經地義在台灣土地上建立自己的自由民主國家、保障台灣人民的權益和民族

的尊嚴、追求台灣社會的公平繁榮、創造台灣文化的進步貢
獻於人類的和平，這是每個台灣人的基本價值，也是台灣民
族的共同目標。

　我很希望劉重義教授在本書中所介紹的，世界上受到迫害
的弱小民族如何爭取自由、民主和人權，建立主權獨立國家
的經驗，可以給我們更大的鼓舞；我也盼望台灣的大學生、
年輕人以及已經覺醒的知識份子，善用現代科技文明的網際
網路，傳播共同的理想喚起更多台灣人的熱情和信心，讓台
灣民族運動早日點燃「台灣之春」的火把，照亮台灣社會黑
暗憂鬱的角落，使台灣人建立新國家的目標早日實現，這是
我推薦本書的最大盼望，也是我這一輩子最希望看到能夠實
現的理想。

陳永興 醫師

2013年2月28日

寫於羅東聖母醫院

推薦序二

覓出一條新興國家的康莊大道

　　劉重義博士自2005年回台灣之後所發表的《常識——台灣民族獨立革命》，以及和李逢春博士合著的《革命運動研究》，都是幫助推展台灣民族運動很實用的著作。如今，又完成《網際時代的台灣民族運動2.0》，是一本結合人文科學、社會科學與自然科學的力作，為台灣民族運動灌注了新的思維與能量。

　　劉博士早年到美國留學，擁有數學博士及電腦資訊科學碩士學位。畢業後應聘到華府地區的喬治梅遜大學(George Mason University)數學系擔任助理教授，並協助該校發展當時亟待籌辦的電腦資訊科學系。

　　1979年劉博士轉入資訊業界服務，參與美國國防部衛星追蹤與資訊傳遞系統(TDRSS)的建置計畫。1981年應聘到一位雷根總統的科技顧問所開設的私人公司，五年間，為華爾街的美國股票交易所(American Stock Exchange)發展並建置了初始三代的股票交易處理網路。電腦網路對美國股市的重要性，讀者若看本書第一章第1.3.4節：〈電腦網路造成黑色星期一〉，

便能夠有深刻的印象。

其後，劉博士又在公司內負責發展大型電話交換機的營運自動控制。在1980年代，電話網路和電腦網路這兩個互不相干的獨立系統正逐漸融合，傳統的電話線路界接開始採用軟體控制，創造了許多新穎的電話通訊功能。在那個電腦科技飛躍的時代，大企業和大機構的電話網路部門和電腦網路部門之間的溝通互動，顯然難以跟上急速變動的運作環境，劉博士卻能在極為複雜的情況下，完成跨此兩部門的電話網路營運自動控制系統。

嗣後，劉博士在1990年應聘到國際人造衛星通訊公司(INTELSAT)，負責翻新整個人造衛星控制及營運中心的電腦運作系統。當時的新技術如微軟的視窗工作環境、專家系統以及網際網路等，都在劉博士手裡引進控制中心，淘汰了老舊而且低效率的過時硬體、作業系統及業務流程，對INTELSAT衛星業務控制中心作了大革命。

在那個時代，據說，劉博士是絕無僅有能夠橫跨電腦網路、電話網路和衛星網路三個通訊領域的工程師。據劉博士自述，在其業界服務的20幾年間，曾經面臨三個非常艱鉅的技術難題，最終都是先觀察當時相關的實際運作環境，建立一個具風險管理的實踐理念，使問題簡化到可以掌握的情境，然後才大膽應用系統工程技術去解決問題。過去幾年來，努力推動本土社團的集體性活動以及本書的出版，可以看出劉博士正在試圖解決台灣獨立建國這個大問題。

劉博士從留學生時代就積極參與台灣獨立運動，回台灣之

後，在「國家實驗研究院」的「科技政策研究與資訊中心」服務，涉入先進國家政策的制定與執行技術，同時也在台灣科技大學教授資訊科學課程。由其在資訊化社會的專業素養以及在台灣獨立運動的實質經驗來談網際時代的台灣前途，是最恰當不過的。

這本書告訴我們網際時代的來臨，電腦網路已經由有線網路發展到無線網路，創造了一個無所不在的網際空間。所謂的「網際」，依我個人粗淺的看法，如同國與國之間的交流稱作國際，而網際則是透過網路的交通，資訊傳播迅速，促成全世界區域與區域、人與人之間距離縮短，構成「人類社會新的活動空間」，它是「資訊化社會」所開拓出來的新領域。人類社會經由農業社會進入工業社會，更進一步達到資訊化社會。這樣的時代被稱作「網際時代」。

在網際時代，世界上某一時間、某一地點發生事情，很快會波及到其他地域，像近幾年的金融風暴和市場萎縮，其效應非常明顯。台灣人對影響財富與生計的經濟脈動很敏感，但對於會影響子孫，甚至整個台灣民族的政治，尤其是國際政治，有相當一部分人卻犯了冷感症。但是，國際上的政治變化與革命已經隨著網際時代的發展，有形或無形的影響全球每一個角落，台灣當然不能例外。所以，2011年發生的茉莉花革命，以及其後阿拉伯之春一系列的革命，已經使專制政權忐忑不安。

本書第一章，明確指出這種革命方式與過去的革命方式有顯著的不同，稱為革命2.0。換句話說，革命2.0是網際時代

新出現的革命方式，是當代的或稱作同時代(contemporary)的變革模式，與過去歷史家定義的近代(modern)的革命模式不同。個人認為最可貴的是，劉博士將「同時代」的政治運動或革命運動很有系統的一一陳述，並指出其應用新科技的特殊性。這樣有系統的探討革命2.0可以說是首見的，目前似乎尚無其他著作有接近的完整論述。

不僅如此，劉博士長期研究革命運動理論，也關注中國近百年的民族革命和社會現狀，對目前中國政權在面臨網際時代的革命恐慌，必須花費龐大預算與人力來防範資訊衝擊這議題，有深入的敘述。

然而劉博士始終最關心的問題是落實在台灣民族運動本身。本書第二章對台灣歷史文化作了有趣的回顧，更從台灣因為特殊的國際化地位，帶動了台灣社會的近代化發展，而塑造出合乎近代學者所定義的台灣民族，確立了台灣獨立建國的堅實理念基礎。劉博士在第三章對「近代」的台灣民族運動1.0做了嚴謹的批判，認定運動的衰退是出自領導菁英的理念混亂，第四章則鋪陳「同時代」的台灣民族運動2.0的理念與行動策略，指出群眾可以自己領導運動。全書值得細讀與重視。

目前台灣面臨外來政權的劣政，列強姑息，甚至有「棄台論」出現。而中國霸權侵略主義覬覦台灣，美其名為「祖國統一」，實際上已經計劃以台灣為爭奪太平洋海權的基地。若讓其得逞，連我們的子孫都將被人充當砲灰，永劫難逃。我等應為台灣前途深思，覓出一條新興國家的康莊大道。如

今，劉博士有此心意為台灣籌謀，提出此著作供大家參考，
故樂為之推薦。

台灣大學名譽教授
鄭欽仁謹識
2013年2月28日

對於《網際時代的台灣民族運動2.0》的思考

1980年代在美國唸書的台灣人，多半看過劉重義、李逢春、陳志清，以及林泰源等人合著的《風起雲湧──海外台灣獨立建國運動》。三十年後，大家都回到台灣，還是堅持原來的目標，只不過，大環境與當年留學時候的想像不同，因此，在策略上必須改弦更張，這是劉重義在這本書的基本主張。

在海外的獨立運動推動者，對於「台灣民族主義」(Taiwan Nationalism)多少有點保留，可能源自過去聯考被迫死背三民主義有關，只有日本早稻田畢業的史明高舉民族主義大旗，而同樣是留日的黃昭堂則將nationalism譯為「那想那利斯文」，似乎有所避諱。劉重義是理工出身，卻是願意正面看待，甚至於推動，知識與智慧不說，光是這一點就相當有勇氣。

一個產品會有2.0版出現，相當程度是必須推陳出新，在市場才有競爭力。當然，除了表示有創新的能力，也表示承認自身面對勁敵的挑戰，為了生存，不得不正面迎戰，因

此，也顯示有相當的使命感及自信心，不願意吃老本，或是靠一個專利苟延殘喘。話又說回來，新的機型是否真的比較好用，還是要由市場來決定。

由於作者不是政治學科班出身，可以不受學術的行話羈絆，又可以發揮科技界的實用精神，讓一般人讀來比較能融會貫通。另一個特點是，與一些從事運動的人不同，作者把自己定位為務實的傳播者，因此，不會以盛氣凌人而教條的方式來傳福音，讀者不會因為相形見絀，或是因為有壓迫感而有所抗拒。

Benedict Anderson 在他著名的《想像的共同體》(*Imagined Communities: Reflections on the Origin and Spread of Nationalism*, rev. ed. 1991) 中提到，民族主義有一項有利的條件，就是現代印刷術的發明，讓沒有面對面的人們可以培養休戚與共的關係。劉重義在這裡則強調，網際世界可以快速塑造集體認同感，這是推動台灣民族運動相當有利的契機。

既然是2.0，就不可能抽刀斷水、企圖跟過去的發展完全切割，因此，劉重義以相當的篇幅，重新回顧台灣民族的形成以及台灣民族運動的發展。不過，他必須對於台灣民族運動1.0有所針砭，才能合理化改版的正當性。他認為，台灣民族運動之所以未竟全功，有下列因素：台灣人菁英仍然受到中國意識羈絆、美國並未全力支持，以及台灣人內部的相互拉扯。

然而，他以為關鍵的因素，在於領導者的運動策略錯誤，「急於分贓些微成果所帶來的權利及利益」，以至於台灣民

族運動被中華民國體制所吸納。具體而言，就是獨立運動與民主運動的關係未能釐清。在1990年代，台獨聯盟紛紛翻牆回家，本來島內與海外分進合擊的關係，一夕之間被分化為土獨與洋獨的齟齬，進而又簡化為獨立與民主何者優先的路線爭執，終於兩敗俱傷。

　　原本是台灣獨立運動的前鋒，一旦被請上神桌當三公，再多的「晚年無奈」，殷切期待中，卻擺脫不了「顯然缺乏信心」。劉重義光是點出這一點，就相當勇敢，這是本書的最大貢獻。如果自知一群獅子被一隻綿羊帶久了也會變成綿羊，為何還要堅持這樣？為何不讓一頭獅子把一群綿羊通通訓練成獅子？我們當然不能允許歷史一再重演！

東華大學民族發展暨
社會工作學系教授

施正鋒

2013年2月28日

自序

　　本書是在2011年茉莉花革命和埃及革命較穩定之後開始動筆的。動筆的原因：第一是因為筆者的專業恰好經歷電腦科技網路化與個人化的發展過程，也在網際網路民營化之後，不斷注意並追蹤這個資通訊科技潮流對人類社會造成的衝擊；第二是因為筆者在台灣民族運動除了長期實際的參與，也特別專注研究革命運動的理論；特別是第三，因為2011年許多台灣人渴望變天，希望能阻止馬英九繼續把台灣推向中國，使台灣能免於被中共併吞的危險。但2012年「總統、立法委員」的選舉結果不如預期，許多台灣社會菁英怪東怪西，不知自我檢討，更讓筆者決心完成本書。因此，利用許多演講與政治運動之餘的時間，盡自己的心力在長達近20個月把本書完成，希望能藉此推展台灣民族運動2.0的思想與行動，使台灣民族解放運動回歸正軌。

　　台灣人渴望變天只是權宜性的想法，台灣人真正期待的是出頭天。幾萬年來，先後來到台灣的移民及其後裔，挑戰台灣的生存條件，共同創造台灣在地的生活經驗。從出現較完

整的文字記載開始，荷蘭殖民統治時代的「反紅毛仔」，清朝殖民統治時代的「反唐山」，台灣民主國時代村庄民眾的「抗日游擊戰」，日本殖民時代的初期武裝反抗到其後的現代民族解放運動，中國黨政權殖民統治下的二二八大革命以及接連不斷迄今的民族、民主鬥爭，都是台灣民族不甘屈服於外來殖民統治、追求當家作主的具體行動。

台灣的地理環境，為台灣民族在人類的遷徙和文明的流動提供了豐富而且特殊的歷史材料，台灣社會從海洋交通吸收、發展出在東亞領先的科技文明，並且與時俱進跟上西方國家的進步思潮，充實了台灣民族的內涵，不分族群與血緣，凝聚了共同的政治命運，分享共同的經濟利益與文化價值。然而，附著在現代台灣民族意識的中國情結一直到二二八民族屠殺之後，才用先賢噴灑的血淚澈底將它沖刷掉，之後，終於確立了近代追求獨立建國的台灣民族運動。

在外來政權的剝削與壓迫下，近400年有歷史記載的反抗者，都為自己招來劫難，甚至還連累家人蒙受殘酷的迫害。這些悲慘的記憶和經驗，使許多台灣社會菁英普遍認命當順民、奴才自保，只敢在台灣人當中爭奴隸工頭地位以滿足個人的成就感，不敢高舉台灣民族主義，揭發赤藍權貴的外來本質，挺身參與驅逐赤藍的民族鬥爭，因為深怕受到權力的迫害，重踏先賢烈士的厄運。極為諷刺的畫面是：許多被「中華民國」體制踐踏的台灣社會菁英，反而變成「中華民國」民族壓迫體制的護航者。台灣社會菁英這樣的舉動，正應翁山蘇姬之言「因為害怕受到權力的迫害而沉淪腐化」，

甚至精神錯亂，也正是心理學所講的「斯德哥爾摩症」引發的病態行為。

　　現代台灣民族運動由萌芽、奮發而興盛，台灣人甚至得以任「總統」，取得極為有利的民族解放戰略位置。但台灣人的領導者卻在錯亂的建國理念下，企圖經由承認「中華民國」流亡政府在台灣具有統治的合法性，來硬拗「台灣已經是主權獨立的國家」。結果，民族運動被「中華民國」邪惡體制吸納，不但失去革命的理想與激情，而且國際社會更有理由認定「台灣是中國暫時分裂的領土」。台灣民族運動從此轉而趨向衰微，赤裸裸的現實是：不僅台灣人不能當家作主，反而陷台灣於更危險的境地。本書將陷溺於此錯誤理念的運動階段定義為台灣民族運動1.0。

　　台灣民族運動1.0帶來的危機是：在政治上，赤藍權貴加緊把台灣鎖進中國，在國際社會製造台灣屬於中國的「事實」，換取中共統治階級的支持，幫他們撐腰打擊台灣民族運動，以維護其非法占有的政經社會優勢地位；在經濟上，赤藍權貴加緊剝削、壓榨台灣人，一方面囤積個人財富自肥，另一方面使台灣人陷入生活困境，汲汲顧三餐而無暇關心或參與公共事務；在社會上，赤藍權貴加緊推動「赤藍化」，藉教育和媒體優勢製造「統一遠景」，一方面向中共統治階級輸誠，另一方面則侵蝕台灣民族意識和爭取獨立的信心，模糊民族壓迫的社會矛盾。

　　事實上，台灣社會普遍自然地接受台灣民族主義，但是相當多數的社會菁英受赤藍毒化教育的影響而無知地排斥它。

因此，台灣民族運動如果要回歸正確的鬥爭理念與行動方法，台灣人就必須突破傳統的思維，群眾必須堅決起來自己領導民族運動。網際空間所孕育的革命2.0環境正好帶來了成功的契機。

本書的第一章，從資通訊科技環境的發展及其對社會的影響來介紹革命2.0這個經過成功驗證的新概念；而第二章則以現代的語言與思想來解釋民族主義和它的功能，並以科學的論證啟發台灣民族意識；第三章檢討台灣民族運動1.0的興衰並論述其衰退的主要原因；第四章則為台灣民族運動2.0鋪設在現實國際環境下推展運動的理論基礎。有些讀者可能對「赤藍人」這個名詞覺得生疏，它在第二章有清楚的定義和解釋，基本上是指堅持自己仍是「中國人」的「外省人」。

現代的先進國家都以自由、民主和人權為民族發展的核心價值，透過公共媒體來強化民族認同和國家意識，透過推動經濟進步來提升人民的生活水準，同時還兼顧優質環境、社會公平福利以及國土的永續發展。台灣社會居於吸收全球資訊的有利位置，因此，台灣人對進步社會有相當的瞭解和嚮往。網際空間是一個能夠讓群眾大規模參與的環境，一個已經證明能夠匯聚驚人的群眾智慧的環境，一個充滿創新機會的環境。台灣民族運動2.0必須活用網際空間的新環境，糾正在1.0時代所犯的錯誤，堅持台灣民族所追求的目標與價值，重新塑造咱福爾摩沙美麗島。

筆者要感謝著名的歷史學者鄭欽仁教授，容許本書大量取

用他對「中華民族」的研究成果並且還為本書寫推薦序，也
要感謝熟悉國際事務的蔡武雄教授，提供許多涉及台美人在
美國國會的朋友的資訊，更要感謝無悔地服務台灣社會的陳
永興醫師百忙中撥空為本書寫推薦序，以及感謝廣泛著作論
述台灣民族運動的施正鋒教授為本書寫評論。最後也要感謝
許多好友提供在各地拍攝的照片與畫作給本書使用，讓內容
更活潑生動。

劉重義

2013年2月28日
於台北大直

目錄

第三章｜台灣民族運動1.0

第一章

革命2.0撼動天地

1.1 通訊傳播科技帶動人民革命

　　20世紀的人類社會有一個非常重要的特徵,即通訊傳播科技不斷創新精進。在個人通訊方面有電話、傳真、電子郵件、即時通訊(instant message)和手機,方便地促進了人與人之間的溝通和瞭解,而不再受地理上的距離與時差之限制,也不僅限於個人對個人,而是可以個人同時對許多人。在大眾傳播有無線電廣播、擴音器、電視和網際網路(Internet)上的資訊網站(website)及社交媒體(social media),把在地的公共議題和其他地區的資訊快速、有效地傳播給群眾。

　　這種通訊和傳播系統的發展,使世界各地消息的來往和價值觀念的交換變得迅速且頻繁,帶動了各形各色的團體興起政治或社會運動,要求改革或反抗其統治者,因為這些團體發覺,他們的社會比其他地區落伍,或是他們的統治者的治理效率無法滿足民眾的期待,這個社會透過對其他地區的認識和比較,乃發展成為一種醞釀和鼓舞變革的積極環境。

　　最為突出的是戰後各殖民地的民族獨立運動、稍後

1980和1990年代的反共產主義革命運動，以及2000年以來的反獨裁民主革命運動。它們都頌揚變革，鼓勵革命，以建立新社會秩序和價值爲目標。譬如：黑色非洲國家於1963年組成非洲解放委員會(African Liberation Committee)，闡明其宗旨爲聲援及鼓動摧毀當時葡屬非洲和南非共和國支持的政權；前蘇聯軍力超強，但在1990年初國家一夕之間開始瓦解，最後一擊是人民透過資訊流通，知道自己國家嚴重落後於外在世界的眞相，當年美國的自由歐洲電台(Radio Free Europe/Radio Liberty)是突破共黨封鎖，幫助蘇聯人民取得內、外眞相的重要渠道；而自2011年以來，全世界都感受到社交媒體在「阿拉伯之春」(Arab Spring)綻放的美麗花朵，各地的抗爭聲浪都充分利用社群網絡(social network)互相支援。

　　針對社會變革，大眾化的資訊傳播能夠有三種效用：逐漸改變社會大眾對某些事物的認知與價值；急遽地翻轉社會大眾對現有體系的認知與價值；以及，強化社會大眾對滿意的現有體系的認同(Coyne and Leeson, 2008)。因此，無論革命或反革命的任何一方，都必須善用大眾媒體這個社會資本(social capital)來爭取社會大眾的認同與支持。而正常發展的國家，也都運用公共媒體強化民族認同和國家意識，實質上就是宣傳屬於自己社會的民族主義。

　　一般而言，當權集團在其權力影響所及範圍內，總是占有傳統大眾媒體資源的優勢，因此，狡猾的獨裁者或獨裁集團也會利用大眾媒體來鞏固或粉飾他們的合法性。但

是，網際網路的快速發展，創造了新的大眾化資訊傳播工具，獨裁體制必然的僵硬腐化或驕傲誤判，使它們難以及時掌握此新科技所帶動的形勢，所以也就讓追求出頭天的人民有機會開闢並發展推動變革的活動空間。

1.1.1 網際網路和手機激發個人傳播力

進入21世紀，網際網路和手機已經成為每個人可以相當地發揮傳播力來宣揚個人觀點的工具，使用這種通訊傳播方式的人被稱為「網民」(netizen)，意即網際網路上的公民(citizen)。2011年初在北非的突尼西亞和埃及，熟悉這些通訊方式的網民，透過社群網絡如臉書(Facebook)、推特(Twitter)批評時事、互通聲氣及串聯動員具有同理心的網民，做伙起來反對獨裁者。他們突破了獨裁者對媒體的壟斷，突尼西亞人獲悉中部的西迪布吉(Sidi Bouzid)有一名擺攤賣蔬果的年輕人自焚抗議，以及埃及人知道年輕的網友賽德(Khaled Said)，在亞歷山大城(Alexandria)的一間網咖(cybercafé)外面被警察活活打死。兩者都是網民透過手機把現場拍攝的照片上傳到影像分享網站，把錄影上傳到流媒體(streaming media)網站，另外也透過社群網絡的網友通報訊息，他們使事件曝光成為眾所矚目的新聞，激發了阿拉伯之春的氣息。(Lordet, 2012)

一種前所未有的群眾抗爭形態從此出現，憤怒的民眾一手丟磚頭抵抗，一手拿手機拍攝軍警的暴行，快速地將抗爭場景上傳到YouTube和「半島電視台」(Al Jazeera)，讓

全世界及時看見這些英勇的人民，為了推翻獨裁者所做的努力。網民既是記者也是活躍份子，他們現場活生生的血淚影像海嘯般地震撼全世界，反抗運動因此獲得全球網民空前的支持和同情，全世界的新聞媒體也由之取得實際的抗爭場景加以播放，更擴大國際社會的關注。反革命陣營在龐大的內、外壓力下迅速地瓦解、倒戈，獨裁者不得不黯然下台。

2011年1月14日，突尼西亞的獨裁總統賓阿里(Ben Ali)，在憤怒的人民長達一個月的街頭抗議活動，軍隊拒絕再向示威群眾開槍後，倉皇流亡海外，結束其長達23年的鐵腕統治。賓阿里流亡出走之後，還不到一個月，執政近30年的埃及總統穆巴拉克(Hosni Mubarak)，也在2月11日屈服於持續18天的群眾示威而下台！才31歲的埃及革命英雄戈寧(Wael Ghonim)，仿臉書所依據的Web 2.0服務模式概念，稱這樣的革命方式為「革命2.0」。

1.1.2 2.0代表革命性的創新與銳變

一個新的電腦軟體，剛開始一般都標為1.0版本，接下來若有較小的更動或改進，就照順序標為1.2、1.3等，若是有較大的功能上的精進或創新，則會跳上2.0的標示。所以，革命2.0代表運動進入創新、大改變的階段。過去的革命1.0都是由著名的、有聲望的領導者主導計劃、推動，如華盛頓(George Washington)、孫文、列寧(Vladimir Lenin)、甘地(Mohandas Gandhi)、毛澤東、卡斯楚(Fidel Castro)、

金恩(Martin Luther King, Jr.)等。而網路時代的革命2.0卻是由群眾自動結合成各種社群，透過網友之間頻繁的溝通與分享建立互信，藉著議題討論共同創作、宣傳來提升革命能量，而且掌握時機透過通訊網絡快速動員進行抗爭行動。若從累積革命能量到革命爆發的臨界點來瞭解，那麼革命2.0可以說是「長尾現象」(Long Tail phenomenon)的實證。

世界經濟論壇(World Economic Forum, WEF)的《2010-2011年全球資訊科技報告》，以「轉型2.0」(transformation 2.0)來定義：人類將進一步運用資訊科技推動政府、企業與社群轉型、進步的階段；而「轉型1.0」則涵蓋1990年代迄今，資訊與通訊科技的融合所帶動的產業融合，以及對人類生活、工作和商務的急遽改變的階段。雖然網際網路已經為人類社會鋪設了「地球村」(global village)的基礎設施，但事實上人們尚無法平等地自由表達意見，公司之間也無法自由、如意地互相交易，因為互相溝通的環境存在差異性，因此，該WEF的報告認為：有必要從擴展資通訊科技與服務到不同語言、字母等的「在地化1.0」(localization 1.0)階段，提升到能夠適應在地法律、習慣和文化的「在地化2.0」。(Dutta and Mia, 2011)

2011年12月22日的《自由時報電子報》報導，廣達電腦董事長林百里對百餘位大學校長演講時指出，大學面對的年輕人是「C世代的網路原住民」，不管學習、交際、求知、購物都習慣使用網路，「他們不看報紙、不看電視，而是電腦人、網路人、社群人」。他比喻說：我們

看「五燈獎」長大，他們看「康熙來了」；我們聽費玉清、鄧麗君，他們聽周杰倫！因此，他強調「教育也該2.0」，而不是像工廠的生產線，只能傳統標準化教學。

新聞媒體也開始採用「2.0」的用詞。台美人第二代的林書豪(Jeremy Lin)，2010年從哈佛大學畢業後投入美國職業籃球生涯。2012年2月初，在國家籃球協會(National Basketball Association, NBA)的比賽中，他所屬的紐約尼克隊(New York Knicks)因主力球員受傷，得以有機會替補上場，施展其靈巧的球技與謙卑的團隊精神，而開始受到重用，獲得先發控衛機會，在短短幾天竄紅成為最受球迷瘋狂的NBA球員，掀起「林來瘋」(linsanity)熱潮。但是，林書豪的突起也使傷癒歸隊的主力球員和重用他的總教練之間發生不愉快，導致總教練請辭，由代理總教練接手。林書豪主控是打速度戰，而新的總教練卻展現不同風貌。許多報紙因此唱衰林來瘋如曇花一現，將成為過去。不過，新的總教練仍維持以林書豪為先發大將，只是戰術上重返較傳統的方式。因此，《紐約郵報》(New York Post)於17日尼克隊贏球之後，以「林來瘋2.0」(linsanity 2.0)為題，認為林書豪先發地位仍穩固，只是需要更努力提升自己去克服新戰術系統的挑戰，該報預期林來瘋2.0的來臨。

2011年9月轟動全世界的「占領華爾街」運動揭櫫：「占領華爾街是沒有領導者、由不分顏色、性別與政治理念的人民自發的反抗運動，我們的共同點是大家都屬於不願再忍受那貪腐的1%宰制的99%，我們要使用阿拉伯之

春的革命手段來達到目標，並採取非暴力的方式使參與者得到最大的安全。(Occupy WallStreet, 2012)」行動屆滿半年後，一群示威者又透過高科技工具的協助，希望進一步發揮「占領」精神，爲這場抗議運動再掀波瀾。2012年3月17日《華爾街日報》(*Wall Street Journal*)報導，這個被稱爲「占領2.0」(Occupy 2.0)的計畫，將推出包括透過網路地圖追蹤警方路障、能將抗議活動實況轉播的錄影設備、不被警方監視的安全網路設施、捐款網站等。

　　可見「2.0」的意義已經被進步社會充分認可並加以延伸使用，也讓本書名稱的涵義更容易被瞭解。

1.2 人民作主的革命思想

　　古人以王者受命於天，稱爲天子。故王者易姓曰革命。《易革》有：「天地革而四時成，湯武革命，順乎天而應乎人。」這可能是東方世界對革命最早的記載。西方世界的革命(Revolution)這個名詞是在15世紀後半期之間才出現，它源自天文用語，是早期的哲學家用來描述人類社會週期性發生的事件。在近代人的觀念裡，革命是指政治上或社會上大幅度而且根本的變革，它可以發生在所有人類生活有關的領域中，如思想革命、產業革命、政治革命等。(劉重義、李逢春，2006)

　　革命的發生和存在必須是傳統社會秩序的基本價值和態度發生改變，並且產生新而被接受的價值。另外有些人

強調，革命所要達成的不只是社會基本價值和態度的改變，也是社會的政治制度、社會架構、領導人物以及政府活動和決策的根本改變。思想家對革命的看法隨著人類歷史發展的軌跡而演進，從成王敗寇的革命觀到追求自由的革命觀，再演變成歷史動力的革命觀，而發展到現今民主人權的革命觀。整體而言，世界在邁向以人民作主的民主化社會，也因此，許多狡猾的獨裁者和獨裁集團也轉而披上「民主」的外衣，來維持其獨占權力的利益。

　　首先為民權創下革命性見解的是彌爾頓(John Milton)，他是著名的史詩《失樂園》(*Paradise Lost*)的作者，也是一位非常虔誠的清教徒。在英國清教徒革命的過程中，他從理論上聲援清教徒對英國教會的鬥爭，英王查理一世被斬首的兩星期後，即1649年2月13日，彌爾頓便發表了《The Tenure of Kings and Magistrates》，其中強調權力歸於人民，即使國王或官吏若濫用人民所託付的權力，人民有權消滅處死他們。換句話說，即使國王不是暴君，人民照樣有革命的權力。

　　彌爾頓的觀念後來被洛克(John Locke)發揚光大，造成了民權思想的巨流，產生了驚人的影響。洛克在1689年發表的《Second Treatise of Government》，陳述人與生俱來就有自由、生命和保有財產的權利，國家的任務是保護人民的權利。因此，當政府不比個人更能夠保護個人的權利時，政府就失去了存在的理由。這個時候，人民有權力去更換新的統治者。洛克的自由思想帶動了美國獨立革命和

法國大革命。

美國獨立革命之父潘恩(Thomas Paine)，於1776年1月匿名出版了在北美殖民地廣爲流傳的《常識》(Common Sense)，提出美國獨立是天賦人權，強調政府規畫設計的終極目標，就是自由與安全。梅遜(George Mason)在1776年5月美國獨立戰爭前夕起草的《維吉尼亞民權宣言》(Virginia Declaration of Rights)，把這種革命

潘恩發表的《常識》

性的自由思想第一次寫在政治文獻上。該宣言的第三款宣告：「改善、改組或撤廢不盡義務之政府，是不可置疑(indubitable)、不可轉讓(unalienable)，而且不可減損(indefeasible)的權利。」傑佛遜(Thomas Jefferson)在起草《獨立宣言》之時，便把上述詞句稍作修改，然後納入美國的開國宣言之中。

然而，對1789年的法國大革命及其後的發展具有更直接影響的人物是盧梭(Jean-Jacques Rousseau)。盧梭是法國啓蒙運動中最偉大的思想家，他在1762年所寫的《The Social Contract》，是政治學上的一個重要里程碑。盧梭認爲政治權力的來源是人民，因此，最高權力屬於人民。人民的權力是不容轉讓、不容歪曲而且不容破壞的。他不贊成代議制的政府，他相信，在某種情況下，那種政府會歪曲民意。因此，他認爲人民應直接管理政府。盧梭不僅注意到自由的問題，也重視平等的問題，他強調人與人之間是平

等的，人人皆兄弟，因此人應該相愛。法國大革命的口
號：「自由、平等、博愛」就是盧梭思想的精華。

19世紀時期，洛克的代議制政府理論被廣泛地接受。
然而，基於個人自由的自由經濟制度卻造成了社會上的貧
富懸殊，並衍生了許多不安的社會問題，經濟上的自由主
義因此受到懷疑和指摘。盧梭的理想是全民管理政治，因
此，政府的功能被重新界定，使在經濟和社會上給予窮
人、失業者、老人、兒童以及地位低劣者較多的保護和照
顧。由此，一個嶄新的「積極國家」(positive state)觀念由是
誕生，積極國家提供社會服務並保障民權。盧梭的民主思
想強烈地影響了18、19世紀的社會主義者和共產主義者。

在英國清教徒革命、美國獨立革命和法國大革命之
後，革命不再只被視為推翻暴君、改朝換代的歷史輪迴而
已，革命已經具有追求自由以及創造新秩序的崇高理想。
也就是說，革命不僅只是政治過程而已，亦是人類精神解
放的過程，更是一種創新的過程。尤其法國大革命澈底以
新的階級來取代貴族階級的統治，把人民群眾的利益安置
在革命理想的中心，因此，此階段的革命和傳統的革命劃
分了明顯的界限。

美國總統雷根(Ronald Reagan)於1987年6月12日訪問西
柏林的時候，高聲向當時的蘇聯總統戈巴契夫(Mikhail
Gorbachev)嗆聲：「拆下這道牆吧！」這場永恆的歷史性演
說，經由電視媒體傳播到全世界每個角落，自由、民主與
人權的思想浪潮洶湧澎湃，衝擊共產黨的專制政權，包括

蘇聯及東歐的波蘭、匈牙利、東德和捷克。

　　1989年11月9日，柏林圍牆終於被宣告開放。緊接著，羅馬尼亞的共產黨獨裁者被推翻，波羅的海三國相繼

舉辦公民投票，宣佈脫離蘇聯成為主權獨立的國家。1990年3月蘇共修憲，自我了結一黨專政的局面，容許社團組織、工會和其他民間組織進入國會。1991年，共產

柏林圍牆1989年11月9日被群眾拆開

黨極端份子在莫斯科的「八月政變」失敗後，蘇維埃政府在年底宣告解散，原屬蘇聯的各共和國先後宣示收回或恢復主權，並宣佈國家獨立。波蘭、匈牙利和捷克在小規模的革命暴力下，完成自由化並實施民主制度。東德則和西德和平統一。進入21世紀，則有2000年塞爾維亞(Serbia)的推土機革命、2003年喬治亞(Georgia)的玫瑰花革命、2004年烏克蘭(Ukraine)的橘紅色革命，和2005年吉爾吉斯坦(Kyrgyzstan)的鬱金香革命，這些都以非暴力方式推翻獨裁者和獨裁體制，邁向民主化社會。

　　在這個震撼蘇聯共產集團的時間點，台灣人推翻蔣家外來統治集團的民主革命也躍進到一個新的階段。獨裁者蔣經國於1988年1月在台灣民主運動的衝擊下猝然死亡，台灣人李登輝繼任「中華民國總統」和「中國國民黨」(以

下簡稱中國黨)主席。嶄新的內、外情勢大大地鼓舞了台灣的
民主改革運動。本土的「民主進步黨」(以下簡稱民進黨)和覺
醒進步的知識份子和大學生，走上街頭示威抗爭，一波接
一波要求平反二二八、廢除《動員戡亂時期臨時條款》、
要求廢除刑法100條、要求修憲逼退國會「老賊」，並要
求民選總統等。

在中國黨內部具有本土意識的台灣人，以李登輝為核
心，逐漸發揮影響力，呼應民主改革的社會要求，使台灣
得以在極小規模的暴力下完成高度的自由化。2000年5月
民進黨和平地取得執政權，台灣「寧靜革命」的政治奇蹟
舉世稱讚。

早在1902年，南非初期約占20%人口的少數白人，就
已經開始施行種族差別政策，對待約占70%的黑人及其他
約占10%的有色人群。二次大戰後，白人所組成的國家黨
(National Party)，以更制度化的種族隔離(apartheid)為黨綱，在
1948年取得執政權，開始制定一連串更嚴厲、更不人道的
種族差別措施。

從1950到1970年代，南非的白人享受快速工業化的經
濟成果，其所得及生活水準比起工業先進國家毫不遜色，
但是南非的黑人相對地處於劣勢和貧窮之中。國家黨嚴
厲的種族差別措施，迫使向來保守的非洲民族議會(African
National Congress, ANC)以發動示威及罷工抗議的方式，起而領
導鬥爭。

1960年3月21日，白人警察對聚集在夏普鎮(Sharpeville)

的示威群眾開槍，其中有69人被槍殺、189人受傷。白人政權隨後立即宣佈禁止ANC活動，並逮捕監禁其領導者，包括曼德拉(Nelson Mandela)，南非社會乃陷入更多的暴力和動亂之中。從1962年起，聯合國多次通過譴責南非種族隔離政策的決議，各主要國家也對南非實行武器禁運，以及限制南非運動員參加國際性的體育活動等。直到1990年，在美國和英國的協調下，國家黨開始公開準備和平轉移政權。ANC於1994年4月27日的全國普選贏得62.7%的選票，成為執政黨，曼德拉被推為總統。

　　人類社會發展到20世紀末期，在政治上，現代化的自由、民主和人權的價值觀受到更普遍的肯定，人民奮起改變政治體制，民主改革的發展有顯著的進步。

1.3 電腦科技激發資訊革命

　　電腦(computer)的發明在二次大戰期間有其必要性和急迫性，為了精確、快速地執行繁瑣的科學計算，當時以使用計算尺為主要工具，職位名稱就是computer，而且

ENIAC(美國陸軍照片)

多數為女性的「計算員」，已經無法勝任這個工作。尤其在製造原子彈的「曼哈頓計畫」(Manhattan project)，更須克服那浩瀚的核反應科學計算工程。

　　第一部較成功，可以用程式執行計算的數位化電腦被命名為Mark-I，是IBM和哈佛大學於1944年合作完成，它還不是純粹的電子計算機。第一台全電子計算機ENIAC(Electronic Numerical Integrator And Calculator)是從1943年6月開始建造，到戰後才完成，於1946年2月14日正式公開宣佈運作。這部電腦的第一個重要任務是執行六星期的科學計算，確定了製造氫彈是可能的。(Kopplin, 2002)

1.3.1 電腦是處理資料的絕佳工具

　　當年參與建造電腦的先進科學家怎麼也沒想到，為了執行繁瑣的數學計算所發展的電腦，其中幾個很簡單的功能，竟然成為資料處理的絕佳工具，無論就處理速度、資料量、準確度和方便性，都遠超越傳統的資料處理工具所能提供。即使天才如Mark-I的主要設計者之一的愛肯(Howard Aiken)，他於1947年為IBM做市場分析獲得如下的結論：全美國只需六台電腦就夠用(Kopplin, 2002)。他完全沒有預見電腦在商務上的巨大用途，以及這個技術很快地將帶動影響人類社會更深遠的資訊革命。

　　電腦在資訊處理及商務的重要用途，如資料輸入、儲存、搜尋、更改、排列、分類、算術、列印等，很快地就被領悟出來。組裝電腦的元件如電晶體、積體電路、微處

IBM PC問世

理器和記憶體晶片等技術相繼問世，電腦從昂貴的大型主機開始演進爲較低價的迷你電腦(mini-computer)，大大縮小了機器所占的空間，價格也降到中小企業買得起的範圍。1980年代個人電腦問世之後，先進國家的資訊化腳步開始明顯地踏入社會生活層面，其擴散幅度則隨電腦速度及儲存容量之升級而劇增。1981年8月售價才美金$1,600的IBM PC進入市場，光在第一年就賣了200萬台。到1983年底，僅在美國就已超過1,000萬台，1990年全世界已有將近一億台，而在2008年使用中的個人電腦已超過10億台，估計到2014年會成長到20億台(Gartner, 2008)。

1.3.2 電腦要求建造網路

有了電腦，資料就開始累積。使用電腦作業的政府機關或民間企業之間，會發現他們需要取用儲存在其他電腦內的資料。起初是把儲存資料的磁帶或硬碟搬來搬去，日久了就發現這種方法缺乏效率，尤其如果兩台電腦是處於不同的城市更費人力物力。於是，工程師就要求建造網路，以便兩端的電腦直接互相傳送資料。

1969年底，美國國防部所主導的「先進研究計畫部門

網路」(Advanced Research Projects Agency Network, ARPANET)正式上線，整個網路最初只有四個節點(node)，到了1981年才增加到213個。ARPANET是廣域網路(wide area network)，範圍先是跨美國本土，逐漸擴展到歐洲、日本等先進合作國家。1980年代中期，專供企業內部使用的區域網路(local area network)也如雨後春筍般地建置起來，促進企業內部資訊的流通和資源共享，如共用網路印表機、伺服器(server)和資料庫(database)。在網際網路商業化之前，相關企業及業務之間則以昂貴的專線或慢速度的電話線互相連接成商務網路。

　　電腦網路引進了超越人類過去所經驗到的，對資料處理之快速、大量和精準，這三種特質，結合其所產生的效能帶給人類社會許多驚奇和意外。

1.3.3 間諜潛伏在電腦網路

　　1986年，一位在美國舊金山Lawrence Berkeley 國家實驗室工作的程式設計師斯多(Cliff Stoll)，發現實驗室的電腦有二組不同的會計系統程式，對相同的資料竟然算出不同的每月結算數目，二者相差了七毛五。一般馬虎的人可能隨便歸咎於計算過程的四捨五入導致誤差，斯多卻認定是程式有錯誤，便著手追查問題所在。結果，此舉竟然導致FBI破獲了第一宗最受矚目的網路電腦間諜事件：一個位於德國的駭客(hacker)集團，從ARPANET侵入美國軍方及大學的電腦，竊取電腦內所儲存的資料，然後轉交給蘇聯的秘密警察。

這個事件暴露了一個現象，亦即連上網路的電腦所儲存的資料，可能比鎖在文件檔案室裡的紙張資料更容易被大量偷竊，因為，竊賊並不需要冒險進入建築物內，更不必攜帶容易被察覺的搬運工具。如此，在網路化的社會中，大量儲存於電腦裡的國家或商業機密資料、個人隱私資料，可能神不知鬼不覺地被非法盜用。

1.3.4 電腦網路造成黑色星期一

1987年10月19日是美國股市駭人的黑色星期一，道瓊平均指數(Dow Jones Industrial Average)跌了破記錄的508點，股票價格平均約損失22.6%。當天，所有華爾街的金融或股市分析師都不瞭解導致這麼大跌幅的真正原因，其實是因為美國股票交易所(American Stock Exchange)新建置的網路交易系統的作業效能，已提高到足以容納並處理滾雪球般，不斷由各地證券商湧進的大量的由電腦自動拋售出來的股票。

(劉聰德、莊純琪，2008)

這個事件忠告人類，當科技帶來突破性的社會應用，人們必須掌握新科技在本質上異於傳統技術之處，然後，深入分析、瞭解它可能造成的影響。一方面善用其正面的影響服務社會，另一方面則設法防止、降低其負面的影響，免得社會遭逢突如其來龐大幅度的擾亂而脫序，社會秩序、經濟活動及政府運作可能被癱瘓而不知所措，從而引發社會恐慌，甚至造成社會災難。2011年3月日本福島核電廠的嚴重事故，是給世人更嚴厲的警訊。美國股市的

漲停板和跌停板，就是在黑色星期一發生後制定出來的防範措施。

1.3.5 蠕蟲在電腦網路繁殖

1988年11月2日，康乃爾大學電腦科學系博士班的研究生摩理士(Robert Morris)，透過ARPANET登入麻省理工學院的一台電腦，從那裡散播被認為是電腦網路史上的第一隻蠕蟲(worm)。它是摩理士所寫的電腦程式，可以利用電腦作業環境的弱點，不斷地讓這隻蠕蟲自我複製到其他連在網路上的電腦，如此交叉循環在網路上快速繁殖、擴散。

四個小時之後，ARPANET的某些路段就出現擁塞的狀況，受感染的電腦，其計算資源被蠕蟲吸食殆盡而無法運作。整個破壞蔓延速度之快，連摩理士都大感出乎意料之外，當他警覺大事不妙，必須提供去除這隻蠕蟲的方法時，連他的電子郵件(email)也已經送不出去了。經過12小時之後，一群在加州大學柏克萊校區的電腦工程師才找出阻止這隻蠕蟲擴散的辦法。幾天後，整個事件才逐漸平息下來，而受害的電腦高達6,000台，當時在網路上的電腦每十台就有一台被感染。美國政府會計部門估計，這隻蠕蟲所造成的損失約為美金1,000萬到一億元。

摩理士因此被判刑三年，但獲得緩刑，另加400小時的社區服務及美金一萬元的罰款。人們開始警覺到，網路環境本身也會被濫用而造成網路阻塞和其他損害，或被利

用來執行各種電腦犯罪，而濫用的方式和犯罪的方法也會不斷更新，執法單位將面臨極大的挑戰。

1.3.6 電腦可以引爆實體破壞

在冷戰高峰期的1982年6月，美國的間諜衛星偵測到西伯利亞發生大爆炸。經過情報分析後，發現是輸油管爆炸。

事故的背景是：蘇聯從加拿大竊取了輸油作業系統的電腦控制程式去使用，沒有察覺美國中央情報局早先在軟體內動了手腳，安置了邏輯炸彈(logic bomb)，使軟體運作一段時間過後，就會發狂似地關閉栓門、加速送油，導致油管無法承受壓力而爆炸。這是利用置入的軟體程式，破壞電腦對重要工業設施的控制運作，而造成災害的一個被挖出來的軍事機密。(Economist, 2010)

資訊安全設備廠商「守衛」(WatchGuard)的研究分析人員，在2012年12月發表對2013年資安趨勢的預測，其中第一項，預測駭客或惡意軟體的攻擊將導致人命的損失。這是基於愈來愈多電腦裝備嵌入汽車、電話、電視、醫護器材等，而資訊安全往往不是這些創新產品在發明過程的主要考量。資安專家已經觀察到：駭客、網際罪犯甚至政府，都更努力發展可以破壞電子設備的針對性攻擊。目前有一位研究人員展示，可以經由無線方式啓動一個不安全的「起搏器」(pacemaker)，使它發出830伏特高壓的電擊。這樣的數位化攻擊足以置人死地。(WatchGuard, 2012)

1.3.7 Y2K的全球恐慌

Y2K是指公元2000年。過去的人認為100年是很長的時間，在電腦記憶體昂貴的時代，軟體工程師便以後面兩位數指認年代來節省記憶體空間，例如「87」就代表1987年。所以，在軟體程式裡要比較日期的先後，就從年代先比，碰到年代相同的再依序比月和日。這一切都很順利，直到人類社會逐漸接近2000年，工程師開始感到不安，因為在2000年這一年，所有的日期在電腦內都將被記錄成最低的「00」，那麼，所有涉及跨Y2K，而日期先後相關的電腦執行事項就必然發生錯亂，例如電腦會認為2000年2月是在1998年10月之前。

早在1985年1月就有人對這個問題發出警告，進入1990年代後，大家才開始緊張。但是，技術上很難評估它對整體社會，尤其是對金融體系和關鍵基礎建設的運作，會有何種幅度的影響。也因為專家們無法充分掌握可能產生的後果，媒體趁機添油加醋喧嚷各種可能的驚奇，造成全球社會一部分人的恐慌。

或許也因為這個問題引發國際性的關切，各國政府與大企業都預先做了努力，多方面更改軟體邏輯，應付可能的非預期狀況。結果，人類社會安然渡過Y2K危機，只有一些原本預料的小差錯，果然，有些電子告示牌把日期打成1900年1月1日。

1.4 網際網路擴展人類的活動領域

網際網路是美國國防部在1989年，將ARPANET轉型開放民營商業化而成為公眾使用的網路環境。從此為人類社會開拓了一個嶄新的生活領域，稱為網際空間(cyberspace)。這個新的英文字是美國的科學小說家吉布生(William Gibson)於1982年創造的，網際網路發達之後逐漸盛行起來。在網際空間裡，就像把家用電器插上電源就可以使用，把電腦連上網際網路，也就能夠讓人遨遊在新的生活領域，瀏覽新聞或其他資訊網站、收發電子郵件、登入社群與網友分享心得、舉行視訊通話與多方會議、上網購物、推動政治或社會運動，以及個人或和網友一起玩網路遊戲等。

到1989年，當時全世界已有足夠多的個人電腦和企業網路，提供了成熟的市場基礎，創造網際網路的爆炸性發展奇蹟。從此，全球經濟體系、社會組織形態和個人生活，不斷讓人實質感受到資訊革命驅動下的改變。資通訊技術的高度發展，使得資料處理與傳遞的速度及數量，大幅超越傳統知覺經驗和地理界限，人類的社會活動在網際空間急速發展與創新。開發中國家如俄羅斯、巴西、印度和中國這幾年來的快速崛起，甚至急起直追已開發國家，其中的重要因素要歸功於資訊的取得和應用以零時差、零距離在網際空間裡運作，讓過去較處於弱勢的國家有了機會，造成全球競爭鏈的重新洗牌。

雖然網際空間是虛擬的，但人類社會的各種活動卻是

實質地在這個新領域蓬勃發展。網際空間基本上沒有時差、距離和國界，它以電腦、手機等末端資通訊器材和傳統社會的實體生活空間界接，把人類社會、經濟和政治活動當中，可以在網際空間裡更方便、更有效率來進行和決定的部分，應用資通訊科技加以轉移到這個新的活動環境去實現。因此它創造了許多新的經濟機會和生活方式，帶動了許多挑戰和創新，這些挑戰和創新又製造了新的經濟機會和生活方式，如此不斷急速演化進步。

　　資訊科技促進了國際社會的對話，也營造貨品和服務在全球的流動，這種社交與貿易的連接已經無法從人類日常生活中剝離，社會與政治運動也藉著網際網路來展開組織和行動。過去20年間，有創意的年輕人爭相探索如何開發此新天地，讓商務、政治、文化、娛樂、社交等社會活動，發揮更高的效益或創造更高的價值和利潤。鼓歌(Google)、臉書、推特、YouTube、Skype、維基百科(Wikipedia)和阿孃爽(Amazon)，都是非常突出的成功案例。

　　歐巴馬(Barack Obama)在2008年美國總統大選期間，除了利用網際網路傳達政見以及和反對者辯論，還透過網際空間組織了500萬個支持者，光是臉書上就有320萬人簽署，在過去，這需要像軍隊一樣多的志工以及必須付費的組織才可能做到。他利用YouTube做免費的廣告，選民總共看了1,450萬小時，若以電視廣告計費，大概省下了4,700萬美元。他更從網際空間吸納了大量的小額捐款，使他有豐富的資源贏得勝選。《紐約時報》(New York Times)評論說：

1960年甘迺迪(John F. Kennedy)贏得大選是靠電視，2008年歐巴馬則是靠網際網路。

1.4.1 網際空間人口爆增

在1985年的ARPANET，全球只有將近二萬個使用者，絕大部分是專業研究人員和他們的研究生。1989年底，網際網路上已經聚集了超過百萬使用者，其中86%在美國。到1990年底又增加了百萬使用者而達到213萬，1995年底躍升到4,510萬，接著在2000年衝到四億三千萬，2005年已將近11億，而2010年底已超過20億(eTForecasts, 2011)。國際電訊聯盟(International Telecommunication Union, ITU)的資料顯示，到2011年底使用者已超過24億(ITU, 2012)。

根據「台灣網路資訊中心」的統計，台灣經常上網人口於1999年突破300萬人後，每年均呈百萬人數的躍增，至2005年6月底的估算，上網人口已高達近1,460萬人，同時寬頻網路用戶數在同一時段的統計亦已超過400萬戶。此後，增加幅度才減緩，每年增加約40萬人。截至2008年1月，台灣上網人口已達1,555萬人，約占總人口的70％，而可以上網的家庭已達541萬戶，普及率高達約72％。該中心2012年的「台

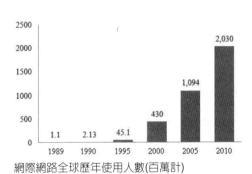

網際網路全球歷年使用人數(百萬計)

灣寬頻網路使用調查」報告顯示，截至2012年5月，台灣
上網人口已超過1,753萬，占總人口數的75.43%，而可以
上網的家庭達80.99%，12歲以上曾經上網的人口約1,594
萬人，占其人口總數的77.25%，其中曾經使用寬頻網路人
數為1,530萬人，寬頻使用普及率為74.18%。由此可見，
網際網路已經可以成為台灣社會重要的宣傳及動員工具。

1.4.2　社會全面邁向資訊化

　　人類從傳統農業社會到工業社會之後，下一個階段的
社會形態就是資訊化社會(information society)，它在1970年代
迷你電腦發展出來之後開始成形，是一種大量依賴與利用
資訊工具來改善生活品質、促進經濟發展的社會。美國早
在1967年已有53%過半的就業人口從事資訊相關的工作，
而其資訊產業占其全國總生產量(GNP)的比例，從1967年的
46%上升到1992年的56%，而到1997年已攀升至63%。當
一個國家的資訊產業的產值超過其GNP的50%以上，學界
稱這個社會就是資訊化社會。因此，美國早在1992年就已
進入資訊化社會。(劉聰德、莊純琪，2008)

　　在社會邁向資訊化的過程中，民眾會明顯體驗到產業
運作、政府體系和社會生活的電子化趨勢，而網際網路正
是這種發展趨勢最強有力的推進器。

　　電子化企業經由網際空間擴大產品市場，提供更好的
顧客服務，及時銜接業務往來的採購單位、供應商和金融
體系，快速而且準確地完成作業程序。電子化商務跟著蓬

勃發展，美國到2010年已有1,654億美元的銷售量，占整
個零售市場規模的4.2%。而2009年台灣網路購物總市場
規模約新台幣2,950億，占整體零售市場的5.5%。整體而
言，電子商務還有很大的成長空間，台灣預估到2015年國
內市場規模可望超過一兆元。企業電子化的過程中，公司
的組織和文化都可能改變，員工需要接受新的技能訓練，
造成人力流動或失業等問題。虛擬辦公室(virtual office)使員
工可以分散在不同地點執行業務，在先進國家，許多企業
已經開始從家裡上網上班，讓員工免於交通壅塞之苦，
也節省辦公室空間。這種改變，未來將更繁榮SOHO(Small
Office/Home Office)族的生活模式。

　　不僅企業電子化，政府也隨著從工業社會的政府轉化
成為資訊化社會的政府，應用進步的資通訊技術和環境提
升政府運作的效率和政府的執行功能，以節省社會成本來
達成既定的國家目標。台灣人可以感受到網路報稅以及申
請戶籍謄本的方便性。歐盟的研究指出：若政府能夠有效
率地管理公共事務，國家的創新能量和競爭力必然占優
勢。一般而言，電子化政府提供較高品質的資訊和服務給
人民，為人民創造更便利、優質的生活環境，同時也帶動
產業和生活的電子化。

　　網際空間的活動雖是虛擬的，卻已經是許多個人實質
生活、政府體系和企業組織運作的一部分。因此，虛擬的
行動卻能發揮對政治與社會的影響力。1999年11月29日到
12月3日，「世界貿易組織」(World Trade Organization, WTO)部長

級會議在美國西雅圖開會期間，來自各界的抗議行動先在
網際空間設立網站，散播抗議理念和消息，透過電子郵件
和留言版互相討論、整合議題並協調抗議行動，推出網際
空間的不服從運動(electronic civil disobedience)：假造WTO網站
引發混亂、激發鬥爭情緒；也以大量的垃圾郵件塞爆各國
與會代表，使他們飽受困擾及心理壓力；更故意觸發大量
連線到WTO網站，造成網路塞車而稱之為「虛擬靜坐」
(virtual sit-in)，阻撓一般人瀏覽WTO網頁。

　　整個結合實境和虛擬的抗議活動引起國際媒體大幅報
導，也使社會學者相當重視資通訊科技對往後政治和社會
運動的影響。

1.4.3 天羅地網的數位化生活

　　行動通訊(mobile communication)技術的發展與應用，使
人類可以透過無線網路(wireless network)進入網際空間，不
像有線網路(wired network)需受到定點上線及接線長度的牽
絆。無線網路的觀念先被應用於行動電話網路(mobile phone
network)，人們可以用隨身攜帶的行動電話撥打和接聽電
話，包括可以和傳統的電話網路及其他行動電話服務系統
方便地互通。摩托羅拉(Motorola)的古伯(Martin Cooper)博士在
1973年展示了最早的行動電話，後來通稱手機(handset)，一
支重達兩公斤。對使用者而言，行動電話具有許多固定式
電話無法提供的方便性，以及更具創新的應用潛力。因
此，剛開始的手機雖然笨拙，商業性的行動通訊服務自

1976年開始，1980年代後和個人電腦平行地蓬勃發展。全球使用行動通訊的人數，從1990年的1,240萬成長到2011年估計將接近60億，其中寬頻使用者占11.9億(ITU, 2012)。

1980和1990年代，積體電路設計和半導體晶片製造技術的精進，使電腦、手機及其他資通訊產品的功能不斷躍升，產品所占的空間不斷縮小，價格也急速下降，為社會資訊化鋪設了繁榮的前景。大容量小體積低耗電的儲存設備更推動了行動電話的發展，手機的功能愈來愈強大，不再僅僅是通話的設備，還附有衛星導航晶片，能夠送文字簡訊，進入網際空間收發電子郵件，瀏覽網站並互動工作，更能灌入各種實用的應用軟體(APP)。這樣的手機稱為

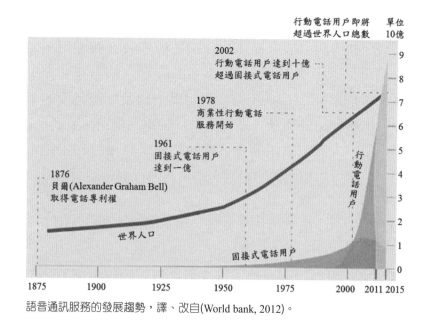

語音通訊服務的發展趨勢，譯、改自(World bank, 2012)。

「智慧型手機」(smart phone)，是指手機具有多功能，並非指手機具有智慧。

　　行動通訊費用和智慧型手機價格的下滑，以及行動上網傳輸速度的成長，到2010年，智慧型手機雖僅占全球手機的13%，但其通訊流量卻占所有手機通訊流量的78%。專家都預期智慧型手機將成為主流行動裝置，成為推動行動上網的重要工具。著名的市場分析顧問公司Gartner預估：智慧型行動器材在2012年的銷售量將有八億二千一百萬具，2013年會高達12億，使用行動上網的人數在2013年也將超越使用桌上電腦上網的人數，而到2015年賣出的手機當中，80%會是智慧型手機。(Lomas, 2012; Gartner, 2012)

　　無線網路的觀念自然也被連接到公司、辦公室、學校、家庭等的區域網路，使用者希望電腦也不必牽著網路線，仍可以自由移動位置，照樣連上既有的區域網路。Wi-Fi標準的無線網路產品從1999年開始蓬勃發展，適用於約20公尺的室內距離範圍，使用者可以從電子產品市場買到無線「接應點」(access point, AP)，把它安裝接在目標區域網路上，那麼，裝配著無線網路卡的電腦，就能夠透過無線電波經由接應點進入區域網路。從2000年之後，手提電腦幾乎都內建有無線網路卡，成為標準配備，全球每年賣出的Wi-Fi裝置約八億件。在公眾場所如機場、旅館、校園、圖書館、咖啡廳等，安裝接應點，提供無線上網服務的地方稱為熱點(hotspot)。提供向使用者收費的熱點已經是一種服務模式，最常見的是網咖。全球目前約有超過

400萬個熱點,讓攜帶手提電腦、智慧型手機的旅客,可以方便地隨時隨地進入網際空間。

熱點也從地面發展到空中,使搭乘在飛機上的旅客也能繼續網際空間的工作。本書作者於2011年8月27日,到德州 Dallas 和當地的台灣同鄉分享「歌唱革命」(The Singing Revolution)影片,並講解「台灣民族運動2.0」的意義。隔日自 Dallas 飛往華府途中,發現客機上已經提供無線上網服務,於是就機製作了一張「台灣民族運動2.0」傳單,從飛行高度在35,000呎高空的Delta 2325客機上,以電子郵件大量發送,就像古早以前從飛機撒下宣傳單一樣。這

咱是台灣人 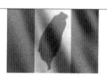 不是中國人

這是「台灣民族同盟」總召集人劉重義自35,000呎高空的**Delta 2325**客機所散發下來的「台灣民族運動2.0」宣傳單,主要落點是台灣,有些會飄到美國和地球其他角落。
台灣民族運動2.0要充分應用新科技來推展運動,也希望台灣人隨著時代與環境的進步與變化,調整咱運動的策略及和方法,使台灣人所盼望的出頭天能夠早日實現。
尤其,面臨赤藍權貴集團加緊勾結中共來吞噬台灣的險惡情境下,咱更要掌握正確的鬥爭方法,喚醒全民參與「驅逐赤藍,守護台灣。」
台灣民族運動在過去幸運地出現二位台灣人「總統」,他們努力排除反動的赤藍權貴的阻礙,使台灣社會享有較多的自由與開放,馬英九上任後,百般濫權、濫法,企圖把台灣推回兩蔣時代的暴虐與專制,好讓他們更方便地剝削、壓迫台灣人,因此,咱必須團結奮起反抗,絕不讓台灣倒退沉淪。

驅逐赤藍 守護台灣

第一張自35,000呎高空發送的宣傳單

很可能是第一次利用Internet從高空撒下的傳單，許多收到傳單的朋友都大表驚奇，感受到天羅地網的數位化生活。

1.4.4 新社會環境裡的安全問題

使用個人電腦或手機的網民，在網際空間這個新環境裡可能遭遇如下的安全威脅：電腦、手機或在網際空間伺服器內的個人帳戶被不法之徒入侵，裡面的資料被複製竊取或更動破壞，或被用做犯罪工具或跳板；電腦或手機瀏覽到有陷阱的網頁連接，而被誘導下載惡意軟體或釋出個人資訊；受到網路霸凌或謠言誹謗，對個人精神或名譽造成傷害；碰到網路詐騙造成財物損失或資料外洩；收到大量垃圾郵件(spam mail)，不堪其擾；他人的電腦或手機被入侵，導致儲存其中的個人資料遭到連累而外洩。

連線在網際網路的電腦、手機或伺服器，系統本身或安裝的應用軟體可能會有漏洞或弱點，也可能是使用者或管理者的帳號、密碼被破解，導致駭客有機可乘入侵得逞。和傳統環境裡的入侵狀況非常不同的是：網際空間的入侵者可以安坐在任何連上網際網路的地方，不必冒險身臨其境鑿牆挖壁或開鎖，而且入侵者在做案過程中，甚至做案後，正坐在電腦前面的受害者大概都渾然不知。

除非是具有特定目的針對特定對象，否則，直接鑽研弱點侵入他人電腦，耗時而且效率低。最通用的方法是發送大量的垃圾郵件來讓無辜受害者代勞，郵件可以夾帶惡

意軟體的附件、釣魚(phishing)的惡意連接、詐騙信函或一般廣告。網際空間的人口眾多，許多網民不熟悉這個新環境裡的安全威脅，因此，上當的人不會少。尤其，若附帶的惡意軟體能夠自動輾轉發送，則效果更為驚人。2004年1月，「末日」(MyDoom)蠕蟲一天之內就感染了25萬台電腦，這和傳統環境裡瘟疫的散播速度是完全無法相提並論的。所以，垃圾郵件大都是用來運送導引入侵的載體，許多國家都以法律加以禁止。但是，網路安全公司賽門鐵克(Symantec)多年來的報告指出，在網際網路上的電子郵件流量，80到90%仍是垃圾郵件。

由於電腦有快速處理、比對大量資訊的能力，網際網路自然成為人類社會資訊整合掌握全貌的平台。不過，個人隱私的保護也因此在資訊化社會裡遭遇了前所未有的挑戰。

在傳統社會裡，個人一樣可能在不同地點留下的不同資訊，不過，這些分散的資訊一般並沒有連接在一起的機制，所以不是那麼容易被拼湊成更完整有用的情報。然而，個人在網際空間各處所遺留的片斷資訊，包括儲存在私人電腦、手機、社群網站或線上電子商家的零星資料、影像、語音等，很可能被有心人透過網際網路蒐尋、儲存，經過電腦處理而成為有高度利用價值的「商品」。台灣的偵查單位曾「駭」入某些中國駭客的電腦，從「偷」回來的檔案中，偵查人員發現駭客透過到處竊取資料，經由電腦整理、比對加以指認，已經建立相當數量的台灣民

網際空間的資通訊威脅

眾資料庫，即使對同名同姓的人也區分得很正確。這些資料顯然可以賣給電話詐騙集團使用，結果就會導致更多人受騙。

　　網路犯罪未來勢必更猖獗，個人必須注意不隨便在網際空間釋出隱私資訊。20世紀美國惡名昭彰的銀行搶匪蘇同(Willie Sutton)被問及為何要搶銀行時，回答說：「因為錢在那裡啊！」看來，如果21世紀的蘇同2.0被問到：「為何要入侵資料庫？」他的回答一定是：「因為資訊就是錢啊！」

1.4.5 台灣資訊安全的危機

　　對一則資訊的擁有者而言，會有兩種集合的人群：

A是可以分享此資訊的人群；B是不可以分享此資訊的人群。如果B集合是空的，並沒有人，那麼這則資訊就是可以公開的資訊，沒有安全顧慮。但是，如果B不是空的，那麼，這則資訊的擁有者對此資訊就得有資訊安全的顧慮，必須防範B集合的人獲得此資訊，不僅防範B集合的人主動來獵取此資訊，也得防範A集合的人直接或間接洩露該資訊到B。這就是最基本的資訊安全問題，這個問題自古早古早以前就已經存在於原始人的社會，甚至像松鼠隱藏吃剩的果實就是一種資訊保護措施。因此，資訊安全問題其實在傳統社會裡已經被瞭解，也發展了相當程度的處理方式。

但是，人類社會不斷演進，網際空間開拓出來之後，現在幾乎已經能夠從全球任何不過度落後的地方，用電腦或智慧型手機啓動資訊的來往，實質參與政治、商務和社會生活多方面的活動。網際空間的發達加速了人類社會資訊化和電子化的腳步，大量的資訊被製造出來，而網際網路提供了高效率又廉價的資訊傳送管道。每個社會為了提升其資訊化的運作效益和競爭力，許多資訊因此都直接置放在網際網路可及之處的電腦和手機裡面，而電腦和通訊器材的運作，又高度仰賴到目前證明很難不出差錯的軟硬體，軟硬體可能被人更動或被人找出弱點或漏洞，讓人有機可乘入侵得逞。也因此，理論上，任何儲存在網際空間的資訊都可能被有心人從任何地方透過網際網路直接取得。

　　電腦網路引進了超越人類過去所經驗到的，對資料處理之快速、大量和精準，這三種特質結合其所產生的效能，使網際空間的資訊安全問題比在傳統社會裡問題幅度更大又更難處理，而且其造成的損失與破壞往往更嚴重。傳統社會早就有情報間諜、小偷、金光黨、垃圾郵件，以及侵犯智財權和個人隱私，正常的社會都能夠控制這些問題，使它們不致於過度擾亂社會秩序，但是，這些問題在網際空間卻氾濫成災，傳統的控制方法完全失靈。傳統社會的小偷或金光黨每天能獵取的目標非常有限，但在網際空間，他們有大量的目標可以刺探和下手。另外，在傳統社會，要投寄一萬份的廣告信件，時間與金錢的花費相當可觀，但是，在網際空間散發一萬份的廣告電子郵件，所花費的時間與金錢卻很少。因此，許多在傳統社會不成問題的，在網際空間的新環境裡卻成了大問題。

　　所以，資訊安全已經成為社會安全與國防安全的一個重要議題。每個社會都必須面對這個挑戰，把資訊安全的威脅降低到可以維護高品質的社會與國防安全，讓民眾安心。

　　根據2011年7月潘達實驗室(Panda Lab)的抽樣測試，台灣將近60%的電腦受到具威脅性的感染，在全世界名列第三糟，僅次於泰國和中國。賽門鐵克於2011年7月到9月的季報也指出，台灣在全球國家「殭屍電腦」(botnet)感染率排名第一。台北市警局刑警大隊統計2011年全台北市詐騙案件共4,647件，其中網路詐騙高達1,076件，首度超過電話

詐騙案，等於每個月約90件。另外，據刑事警察局統計，
2012年1至3月網路購物詐騙案共接獲605件，每月平均201
起，遠超過2011年的月平均數。網路購物詐騙大多為詐騙
集團取得交易資料，假冒銀行或賣家身分騙取買方財物。
這些報告顯示，台灣社會在資訊安全的防護建設是嚴重不
足的，受害民眾過多，而且愈來愈惡劣，這是危機之一，
它將危害台灣在國際社會的競爭力，也危害台灣民眾社會
生活的安全。

　　《自由時報電子報》2012年6月7日報導：澳洲國防部
長史密斯5日抵中國訪問，他和幕僚將手機、筆記型電腦
和其他電子設備留在香港，不帶進中國，以防通訊遭攔截
或入侵而被竊取情報。報導也指出：去年澳洲總理吉拉
德、外交部長陸克文和史密斯等高層官員的電腦，傳出遭
疑似中國情報單位入侵。2012年3月，澳洲政府就是因為
資訊安全的考量，禁止由中國軍方退役工程師創立的中國
電信設備商「華為」，投標澳洲寬頻網路建設。美國和印
度也都基於國家安全的考量，拒絕「華為」及其他可疑的
中國業者，投資參與可能危及國防資訊安全的相關事業。

　　中國對台灣有侵略併吞的敵意，然而，中華電信、台
灣大哥大、遠傳電信和亞太固網等多家台灣電信業者，卻
都向「華為」採購基地台及核心系統，等於把台灣的通訊
系統方便中國監聽，這是危機之二，它在引狼入室，為中
共創造更有利於併吞台灣的機會。

　　為降低人為失誤造成的安全威脅，先進國家都建立一

套完整合的「身家調查」(security clearance)安全制度，只容許具有可信賴層級的人處理相對敏感的事務和資訊。一個人在工作上的可信賴層級和此人的人格完整性、個人及家庭背景狀況，以及個人生涯經驗與交友有很大的關連，都是身家調查的重要項目。台灣的「國家通訊傳播委員會」(NCC)是電信、通訊、傳播等訊息流通事業的最高主管機構，它設有委員7人，理論上是超黨派的獨立機關，是關係到維護資訊安全非常重要的環節。2012年「立法院」審查「行政院」所提名的4位第四屆委員發現：一位被提名者不但提供不實資歷，對NCC的專業一問三不知，未來還可能無法迴避利益衝突；一位被提名者毫不掩飾其「機會主義」心態，如果被任用才願意放棄美國籍；另一位被爆論文抄襲；還有一位則被質疑立場不超然。而「行政院」卻堅持不撤回、不重新提名。台灣缺乏進步的「身家調查」安全制度，這是危機之三，敏感資訊容易落入敵對者手裡，導致國防安全漏洞百出，早已被美國詬病，因此，比較敏感的技術與設備都不願意轉移給台灣。

　　前面談到的三項台灣資訊安全危機，都和台灣現在不是台灣人當家作主有直接的密切關係。從戰後到現在的「中華民國」統治機器，一直是由認為自己是中國人的赤藍權貴所把持，這些人在台灣政治、經濟、社會與媒體的優勢地位都是過去非法取得並由之繼承來的，是靠屠殺、迫害台灣社會菁英來占有與鞏固的。這些外來的赤藍權貴長期貪瀆、掠奪台灣社會資源，從不把台灣人的利益做為

重要的政策考量，只有在台灣人「總統」李登輝、陳水扁
執政的20年間，台灣人的利益較能夠受到實質的尊重，也
是在這段寶貴的時間，台灣人獲得了近於免於恐懼的言論
自由。然而，2008年赤藍人馬英九復辟之後，外來殖民統
治的猙獰面目很快地暴露出來，阻止台灣人重新執政是他
們的核心利益。所以，從2010年開始恢復壓縮言論自由的
特務手段，他們仿傚中共及其他獨裁國家在網際空間搞資
訊控制，這是危機之四，台灣人的反抗者的電腦和手機會
被入侵、通訊會受到監聽和阻礙。

　　遠雄建設董事長趙藤雄於2012年6月6日重砲抨擊馬英
九集團說：台灣現在像是汪洋中的一條船，前面又有風
暴，掌舵者卻沒有方向，只能自求多福，靠自己能力生存
下去，如果政府政策不改變，再這樣惡搞下去，只有大家
死在一起。其實台灣社會很多人早就看破這點，希望趙藤
雄能夠「反正」歸隊。當前台灣所面臨的資訊安全危機，
套上趙藤雄的話一樣適用。台灣人必須堅持咱所擁有的言
論自由，不斷揭露外來赤藍統治的邪惡，咱才可能鼓舞群
眾起來建立屬於自己的國家，許多的台灣危機包括資訊安
全的危機才可能獲得轉機。(劉聰德，2012)

1.4.6 駭客城的傳奇

　　ARPANET當初發展時，基本上是給研究學者、專家
和政府官員使用，這些人技術程度較高，可信任度也高，
因此，網路的設計沒有考慮嚴密的安全防衛，導致網際網

路目前問題叢生。駭客在1960年代就開始活動，喜歡探究軟體程式控制的系統並擴張其功能，具有維護資訊自由的理想和使命感，後來才滲入一些喜歡搞怪的搗蛋鬼，網際網路商業化後，讓他們有更多伸腳出手的機會。

早期都是一些聰明的年輕小伙子，不眠不休在網路上到處找漏洞，駭進別人的電腦，尤其是知名人物和重要機構的電腦，好在朋友間炫耀「戰果」，獲得同伴給予「技術高超」的肯定。然而，過了2000年，駭客的特徵已經變成深沉穩重的青年或中年職業工作者，專門竊取身分、信用卡資料、銀行帳戶密碼等。網路犯罪已經形成一個地下產業，具有完整、有效率的產業鏈，全球年產值在2010年估計已經超過3,880億美元，比毒品市場還大(Weigel, 2011)。不過也有專家認為前述估計過度誇張，認為就個人所得而言，網路犯罪賺頭其實並不大。

在阿爾卑斯山麓，約有12萬人口的羅馬尼亞城鎮勒姆尼庫沃爾(Râmnicu Vâlcea)，在獨裁者希奧塞古(Nicolae Ceauşescu)的時代，城裡只有一間化工廠和觀光業提供就業機會，雖然比起其他窮困的城鎮，還算是生活較幸運的地方，終究還是討生活困難之地，人們開著國產的、土氣的小汽車。1989年的革命推翻希奧塞古後，引進的市場經濟並沒有注入明顯的活力，年輕人還是很難找到工作。

直到1998年網際網路的革命潮流衝擊到這裡，網咖開始出現，提供了廉價上網，既可以接觸新科技也可以消磨時間。這裡的年輕人很快地獲得靈感，專門以超低價格的

昂貴商品引誘網路購物者上當，專騙預付款或試用商品運費，而不交付任何購物。到2002年如此發展了獨特的網路詐騙行業，無所不騙、全世界到處都騙，積少成多，每年「賺」進好幾百萬美元。勒姆尼庫沃爾到2005年就已聲名狼藉，成為國際刑警所矚目的網路犯罪中心，被稱為駭客城(Hackerville)。原來單調缺乏生氣的城市，變成歐洲名車行林立，年輕人戴昂貴的金鍊，開豪華名車呼嘯街道闖紅燈，精品店、高級餐廳和夜店生意興隆，帶動整個城市的經濟發展。要說網路犯罪賺頭不大，似乎難以解釋勒姆尼庫沃爾的繁榮景象。(Bhattacharjee, 2011)

1.5 從Web 1.0到Web 2.0

　　網際網路能夠有這麼爆炸性的發展，除了其開放性和相容性的特質，技術上必須歸功於全球網(World Wide Web, www)的發明與精進，全球網是英國籍的電腦科學家伯納斯李爵士(Sir Tim Berners-Lee)於1989年3月，利用其先前的電腦程式經驗所提出的建議，奠定了網站與瀏覽器(browser)這種非常容易使用的近用模式(access model)。

　　全球網所提供的標準電腦程式語言和作業規範，使文件、圖片、語音和影像等很容易在瀏覽器上組合、編排成頁，稱為網頁(web page)。網頁的內容可能透過超連結(hyperlink)引用網站內其他網頁的資訊，也可以連結引用到其他網站的網頁。從一張網頁跳到另一張網頁，只是用滑

鼠點選超連結按指之勞。如果把網站看作網際空間的城
鎮，把超連結視同公路，就會呈現一幅錯綜複雜的資訊
高速公路(information super highway)地圖，這幅地圖一般通稱為
「網界」(the Web)。

全球網是網際空間發展迄今最重要的發明之一，這個
網站開發系統的發明，使任何工作環境(operating system)的電
腦或手機，如微軟視窗及行動視窗(Windows Mobile)、蘋果麥
克(Mac)及iPhone、谷歌Android、Linux等，都能便捷地瀏
覽架設在任何工作環境的伺服器的網站所提供的資訊。使
得沒有受過太多電腦訓練的網民能夠快速、無障礙地讀取
網際空間裡的網站資訊，完全沒有兩端電腦工作環境是否
相容的問題。大量網民方便地連到各種網站瀏覽資訊，使
資訊能夠大幅擴散，因此，更吸引企業和個人架設網站。
又因為，即使沒有受過深入電腦程式訓練的公司和個人，
都能輕易使用全球網將資訊安排成網頁放置在網站，供人
閱讀、宣傳理念等，網站因此如雨後春筍般地出現，而導
致網際空間資訊量爆增。這種發展也因此激發了電子商務
及網路社群的蓬勃景象。(劉聰德、莊純琪，2008)

伯納斯李爵士於2011年4月應邀到慶祝150年校慶的
MIT研討會，發表演講時宣示：人類生活已經相當依賴瀏
覽網界，因此，應該認定瀏覽網界是一種基本人權。伯
納斯李爵士一直是「網際網路自由」(Internet freedom)的鼓吹
者，認為網民有瀏覽所有網際網路上的資訊的自由，不
應受到過濾或阻礙。他也不斷大聲疾呼「網路中立」(net

neutrality)，要求網際網路服務提供業者(Internet service provider)，
應該對所有網民和企業在網際網路上傳遞的資訊一視同
仁，不能給予某些網民和企業的資訊有特別待遇。

資訊網站興起後的前十年是初期的Web 1.0的時代，
網頁內容偏向靜態，網站所有者掌控網頁內容，資訊的流
動基本上是單向的，瀏覽者只能吸取網站所提供的資訊。
換句話說，其經營概念基本上仍沿襲傳統的市場推銷方
式。

1.5.1 Web 2.0激發個人傳播

從2000年之後，繼而突起是Web 2.0的思維，它顛覆
傳統的秩序，積極邀請網際空間的網民參與，上網者提
供的資訊才是網頁主要的內容，因之產生可觀的價值，
像韓國的Ohmynews.com就由網民直接提供新聞資訊。
YouTube讓網民把身邊遭遇到的不公義事件直接上傳到網
站，掀起了「全民監察」的風氣。以大眾為資訊內容提供
者的Web 2.0經營模式，使網際空間更為多樣化、更為活
潑，也更引發大眾參與的熱情。就政治運動和社會運動而
言，網站成為散播理念和訴求的廉價媒體，電子郵件是通
訊、宣傳和動員的快速管道，部落格(blog)和社群網絡如臉
書、推特等，成為組織、溝通和動員的加速器，YouTube
和Skype等更是提升宣傳效果和運動效率的工具。

目前最著名的社群網站當推臉書，它成立於2004年2
月，從成立之初就以極為驚人的速度席捲美國各大專院

校，後來逐漸開放給所有自認為13歲以上的人。這個網站到2012年9月底估計每個月已經有十億的會員登入，被稱為世界第三大「國」。這些使用者透過社群網絡擴大其社交圈：每個月注入300億件分享訊息與交換意見；從2005年秋天發表照片上傳功能，使用者總計上傳了2,650億張照片；在2011年9月推出音樂程式後，有6,260萬首歌被播放了220億次。臉書所提供的服務，讓使用者在社交過程中生產了大量多樣性的內容，為臉書及各自所屬的社群創造了極高的價值。它的開創者之一的扎克伯格(Mark Zuckerberg)，不僅在2008年躋身世界前十大富豪，成為最年輕的十億級富豪，還被《時代雜誌》(*Time Magazine*)選為2010的年代人物。到2011年底，台灣人會員超過1,000萬，每天登入的人數有650萬。

另一個著名的社群網站是推特，到2011年底估計已經擁有三億的會員，每天「推」出三億件訊息，並處理160億個搜尋指令。

1.5.2 Web 2.0創造新服務模式

Web 2.0也對服務系統的運作注入了創新的模式。一個國家或經濟體的產業目前都分為三類：農業、工業和服務業。人類社會經濟型態的發展就是從農業進步到工業，再進步到服務業。服務產業在美國已超過75%的總體經濟規模，而在所有已開發國家也幾乎都占國家總生產量(gross domestic product, GDP)的最大塊(Larson, 2008)。台灣自1995年服務

業占GDP超過60%後，開始邁入服務型經濟，到了2006年已達到71.65%，服務業的就業人數則占整體就業人數的58%，比例上偏低(工研院產業中心，2008)，相較於美國在服務業的就業人口80%。

在傳統大家熟悉的服務裡，對同一個服務提供者，不同的客戶之間，前面的客戶一般並沒有為其他客戶提供服務，即使有，也不會是該服務的重要工作或價值。當然，提供者可以從服務過程，獲得技術的精進和資訊、知識的累積，因此，理論上，後來的客戶在其服務過程多少可以受惠，只不過，前面的客戶大概並沒有嘉惠後者之意。若以賭場的「老虎機」(slot machine)為例，就數學的或然率而言，一個賭客的投入和扳機，如果沒有獵取到「滿貫」大獎，確實會直接嘉惠隨後來玩這台老虎機的其他賭客。不過，在現實世界裡，前面的賭客並不是因此而玩老虎機，絕不是有意為下一位賭客服務，幫忙提高那位賭客的運氣。

在報紙上寫影評當然是有意嘉惠其他影迷，不過，影評投稿並不是電影院經營者與觀眾在服務過程的一部分。台灣某些社團或遊覽場所會在櫃

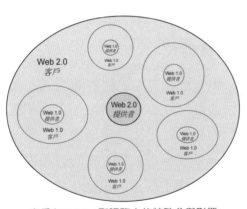

客戶在Web 2.0型服務中的特殊參與形態

台擺「評論簿」，讓客戶寫下意見供主辦單位和其他後來的客戶做參考，這就比較具有客戶扮演服務其他客戶的角色，但並不是社團或遊覽場所招待客戶的主要功能。在日本搭乘鐵路運輸的乘客，下車前會把自己的座位整理乾淨，並且把垃圾帶走，這是日本人非常值得讚許的客戶服務其他客戶的優質文化，不過，這究竟也不是鐵路服務的重要功能或價值。

　　臉書所提供的就是一種Web 2.0型的服務，它的一部分客戶，在此服務過程中積極生產資訊，變成Web 1.0型的資訊服務提供者，而這些Web 1.0型服務的客戶就是資訊提供者的朋友(friend)或粉絲(fan)，本身也同時參與Web 2.0型的服務。許多網際網路上的部落格服務也具類似形態，每位部落客(blogger)都是其所屬部落格提供者的客戶，而本身又是Web 1.0型的服務提供者，不過，和臉書不同的是，部落客的客戶不必然也會是部落格提供者的客戶。(王宣智等，2012)

　　Web 2.0甚囂塵上已多年，研究指示：90%的社群網民並不會做任何貢獻，他們只是一般讀、看的資訊消費者，9%的社群網民偶而會有些貢獻，寫出反應他們的想法，只有1%是積極的資訊開發者(Nielsen, 2006)。但是，八億臉書使用者的1%仍有不可忽視的800萬人，其匯聚的資訊能量所發揮的影響力還是夠驚人的。

1.5.3 「小世界網絡」創造運動效能

　　台南是個歷史古老的府城，曾經很長一段時間居民流動性很低的城市。台南人很早就發現一個現象：當兩個互相不認識的台南人相遇，他們最多提到第三個人名，就能找到共同認識的親戚或朋友。因此，台南社會像「茱瓜鬚肉豆藤」，很容易拉上關係，拉近彼此間的距離。數學家和社會學家把類似這樣的現象整理出「小世界理論」(small world theory)。社群媒體在網際空間蔓延之後，研究學者更努力深入探討「小世界網絡理論」(small world network theory)。

　　匈牙利作家卡林希(Frigyes Karinthy)在1929年發表的《鏈》(*Chains*)這篇短文裡，他啟發了「小世界」的觀念：任何人最多經由五個人輾轉介紹就能接觸到地球上任何其他一個人。換句話說，任何人可以經過熟人和熟人的熟人，如此輾轉最多六次就能接觸到任何被指定的人。用數學語言來說，人類社會在人際網絡的人際間隔最多是六段。麻省理工學院(MIT)的數學教授波爾(Ithiel de Sola Pool)和IBM的數學家柯欽(Manfred Kochen)，從1950年代初就開始嘗試用數學方法解決這個問題，經過20年，還是沒有得到他們自己滿意的結論。

　　社會心理學家米勒葛蘭(Stanley Milgram)於1967年5月，在《現代心理學》(*Psychology Today*)期刊發表描述《小世界問題》的論文，他稱自己的方法是一種哈佛的解決方式(A Harvard Approach)，有別於MIT和IBM的嚴密數學建構與論證。他獲得美金$680元的補助，以美國社會進行「小世界理論」實驗。米勒葛蘭分批做兩次實驗，每次任意挑選一

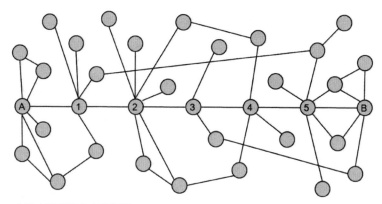

六段人際間隔的人際網絡

些住在中西部的居民，要求他們每個人寄一個包裹給這些
人都不認識的一個波士頓的居民，他們只知道這個波士頓
人的名字、職業和居住區域，但是沒有地址。寄包裹的人
因此必須判斷那一個熟人，最可能把這個包裹輾轉寄到那
個波士頓人的手上。米勒葛蘭的實驗印證人類社會確實是
一種「小世界」型的網絡，而美國社會的平均人際間隔是
5.5到六段。(Milgram, 1967)

　　雖然米勒葛蘭的實驗方法的設計備受爭議與挑戰，他
的小世界結論卻廣受重視，因為那個時代的人已經感覺到
世界愈來愈緊密地連接在一起。1973年柯欽和波爾的學生
以理論方式並佐以電腦模擬運算，認為以美國社會的人口
數量，在排除社會結構的情況下，人際網絡的平均人際間
隔應該是三段。米勒葛蘭後來更深入的研究也指向同樣的
三段結論。

　　米勒葛蘭的郵寄實驗，在2003年由其他研究學者改

在網際網路上，以60,000人送電子郵件給18個目標接件人，結果得到的平均人際間隔是五到七段(Dodds, Muhamad, and Watts, 2003)。另一篇微軟在2007年完成的研究報告，以它的即時傳訊服務(Instant Messaging Service)的使用者網絡做調查，發現此社群網絡的平均人際間隔約為6.6段(Leskovec and Horvitz, 2007)。推特使用者的連接狀況在2010年4月經過專家分析後發現：推特網絡的平均人際間隔約為4.67段，幾乎所有使用者置身於人際間隔五段的網絡環境，超過50%置身於四段的環境(Cheng, 2010)。臉書的研究團隊也於2011年11月提出報告：在它超過七億二千萬使用者的社群網絡裡，99.91%的使用者是可以互連的，而平均人際間隔是4.74段，若單就美國境內的使用者社群來計算，則平均人際間隔是4.37段(Markoff and Sengupta, 2011)。

興起於網際空間的社群網絡基本上是傳統社會人際網絡的延伸，因此「小世界」的性質自然也帶到網際空間。具有大目標、成功的社會運動往往涵蓋許多人數較少、凝聚力強的次目標團體，而這些次目標團體各自傾向獨立運作，他們之間的聯繫則依賴少數較積極、跨團體的成員來溝通，這就是一種小世界型的網絡結構。這樣的社會運動，其大目標不容易被改變，因為每個次目標團體都有獨立性較強的反省、過濾功能。而又因為人際間隔較小，所以運動的通訊、聯絡及動員較有效率，這種效率又藉由網際空間的社群網絡而展現驚人的成果。1999年WTO在美國西雅圖部長級會議開會期間遭遇強勁的抗議阻撓，就是

來自全球的反對團體所形成的小世界網絡，發揮了高度運動效率的結果。2011年茉莉花革命和埃及革命透過社群媒體所造成的動員能量，更讓人不得不正視「小世界網絡理論」在革命運動的應用。

1.5.4 「長尾現象」彰顯群眾的潛力

　　義大利經濟學者朴列托(Vilfredo Pareto)在1906年，從觀察自家庭園80%收成的青豆產自20%的青豆株，進一步發現，80%的義大利土地掌握在20%的人手裡。

　　精通商務質量管理的朱蘭(Joseph Juran)於1941年應用朴列托的概念，發展了80-20法則(80-20 Rule)，指出許多現象依循：80%的結果來自20%的原因。例如：大部分公司80%的生意來自20%的客戶，或80%的利潤來自20%的產品；《1992年聯合國發展計畫報告》指出，全世界80%的財富集中在20%的人口手裡；職場上80%的災害是由20%的危險所造成；對一個資訊應用軟體，80%的使用者只會用到20%的功能，微軟(Microsoft)發現矯正前20%最常出現的視窗(Windows)錯誤，就能消除80%的系統運作缺失(Rooney, 2002)。朱蘭把這個歸納出來的原理歸功於朴列托的先見，而稱它為朴列托原理(Pareto Principle)。

　　朴列托原理解釋了許多傳統社會裡被觀察到的效率狀況。從經營管理面來看，似乎如果能找到關鍵的20%，給予充分的資源去發揮，那麼就可以賺取絕大部分的成果。傳統社會的政治或社會運動也沒有跳脫這個原理，在每個

組織裡，20%的活躍份子推動了80%的運動效果，因此，大部分的擁護群眾，似乎除了搖旗吶喊助聲勢，認養小豬湊經費，其他，大概幫不上大忙。所以，傳統的政治和社會運動必須依賴傑出的領導者或領導團隊，才能鼓動風潮。直到網際空間形成，群眾的直接參與實質上比起在傳統社會環境裡更有效，原來那種不平衡的效率貢獻模式終於發生變化。

2004年10月，《連線雜誌》(*Wired Magazine*)的主編安德生(Chris Anderson)提出了「網界的長尾」(Web's Long Tail)，「長尾」指的就是朴列托原理中的那「不值得」的80%。安德生宣稱在網際空間，搜尋引擎使市場面極大化，其實98%的線上商品都會有買主，所以，他認為非主流、需求量小的長尾區商品，其總銷售量所創造的利潤，也能夠和主流的、需求量大的商品抗衡。

一般的實體書店大概陳列四萬到十萬本書，若沒有把書目放到網際空間供網民搜尋，那80%的長尾區著作，將很難被人數非常少的獨特讀者發現。在網際空間則不一樣，商品資訊的儲存與陳列幾近零成本，阿嬤爽提供約300萬書目在線上販售，有超過十億人在網際空間尋找他們想要買的物

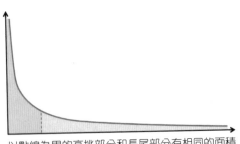

以點線為界的高挑部分和長尾部分有相同的面積

品，因此，長尾區的著作被它的喜好者發現的機會，相對地大幅提高。網際空間的資訊科技環境，打造了「長尾現象」的基礎。(Laudon and Traver, 2009)

「長尾現象」其實就是一種民主化的發展，比較鮮爲人知的電影、歌曲和書本等，都能在網際空間找到曝光的機會。若就政治和社會運動而言，「長尾現象」其實就是一種實質人民作主的發展。在革命2.0的環境下，咱看見默默無聞的平民百姓也能鼓動一小股的支持者或同情者，激起回應的浪花，而這些四處湧現的小波浪卻可以合成大海嘯，強有力地沖垮獨裁政權。原來弱勢的跟隨群眾，現在眞正變成領導創造歷史的英雄。

1.6 衛星天眼定位偵測導航

人造衛星是引領人類探索太空及宇宙奧妙的重要科技成就，它的發展除了具有研究創新、軍事用途及產業提升的意義，還具有國力宣示和民族榮譽的政治和社會意義。台灣在衛星科技的發展著重於氣象及地面偵測用的低軌衛星，由國家實驗研究院所屬的國家太空中心主導。目前仍在使用中的有一顆福爾摩沙二號及六顆福爾摩沙三號。台灣這些衛星原來都命名爲「華衛×號」，即「中華衛星」之意，在2004年12月都正名爲「福爾摩沙×號」，簡稱「福衛×號」。

人造衛星一方面提供通訊頻道將網際網路連接到偏

福爾摩沙二號(取自NSPO網站)

遠或孤立地區，另一方面也將它拍攝的地球和其他宇宙天體景觀注入網際空間供專家學者研究、研判，或供網民欣賞。2008年5月間，中國四川發生8級大地震，福衛二號所拍攝的災前與災後相片，提供國際社會做最快速且看精確的震災研判(謝清志、彭琳淞，2008)。此外，應用人造衛星建構的定位系統能夠把網民在網際空間的虛擬位置給予實體的座標，豐富了網際空間的社會生活。以下三節的內容主要是取自劉聰德於2007年發表之《人造衛星所帶動的國家政策》(劉聰德，2007)。

1.6.1 人造衛星的理論和運作

1945年秋天，英國人克拉克(Arthur Clark)在《無線世界》(*Wireless World*)發表了一篇短文《太空傳遞》(*Extra-Terrestrial Relays*)，論述在地球赤道上空約35,200公里的一條軌道，稱為同步軌道(geosynchronous earth orbit)，人造衛星的速度和地球自轉的速度剛好一樣，因此，從地面看上去，這顆人造衛星是靜止不動的(Roddy, 1989)。換句話說，一旦把地面上的天線對準了那顆人造衛星，就不必再調整天線方向去追蹤衛星。同時，克拉克計算出這顆人造衛星發射

的訊號可以涵蓋地球三分之一的範圍，因此，只要等距離地放三顆人造衛星在同步軌道上，就能夠把電視節目播放到全世界每個角落。這樣性質的人造衛星統稱為通訊衛星(communication satellite)。通訊衛星名副其實裝備有相當數目的轉頻器(transponder)來接收、變頻、傳送訊息、語音或影像。

然而在實際的環境裡，通訊衛星會因力場的變化而循其軌道呈「8」字形飄浮，所以，通訊衛星和地面上的天線並不是絕對相對靜止的，因此，通訊衛星必須載有噴射器(thruster)，必要時，地面的控制中心就發動衛星的噴射器，把它移回到固定天線可掌握衛星信號的區域內。每顆人造衛星的壽命也因此由噴射器燃料的數量來決定，因為燃料用盡了，就無法發動噴射器維持衛星於既定的位置。過去，一般的通訊衛星壽命大約是7到12年，科技的進步逐漸延長衛星的設計壽命，甚至延長屆齡衛星的使用。通訊衛星在即將退伍之前，地面的控制中心會發動噴射器，用僅存的燃料將它再推高約300公里，進入人造衛星的墳場帶(graveyard)，使它永遠環繞地球不墜。這個墳場帶未來必然衍生太空環境污染以及太空飛行安全問題。

發射人造衛星需要靠足夠推力的火箭，一般是先將衛星推送到一個較低的軌道，然後在橢圓軌道的遠端，發動噴射器將衛星送進更高的位置，如此反覆，直到衛星進入預定的軌道高度。在這個推送的過程中，地面的控制中心也不斷測試衛星的功能和儀器狀況。衛星上的電腦系統會

自動把預定的儀器的運作狀態或使用狀況傳回地面，這些
數據對衛星系統的操作和營運非常重要，稱為遙測數據
(telemetry data)。

並非所有的衛星都是通訊衛星或都在同步軌道上，
依據人造衛星軌道的高度，可以有低軌衛星(low earth orbit,
LEO)、中軌衛星(medium earth orbit, MEO)和前已述及的同步衛星
(GEO)，下表陳列這三種衛星的軌道高度：

衛星類別	LEO	MEO	GEO
軌道高度(公里)	500 丨 1,600	8,000 丨 16,000	35,200

低軌衛星和中軌衛星由於其飛行速度比地球自轉的速
度還快，其和地面的接收站的通訊較為複雜，但衛星的造
價和發射費用比同步衛星低。不過，前述通訊的複雜性，
已因為電腦運算能力的發達，接收站的天線可以自動化調
整來追蹤衛星信號。低軌衛星和中軌衛星常用做為偵測、
氣象、實驗、動態通訊等應用。福衛二號每天繞行地球14
圈，其中有兩次繞行至台灣上空；它是在當時唯一可以每
日對全球任何地區取像的遙測衛星，該衛星原定在2012年
除役，不過目前仍在使用中。不同於同步衛星，當低軌衛
星和中軌衛星已屆退伍期限，地面的控制中心會發動衛星
的噴射器，將之導入大氣層利用磨擦所產生的高熱加以銷
毀。

　　從第一顆人造衛星在1957年升空迄今，人類已經發射超過6,500顆人造衛星，其中有3,000顆仍在繞行地球，但只有994顆還在運作服務。2009年曾發生美國伊瑞典(Iridium)公司一顆衛星在41,000公里的高空撞上俄羅斯一顆已經退伍的衛星，造成超過1,000片大於10公分寬的碎片游離在太空。目前這樣的碎片在地球上空約有16,000片，會威脅到衛星及太空船的安全。此外，人造衛星也可能被駭客入侵挾持，這也是不少專家開始擔心的安全問題。(Taylor, 2012)

1.6.2 冷戰時期的太空競賽

　　1949年9月蘇聯成功地試爆原子彈，打破美國在原子武器的壟斷地位，美蘇冷戰進入新階段，雙方展開核武競賽，美國一路領先。不料，蘇聯於1957年10月4日成功地發射人類第一顆人造衛星史潑尼克一號(Sputnik I)，開啟了太空時代，也揭開了美國和蘇聯的太空競賽。

　　史潑尼克一號是低軌衛星，繞地球一周約需96.2分鐘，在上空運作了22天。當時引發了全球各地許多人興奮地收聽衛星廣播，並在夜晚追蹤史潑尼克。緊接著，蘇聯又於11月3日發射史潑尼克二號(Sputnik II)，上面還載了一隻母狗「來咬」(Laika)。2002年10月俄羅斯透露的資料顯示，預計存活10天的來咬，無法抵擋太空艙內的熱度與緊張，不幸只活了幾小時，並非如外界所猜測的窒息死亡。史潑尼克二號在地球上空環繞了162天。

　　美國的衛星計畫早在1954年就開始。在史潑尼克的刺
激下，美國也趕著發射衛星。經過幾次失敗，終於在1958
年1月31日將「探險者一號」(Explorer I)送上太空。探險者一
號運作到5月23日才停止發送信號，但環繞地球上空12年
後才墜毀。

　　蘇聯在太空競賽的領先地位一直保持到1967年。1969
年7月21日，美國的阿波羅十一號(Apollo 11)經歷40萬公里
的長征，帶著三位太空人抵達月球上空，讓阿姆斯壯(Neil
Armstrong)和艾德林(Buzz Aldrin, Jr.)乘著「老鷹號」(Eagle)成功地
登陸並踏上月球表面。阿姆斯壯的左腳踏上月球的那一
刻，留下了不朽的名句：「這是個人的一小步，卻是人類
的一大步。」當天全球估計有六億人收聽、觀看登月的新
聞，成為有史以來觀眾最多的單一事件。這場太空競賽
的勝負到此已經底定。不過，實質的競賽仍繼續到1975
年7月17日才結束。當日，美國的阿波羅和蘇聯的聯盟號
(Soyuz)太空船在太空會合。雙方的太空人進入對方的太空
船互訪，象徵友誼、善意和合作。阿姆斯壯登上月球的時
候才39歲。他於2012年8月25日因冠狀動脈阻塞併發症辭
世，享年82歲。

　　二次大戰結束後，國際社會發展出兩個對立的陣營。
一方是以美國、英國為首的民主國家或資本主義國家集
團，另一方是以蘇聯為首的共產主義國家集團。由於共產
主義理念含有顛覆資本主義社會的思想，兩個陣營對另一
方都極端不信任，雙方積極進行諜報、滲透和宣傳戰。

1950和1960年代，又逢亞、非殖民地國家紛紛尋求獨立。兩個陣營為了各自的利益或為了爭取友邦，更陷入各地區的戰亂糾纏，在文化、科技、經濟和理念上互相較勁。

太空科技包括運載火箭及科學載具或太空船兩大部分，人造衛星是太空船的一部分。因此，可以由發展人造衛星的科技和應用來得到更廣泛的太空科技，或以人造衛星的民生應用需求，進而帶動發展其他太空科技。人造衛星所帶動的科技發展和應用，無論是針對軍事佈署的偵測、情報，或是發展長程火箭攜帶核子彈頭所展現的阻嚇力量，都具有實質積極的戰略效果，而且還具有強勢國力的宣傳意義。

史潑尼克的升空震驚了美國社會，艾森豪總統(Dwight Eisenhower)立刻敦促國會規劃且通過《太空法案》(National Aeronautics and Space Act)，並進行籌組非軍事單位的美國太空總署(National Aeronautics and Space Administration, NASA)統籌太空計畫。NASA在1958年10月1日正式開始運作，其首長由總統直接任命，包括四個實驗室及8,000員工，一開始，年經費自其軍方前身的500萬美金增加到50億美金，到後來的阿波羅月球登陸計畫時躍升到200億至250億美金。為了有效率地推動計畫，NASA是以民間企業的經營思考來經營，最重要的就是要趕上並領先蘇聯，雖然太空法案並沒有如此規定。此外，美國國會也於同年通過《國防教育法案》(National Defense Education Act)，從小學到大學都加強物理、數學等基礎科學，並由聯邦政府提供低利息的學生貸

款，鼓勵學生進入高等教育和技術學校。

起初居於領先地位的蘇聯，並沒有因為美國的振作，而做相對的調整。俄羅斯到1990年才設立相對應於NASA的俄羅斯航太署(Russian Aviation and Space Agency)。之前，蘇聯的太空計畫完全是以軍事目的為導向，基本上沿用其分組競爭秘密執行的發展方式，其中最有成就的是總設計師科羅(Sergey Korolyov)。每個設計師各有不同的構想，他們必須靠黨政關係，取得共產黨官員的支持來資助其計畫。光是在1964年，就有30種不同的火箭及衛星設計。1966年初，科羅逝世後，其他的設計師無法擁有相當的黨政關係，蘇聯的太空計畫就完全處於被動地追趕美國的太空成果。蘇聯太空經費的拮据當然也限制了其整體太空計畫的發展。

美蘇冷戰結束後，經濟崛起的中國加快腳步踏上蘇聯的老路，準備在軍事上和美國抗衡，以樹立其國際強權地位來穩固共產黨的獨裁統治。中國發展航天戰力的思維很早就開始醞釀。毛澤東在1958年就喊出：「我們也要搞人造衛星。」但是，一直到2003年10月15日，中國才成功發射「神舟五號」載人太空船，成為繼美、蘇之後第三個將人類送上太空的國家。2012年6月16日「神舟九號」太空船載著三個太空人飛行13天，其間成功地與2011年9月發射的目標飛行器「天宮一號」進行兩次交會對接。太空人成功進入到天宮一號內部。這是中國計畫於2020年建立自主太空站的重要一步。

美國則早在1966年3月就成功地執行了人類太空史

上第一次的載人對接實驗。美國火星探測器「好奇號」
(Curiosity Rover)從地球出發，旅行了八個半月，飛行5.67億公
里後，於美國東部時間2012年8月6日成功登陸火星，進行
探測工作。這項成就展示美國在太空發展上的領先地位。

1.6.3 INTELSAT提升全球通訊服務

美國國會所通過的太空法案強調人造衛星的發展是要
用於和平的目的、貢獻人類，而且要求NASA必須儘量擴
大太空的商業用途。當然，美國以超級強權的立場，它所
宣稱的和平目的包括提升軍事力量來「維護和平」的強權
概念，因此，人造衛星在軍事上的用途絕不會被忽視。美
國第一顆通訊衛星於1958年12月18日升空，向地球播放了
艾森豪總統的聖誕節賀詞。

為了落實通訊的民營化，美國國會於1962年通過了
《通訊衛星法案》(*Communications Satellite Act*)，授權設置了
「通訊衛星公司」(Communications Satellite Corporation, COMSAT)。
COMSAT的任務是發展全球衛星通訊系統、設置全球地
面衛星接收站、發展衛星科技等，但是COMSAT不能直
接賣衛星通訊頻道給傳播業者，只能賣給電訊系統業者，
以避免與民爭利。

由於，同步軌道是人類共同的資源，聯合國大會於
1961年12月20日通過1721號決議案，認為全球衛星通訊
應公平提供服務給所有國家。COMSAT乃在1964年8月代
表美國的利益邀請其他國家合組「國際電訊衛星組織」

(International Telecommunications Satellite Consortium, INTELSAT)，一開始就有11個國家加入。INTELSAT的任務是建設並提供商業化的全球衛星通訊系統和服務，它為國際社會開拓了一個新而成功的產業和國際合作的模式。每個會員國依其去年度的頻道總使用量的比例來取得其在INTELSAT的股份比例，美國一直都占有過半的股權。INTELSAT在亞、非上空有安置通訊衛星，而且收取較低的使用費，以呼應聯合國大會的1721號決議案。

到了1970年3月，INTELSAT的會員國增加到75個，其中包括一個共產集團的南斯拉夫(Galloway, 1970)。而到1990年代中葉，INTELSAT已有148個會員國並擁有25顆通訊衛星，蘇聯集團也都紛紛加入。INTELSAT的成功，帶動了許多區域性國家聯盟或私人企業設置衛星通訊系統提供服務，和INTELSAT競爭。1988年，蘇聯也決定模仿INTELSAT的組織和企業來經營自1971年就存在的泛史潑尼克(Intersputnik)衛星通訊服務。2005年8月，INTELSAT以50億美元的價值賣給私人企業經營。

台灣一直都以「中國」名義使用INTELSAT的衛星系統，終於在1977年被剝奪會員資格，由中華人民共和國取代，從此主要是依賴美國取得使用權。「中華民國」被逐出INTELSAT之後，無法取得在同步軌道上的衛星「駐點」(slot)，台灣的中華電信於1998年便透過和新加坡電信合作，由新加坡向INTELSAT申請取得駐點，委託馬特拉馬可尼太空公司(Matra Marconi Space)建造衛星，設計壽命12

年，由法國的亞利安太空公司(Arianespace)負責發射。雙方共同經營新台一號(ST-1)衛星，推展衛星頻道加值服務。台灣大部分的有線電視業者以及電視新聞節目的SNG轉播車都使用衛星頻道的服務。

新台二號衛星(ST-2)設計的壽命超過15年，於2011年5月21日順利發射升空，取代將被送進墳場的ST-1。新加坡電信與中華電信在ST-2分別出資62%與38%。

1.6.4 美國的全球定位系統

全球定位系統(Global Positioning System, GPS)是由24顆中軌衛星所組成，其中有三顆是備用，24顆衛星分別放在六個軌道上，每條軌道有四顆衛星，使用端只要同時能直接收到其中四顆衛星的信號，就能獲得本身的準確位置與時間。GPS屬於美國政府，免費提供服務給配備GPS接收器的末端，能夠為地球表面98%的地區提供高精準的定位、測速和時間。使用端並不需要發出任何信號，因此具有隱蔽性，提高了GPS的軍事應用效能。GPS目前最重要的應用是和地理系統「混搭」(mashup)做定位與導航，包括飛機、飛彈、地面及航海交通工具等。近年來，GPS接收器也成為智慧型手機和其他移動裝置的標準配備，因此為網際空間的地域性商務(location-based commerce)應用帶來許多發展機會。

GPS由美國國防部研發、建構和維護，從1973年開始規劃，原先是軍事應用導向的計畫，第一顆衛星在1989年

升空，到1994年全面完成。

　　1983年9月1日，一架韓國航空公司007號客機，從紐約經阿拉斯加的安格拉治(Anchorage)飛往首爾，途中誤入接近庫頁島上空的蘇聯軍事禁航區內，結果被蘇聯戰機以飛彈擊落，機上269名乘客和空服人員，其中包括美國國會議員麥當勞(Lawrence McDonald)，無一倖免。事件發生後，美國總統雷根下令更動GPS計畫，使建置完成後的定位系統能夠讓民間自由近用，隨時提供正確的飛行位置。

　　更動後的GPS信號分為民用的標準定位服務(Standard Positioning Service)和軍用的精準定位服務(Precise Positioning Service)兩類。原先擔心敵對國家或組織會利用GPS對美國發動攻擊，故在民用訊號中人為地加入選擇性誤差(Selective Availability)以降低其精確度，使最終定位精確度大概在100公尺左右，而軍用訊號的精確度則在10公尺以內。1996年，柯林頓(Bill Clinton)政府簽署行政命令，在2000年5月1日午夜取消對民用訊號的干擾，使民用訊號達到20公尺以內的精確度。

　　柯林頓總統的決定是基於國防部長百利(William Perry)的評估建議。顯然，當時民間已經普遍能夠有技術修正GPS的選擇性誤差，而獲得接近軍用的精準度，此外，俄羅斯、歐盟、中國和印度都已經發展或計畫發展其衛星定位系統，未來必然掀起商務競爭。而且，主導定位導航系統還具有潛藏的國防戰略意義。例如，凡是使用GPS定位的裝置，美國在關鍵時刻都能夠「誤導」那個裝置，仔細想

想，這可能會造成非常嚴重的後果。美國因此採取「占領市場」的策略，讓具有創意的業者發展加值應用，讓全球使用者更有意願和信心，安裝GPS接收器自由近用高精確度的GPS應用服務。

同時，美國自1998年又開始規劃引進新科技，更新精進GPS到GPS III，既要能加強軍事與民間的定位導航應用服務，又要能即時制止敵對勢力用它來執行惡意的攻擊。第一顆新的GPS III衛星於2005年開始升空就位，取代老舊該退伍的原GPS衛星。

1.6.5 俄羅斯的全球導航衛星系統

俄羅斯的全球導航衛星系統(GLONASS)是承接蘇聯時代留下來離離落落的系統。GLONASS從1976年開始規劃發展，也是類似美國GPS的24顆中軌衛星系統，定位精準度也非常接近。1982年開始發射衛星就位，到1995年完成。由於每顆衛星的壽命只有約三年，在經費拮据的情況下，系統總是無法維持完整到位的運作狀態，使用起來有很大的侷限性。直到2000年普廷(Vladimir Putin)當總統，當時俄羅斯的經濟已經大有改善，普廷也看出定位導航系統的廣泛運用機會，因此，把恢復並精進GLONASS的全面運作訂為國家優先事項。原來在2001年只剩六顆衛星的系統，到2010年已經100%涵蓋俄羅斯全境，而2011年10月恢復系統的全面運作，可以提供全球性的服務。

參與自由市場的競爭一直是俄羅斯的弱點，只能回歸

舊時代的半強制招式,把在俄羅斯販賣的GPS末端定位裝置,如手機和汽車導航器等,加25%的稅,除非該末端定位裝置也和GLONASS相容。

1.6.6 精密的衛星軍事應用科技

中國於2007年1月11日從四川西昌的衛星發射基地,成功地發射「開拓者二號」所改造的導彈摧毀一枚廢棄的中國氣象衛星「風雲1C」。日本產經新聞2007年2月3日的頭版頭條新聞指出:其實美國從2003年就知道中國進行反衛星實驗一事,但一直沒有對外公佈,直到這次確認中國成功摧毀太空目標,才告知日本、澳洲、加拿大等國,一起譴責中國。除了摧毀衛星的實射研究和實驗之外,中國也進行以高能量鐳射照射癱瘓衛星功能的實驗。美國國防新聞(Defense News)在2006年9月28日發表作者瓦果(Muradian Vago)《中國企圖以鐳射弄瞎美國衛星》(*China Attempted to Blind U. S. Satellites with Laser*)的報導稱,中國多次用高強鐳射照射飛越中國領土上空的美國間諜衛星。(劉聰德,2007)

中國於2002年才在日內瓦裁軍會議上提議應防止太空武裝化,呼籲國際社會要加強太空條約的規範,結果,卻試射摧毀衛星武器,可以說是冷戰結束後最強烈的武器競賽訊息。國際社會已經意識到太空擴軍的危險性,俄羅斯總統普廷於2007年1月25日訪問印度時,就和印度總理曼莫漢共同呼籲國際社會使「外太空非武器化」。(劉聰德,2007)

　　1980年代微晶片製造技術及電子儀器的突破性發展，使受限於容積的人造衛星功能遠超越原先所設想的通訊傳播用途。到2006年底，地球上空大概已有270顆軍用衛星，另有600顆民用及多功能的人造衛星。Skynet是由美國協助英國發展的軍事衛星系統，提供英國軍方及北約使用，在兩次的波斯灣戰爭及阿富汗戰爭中擔負支援陸海空三軍聯合作戰的功能，後來也被擴大到反恐戰爭，逼得活動在阿富汗山區的賓拉登(Osama bin Laden)完全不敢使用衛星電話，無人駕駛的飛機在偏遠地區轟炸、追擊基地(Al-Qaeda)組織及其重要成員。美國空軍從1994年到2003年另外建構了美軍專用的Milstar(Military Strategic and Tactical Relay)衛星系統。

　　人造衛星的主要軍事功能包括(POSTNOTE, 2006)：

　　1.高解析度的偵測攝影能力，連幾十公分長寬的小目標都難逃天眼監視，這是一般所謂的間諜衛星，中國認定台灣的福爾摩沙衛星就是間諜衛星；

　　2.對飛行武器的導航使精確追蹤或擊中目標，前述的GPS和GLONASS都具有此功能，在1991年的波斯灣戰爭中，由GPS導航的飛彈和其他武器成功地擊中目標超過3,000次，發揮了驚人的戰力，難怪中國自2007年也傾全力開始佈署其「北斗衛星定位系統」，預計在2020年涵蓋全球，同時，中國也積極發展擊落高軌道衛星的技術，顯然是準備在必要時可以破壞GPS的導航功能；

　　3.搜集並截聽電訊情報，美國的SIGINT衛星系統由

三、四顆配有近百公尺長超大型天線的同步衛星組成，專用於對地面訊號的偵測與蒐集，這種系統有提供軍事預警的重要功能；

4.追蹤天候氣象的變化與發展，這種衛星功能是通用的天氣預測報導，當然也對軍事行動的安排提供情資。

儘管中共為追逐其霸權主義，正傾力發展其航天戰力，但到21世紀前期，美國在近地球上空的軍事佈署實力，無論就技術或應用，甚至控制太空環境，都仍穩居遙遙領先的地位。但中共極可能逐步將其航天戰力整合應用到網際空間，強化其資訊控制與對異議人士行動的監測。

中國共產黨第十八次全國代表大會，即所謂十八大，於2012年11月8日召開，為保證會議期間維安工作滴水不漏，「美國之音」(VOA)在11月初引述國際特赦組織的消息指出，在短短數週內已有100多名異議人士被捕，以防止他們批評中共與中國政府，甚至舉行抗議活動。中共也加強遣返或拘留已抵達北京的陳情者，但是，地方維權人士仍企圖分批上京。因擔心北京與各地方政府動用衛星定位系統進行追蹤，偷偷上京陳情者甚至不敢開手機，以免遭鎖定。

1.7 網際空間理念的矛盾

民主國家希望更有效地讓人民透過網路科技來監督政府並參與決策，使政府的運作隨著社會的演變而更透明

化、民主化。自由國家進一步更希望全世界人類能透過網際空間的密切交流和溝通而更趨於合作、和諧與幸福的地球村。進步社會本來就偏向尊重個人的隱私權，都紛紛更新過時的法律來強化個人隱私在資訊化社會環境裡應獲得的保護，以避免個人自由與人權受到政府和其他個人或組織的侵犯，藉此消弭網民的憂慮，鼓勵網際網路的使用。

美國國務卿希拉蕊(Hillary Rodham Clinton)於2010年1月21日在座落於華府的互動「新聞博物館」(Newseum)發表演說，宣佈網際網路自由是美國外交政策所關注的重點，她說：「資訊自由能支持促進世界進步所需的和平與安全基礎。」然而，就像在傳統自由社會，自由不可能是放任的，必須遵循某些既定的規範。科技先進的國家，一方面要求資訊自由流通，讓網際網路更蓬勃發展、創新，以擴大市場經濟規模和商機，另一方面要求監控並攔截可能侵犯智財權的資訊傳遞，甚至無理地要求網際網路服務提供業者扮演查封「違規」網站的執法單位。資訊監控的機制就很可能侵犯、傷害網民個人的隱私權。

儘管封閉國家的人民確實從網際空間呼吸到一點自由的空氣，儘管突尼西亞和埃及的網民確實利用臉書和推特成功地把獨裁者趕下台，儘管西方國家的媒體對網際空間捲起民主風潮充滿期待，希拉蕊在國務院的資深創新顧問羅斯(Alec Ross)甚至在2011年6月倡言：網際網路就是21世紀的齊克瓦拉(Che Guevara)，獨裁者比以前都受到更大的威脅，因為不滿現狀的群眾能夠運用臉書和推特組織具影響

力的抗爭行動。

　　然而，出生在到目前仍是極端專制獨裁的白俄羅斯(Belarus)，熟悉網際網路科技的研究學者莫洛佐(Evgeny Morozov)則不那麼樂觀，他不認為網際網路會促使專制國家民主化，他抨擊那些樂觀論調是出自「網際優解放主義」(cyber-utopianism)和「網際網路中心主義」(Internet-centrism)。反而，他認為網際網路可能成為專制政權大規模監視民眾、施行政治壓迫和擴展國家主義與極端思想的強大工具(Morozov, 2011)。

1.7.1 資訊控制2.0

　　極權國家的政府必須有效地控制資訊，堵住它認為不利的訊息，最通用的技術是「內容過濾」(content filtering)，濾掉不利的資訊，使人民無法取得。而對人民的一舉一動包括隱私資訊更是獨裁政府設法想要掌握的，通用的技術是：儲存並監視網路訊息，特別是針對電子郵件、網路電話和手機簡訊；利用駭客工具入侵特定對象的電腦竊取資料；偽裝成一般網民滲透到社群，打探並瞭解社群活躍份子及其活動；混入社群媒體，造謠或發表極端言論污染社群的正常溝通等；更可以強制實施實名制，掌握每個對象的真實身分。2011年北非阿拉伯國家的獨裁者就製作假的臉書和推特等登入網頁，來攔劫其國內使用者的帳號及密碼，藉此入侵反對者的帳戶，盯著反對者的言論並竊取資訊。2012年12月29日，中國全國人大常委會通過《關於加

強網絡信息保護的決定》，並且立即生效，對所有個人使用網際網路、電話與行動電話等通訊設施實行網路實名制。

比較極端的方法是阻斷網際網路連線和手機簡訊，但這只能侷限在短時間和特定的小範圍，否則，可能造成嚴重的經濟損失。2011年1月27日埃及政府為了阻撓反對勢力活躍份子的通訊，魯莽地斷絕網際網路連線長達五天，經濟合作暨發展組織(Organization for Economic Cooperation and Development, OECD)估計埃及的經濟損失高達9,000萬美元(Lordet, 2011)。為此，2011年5月，已經下台的前埃及總統穆巴拉克和其他兩位高級官員，被埃及法庭判決賠償9,000萬美元，穆巴拉克個人的罰金是3,300萬美元。

賓拉登的基地組織籌劃對美國發動911攻擊之前，預定劫機的成員從2000年初就開始被派到美國學習駕駛同類型的客機，他們暴露出一個共同點：不學如何把飛機降落。美國幾個獨立的安全機構事實上都掌握了部分的蛛絲馬跡，如果事先能夠把那些情報整合起來研判，即使無法完全阻止恐怖攻擊，可能也不致於受創得那麼嚴重。911攻擊事件之後，美國總統小布希(George W. Bush)於2002年11月簽署成立「國土安全部」(Department of Homeland Security)，就是為了建構國家安全整合機制，使分散的相關情報能夠用智慧型的資訊處理技術整合出更清楚的圖像，以及時制止恐怖攻擊。

然而，專制政權也可以藉口維護社會安全，而充分使

用資訊整合系統，配上資料探勘(data mining)技術，達到對人民更嚴密的控制。歐威爾(George Orwell)著名的小說《1984》所描述的威權體制獨裁者所張貼的警告：「老大正盯著你！」事實上正在中國熱烈上演。從2011年開始籌劃的「平安重慶」監控網，按計畫覆蓋重慶全市1,000多平方公里範圍內的50萬個十字路口、居民社區和公園，覆蓋範圍比紐約市還大25%以上，中共官方強調，這是為了「打黑除惡」遏阻犯罪，但人權提倡者警告，這也是針對異議人士而來，到2012年，「平安重慶」已經擴大成價值數百億美元的「安全城市」計畫，在全國各大城市裝設大量的監視攝影機。

　　常聽到一句順口溜：「凡走過，必留下痕跡。」事實上，在現實社會環境裡有許多擾亂或消除痕跡的自然因素，因此，走過的痕跡不一定真的能夠留下來待發現。然而，在網際空間，要真實記錄某個網路區域一切活動的痕跡並不困難。也因此，即或是高舉自由民主的美國和英國，它的執法單位也禁不住誘惑，以「反恐」為藉口，企圖要求網際網路服務提供業者記錄並儲存所有網際空間的活動。2012年4月，發明全球網的伯納斯李爵士在接受《衛報》(*The Guardian*)獨家訪問時警告英國政府，記錄並儲存所有網際空間的活動將嚴重「破壞人權」，他指出：「那些儲存的大量個人資訊將落入竊盜或被腐化官員釋出的威脅。(Katz, 2012)」

　　莫洛佐說得沒錯，專制政權必然會運用並精進網際空

間的新科技，更有效控制人民的思想和行動，藉此穩定政權並維護當權集團的優勢和利益。一家英國公司所製作的一個叫FinSpy的監視軟體，在2012年被發現由巴林(Bahrain)政府用來監視活躍的人權工作者。不過，即使自由民主國家也逐漸步上後塵採取某些網路控制措施，人權團體和網際網路自由的擁護者對此都憂心忡忡。

1.7.2 中共圍堵資訊洪流

到2011年底，根據「中國互聯網絡信息中心」所發佈的《第29次中國互聯網絡發展狀況統計報告》，中國的網民總數已達5.13億的規模，雖然這只占中國人口的38.3%，但數量已遠超過美國總人口數，又用手機上網的網民人數則達到3.56億。中共政權推展他們稱為「互聯網絡」的網際網路，目的是要建設發展經濟的基礎架構，並不願意讓網路成為傳播及討論政治、宗教、人權和社會議題的空間，不願意讓它變成批評政府的平台。

雖然《中華人民共和國憲法》表面上賦予公民言論自由的權利，為維持其一黨專政，中共過去一直獨占宣傳媒體，查禁書籍、雜誌和報紙。現在，全世界訊息從四面八方透過網際網路湧進中國各個角落，透過「微博」互通訊息的網民有2.74億，如此來自網際空間的資訊衝擊，比對其他獨裁國家都大。因此，中共統治集團制定數十種法規，研發及取得外國先進監控技術，建立至少已有三萬名到五萬名網路警察，對在中國的網站內容和網民進行嚴密

監控。

　　中共從1998年開始建構「防火長城」，鎖定監控中國民運人士聚集的網站以及Wikipedia、YouTube等高使用度資訊網站，透過將伺服器列入黑名單、過濾網頁關鍵字等方式進行網路審查與控管。2003年更投入八億美元成立「金盾」方案，不斷擴大、提升其監控網路的技術及能力，監控內容由網路擴大到公安、國安、宣傳等方面，到2008年完成建構，估計相關網路管制人員高達30萬人。金盾使中國網路警察不只是單純封鎖資訊，還能刪除、遮蔽不利官方的言論，剝奪人民言論及資訊之自由流通，防堵中國人民和民主運動獲得無形的資訊與思想的外援。中國網民叫這些人為「五毛黨」，意指這些人低價賤賣自己的靈魂充當獨裁集團的走狗(Chao, 2012)。

　　本來，中共還規定自2009年7月1日開始，所有在中國販賣的電腦都必須安裝「綠壩」監控軟體，以方便統治集團盯住每一台電腦。後來，在國際社會的強烈抗議下才作罷。

　　東土耳其斯坦首都烏魯木齊在2009年發生「七五抗暴」事件，造成至少197人死亡。為了阻撓維吾爾人之間以及他們和國際社會的通訊，從2009年7月到2010年5月，人口超過2,180萬的東土耳其斯坦全境的網際網路幾乎都被斬斷，國際電話和簡訊六個月無法使用。為防範北非「茉莉花革命」後的民主浪潮蔓延到中國，北京更加強箝制電子通訊，不僅Google在中國的Gmail服務和網民用來

規避「防火長城」的虛擬私人網路(VPN)受到干擾，專業人士社交網站LinkedIn也一度被封鎖，就連在手機通話中用英文講到「抗議」一詞，也會被斷訊。過去不會被過濾的關鍵字或網站，都可能三不五時會碰壁。2012年10月哈佛大學一篇研究網路審查的報告指出：中共的網路監控著重在過濾可能引發集體行動的內容(Chao, 2012)。

中共十八大召開前，高層貴族之間有激烈的鬥爭。重慶市副市長、前重慶公安局長王立軍於2012年2月6日進入在成都的美國總領事館要求政治庇護。王立軍的叛逃轟動國際，為鬥爭十八大的熱門人物薄熙來揭幕。薄熙來是中共第十七屆中央政治局委員，事發當時是重慶市市委書記，經調查後於9月28日被開除黨籍、公職，終結其政治生涯並將接受審判其被指控的罪行。釋放打擊對象的貪瀆訊息給國際媒體，也是十八大召開前的鬥爭創舉。

國際知名財經媒體「彭博」(Bloomberg)於6月29日報導：中國下屆呼聲最高的領導人習近平家族坐擁3.7億美元的龐大資產。彭博的兩個網站Bloomberg.com以及Businessweek.com因此在中國都遭到封鎖。中共更下令其國內銀行停止使用彭博的金融資訊服務，彭博因此損失數百萬美元營收，它駐北京記者傅才德(Michael Forsythe)還遭到死亡威脅。10月26日又出現紐約時報刊登：中國國務院總理溫家寶擔任領導任內，家族累積大筆財富，名下資產至少27億美元。報導後，紐約時報網站、紐約時報中文網及「NYT」、「溫家寶」等關鍵字隨即遭到中國封鎖。

「防火長城」是中國版的「柏林圍牆」，它封殺網路
言論自由，阻絕網民與外界的自由溝通，對近年來興起的
社群網絡的成長構成阻礙，許多中國用戶只能在牆腳陰
暗處竊竊私語。不過，中國網民逐漸發揮各種創意「翻
牆」，挑戰當局的網路封鎖。中國在海外的民運人士和法
輪功學員則尋求各種技術「挖地道」，希望將世界的真相
和進步國家的思想偷渡到中國境內。

被稱為中國「防火長城」之父的北京郵電大學校長方
濱興，於2010年12月在新浪微博開了一個帳號，不到三小
時他的網誌就被臭罵他的評語塞爆，而不得不關閉(Chao,
2012)。2011年5月19日他到武漢大學演講時，一下車便遭
一名等候的學生擲鞋和丟雞蛋，其中一隻鞋擲中他。方濱
興事後怒斥主辦單位：「聽說他們之前就在推特上討論這
件事，你們怎麼沒有一點應對措施？」主辦單位無奈地
說：「那個網站我們打不開，被防火長城擋住了，不知道
他們說了什麼。」這個故事被引為惡棍自作孽、自取其辱
的一個插曲，反映了中國網民對中共封鎖網路的忿怒。

中共箝制言論自由也引起外國人的不滿，有八位紐約
居民於2011年5月18日向曼哈頓地區法院控告中國政府和
中國第一大搜尋引擎「百度」，指其屏蔽搜索結果中支持
民主的文字，侵犯了美國憲法賦予他們知的權利，同時求
償1,600萬美元，訴狀並稱百度是中國反民主政策的代理
人和執行者。中國外交部發言人姜瑜5月19日聲明：中國
政府依法管理網路是行使主權，外國法院沒有管轄權。不

過美國民主黨參議員杜賓(Richard Durbin)於稍早5月4日曾公開一份致百度創始人李彥宏的信，透露他正在推動新的法案，要求在美國上市的科技公司採取「合理步驟」保護人權，否則要受到美國當局的懲罰。由於百度股票在美國上市交易，將受到這類法律的約束。

美國國務院官員一再表示，美國強烈支持中國開放言論自由和新聞自由，包括網路言論在內，而且要持續敦促中共尊重國際社會承認的人權價值，以及網路的基本自由，這包括網路言論自由和近用資訊的自由。

1.7.3 叛逆的「駭客主義」

駭客是指具有如下能力特質的個人：喜歡以實作(hands-on)方式探究軟體程式控制的系統或儀器並擴張其功能，能夠尋求非刻板式的方法解決此類系統或儀器的問題，並跨越既有的限制。例如，某公司一位被辭退的員工，沒有移交他所管理的檔案的密碼就憤怒地不告而別，一般的工程師除了急著找那位離職員工，希望他沒有「忘記」密碼之外，大概是束手無策。駭客則會從多方面去推敲那位員工可能使用的密碼，並實際輸入測試尋找答案。工程師會認為這是一個不可能的任務，也就不願意去「黑白試」。結果，如果問題最終有被解決，解決問題的人大概就是那個駭客，而不會是那個刻板的工程師。

駭客這個稱呼早在1950和1960年代MIT那群聰明認真的學生之間流行，特別指社團裡具有高度的創意、格調和

技術的同學，能夠獲得這樣的頭銜是年輕人的驕傲。1959年，MIT的數學教授麥加錫(John McCarthy)開了一門嶄新的課程叫「人工智慧」(artificial intelligence)，跳脫當時大家把電腦只當做計算工具的刻板印象，麥加錫認為這個計算工具是可以「有頭腦」的。這門課讓學生們得以實際應用並研究軟體程式的控制功能，幾位駭客級的研究生竟然能夠用一台早期龐大笨拙的IBM 704型電腦，控制一排燈泡的閃爍玩起乒乓球。那個時代，誰能夠把電腦指令弄得愈少、容量需求愈小，誰就愈是高手，因為當時電腦裡面的記憶體容量實在非常少。(Levy, 1984)

　　1960和1970年代是美國學生運動興盛的時期，是反對既得利益的「文化革命」時代，年輕人深受反越戰運動、非裔民權運動和嘻皮主義(hippyism)的影響，這些聰明絕頂的駭客把他們對電腦的熱愛和憧憬、反對政府控制資訊、反對政客與官僚體系、鼓吹種族平等，以及不盲從傳統社會的價值與生活模式等，融入其實作體驗而形成了駭客之間的倫理信條，其中最重要的是：堅信資訊必須容許自由擷取；以及，不信任政客與官僚體系，鼓吹分權。

　　然而，隨著電腦的迷你化和普遍化，社會環境的發展為熟悉電腦應用的人帶來吸引人的利益與機會。有些駭客也就無法抵擋這種誘惑而背離了駭客信條，把他們所寫的軟體程式以智財權加以保護，防止競爭者使用，破壞了資訊自由。更糟的駭客則淪落到竊取他人的資料謀求金錢的利益。也是MIT早期駭客之一的斯都曼(Richard Stallman)有感

於世風日下，於1983年開始推動自由軟體運動，創造了「著佐權」(copyleft)的觀念，容許作品被使用並修改更動，與傳統「著作權」(copyright)的獨占性抗衡。

駭客大概是網際空間最早結合成許多網路社群的網民，他們透過聊天室(Internet Relay Chat, IRC)互通聲氣，雖然許多人素未謀面，頻繁的聊天溝通使他們凝聚堅強的感情，IRC被暱稱為街頭的小酒吧(Rheingold, 1993)。有些駭客也善用他們的電腦和網路技術，積極參與政治和社會運動，駭客主義者(hacktivist)這個名詞，在1996年出現在一位虛擬名號叫做黑麥加(Omega)的駭客所發出的電子郵件。駭客主義(hacktivism)簡單地說，就是：使用電腦和網路工具於政治或社會運動的推動與抗爭。

駭客主義者發展各種技巧和軟體來支援抗爭行動，包括網站置換(defacement)讓目標網站面目全非、網址(IP address)或網域(domain name)轉向(redirection)誤導網民連上其他網站、阻絕型(Denial of Service, DoS)攻擊癱瘓目標網站的伺服器、電腦闖關(computer trespass)侵入敵對方的系統、網站模仿搞笑(parody)連諷帶刺打公眾心理戰、虛擬靜坐阻塞對手網路連線、網址仿傚劫持(typosquatting)讓不熟悉敵對方的網民產生負面的印象、郵件轟炸(email bombing)消耗對手的時間與精力，以及虛擬破壞製造對手的困擾等，另外也發展加密、翻牆等工具幫助專制國家的人民，逃避資訊檢查以及防火牆的阻撓。

駭客主義者也實際投入支援抗爭。從1976到1999年，

印尼在原葡萄牙殖民地東帝汶(East Timor)的統治遭遇激烈的反抗，東帝汶人民在民族主義的激勵下，以血淚和決心喚起國際社會正視東帝汶問題。1997年6月，一群葡萄牙的駭客駭入印尼政府以及其他25個軍方和政府機構的網站，抗議印尼政府對東帝汶獨立運動的殘酷鎮壓措施。另一個叫「高地客」(Kaotik Team)的葡萄牙駭客團體也於1998年8月置換了45個印尼政府與企業的網站，貼上支持東帝汶獨立的文字。這種來自國內外的努力與支援，終於讓東帝汶人民在1999年8月，得以在聯合國監督下舉行公民投票決定其前途。果然，東帝汶人民明確地選擇獨立建國。

維基解密(WikiLeaks)在2006年上線，它是駭客主義發展下的產品，澳洲人亞桑吉(Julian Assange)是主要的發言人。創辦後，維基解密公佈了相當數量的機密文件，其中包括關於美國在伊拉克與阿富汗的不人道行徑、發生在肯亞的法外處決、在象牙海岸的有毒廢物傾倒事件等成為媒體首頁新聞的文件。維基解密與其他媒體夥伴從2010年11月開始發佈秘密的美國外交電報，觸怒了美國政府及其他被捲入的國家。亞桑吉開始受到迫害、被捕，甚至受到生命威脅，阿嬤爽顯然也備受壓力，而不願讓維基解密的網站繼續寄存運作，處理網路付款及金融服務的「撇步」(PayPal)、MasterCard、Visa和一家瑞士銀行PostFinance也都拒絕和維基解密往來，企圖斷絕靠捐款維生的維基解密。

同樣在2006年浮現的駭客組織「匿名者」(Anonymous)，標榜代天行道反腐敗，眼見亞桑吉和維基解密落難，於

是，在2010年12月對阿孆爽、撇步、MasterCard、Visa
和PostFinance的網站發動分散式阻絕型(Distributed Denial of
Service, DDoS)攻擊，宣稱是「爲亞桑吉復仇行動」，結果
MasterCard和Visa的網路服務在12月8日中斷了一天。

　　匿名者接著在2011年初，又攻擊突尼西亞、埃及、利
比亞等獨裁國家的政府網站，爲勇敢起來抗爭的北非人民
呐喊助陣，激勵阿拉伯之春開花結果。2012年4月，匿名
者的中國組對中國發動歷史上到該時刻最大規模的攻擊，
有500個政府和民間網站先後被置換，他們還揚言要攻破
中國的防火長城。但是，匿名者許多挑戰資訊控制的行
動，使他們被許多國家的執法單位列爲網際空間的恐怖份
子，並加以逮捕。

　　美國波內容(Verizon)通訊公司於2012年3月發佈的
《2012資料洩漏調查報告》(*2012 Data Breach Investigations Report*)
顯示，2011年被列入調查的資料外洩攻擊事件中，只有
3%是駭客主義者所爲，因此，並不認爲駭客主義在網際
空間是一個主要的威脅。但是，調查報告也指出，其中將
近60%的資料是被駭客主義者所竊取，顯示他們技術的優
異，總是造成被入侵對象相當的麻煩。而駭客主義者正是
要利用這種優勢，來突顯他們所追求的政治或社會運動目
標。

1.7.4 網際空間獨立宣言

　　在19世紀中葉電報服務開辦以及20世紀初開始無線電

廣播，這些科技的創新很快就招徠政府制定相關法規，像
電信法和廣播法等，來管理這些服務。但是，網際網路的
前身ARPANET問世之後，並沒有一個政府採取相對的立
法措施。

美國國防部負責ARPANET的部門在1979年才設立
「網際網路設定控制委員會」(Internet Configuration Control Board,
ICCB)，做為工程師和使用網路的研究計畫人員溝通的平
台。直到1980年代，網際網路管理(Internet governance)的概念
才被提出來，但只限於技術性的核心資源的管控，如網
域、網址、通訊協定和根頭伺服器(root server)等，而這種管
控只是幾個熱心的工程師就能搞定，並不需要政府的介
入。

國際電話服務撥號所使用的電話號碼，其中的國碼
和城市碼都是由國際電訊聯盟的電訊標準組(ITU-T)制定
規範。相對之下，網際網路的網域系統(Domain Name System,
DNS)，是一套提供網域與網址互相轉換的系統，完全沒有
受到政府法規的管控，也不需要經過國與國之間的協商。
更有趣的是，直到1990年代，整個網際網路的網域系統
只由南加州大學資訊科學學院的教授波斯帖(Jon Postel)一個
人，負責定義上層網域、分配網址群組及管理根頭伺服
器。(Kleinwachter, 2009)

即使到了網際網路商業化，政府除了提供資助之外，
那些網路先驅還是拒絕讓政府扮演任何管理上的角色。自
我約束、民間企業主導和由下而上的政策發展才是網際網

路管理建議的關鍵議題，完全是立基於沒有政府的管理概念。他們擔心一旦政府介入，自由尤其是個人表達的自由和隱私就會受到不當的限制。另外，也擔心政府會導入耗時、耗財的行政程序，而延緩創新的速度並阻礙新服務及應用的推出。維護末端連到末端的原則，讓網民與網民直接通訊的模式，被認為是網界自由的保障。他們抱持這種態度並不是沒有道理，因為事實上網際空間確有爆炸性的驚人進步與發展。

MIT電腦科學實驗室的克拉克(David Clark)在1992年，對網際網路的前途做了重要的宣誓：咱不相信國王、總統或投票，咱相信可接受的共識、採取務實的方式和電腦程式。發明全球網的伯納斯李爵士也認為：網際空間只要能建立使電腦與電腦之間可以和諧互動的規則就夠了，並不需要層層疊疊的官僚管理架構。

最激進的當推美國詩人兼短文作家巴羅(John Perry Barlow)，1996年美國國會啟動《通訊合宜法》(*Communications Decency Act*)剋制網際空間的色情氾濫及不當資訊，巴羅認為這個法案威脅到網際空間的自由與獨立主權，是向網際空間宣戰，於是發表了《網際空間獨立宣言》(*A Declaration of the Independence of Cyberspace*)，反對用傳統實體環境的逼迫方法於虛擬空間，認為倫理、人性的自我提升和共同福祉是在這個心靈新歸宿(new home of mind)創造文化的因素，巴羅嗆說：政府在這裡沒有主權，也不受歡迎(Barlow, 1996)。

到1998年，網站和電子商務已經蓬勃發展，網站內容

如色情、暴力、種族仇恨、誹謗、侵權等觸發許多政治與
社會問題,電子商務方面更直接衍生交易爭執、詐欺、智
財權保護、隱私和個人資料外洩等問題。尤其,網際空間
已經和人類活動息息相關,涉及國家政治、經濟和社會各
層面的發展,各國政府因此紛紛立法控管網際空間事務。
網路先驅的獨立宣言開始受到嚴厲的挑戰。

　　2012年8月23日網路自由獲得小小的勝利。韓國憲法
裁判所法官一致判決「網路實名制違反憲法」,已經實行
五年的韓國網路實名制壽終正寢。法官的理由是:網路實
名制實行後,網際空間上惡性言論和非法訊息並沒有明顯
減少,卻反而阻礙網民自由表達意見,無韓國身分證的外
國人更無法登上韓國網站發言,而且網民個人眞實訊息通
過網路洩露的危險顯著增加,因此網路實名制的公益性無
法成立。(桑普,2012)

1.8 網際空間待建立的國際秩序

　　網際空間的發展迄今尚未抵達穩定狀態,異於傳統社
會的創新服務和思維不斷湧出,就像美國人當時開發西部
一樣,社會秩序和生活規範亟待建立。尤其,網際空間的
架構沒有國界和實體距離,服務的提供和網民的活動無可
避免必然會衝擊到國與國的關係。聯合國大會在2012年6
月正式宣示:世界人權宣言以及所有其他經由聯合國所制
定的相關人權公約都擴大適用到網際網路,尤其強調保障

個人在網際網路上表達的自由；確認全球性與開放性是促使網際網路快速發展的驅動力；並呼籲各國建設基礎設施，提供人民上網機會。因此，基於目前的國家概念以及納入未來可能的演變趨勢，建立適合網際空間的國際秩序實在是必要的。

1.8.1 第一次網際大戰

愛沙尼亞人(Estonian)在網際空間的群眾性應用系統占有重要的地位，他們開發了全世界都在使用的Skype、Hotmail和KaZaa。全球使用Skype的使用者超過5億，大家可以享用免費的國際視訊會議和數位語音電話。此系統在2005年被「伊買」(eBay)以26億美元收購。Hotmail原先的投資額是30萬美金，1997年末微軟用五億美元加以收購。KaZaa是點對點(P2P)的分享軟體，年輕人分享歌曲、影片、圖片及檔案等，盛極一時，也因此在各國招徠令人矚目的侵權官司。

俄羅斯與愛沙尼亞兩國對移除蘇聯時代的戰爭紀念碑及陣亡俄軍的墳墓一直有爭執。2007年4月，網路攻擊在愛沙尼亞決定移除紀念碑當天爆發。這一起被懷疑是發自俄羅斯政府或俄羅斯支持者的電腦網路攻擊，從一百多個國家啟動DDoS攻擊，每秒鐘超過60,000次的資訊封包湧入政府網路，首先癱瘓該國總理的網站，隨後總統、內閣各部會的網站也淪陷、關閉。再來的數波攻擊依序鎖定愛沙尼亞的報紙、電視台、學校，最後是銀行，引發經濟損

害的恐慌。此事件使愛沙尼亞成爲網路戰爭的第一個受害者，被稱爲第一次網際大戰(Web War I)。(BBC, 2008)

雖然俄羅斯政府堅決否認他們涉入此網路攻擊，但是俄羅斯國會議員馬可夫(Sergei Markov)卻公開宣稱他的辦公室是整個攻擊事件的主事者，馬可夫因此被愛沙尼亞列爲不受歡迎人物(Dobson, 2012)。到2008年初只有一位20歲的俄裔愛沙尼亞學生被起訴並判罰款，其他大部分涉案者大概都是在境外的俄羅斯人(Boyd, 2010)。

北約(North Atlantic Treaty Organization, NATO)發言人羅伯特(Robert Pszczel)說：「大家都相當重視這類事件。今天遭殃的是愛沙尼亞，明天可能是任何國家。」果然，在2008年8月俄羅斯與喬治亞的戰爭中，網路攻擊和俄羅斯的進軍是相配合的。喬治亞政府及媒體的網站先被來自俄羅斯的DDoS攻擊癱瘓掉，電話線路被堵塞，使喬治亞難以向國際社會爭取支持。逼得後來喬治亞總統把網站掛到美國的伺服器，才能抵擋網路攻擊，愛沙尼亞也派了專家去協助網路作戰。

愛沙尼亞是北約的一員，那麼，當愛沙尼亞受到其他國家的網路攻擊，北約是否有責任協防？更進一步，那麼，愛沙尼亞協助喬治亞的網路作戰，是否把北約直接捲入與俄羅斯的衝突？這個有別於傳統形態的戰爭手法，開始觸發新的國防觀念和國際戰略，也牽動資訊化社會的發展方向。目前，北約已經正式將網際空間納入其安全防衛架構，而美國也在2011年9月15日宣佈，網路領域是美國

和澳大利亞雙邊共同防禦條約的一環，亦即一國受到網路攻擊，兩國將共同採取行動。

1.8.2 網際武器Stuxnet問世

美國網路安全公司McAfee在2010年初指出，至少五個國家擁有網際武器，包括美國、中國、俄羅斯、以色列和法國等，「網際空間正上演一場軍備競賽」。

《紐約時報》於2011年1月15日引述軍事情報專家報導：以色列過去兩年一直在境內的內蓋夫(Negev)沙漠，戒備森嚴、不公開承認的狄莫納(Dimona)核武器發展設施內，模擬與伊朗安裝在納坦茲(Natanz)提煉濃縮鈾的核設施幾乎一模一樣的離心機，測試具有極大破壞力的電腦蠕蟲，後來被資安業界命名爲Stuxnet，它是以色列和美國聯手對

伊朗政府公佈位於Bushehr的核電廠正常運作，僅幾位員工手提電腦感染Stuxnet。
(International Iran Photo Agency)

付伊朗核武野心而採取的行動之一。Stuxnet導致伊朗核
設施五分之一的離心機被迫關閉，以色列估計伊朗爲此
至少要延至2015年，才可能製造出核彈。(Broad, Markoff and
Sanger, 2011)

　　Stuxnet在2010年7月被發現，是當時已知最複雜的網
際攻擊武器。它專門針對安裝德國西門子(Siemens)非微軟
視窗工作環境的監控與資料擷取系統，用於監控某些特殊
工業流程的設備。到2010年8月，60%被Stuxnet感染的電
腦是在伊朗，而且，西門子公司發現只有伊朗秘密採購用
於核電廠的系統遭受破壞，其他被感染的電腦頂多只被做
爲獵取目標的跳板，蠕蟲並沒有發作導致損害。因此，資
安專家早就懷疑它是針對伊朗的核武計畫而設計，而且，
可以確定這隻蠕蟲是國家層級的計畫所製造的電腦病毒，
絕非一般駭客集團的能力所及。由於伊朗的離心機控制設
備完全隔絕在網際網路之外，屬於封閉系統，因此大部分
專家研判，Stuxnet病毒是透過某種管道，從電腦隨身碟
植入控制系統內。

　　資安專家解析Stuxnet程式，發現它包括兩大部分：一
是意圖讓伊朗的離心機在運轉時失控；另一部分則秘密記
錄伊朗核電廠的正常作業活動，然後在發動破壞期間重新
顯示這些紀錄，讓監控人員誤以爲一切運作正常。病毒
的驅動程式利用竊取自座落於台灣新竹科學園區內的智
微(JMicron)科技公司和瑞昱(Realtek)半導體公司的私金鑰做簽
證，埋藏在微軟視窗的底層內核，能夠很長時間不被發

現。Stuxnet的更新和對外通訊則透過在丹麥和馬來西亞的兩個網站做聯絡跳板。

2012年6月1日《紐約時報》再度引述數位自稱參與Stuxnet計畫，不願具名的專家，報導說：該計畫是小布希總統時代啓動，暗語是「奧林匹克比賽」(Olympic Games)，歐巴馬上任後的第一個月就下令釋出此病毒，加速攻擊伊朗的核電設施(Sanger, 2012)。報導又說：Stuxnet是因爲本身程式上的錯誤，導致被帶出伊朗的核電設施網路範圍，結果在網際網路蔓延才被發現。

2012年5月，又一凶悍的國家級網際間諜武器叫「火燄」(Flame)也被發現，是其時最龐大的病毒，其檔案有20MB大，主要又是針對中東國家竊聽電腦通訊、竊取所存文件。一個月後，另一國家級網際間諜武器也曝光，它以著名的德國數學家「高斯」(Gauss)命名，主要又是針對中東國家，專偷電腦瀏覽器內的密碼、網路銀行資訊、糕仔(cookies)、系統設定等。所有的人很自然地把懷疑的眼光再度投向美國和以色列。專家推測這些間諜病毒很可能是爲Stuxnet行動提供攻擊目標的情報。

1.8.3 資訊戰略的構思

在現代社會裡，重要的國家基礎建設約包含四大方面的基礎建設，即電力網絡、通訊網路、金融體系和交通系統。這四大基礎建設的運作愈來愈依賴電腦來控制和操縱。當電腦被破壞，電力網絡崩塌，其後果是沒有電，一

切運行都要停頓下來，其他電腦也無法起動，情報通訊困難，金融體系無法匯款支應必要費用，大型運輸如高鐵、飛機都將癱瘓，無法大規模調動軍隊。前述1982年對蘇聯在西伯利亞輸油管控制系統的病毒攻擊所造成的爆炸是屬於此類的破壞。美國國防部擔心「網際珍珠港」(cyber Pearl Harbor)或「數位化911」(digital 911)事件很可能再上演，絕不是杞人憂天。

現代化的資訊戰就是大規模的施加破壞性的力量，包括入侵電腦、癱瘓網路、實體轟炸等，去攻擊敵方支援重要基礎建設的電腦和網路等資通訊設備，另一方面，則採取各項行動保護、防禦自己國家的資通訊設備遭受攻擊。攻擊的層次可以是在電磁信號、數位資訊、網路運作或前三者的任何組合。在2003年第二次波斯灣戰爭中，超過3,000台的戰區電腦連接回美國本土處理戰務。可見，新世紀的戰爭裡，電腦與資通訊網路，已是戰場指揮、管理、交通、情資的命脈。因此，如何挫傷或癱瘓敵人的作戰中樞與作戰神經及作戰能量，是資訊戰的主要課題。

既然現代社會及國防的運作已經高度仰賴本國資訊網路的正常服務，從防衛的觀點來看，資訊戰的課題自然也包括本土資訊網路的防衛。2012年1月日本《讀賣新聞》報導：日本防衛省從2008年開始發展一種反網路攻擊的病毒武器，這種病毒可以追蹤攻擊路線上的跳板和攻擊源頭的電腦，逐一癱瘓或清除其攻擊能力，新聞報導也透露此病毒武器已經過測試，對反制DDoS攻擊準確率相當高

(Yomiuri, 2012)。然而，這樣的病毒武器可能觸犯受牽連國家的法律，因此，日本目前宣佈這種病毒武器將只限於反擊來自國內的惡意攻擊。即使如此，這種病毒武器的使用還是涉及日本國內法的法源問題。

接著，日本防衛省在2012年9月，首次發佈針對網路攻擊的防衛指針，將網際空間定位爲與海、陸、空、太空並列的「第五軍事作戰領域」，指針上同時明記：「在面對大規模網路攻擊時，可以發動自衛權。」預計2013年度將成立「網際空間防衛隊」，對網路攻擊者施以反擊。顯然日本已經準備把他們所發展的病毒武器，投入國防編制正式加以使用。

可以預期的，獨裁反動或沒有合法性的統治集團，也會將網路武器用來滲透、攻擊革命運動和民間敵對社群。

1.8.4 美國在網際空間的國際戰略

美國做爲領導世界的強國，早已注意到網際空間的未來圖像，它充滿了機會也充滿了挑戰，需要新的國際規範來維持秩序，保障它安全可靠，使全人類能享受此新環境可以創造的社會與經濟利益，同時也降低衝突與安全的風險。爲此，白宮於2011年5月發表了前瞻的《網際空間的國際戰略》(*White House*, 2011)，準備更進一步鞏固美國在未來世界的領導地位。

這份報告開宗明義就引述歐巴馬的話：「網際空間使人類比在歷史上任何時候有更緊密的交互連接。」擬訂戰

略的思維是基於二個理念：其一，網際空間已經是人類日常活動的領域，國際社會過去所同意追求的普世價值，尤其是人權和自由，就必須延伸到這個空間；其二，開放性(openness)和相容性(interoperability)是使網際空間能夠產生爆炸性成長的特質，維護這兩種特質才能強化個人、提升社會和促進發展現代經濟所需的重要研發和創新。

　　架在上述二個基本理念，這份報告確立了三個網際空間的戰略目標：開放、相容的網際空間；安全、可靠的網際空間；穩定、有秩序的網際空間。傳統世界所強調的國際「秩序」觀念，從此被正式上傳到網際空間，但美國認為既有的國際法「秩序」觀念與原則，可以適用到網際空間，並不需要特別重新發明，美國則準備主導建立這個新秩序的行為規範(norm of behavior)。除此之外，美國也明確宣示，必要時將不惜採取軍事行動，以嚇阻敵對勢力對美國及盟邦關鍵網路資源的攻擊或破壞。

1.8.5 中共備受質疑的網際空間行為

　　對白宮這份報告可能感到不舒服的大概是中國共產黨統治階級。首先，美國支持資訊自由流通不受國界阻隔，除了是維護既有的自由價值與「知的權利」，美國預見科技的發展終將使任何地區任何語言的內容，在網際空間可以自由散播並且被瞭解，因此，無障礙的資訊流動對未來經濟的發展將給予更大的機會。早在2011年3月，美國政府已經公開了這個立場，透露將資助英國國家廣播公司

(BBC)發展突破極權國家對電視和網際網路的封鎖技術,以幫助那些國家的人民取得真實資訊。

新秩序的行為規範似乎是衝著中共而來,可能令中共更嚥不下去。全球網路搜尋引擎的龍頭Google於2010年1月12日發表聲明說:2009年12月中發現系統遭到「源自中國的高精密針對性攻擊」,導致公司知識產權被竊,有證據顯示,這些攻擊鎖定並入侵了數十個在美國、中國和歐洲支持中國人權運動者的Gmail信箱,使他們的身分曝光。Google強調:此駭客攻擊看似單一事件,但深入調查後卻發現其中大有文章。此攻擊事件被命名為「極光行動」(Operation Aurora),是在2009年年中啟動,維基解密透露美國駐北京大使館的密電指出:極光行動是由中共中央政治局的元老直接指揮發動。

華爾街日報則報導,另有34家企業遭到類似攻擊,華府「情報研究與分析中心」並指出,至少有六個台灣的網路位址被做為攻擊跳板,這是中國駭客慣用的伎倆,以隱藏其真正的所在地。另外,「無疆界記者組織」(RSF)於2010年1月19日也譴責:駭客鎖定駐北京外國記者的Gmail信箱,可能是試圖得到和國際媒體取得聯絡的人權份子訊息和通訊方式。

在接二連三傳出中國境內駭客組織竊取資料,導致美中關係緊張之際,中國媒體於2010年2月8日報導:湖北省警方去年底成功破獲境內規模最大的駭客培訓網站「黑鷹安全網」,此網站傳授數千人如何發動網路攻擊的技巧,

並提供間諜軟體給他們。巧合的是，武漢正是中國人民解放軍訓練駭客的「通信指揮學院」所在地。

　　中共讓美國更困擾的網路行為發生在2010年4月8日，當天全球有將近15%的網路流量，包括許多美國政府與軍事網站以及戴爾電腦、雅虎、微軟與IBM等大企業網站的通訊，被導入中國境內的電腦伺服器，歷時18分鐘之久。中國電訊很可能已經錄下所有的訊息，供情報機構慢慢解讀其內容。雖然，美國不能確定此事件是中國方面有意的操作，但是，他們擁有這種能力本身，已經對其他國家的網路安全構成重大威脅。如果中共是有意演練操縱網際空間資訊流動路徑的能力，美國認為任何這類企圖「都可能牴觸美國和其他國家的利益」。(Washington Times, 2010)

　　網際空間裡的技術，就相對落後的中共而言，還只是一些吸收或竊取進步社會資訊的工具。但是，對美國而言，從目前白宮這份報告看來，網際空間是核心利益已經躍然紙上。美國國務卿希拉蕊於2011年6月11日率領一支龐大的美國經貿代表團到非洲訪問，她11日在尚比亞接受電視訪問時提到，中國在非洲的影響力日增，提醒非洲國家應防範只和社會菁英打交道的朋友，她說：「我們不想見到非洲出現新殖民主義。」也直言她不認為中國是良好的政治模範。希拉蕊又表示：中國已經開始出現許多問題，未來十年內，這些問題會愈來愈嚴重。她特別舉中共企圖控制網路所引發的爭議為例，希望非洲國家瞭解：「美國及其他民主國家可提供許多值得學習的教訓。」

美國「國家反間諜執行局」(Office of the National Counter-intelligence Executive)於2011年11月3日向國會提交一份報告指出：中國與俄國在網路上竊取企業機密，對美國經濟與國家安全構成越來越嚴重的威脅。報告特別指出：中國人是世界上最活躍，且最執著的經濟間諜罪犯，每年有價值高達數十億美元的貿易機密、科技與智慧財產，從美國政府機關、公司團體與研究機構的電腦系統流出，讓中國等國獲取經濟利益。報告罕見地直接點名中、俄為最應負責的國家，凸顯網路間諜的威脅已嚴重到美國政府必須正視的地步。

由此可見，美國已經相當不滿中共在網際空間的行為。因此，美、中的武裝衝突從網際空間引爆，而不是從台灣海峽，應該不致於令人覺得大出意料之外。

1.8.6 網際空間浮現冷戰對峙

針對美國於2011年5月發表的《網際空間的國際戰略》，其中美國主張網際空間的開放性和相容性，也表明準備主導建立這個網際空間新秩序的野心，另外也針對2001年11月歐盟所立下的《網際犯罪公約》(Convention on Cybercrime)，其中涉及容許從放置於他國的伺服器擷取資料，俄羅斯、中國、塔吉克(Tajikistan)和烏茲貝克(Uzbekistan)四國不表苟同，他們認為網際空間的管理政策屬於國家主權的範圍，因此於2011年9月向聯合國秘書長潘基文(Ban Ki-moon)遞交一封信(UN, 2011)，要求聯合國大會討論他們所

建議的11條國際資訊安全行為規範，並做成決議，使所有
國家在網際空間使用資通訊科技，可以自願和開放式依循
大會通過的規範，以促進網際空間的和平與安全。

　　四國列出的第一條行為規範是：要求符合聯合國憲章
對國家主權、領土完整以及政治獨立的尊重。這一條最直
接的問題是，網際空間是虛擬的，並沒有國界，既然沒有
國界，則網際空間的行為和所謂國家主權、領土完整以及
政治獨立的連接性，很容易引起爭議，反而可能被用來做
破壞和平與安全的藉口，尤其網際空間是人類社會生活空
間的革命性拓展，傳統國家、民族等的定義很可能都必須
調整，如此，更不能保守既存的觀念去阻礙人類社會的進
步。

　　四國列出的行為規範第三條是：要求各國合作打擊以
資通訊科技從事犯罪與恐怖行動，也要求各國合作阻止散
佈鼓動恐怖主義、分離主義和極端主義的資訊。冷戰時期
的蘇聯集團專門以鼓動恐怖主義、分離主義和極端主義的
藉口來剝奪人權和迫害異議者，目前中共更是明目張膽地
壓制網路言論和資訊搜尋自由，而且誣蔑圖博、東突和台
灣獨立運動為恐怖主義。所以，這一條看來就是要讓專制
政權的恐怖黑手合法伸進網際空間。

　　四國列出的第四條是：努力保證資通訊科技產品及服
務的供應鍊安全，以防止先進國家利用其優勢控制技術或
侵犯其他國家的政治、經濟和社會安全。眾所周知，歐美
國家尤其是美國，目前在電腦操作系統以及通訊科技產品

及服務是處於絕對領先的地位，又許多專制國家購買美國和西方國家的網路監控技術，對自己的人民執行嚴密的資訊控制和行蹤監視，已經引起人權團體的嚴重關切。四國企圖藉聯合國來強制歐美國家保證產品及服務的供應不能中斷，是很不切實際的想法。台灣可以中國之矛攻其盾：為何中國可以拒絕將其飛彈賣給台灣，卻佈署大量飛彈威脅台灣的安全？

四國列出的第八條是：引導社會各界包括其資通訊合作的私人企業，去瞭解他們在資通訊安全的角色與責任，以促發建立資通訊安全與保護關鍵基礎建設的文化。這樣的建議立刻捲起東西兩方意識形態之爭，因為歐美國家是放手讓私人企業去創新發展的。ARPANET的問世是美國國防部所主導，後來碰到預算緊縮，幾乎撐不下去，到1989年開放民營化之後，才觸發了網際空間的蓬勃發展，為人類社會創造了龐大的經濟機會和新社會生活環境。

四國列出的最後一條是：使用和平的方法解決任何爭端，而且要避免揚言採取武力與威脅。這一條很明顯是衝著美國而來，因為美國已經明確宣示，必要時將不惜採取軍事行動，以嚇阻敵對勢力對美國及盟邦關鍵網路資源的攻擊或破壞。目前比較可信賴的資料顯示，中國是網際空間最主要的麻煩製造者，俄羅斯居次，中國一面在網路上偷竊、破壞引發爭端，一面高喊和平解決爭端，只是玩弄「和平解決」掩護「繼續侵略」的技倆。

整體而言，四國的提議大部分是基於東西兩方意識形

態之差異，尤其，更懼怕美國及歐盟國家主導網際空間的
發展與秩序，危及四國及其盟國之意識形態基礎。看來，
東西冷戰已經在網際空間開始醞釀、復甦。

1.9 網際空間的革命運動

　　革命運動的發展由三個重要的基本功能支撐：宣傳、
組織和行動。在當今的世界體系中，任何地區的革命運
動，幾乎不可能孤立存在或發生，一定都相當地受到外國
的鼓舞、外來的協助、支持或刺激。那些不受外在環境影
響，亦不引起外國注意的革命運動，規模必然很小，且其
影響力也微不足道，這種革命，事實上沒什麼重要意義。

　　葛爾(Ted Gurr)研究1956至1961年間，114個國家中所發
生的54件內戰，發現：其中有30個革命勢力得到外國的有
力支持，以至於造成革命的有利情勢(Gurr, 1970)。這表示這
些革命運動仍被稱作「內戰」，邏輯上並不正確。另外，
凱利(George Kelly)與米勒(Linda Miller)受美國政府的委託，對內
戰和國際間的關係進行研究，結果發現在50多個的地區性
革命事件裡，國際戰爭和地區內戰之間的界線實在很難分
辨清楚(Kelly and Miller, 1970)。尤其當革命運動已動員了大量
的參與者，並且延續了相當長的時間時，上述的界線將變
得更爲模糊。(劉重義、李逢春，2006)

　　網際空間是人類開發出來新的社會活動空間，又具有
全球性快速通訊與多媒體傳播的技術特性，因此，它是進

行革命宣傳、組織、群眾動員與爭取外援的絕佳場地。有創意的、活躍的革命推動者必然把政治運動帶進這個空間。

1.9.1 瑪雅原住民率先爭取國際支持

最先把革命運動帶進網際空間的是墨西哥最南部的恰巴斯州(Chiapas)的薩帕塔民族解放軍(Zapatista Army of National Liberation, EZLN)，主要是由瑪雅(Maya)原住民所組成。瑪雅人社會是美洲大陸到15世紀末哥倫布(Christopher Columbus)的船隊抵達之前，唯一具有書寫文字的文明，還有非常進步的數學和天文系統知識與建築技術。他們的遺跡可以追溯到公元前2,600年，從公元前200年到公元900年是其文明的全盛時期。瑪雅人外型看似蒙古人，他們從何處來，又為什麼他們高度發展的文明會突然崩潰，學界到目前沒有令人信服的定論。瑪雅人的後代繼續生存在南美各國，主要以務農為生，淪落為貧窮被壓迫的階層。

1994年元旦《北美自由貿易協定》(*North American Free Trade Agreement*)正式生效那天，EZLN集結3,000農民游擊隊占領幾個城鎮，向墨西哥政府宣戰。他們發表武裝起義宣言，痛斥政府忽視民意，任意簽署加深剝削原住民的貿易協定，因此，主張這個協定是反人民的、是非法的。在政府軍優勢兵力的反擊下，EZLN幾天後就撤退到山區叢林。

EZLN在革命鬥爭當中，他們的同情者充分運用行動

瑪雅人遺留的Kulkulcan金字塔(蔡和吟拍攝9/2011)

電話與網際網路和國內外的人權組織及左傾團體連繫，爭取同情和支持，使得EZLN為原住民人權的鬥爭成為國際社會關心、矚目的議題，超過千名國際人士來到恰巴斯實地瞭解原住民被壓迫和剝削的情況。墨西哥政府屈服於國際壓力，只好接受和談不敢採取過度激烈的圍剿行動。

　　1998年2月，一個叫做X-Ploit的駭客主義組織，以實際行動表示同情並支持EZLN，他們駭進墨西哥財政部的網站，把1910年領導墨西哥革命的薩帕塔(Emiliano Zapata)的照片掛在主網頁，附上修改過的歐威爾的名句：「老大，我們正盯著你！」X-Ploit也駭進墨西哥衛生部及其他官方機構的網站，置換譴責墨西哥政府、鼓勵EZLN解放鬥爭的宣傳照片和文字。該年4月，墨西哥政府再度升高對EZLN和恰巴斯州原住民的戰事，於是，駭客主義團體發動電子不服從運動，呼籲全球的同情者同一時間採取「虛擬靜坐」行動，癱瘓墨西哥總統和股票交易所網站、美國白宮網站和曼哈頓銀行(Chase Manhattan Bank)網站。

1.9.2　伊朗未竟全功的推特革命

伊朗1990年代開始引進網際網路，是中東第一個上線的穆斯林(muslim)國家。2009年6月伊朗總統選舉結果的合法性普受各方質疑，緊接著的抗議行動被稱為「推特革命」，因為反對者主要是透過推特來串聯和組織示威行動。6月15日由反對黨所鼓動的示威是自1979年伊朗革命以來最大規模的群眾聚集，整個抗爭事件所促發的改革運動，後來被稱為「綠色運動」(Green Movement)。

伊朗全國當時只有將近兩萬「推特者」(tweeter)，政府則以圍堵和控制網際網路來阻撓反對者的通訊。一星期後，伊朗人開始在首都德黑蘭街頭示威，華盛頓、倫敦和多倫多好幾萬人也經由推特、臉書發動虛擬示威助陣。當一位中彈而血流如注、垂死倒地的女性的可怕情景，從行動電話上傳而傳遍全世界，政府任何否認開槍射殺示威者的言論都無法說服國際上關心伊朗政局的人。雙方在網際空間的鬥爭繼續延燒，特務人員偽裝成反對方，在推特上發佈認輸的假訊息，並留了電話，企圖誘使抗議群眾入殼好加以逮捕。但是，特務的身分很快就被揭穿。國際推特社群也更支持反對方，他們更改自己電腦的網址和時區(time-zone)，讓其他網民看起來這麼一大群反對者

都是活躍於伊朗境內。

運動這樣地發展其實並沒有一個「指揮中心」，完全是社群間口語相傳不斷觸發擴散，《紐約時報》報導寫著：示威者將軍警的子彈「推」回去。政府後來被迫做了形式上的重新驗票以緩和民怨，最後仍堅持選舉結果無誤。這次的「推特革命」雖然未竟全功，卻進一步向穆斯林國家的人民啟示了政治和社會運動的新思維。

1.9.3 突尼西亞震撼世界的茉莉花革命

北非的突尼西亞在2010年底的網際網路使用人口約占總人口的34%，其中使用臉書的網民超過180萬人。成功地在網際空間集結反對力量，協助推翻獨裁者的第一個實例，於2011年1月14日在突尼西亞發生，傳播界以突尼西亞的國花稱之為「茉莉花革命」。

突尼西亞長期間是一個獨裁專制國家，濫用司法軍警迫害人權來消滅反對聲音，一直是獨裁者的統治手段。雖然突國的經濟在北非算是較繁榮穩定的，它安然渡過2009年的金融危機，成長率在當時還有4%到5%，但是經濟成長的受惠者卻是極少數，這些人勾結腐敗的特權份子非法掠奪社會資源和私人土地，占10%的富裕階級創造了1/3的GNP，占30%的貧窮階級只生產了1/10的GNP，失業率高達15%到20%，年輕族群失業率甚至高達30%，曾經受惠於經濟發展的中產階級逐漸墮落成窮忙族。(Nachi, 2011)

突尼西亞人民的示威抗議行動能夠震撼天地，與維基

解密在2010年12月初公佈美國大使館外交電文,揭露第一家庭貪腐、奢華內幕有關。這個內幕透過臉書的耳語挑動了長期被壓制而沉默的民怨。賓阿里政府為了不讓突尼西亞人民看這些消息而圍堵在黎巴嫩報導此電文的報社網站,但是卻無法阻止在臉書上燃燒的怒火。

接著,12月17日在突尼西亞中部的西迪布吉,一名受過高等教育卻失業的26歲青年布瓦吉吉(Mohamed Bouazizi),因為無照擺攤賣蔬果卻遭警方沒收、罰款,一小時後憤而在市政機關外面引火自焚抗議。此消息透過手機和臉書突破突尼西亞的新聞封鎖,半島電視台(Al Jazeera)自網際空間取得現場錄影後更快速擴大傳播面,群眾示威從西迪布吉開始,激烈的抗議在各地不斷發生,警察射殺示威群眾使事件更加惡化。示威群眾一手拿磚塊一手拿手機,一面反抗軍警的鎮壓,一面將民眾勇敢抗爭的實景影像上傳到社群網站,讓全世界同步看見獨裁政權的殘暴。群眾示威終於在12月底延燒到首都突尼斯,學生、工人、醫生和律師都走上首都街頭,要求「工作」、「抑制物價」、「賓阿里下台」的怒吼變成了共同的訴求,它以中產階級聯合各社會階層,創造了引爆革命的成熟環境。

為了反制來自網際空間的反對力量,賓阿里的政府攔截臉書、Gmail和Yahoo的首頁,並注入竊取登入帳號和密碼的惡意程式。臉書的資訊安全人員最先警覺到異狀,他們接到突尼西亞不滿份子的網頁被大量刪除的報告。臉書的資訊安全長在年初1月5日確定賓阿里的政府全面地竊

取突尼西亞人民的登入帳號和密碼，乃及時更改網站近用協定，使所有來自突尼西亞的通訊都自動加密，片面地協助革命群眾。在憤怒的人民長達一個月的街頭抗議活動後，軍隊拒絕再向示威群眾開槍，賓阿里只好攜眷流亡到沙烏地阿拉伯，結束其長達23年的獨裁統治。這也是現代阿拉伯世界史上，首次有政權因群眾示威而垮台。

1.10 革命風潮的形成與擴張

　　革命發生的原因非常複雜，它不是自然發生，亦非主觀上要它發生就可以發生，它需要有成熟的客觀社會條件作為前提。也就是說，革命的發生受到政治、經濟、文化和社會的環境條件制約，從這些環境條件中得到給養。

　　時代在改變，社會結構也不斷跟著變化。掌理國家機器的政治權力當局，必須隨著甚至於超越這些變化而有所作為。無所作為或倒行逆施的統治集團，必然難逃被革命推翻的後果。革命其實是群眾最後且最極端的選擇，一個能夠滿足群眾需求的政治體系，群眾實在沒有理由也不可能將它推翻。相反地，一個不能令人滿足的政權，群眾便不惜犧牲要將其打倒，重新建立有調適能力的政治體系。

　　某一鄰近地區或國家的革命事件，常常給予在地的民眾一種啟發，鼓舞處在相同情況中的族群發展革命運動。歷史上，由共和主義者、工人、農民、民族主義者、法西斯主義者、文化分離主義者，甚至於游擊戰、軍事政變或

校園動亂所引起的革命運動，並非隨意分佈。它們有集中在某一段時間的趨向，這意味著某地方的革命事件可能成為另一個地方，大約同一個時間的革命事件的導火線。這種現象有時候被稱作「併發的革命事件」。(劉重義、李逢春，2006)

戰後世界各地通訊傳播建設的發達，使殖民地獨立解放運動、民主化運動和非暴力抗爭都有趁勢而起的仿效浪潮，顯現一種「展示效應」(demonstration effect)。網際空間的成熟，更形成快速而且有效率的全球通訊網絡，自然使展示效應更容易跨越地理的約制。

1.10.1 革命導火線難以預料

沒有任何政治觀察家預警突尼西亞會有2011年的茉莉花革命，因為在所有中東的獨裁政權當中，突尼西亞是控制人民最嚴厲的政權。然而，當事件燃燒起來，其群眾力量的集結到爆發，速度快到連獨裁者賓阿里想讓步都來不及，只有倉皇出走一途。步其後塵的埃及也是如此。

革命是時空中的特殊事件，它發生在一個客觀的社會環境中，而社會環境又反過來影響革命。沒有人可以預知革命爆發的確切時間和地點，以及當權統治者可能採取的對抗行動。即使具有成熟的客觀社會條件，革命不一定會自動發生，它還需要導火線(accelerator)。此導火線普遍存在於社會的惡性功能，由之發展成為引爆革命事件的按鈕。然而，歷史充分證明導火線通常是無可預測且難以控

制的。土耳其的經濟學者庫巒(Timur Kuran)發展了「偏好僞裝」(preference falsification)的理論，可以用來幫助瞭解這些困難與複雜的問題。

　　大部分人在公開表明喜好時，經常會衡量周遭的聽眾來調整自己的選擇，目的是使它能被所屬的群體或社會所接受。換句話說，他們所表達的，和他們眞正想要的其實不一定相同。庫巒把這種誤導群體的行為稱為偏好僞裝。在1995年出版的《私下坦白，公開說謊》(*Private Truths, Public Lies*)這本書裡，他認為：這種現象是普遍存在的，而且有極大的社會和政治後遺症。這些後遺症取決於個人的決定之間的相互依存關係，把什麼優先公開表達出來。一個人掩飾他對有關時尚、政策或政權的不滿，就會讓別人較難表達其不滿，尤其當這個率先表態的人在群體裡面被認為是意見領袖。

　　偏好僞裝的一個具社會意義的結果是：一個表面上被廣泛支持的社會偏好，如果採取無記名方式投票表決，其實會被果斷地拒絕。私下裡不受歡迎的政策可能被無限期地保留，因為人們的偏好僞裝，造成讓他們必須將錯就錯以附和既存的社會壓力。

　　就僞裝的偏好，人們因為怯於表達「異見」，因此，會隱藏對於它的知識與資訊。在這個過程中，他們扭曲、腐敗、貧瘠處於相關公共領域的知識。這會這使他人難以理解現行做法的缺點，以及其他替代方案的優點。另一個偏好僞裝的後果是，導致人們對改變現狀的優點普遍無

知。長期而言，偏好僞裝造成個人知識的狹隘和僵化，因此，也就弱化社區要求改變現狀的能力。

庫蘭廣泛應用他的偏好僞裝理論於相關議題，用它來解釋：爲什麼重大的政治革命總是讓人們大吃一驚；爲什麼族群緊張關係會激化自己、愈演愈烈；爲什麼印度的種姓制度歷經數千年仍是強大的社會力量；爲什麼小的風險有時產生集體性的歇斯底里情緒。

東歐共產黨政權在1989年之際的崩潰，對所有人也都是一個大意外，美國總統雷根也不相信，自己對著柏林圍牆的嗆聲會那麼靈。伊朗1978到1979年的伊斯蘭革命，震驚了美國中央情報局、蘇聯的國家安全委員會(KGB)、被推翻的伊朗國王巴勒維(Mohammad Pahlavi)，甚至接掌政權的霍梅尼(Ayatollah Khomeini)。1917年的俄國革命讓遠在國外的列寧目瞪口呆，被推翻的羅曼諾夫王朝以及駐在聖彼得堡的外國外交官也一樣措手不及。1911年推翻滿清王朝的辛亥革命，孫文在美國看報紙才知道，黎元洪藏身在朋友家中，被拱爲臨時大總統。沒有人預見到1789年會爆發法國大革命，甚至那些作亂的暴徒也渾然無知。在每個這種情況下，一股長期潛伏著反對統治集團的情緒突然爆發，龐大的政治權力就轉移了。

偏好僞裝正好可以解釋，爲什麼幾乎到了崩潰前夕的政權仍看似穩定。因爲，許多反對者不會公開表達其意向，直到一個巧合的因素給了他們動機和勇氣，才會把他們的不滿宣洩出來。當他們公開改變立場，他們的行動也

會鼓勵其他隱藏的反對者站出來。通過由此產生的「輸人不輸陣」(Bandwagon)心理，偏好偽裝也就跟著見風轉舵。反對舊政權的人不須再擔心誠實表白會被懲罰，真正舊政權的支持者則開始偽裝自己的偏好，必要時就謊稱事件的轉折正是他們所期望的。(Kuran, 1989)

1.10.2 學生的革命角色

進入高等教育的學生在他們所處的社會中接受較多的知識訓練，對傳統的成規比較能夠抱持懷疑的態度，對現有政權的社會理想和民眾生活的社會現實之間的差距特別敏感。由於學生比較沒有社會的束縛和包袱，他們的價值觀和理念因此往往較具理想性或激進，而且比較敢於付之行動去追求目標與實踐理想。

在不穩定的社會裡，學生對於他們自己未來發展的機會受到限制，會感到焦慮。在落後的社會中，學生往往受到菁英份子應有的責任感所驅使，尤其，在經濟上屬於對外依存度高的國家或是受外來集團統治剝削的社會，學生更會受到民族主義的鞭策，這些力量都促使學生傾向激烈的變革，而成為革命的爆發力。

塞爾維亞人於2000年推翻獨裁者米洛塞維奇(Slobodan Milošević)的過程中，在首都的貝爾格勒大學(University of Belgrade)學生所組成的校園團體「歐脫迫」(Otpor)扮演了重要的領導角色。喬治亞的青年學生組織「剋馬啦」(Kmara)也是2003年玫瑰花革命的重要推手，其間剋馬啦和歐脫迫

兩方的年輕人有密切的對話和溝通。2004年11月烏克蘭的橘紅色革命如火如荼進行當中，青年學生在首都基輔(Kiev)紮營抗爭，其中出現許多來自前蘇聯共和國和東歐國家的學生旗幟，原來是各國學生前來助陣，也來體驗風起雲湧的「彩色革命」(color revolution)。(Dobson, 2012)

　　學生放下學校功課，沒去打工賺錢享受，沒有走向卡拉OK、電玩、舞廳、交朋友吃喝玩樂，卻為了國家利益及社會公平，晨間上課，下午示威，晚上研讀革命理論、非暴力抗爭等理念與行動方法，期待有效喚醒民眾督促政府改革或驅逐外來統治集團，邁向先進國家。學生很清楚街頭抗爭手段是激烈的，會犧牲、流血，甚至必要時還得付出生命。但是理智告訴他們，為了挽救這個國家，無私的付出是值得的。也因為他們無私，沒有追求個人政治利益的動機，他們比較不願意和具有共同目標，卻被認為落伍、腐化或缺乏作為的政治團體扯上關係。他們這種無私的特質，反而更能夠被反對運動或反抗運動的政治團體接受。

　　當極具領袖魅力的委內瑞拉總統夏維茲(Hugo Chavez)，在2007年5月要將已有53年歷史、人民最愛看的卡拉卡斯電視台(Radio Caracas Television, RCTV)的頻道據為國有，以便控制播放內容，五所在首都卡拉卡斯(Caracas)的大學生於是主動出來示威抗議。學生先是嘗試堵住首都的重要道路癱瘓交通，搞一陣子，自知無法抵擋鎮暴警察的驅散，改採選擇在鬧區以快閃方式示威，互相以手機簡訊通報鎮暴警察

的動向，以逃避警察的毆打與捉拿。當2007年8月夏維茲進一步提修憲案擴大總統權力，並撤銷總統連任次數的限制，當時委內瑞拉的反對黨分崩離析，根本無力阻止公投過關。這五所大學的學生再度主動出來，先教育同年學生，挑選其中進步的來建立行動核心，然後，以集體的創意設計各種抗議活動，喚起民眾不要讓委內瑞拉進一步陷入落伍的政治體制。大學生的行動終於激勵了反對黨的團結，擊敗了夏維茲的修憲案。(Dobson, 2012)

　　大學的環境常是革命騷動起始之地，並且也是培養年輕知識份子的所在，學生運動中的活躍者雖然很少成為長

逾70名學生於2012年11月26日，冒雨在「行政院」要求見陳沖院長，表達反媒體壟斷，被鎮暴警察阻止在牆門外而爆發衝突。

期性革命運動的領導者，但是這些人很多後來會成為革命的擁護者。當然，學生運動領袖也可能繼續成為革命運動的領導者。1920年參與籌組中國共產黨的張國燾，於1916年秋考入北京大學理工預科，1919年從預科畢業轉入本科，在校期間就參加了五四運動，擔任北京學聯主席，是北京學生領袖之一。被譽為「現代民主委內瑞拉之父」的貝單闊(Romulo Betancourt)在1928年就因為參加學生運動反對當時的獨裁統治被捕監禁二個月，他出獄後立即又參與政變，失敗而流亡國外，終於在1945年透過軍事政變取得政權，開始為委內瑞拉紮下民主制度的基礎。

另一方面，大學的地理位置也是決定學生運動的活力、對社會其他階層的衝擊，以及受攻擊政權的命運等的一個重要因素。許多國家政治首府的學生都在其國內的政治騷動扮演著重要的角色。

在20世紀前期，緬甸仰光大學的學生主要是來自社會菁英份子的家庭，諾貝爾和平獎得主翁山蘇姬的父親也就是創立緬甸共產黨的翁山將軍，以及曾任聯合國秘書長的宇譚，都是這所大學造就出來的學生。1920年、1936年和1938年三次大規模反抗英國殖民地政府的全國性罷工，都是由仰光大學率先發動，它是孕育緬甸民族主義和民主意識的溫床。1962年尼溫發動政變，走向軍事獨裁，仰光大學醞釀出反對威權統治的異議氛圍。1988年8月8日仰光大學的學生揭竿「8888起義」，激勵全國的年輕學生、僧侶、家庭主婦等投入示威，結果引發了另一次的軍事政

變。緬甸軍政府在敉平學運之後，爲減弱仰光大學的影響
力，於是關閉校園，並將校區遷到遙遠的城外。

南韓第一位總統李承晚自1948年當選後就走向獨裁統
治，清洗國民議會，宣佈反對他的「進步黨」爲非法，並
以叛國罪名處死進步黨領袖。1960 年第四次總統選舉，
李承晚的得票率是56%，但韓國憲法規定，當選總統需要
達到60%。李承晚乃提出「四捨五入」硬拗成60%來滿足
連任條件，視憲法如無物，遂點燃了大學生的怒火，引
發大規模的街頭抗議。4月19日更爆發了首爾大學生暴動
事件，學生示威隊伍直逼景武臺總統官邸，造成 186 人
死亡，1,000多人受傷的慘劇，卻也終於使得政局急轉直
下，李承晚黯然下台流亡美國。「419革命」是南韓首次
由手無寸鐵的學生成功推翻獨裁政權的街頭活動，對南韓
的民主發展具重大意義。其後，接二連三的推翻軍事獨裁
政權，首爾大學和梨花女子大學的學生一直注入充沛的活
力。

1989年4月15日到6月4日，在北京發生舉世震驚的
「天安門事件」。先是由北京大學和清華大學學生發動示
威，向中共政權爭民主、爭自由、反腐敗，引起中共貴族
恐慌而進行血腥鎮壓的事件。1990年3月台灣的「野百合
學運」，由大學生在台北的「中正紀念堂」廣場發起絕食
抗爭，提出解散國民大會、廢除臨時條款、召開國是會
議、訂定政經改革時間表等建構民主制度訴求。當時任
「中華民國總統」的台灣人李登輝，順勢接見學運代表並

承諾召開「國是會議」，台灣民族解放運動也因而進入新的里程碑。

但是在大阪、慕尼黑、柏克萊或聖地牙哥的學生，似乎就不具有那種能使其政府興起劇烈變化的影響力。

一般而言，那些越傾向激烈政治活動的學生，他們不只是來自較高的社會階層，並且他們傾向於學習那些容易提高其敏感度、對社會上不人性的情況會產生特別反應的人。根據1960年美國大學校園的一項統計資料顯示，典型的學生活躍份子比起不活躍份子來說，更具學術性及研究傾向，他們的成績優異，通常是高收入家庭的子女，而他們的父母親也大多受過大學以上的教育。1968年5月到6月間，發生在法國的學生騷動事件顯示，越激烈的學生示威者越來自較富裕的家庭，並且學生領袖大多是銀行家、醫生、律師、大學教授或高級政府官員甚至部長級的兒子。委內瑞拉總統夏維茲就大罵2007年起來抗爭的大學生都是吃米不知米價的「有錢人囝仔」，企圖煽動中下層民眾對學生的反感。

學生的抗爭行動被視為觸媒並擔負引爆革命的角色，它引起更多的民眾反對甚至攻擊政府的權威代表人和機構。這現象從1848年的巴黎革命到2012年許多阿拉伯國家的情形都是如此。譬如，1956年匈牙利的革命事件，它首先由布達佩斯的大學生發動示威，反對當權機構，然後導致全匈牙利人的不滿情緒爆發。匈牙利學生的行動是一種媒介，他們激發佈達佩斯民眾的革命情緒，特別是在戰鬥

布拉格的查理士大學科學院(取自查理士大學科學院網站)

的初期。而其他大學的響應，也促使學生成為當地革命事件的發動者。1968年捷克「布拉格春天」(Prague Spring)來臨之前，首都布拉格的查理士大學(Charles University)學生早在1967年的11月和12月就已不斷發動示威。而1989年11月，終於迫使捷克共產黨於12月底還政於民，被稱為「絲絨革命」(Velvet Revolution)。

　　但是學生在先天上所受到的限制，使他們幾乎從未構成革命的決定性力量。這些先天的限制有兩方面。首先，學生的年紀輕、經驗少，並缺乏社會地位，這些因素妨礙其進行有組織、具帶頭作用的群眾運動。塞爾維亞歐脫迫的領袖波帕維茲(Srdja Popovic)在波士頓演講時指出：2009年伊朗血腥的綠色革命過程中，事實上伊朗有七個青年人先

前已經接受歐脫迫的訓練，這些青年應該能夠更有效地領導抗爭，可惜，反對陣營裡有太多滿臉鬍鬚的「大老」，年輕人沒有足夠的「身分」做領導。同時，一旦學生完成學業後，即被吸納入現有政權的權力結構中，他們的革命意志就可能發生動搖。換句話說，學生的騷動要成爲全面革命爆發的火花，必須是在革命的客觀社會條件成熟的地方，亦即普遍的不滿和不安已經深植且廣佈於民間的地方。

　　這連帶影響到第二項限制，學生構成革命的決定性力量的先天限制。在一個社會中，構成革命的決定性力量主要是靠中下階層的民眾，尤其是工人和農民。而工人和農民傳統上對學生和知識份子存有疑慮，認爲他們的理念不切實際，而且難以溝通。因此，要建立學生及工農的革命聯盟非常困難，要推展革命運動並達到成功更非易事。但是，反過來說，這又突出革命領導者在革命運動中的功能與角色之重要性。(Greene, 1974)

1.10.3　青年學生誤入歧途的反革命

　　青年學生的激情也可能被獨裁集團誤導成爲走火入魔盲目的「愛國熱忱」，通常是被妖化成爲反民主、反社會的鬥爭工具。這些顯然缺乏是非判斷力的年輕人，因爲熱情衝動血氣方剛，其鬥爭反對者的方式往往施行言語和肢體的殘酷暴力。

　　在正常年輕人經歷與生俱來的理想化的人生時段，聰

明且具領導能力的學生所發起的運動幾乎都會有反體制的
特質。除非是國家面臨外來攻擊或侵略，學生一般是不可
能主動發起支持統治集團的運動，即使是備受人民贊許愛
戴的政權。反革命的青年學生往往是受到野心集團的教唆
與操縱，尤其可能是被利誘而誤入歧途，對社會的進步是
破壞的。而革命性的學生運動則具有獨立組織與行動，不
和政客或既得利益掛鉤，對社會的進步是正面的。因此，
一個學生運動究竟是革命或反革命，兩者有本質上的差
別，其實不難分辨。

　　毛澤東爲了打擊政敵，從1966年到1976年煽動大學和
高校學生組成紅衛兵，由紅衛兵打著「革命無罪，造反有
理」，搞文化大革命，搞個人崇拜、神話毛主席的醜劇。
紅衛兵貼大字報批鬥毛澤東的政敵，用暴力手段清除「四
舊」，對早已經失去反抗能力的「黑五類」施加殘忍的暴
力迫害。

　　蘇聯解體之後，俄羅斯不但經濟大幅衰退，政治腐
敗，特權勾結貪官污吏謀取暴利，加上黑社會暴力橫行，
國際地位也大不如前，俄羅斯的青年學生爲喪失強國的驕
傲而懊惱。依據2007年的調查，有63％的俄羅斯年輕人認
爲：蘇聯的解體是20世紀最大的地理政治災難。秘密警察
出身的普廷便以強人、硬漢的姿態，展現要嚴厲打擊、肅
清俄羅斯民主化過程中導致的亂象，重新找回俄羅斯的光
榮。

　　面對前蘇聯共和國的年輕人在各國推動彩色革命，普

廷告訴年輕人說那是西方國家意圖削弱俄羅斯的陰謀。克里姆林宮便仿前蘇共青年團製造俄羅斯自己的學生運動，他們在全國各地網羅大學生和技術學院學生成立「哪是」(Nashi)。2005年5月12日，該組織首度集結了超過3,000人公開露臉，聲勢浩大地在莫斯科舉行愛國示威，支持普廷總統和他的政府。這個學生組織是所有俄羅斯的民間團體當中，受到政府補助最多的社團。在2008年獲得將近美金50萬的政府補助，不過，來自民間企業的捐款更大筆。

「哪是」成員的「愛國熱忱」展現在穿著有普廷臉像的T-恤，但似乎更積極地展現在對異議人士及人權關懷者的騷擾，破壞他們的車子、到演講場胡鬧或在網路上散播詆譭人格的流言等。2010年8月，它的網站貼出一位才30歲的記者卡新(Oleg Kashin)的照片，上面橫寫著「必受懲罰」。2010年11月6日凌晨，卡新回到他的公寓時，在門口遭受二名暴徒用鐵條毆打攻擊，全身嚴重受傷並昏迷好幾天。前不久，另一個批評普廷的新聞記者也受到類似的傷害。當然，警察單位總是查不到做案的暴徒。但是，俄羅斯民間都認為「哪是」脫不了關係。(Dobson, 2012)

中國黨過去在台灣不僅模仿德國納粹黨的希特勒青年團搞「中國青年反共救國團」，為了在美國校園打壓台灣留學生的台獨活動和對抗傾向「回歸祖國」的左傾留學生，1970年代也在美國成立了「反共愛國聯盟」。馬英九、李慶華、蘇起、張京育、關中、趙少康、郁慕明等人都是早期加入「愛盟」的學生成員。除了接受中國黨海工

會的資助出版刊物與辦活動醜化台獨、詆譭中共之外，波
士頓的台灣留學生還指證馬英九擔負著校園間諜「抓扒
仔」的任務，1978年1月他在波士頓偷拍參與抗議「中壢
事件」示威活動的台灣留學生，當場被拍照反蒐證。

2006年馬英九當選中國黨主席之後，也依自己的「成
功經驗」成立青年團，首任總團長就是說大話、貪污索賄
出名的林益世。中國黨青年團專於吸收青年學生供赤藍權
貴利用，尤其要利用他們從事網際空間的鬥爭。青年團成
員上網PO文為中國黨和赤藍權貴的惡行劣跡搖旗吶喊，
也瀏覽網路輿情，把對中國黨負面的言論建檔，提供給黨
部相關人員處理，正是複製馬英九學生時期中國黨培養
「抓扒仔」的功能。

從馬英九一貫的反社會行為：反對解除戒嚴、反對廢
除刑法一百條的白色恐怖、反對總統普選、迫害陳水扁、
恐嚇李登輝、誣賴蔡英文、偽裝誠懇的態度說謊、沒有履
行承諾的自尊、做錯事毫無悔意、污特別費卻嫁禍於人等
一籮筐的反常行徑。咱看見一個經由邪惡集團所塑造的反
革命青年，當他日後竄升騙取了公權力，對社會何其不
幸。

1.10.4 革命的展示效應

1776年美國獨立革命的成功，常被認為有助於1789年
法國大革命的爆發。而法國大革命又連帶地引起西里西亞
(Silesia)、漢堡(Hamburg)、比利時(Belgium)、愛爾蘭、中歐和北

歐以及南美等其他地方的革命事件或獨立運動。被法國奴
役統治的海地奴隸就是深受美國獨立革命和法國大革命的
鼓舞，於1791年發動革命，到1804年成功地驅逐法國殖民
勢力，建立海地共和國(Haitian Republic)，被認為是在美洲最
成功的奴隸革命。其後，法國大革命和拿破崙在歐洲的戰
事更進一步促成1810至1830年間其他拉丁美洲國家的獨立
運動。

　　1830年7月的巴黎革命成功地抵擋波旁王朝(Bourbon)的
復辟，也點燃波蘭反抗俄國、比利時反抗荷蘭的民族主義
運動。同時，也為義大利、瑞士、德國、西班牙和葡萄牙
這些地方，主要為自由主義的革命運動催生。1848年在歐
洲更是重要的一年，巴黎的二月革命再度成為整個歐洲的
革命運動導火線，從哥本哈根經柏林到維也納、布達佩
斯、倫巴地和巴勒摩(Palermo)，整個歐洲呈現熊熊的革命怒
火。在東方，1905年的日俄戰爭，日本打敗俄國，顯示歐
洲的強權畢竟不是神聖不可侵犯，從而加速1905年波斯、
1908年土耳其以及1911年中國的民族主義革命運動的總動
員。

　　審視20世紀初期的中國激進知識份子的著作可以發
現，他們的革命思想受到許多國家的革命運動的影響，尤
其是法國革命、青年土耳其(Young Turks)運動和俄國革命。
這些革命鼓舞他們起來鼓吹進行中國社會革命的必要。
在台灣的歷史中，尤其是1918年美國總統威爾遜(Thomas
Woodrow Wilson)的民族自決原則，1911年中國的民族主義革

命和1922年愛爾蘭自英國獨立，對台灣在日治時期的民族
政治運動具有相當積極的驅動作用。

「歷史的巧合」實在不足以解釋1954年10月至11月阿
爾及利亞的革命爆發。當年5月，法國的殖民主義在中南
半島的奠邊府遭到嚴重的挫敗，7月北越就建立了獨立的
政府，而阿爾及利亞的獨立運動又和同時期的突尼西亞和
摩洛哥(Morocco)的反法獨立運動，有相互刺激與相互加強
的作用。1957年迦納(Ghana)自大不列顛獨立的事件，增強
了比屬剛果(Belgian Congo)和葡屬安哥拉(Portuguese Angola)的反
殖民主義風潮。事實上，1950年代末期和1960年代初期，
非洲殖民地紛紛爭取獨立，聯合國會員國的數目在這段期
間內激增。

20世紀末共產國家的改變讓全世界都感受到展示效應
的激烈震盪。被稱為「1989革命」的一連串事件是從波蘭
開始，接著是匈牙利、東德、保加利亞、捷克和羅馬尼
亞。這些共產黨政權的崩潰，只有在羅馬尼亞發生較強烈
的暴力，中國的天安門事件雖然被壓制下去，年輕學生隻
身阻擋坦克的大無畏形象震撼全世界電視機前的觀眾。
1989年6月中國北京大學生在天安門廣場為民主抗爭的勇
氣，對1990年3月台灣大學生在台北自由廣場為民主抗爭
的野百合學運，也明顯受到展示效應的激勵。

從1990到1992年，阿爾巴尼亞和南斯拉夫放棄了共產
主義，1991年底蘇聯也解體了，接著，柬埔寨、伊索比
亞、蒙古和南葉門都相繼放棄了共產制度。人類社會結束

了長期的美蘇冷戰，充滿希望地迎向21世紀。而2011年突尼西亞的「茉莉花革命」再度讓全世界感受到展示效應的激烈震盪。

1.10.5 歷史上的民主化浪潮

政治學者通常將近代歷史上的民主化分爲三波：第一波始於美國獨立與法國大革命，在19世紀末帶動了整個歐洲的民主運動；第二波始於第二次世界大戰後的民族國家獨立浪潮，到1960年代末葉逐漸衰退。1974年4月25日凌晨20分，當收音機播放出被禁唱的《深谷頌》(*Grândola, Vila Morena*)，一批葡萄牙中下級軍官組成的「武裝部隊運動」，正式接到「康乃馨革命」的訊號起而發動政變，一天之內就推翻持續42年的極右專制獨裁政權，開始了民主化進程，帶動了世界各地興起杭廷頓(Samuel Huntington)所稱的「第三波民主化」的浪潮(Huntington, 1991)。

這股浪潮從南歐的希臘開始，80年代蔓延到中南美洲的巴西與阿根廷、智利等，和亞洲的台灣及南韓，90年代到達東歐的波蘭、匈牙利、東德、捷克、斯洛伐克與前蘇聯共和國與非洲各地。在1974年，全球被認定爲民主國家的只有39個，但到2009年底，根據自由之家(Freedom House)的統計，全球有46%的國家(共有89國)屬於自由民主體制，占世界人口的46%，有30%屬於半自由民主體制(共有58國)，占世界人口的20%，而只有24%屬於非自由民主體制(共有47國)，占世界人口的34%。

在民主的浪潮下，人權觀念也隨著進步，革命與反革命雙方都受到這種現代化社會的約制，雙方的暴力最終都能降低，以相對和平的方式達成政權的移轉。例如：1989年開始一連串的共產黨政權崩潰，只有羅馬尼亞因為革命勢力薄弱而有較明顯的暴力傷亡，據統計有1,104人喪生，3,352人受傷，其中162人是在群眾示威導致獨裁者希奧塞古逃亡前的暴亂中死亡，其他是在隨後幾天鎮壓反革命勢力的戰鬥中死亡；而2000年9月塞爾維亞人就以相當低度的暴亂和傷亡，推翻在位11年的獨裁者米洛塞維奇，僅二人喪生，其中一人是過度興奮引發心臟病死亡，另一人是自卡車摔下死亡。革命不必然要血淋淋人頭落地。

然而，杭廷頓也曾預言：第三波民主倒退、專制復辟，不僅可能，還很難避免。若以前車之鑑，前二次的民主化浪潮都是以威權或極權統治的反撲而告終：第一波民主化遭遇了極權主義的反撲，包括蘇聯史達林(Joseph Stalin)的興起、西班牙內戰、義大利的法西斯主義、日本二二六事件政變與軍國主義興起，以及德國威瑪共和被納粹(Nazi)政權取代等；第二波民主化的逆流包括了許多非洲前殖民地獨立後的威權化、韓國的軍事政變潮、智利、巴西與阿根廷的軍事政變與獨裁等。換句話說，民主化的國家如委內瑞拉也可能倒退回專制獨裁。而到目前，第三波逆流包括俄羅斯與前蘇聯共和國的威權化、中國民主運動1989年的六四天安門事件、台灣2008年的赤藍權貴集團復辟，與中亞各國的民主失敗等。

　　2011年初由突尼西亞「茉莉花革命」所帶動的北非及中東推翻獨裁者的浪潮——阿拉伯之春，是否是第四波的民主化呢？一般認為難以下此結論。有些阿拉伯學者諷刺西方過度樂觀的學者，幽默地指出：阿拉伯地區的氣候只有冬天和夏天兩季而已，中間都是沙塵暴，並沒有春天和秋天。然而，儘管民主化的逆流時而洶湧逞強，民主化基本上是人類社會的大潮流，因此，許多獨裁體制都學習披上民主的外衣來變裝，以騙取人民及國際友人的支持，來維持其權力以及由之所創造的龐大利益。

1.11 茉莉花綻放的阿拉伯之春

　　「阿拉伯之春」顧名思義取自捷克的「布拉格之春」，它是捷克共產黨在後史達林時代，基於民族主義理念，思索掙脫蘇聯宰制，從1968年1月開始啟動的經濟和政治改革：放鬆集中式的經濟規劃，給予人民較多的言論、出版自由，將政府分成捷克與斯洛伐克兩個共和政府。結果，蘇聯在8月動用華沙公約國的軍隊，占領捷克並逮捕改革運動領袖，關閉改革措施，回歸共產黨專制體制。捷克就此繼續被蘇聯宰制，直到1989年的絲絨革命才建立民主體制。雖然布拉格之春並沒有立即使捷克人民獲得解放，但是，它讓全世界看見共產黨也反對專制體制，也讓全世界看見捷克的領導者和人民在對抗侵略強權所展現的高度民族尊嚴，因此博得了它在政治上和文化上的重

要意義。

「茉莉花革命」一個月就使獨裁者落荒而逃，其展示效應立刻震撼周遭的穆斯林國家。才過一星期，群眾示威就開始出現在北非和中東的阿爾及利亞、埃及、葉門、約旦、利比亞、蘇丹和史瓦濟蘭(Swaziland)等國家。美國《時代雜誌》於該年底12月15日選出全球各地「抗議人士」為2011年度風雲人物，時代雜誌的編輯群指出，在突尼西亞26歲蔬果販布瓦吉吉自焚之後，異議人士的行動擴散到中東地區、歐洲及美國，改寫全球政治的風貌，並重新定義了人民的力量。

獨裁者面對這股來勢洶洶的人民革命洪流，無不戰戰兢兢坐立不安。一方面，他們設法孤立反對力量，降低人民對反抗運動的期待，另一方面也採取某些改革措施，舒緩民怨、軟化反抗意志。約旦國王於2月1日更換內閣，新總理誓言：更改過去的錯誤。敘利亞總統則承諾將推動政治改革，政府媒體以「每個阿拉伯國家應得到教訓，不要依賴西方朋友的保護」，嘗試以泛阿拉伯民族主義來收攬民心。沙烏地阿拉伯國王也於2月底推出370億美元左右的福利措施，主要是針對幫助年輕人、公務員和失業者。

1.11.1 阿爾及利亞率先發動

阿爾及利亞人在1月22日就不顧禁令，率先發動群眾示威，政府當時立刻將民生必需用品降價。這些國家的政治和經濟情況都和突尼西亞有或多或少的相似性：長期的

獨裁形成腐敗的統治集團、年輕人失業率高、民生物價高漲、房價高、缺乏自由與人權等問題。這些被壓迫的人民都期待能夠像突尼西亞人一樣地勇敢改變現況，爲自己爭出頭天。他們或多或少模仿突尼西亞革命的做法，到1月底，在北非與中東已有超過12人相繼自焚，光在阿爾及利亞就有八個人自焚，有決心的志士寄望如法炮製犧牲自己來喚起民眾。每個國家的年輕人都透過臉書、推特、YouTube等，汲汲於網際空間激勵抗爭士氣、串聯革命力量，半島電視台也透過衛星把新聞帶給電視機前的龐大觀眾。然後，不滿的群眾集體走上街頭示威遊行呼喊訴求口號，面對鎮暴警察，展現集體力量直接威脅獨裁者下台。執政近30年的埃及獨裁總統穆巴拉克成了第二張倒下的骨牌。

1.11.2 埃及是第二張倒下的骨牌

埃及使用Internet的人口普及率到2010年底還只有16%，遠落後於台灣的70%，臉書的使用者約470萬人，遠低於台灣的1,100萬，卻已足夠成爲宣傳革命、動員群眾的有力工具。全球之聲(Global Voices)阿拉伯文版的負責人Mohamed ElGohary，也是埃及最大的獨立報紙《Al-Masry AlYoum》的社群媒體部門負責人，年紀才28歲，他於2011年4月29日應邀來台北演講時，認爲促成埃及革命的主因是：穆巴拉克長期的獨裁、腐敗和壓迫；落伍、荒謬的憲法；貧富嚴重的差距，40%的人生活在貧窮線下；執

政集團在國會選舉使用奧步；突尼西亞茉莉花革命的鼓舞。

早在2008年春天，埃及的年輕人，大都是20歲到35歲之間，就在臉書成立「四六罷工」社群(April 6 Strike group)，聲援埃及最大的紡織廠內27,000名工人準備在當年4月6日進行罷工的運動。這個群組在一星期內就成長到20,000人，讓埃及全國各地的網民都能表達他們對紡織工人的關心與支持，同時也連帶暴露了埃及人對社會的強烈不滿。這些社群網友後來繼續發展「四六青年運動」，採用塞爾維亞革命組織「歐脫迫」的握拳圖騰做爲標誌，積極支持埃及的社會運動。到2009年初，這個運動已有約70,000網友，其中的活躍份子不斷受到統治集團的司法迫害，甚至某些充當花瓶的反對黨也跟著抨擊這些年輕人只是來亂的。

2011年初，突尼西亞人民推翻獨裁總統後，「四六青年運動」發起人之一，26歲的艾斯瑪(Asmaa Mahfouz)於1月18日在臉書放上她個人自拍錄影對埃及社會的呼籲。她在影片中說：「如果你是個男人，就站出來走上街頭；」又激勵：「那些說女人不應該示威的人，不管是誰，只要有夠男子氣概，就在1月25日和我一起走上街頭。」艾斯瑪呼籲被大量點閱傳播，點燃了埃及革命，被視爲是激發人民推翻專制政權的推手。

獨裁政權驚覺網路的威脅，便採取圍堵網際空間，以阻礙反抗運動的宣傳和動員。推特於1月25日清晨被埃及

政府攔截，使用者無法登入，這一天全國有兩萬人上街示威，是埃及自1977年以來最大規模的抗議事件，26日埃及人發現連臉書也無法登入。在28日凌晨，四大網際網路服務提供業者3,500台的橋接路由器(Internet Border Gateway Protocol routes)全都停止傳輸數據資訊，主要大城的行動電話通訊也告中斷，顯然是埃及政府意圖阻止抗議人士透過網路串聯，如此切斷全國網路通訊的做法，是網路史上之首例，被國際資料公司(International Data Group, IDG)的新聞服務處列入2011年十大科技事件之一(Marc Ferranti, 2011)。半島電視台也在30日被要求關閉在埃及的運作，當天下午部分對中東的傳播信號就被切斷。為了維護網際網路自由和幫助埃及民眾，Google在30日推出特別服務，讓埃及民眾無須上網，只要撥通電話、留下語音就可以發送訊息到推特。

面對國內外排山倒海而來的逼退聲浪，自1981年即位的埃及總統穆巴拉克終於在2月1日晚間宣佈，他不會在9月舉行總統大選時尋求六連任，未來兒子也不會參選總統，但誓言做完剩下的七個月任期，以及「死也要死在埃及土地」，執意採取強硬手段鎮壓反對派。然而，經過18天持續的群眾示威，穆巴拉克不得不在2月11日屈服下台！

Mohamed ElGohary指出：把統治集團的不公不義透過社交媒體擴大訴諸群眾；把軍警鎮壓人民的暴行和抓扒仔的惡行嘴臉在Internet現場實景曝光；尤其群眾衝進警察總部後，將大量壓迫人民的文件、證據在網路散播。這是臉

書所提供的重要功能，它激發了群眾的勇氣和決心，贏得
了世界各地正義人士的支持，決定了獨裁者下台的命運。

　　埃及人民革命的成功，更激勵了葉門、利比亞、巴林
(Bahrain)、敘利亞、沙烏地阿拉伯、阿曼(Oman)，甚至亞洲
的中國和非洲的史瓦濟蘭等國家的人民，起來公開挑戰當
權集團。

1.11.3 葉門群眾逼總統下台

　　16,000葉門群眾和大學生早在1月27日就分別在首都
沙納街頭及沙納大學廣場，舉行和平示威，要求自1987年
就任的總統薩利赫(Ali Abdullah Saleh)下台。任期到2013年屆
滿的總統立刻承諾不再尋求連任，並且下令所得稅減半，
指示當局控制物價，也爲軍警加薪。因爲要求立即下台的
抗議聲不斷，薩利赫在2月2日又向國會正式表示：不會尋
求連任或交棒給自己的兒子。但抗議群眾繼續盤據沙納大
學廣場，堅持「薩利赫辭職下台或逃亡」。之後，支持與
反政府的對立群眾在首都連續爆發衝突，造成死傷。

　　在「波斯灣合作理事會」的協調下，薩利赫的「人民
會議黨」於4月23日同意：與反對派簽署結束街頭示威、
共組聯合政府協議後，30天以內下台，以換取薩利赫個人
及其家人免遭刑事起訴的豁免權。這項讓步獲得反對黨與
美國的歡迎，但反政府抗議群眾仍普遍反對此一方案，不
但要求薩利赫立刻下台，還宣稱會持續抗爭，直到薩利赫
眞正交出政權爲止。但薩利赫也一直拒絕兌現4月23日的

承諾，他幾度同意簽署由波斯灣合作理事會所斡旋的協議，以下台換取免遭起訴，但每次都在簽署協議前反悔。

反對薩利赫統治的部落民兵，6月3日首度砲擊總統官邸區內的一座清真寺，導致當時正在裡面禱告的薩利赫及葉門總理、國會議長等七名官員受傷，清真寺內另有三名軍官被砲彈擊斃。薩利赫傷勢嚴重，全身燒傷面積達40%，外加一片肺部塌陷，於隔日帶著兩位妻子等35名家人一同飛往沙烏地阿拉伯療傷，也讓他保留顏面地結束長達33年的專權。消息傳出後，數千名反對派民眾湧上首都沙納市中心，揮舞國旗、唱歌、跳舞慶祝，希望他走了就別回來。

薩利赫在9月23日無預警自沙烏地阿拉伯返回葉門，並隨即發表聲明呼籲各界停火與展開談判。美國白宮也同日敦促薩利赫展開全面權力移轉，同時譴責他過去以武力鎮壓示威。薩利赫終於在11月23日再回到沙烏地阿拉伯首都利雅德，簽署由波斯灣國家斡旋提出的政權轉移計畫，簽署後薩利赫要將所有憲法賦予總統的權力，全部移交給副總統，然後由副總統和反對黨在三個月內舉行總統大選。

歷經一年的動盪，葉門終於在2012年2月21日舉行全民公投式的總統大選，確認由副總統取代現任總統薩利赫。

1.11.4 利比亞強人屈辱喪命

利比亞的強人格達費自1969年發動政變，執政已42年。反政府的示威潮，於2月15日延燒到利比亞的第二大

城班加西，反對、支持政府兩派人馬和警方亂成三方衝突，造成38人受傷。社群網站臉書和推特早先已有多個團體發起17日為利比亞「憤怒日」的反政府示威，號召人民起義，紀念2006年班加西一場伊斯蘭集會中喪生的示威者。在15日班加西衝突的刺激下，響應人數從四千多人暴增到近萬人。

利比亞安全部隊對示威群眾則採取血腥鎮壓，毫不手軟地朝示威者發射實彈，許多百姓遭射殺身亡。美國網路安全公司Arbor Networks也說，利比亞的網路連線服務在19日凌晨兩點左右斷線，切斷了利比亞與外界的重要連結。儘管如此，反政府示威繼續擴大到首都的黎波里，反政府群眾攻擊政府機關，20日至21日爆發激烈衝突。半島電視台引述目擊者說法報導，利比亞軍機於21日空襲的黎波里多個地區，對反政府群眾發動攻擊。

利比亞政府的殘暴鎮壓人民，導致聯合國安全理事會於3月17日首度引用《聯合國憲章》第七章「對於和平之威脅、和平之破壞及侵略行為之應付辦法」，做出1937號決議，授權使用軍事力量來保護平民免於遭受格達費部隊的攻擊。聯合國秘書長潘基文盛讚安理會締造了「具有歷史意義的決定」。負責保護平民事務的聯合國秘書長特別顧問拉克指出：全世界已愈來愈無法接受政府的濫權；十年前的國際社會可能不會考慮做出這種決議，如今人道保護的原則與保護的責任，已強大到連傳統上擔心主權受到挑戰的國家，也不願公然阻撓安理會做出這樣的決議。

利比亞反抗軍在歷經六個月的鏖戰後，於8月23日成功攻占格達費政權的指揮中樞，並控制首都的黎波里大部分區域，格達費本人下落不明，他的長子穆罕默德向反抗軍投降。代表反抗陣營的「國家過渡委員會」主席杰里爾於24日宣佈懸賞170萬美元捉拿格達費，不論死活。杰里爾主席也宣佈，利比亞的新時代已經來臨。美國總統歐巴馬與英國、法國、德國等西方領袖，都一致敦促格達費不要頑抗，也呼籲反抗陣營尊重人權，帶領利比亞人民走上民主之路。曾反對北約國家以空襲協助反抗軍的俄國與中國，也轉變態度，表示尊重利比亞人民的選擇。

格達費於10月20日在其故鄉蘇爾特被捕時，狼狽地藏身於下水道，頭部中彈身亡，衣服滿是鮮血，臉部也血跡斑斑。利比亞長達八個月的內戰終於落幕。

1.11.5 沙烏地阿拉伯開放市級地方選舉

在阿拉伯世界風雲變色之際，沙烏地阿拉伯也於3月24日宣佈，將在4月舉行市級地方選舉。這是沙國第二次全國性的地方選舉，也是這個保守國家在人民起義風潮衝擊下做出的讓步。沙國王室獨大，沒有政黨，也沒有民選國會。沙國國王阿不都拉一週前才又砸下近一千億美元至社會福利金，希望以撒錢手段穩定民心，但他也警告不容許任何破壞國家安定的企圖。沙國國王又於9月對婦女權益做了讓步，他宣佈婦女將可以在2015年的市議會選舉中享有參選和投票權。

1.11.6 敘利亞歹戲拖棚

敘利亞人民受茉莉花革命激發而要求民主改革的示威，也逐步擴大到首都大馬士革，讓自1971年以來，長期威權統治的阿薩德家族面臨最嚴峻挑戰。敘利亞當局為了平息國內反對聲浪，4月19日通過解除自1963年來實施48年的《緊急統治法案草案》，內閣並通過廢除審訊政治犯的國家安全法院，容許民眾有和平示威的權利，對抗議人士的要求更大自由做了讓步。阿薩德於20日跳過國會的批准程序，馬上簽署包括解除緊急統治法等三項行政命令。但是，他卻玩兩手策略，在批准解除緊急狀態後幾小時，警方就在第三大城荷姆斯逮捕才接受半島電視台訪問的左派反對人士。大批群眾在4月22日中午的穆斯林祈禱結束後走上街頭，呼應臉書團體「敘利亞革命2011」所發起，號召基督徒和穆斯林一起在耶穌受難日舉行的示威，訴求也從要求改革和擴大自由，提升到推翻阿薩德政權。

阿拉伯聯盟11月12日宣佈暫停敘利亞會籍，呼籲會員國召回駐敘大使，並表示將對敘利亞實施政治與經濟制裁，直到敘國軍隊停止殺戮抗議群眾為止。據聯合國統計，敘利亞軍隊從4月到10月間的鎮壓，已造成逾3,500百人喪生。在利比亞強人格達費垮台、喪命後，阿盟對敘利亞的停籍決定，具有強烈的警告訊息，因為，當時聯合國安理會批准北約空襲利比亞，就是在阿盟暫停利比亞會籍之後。

　　阿薩德挾著俄羅斯、中國與伊朗的支持，無懼西方與阿拉伯國家的壓力。不過，還是宣佈將於2012年2月26日舉行新憲法公投。新憲法將允許政黨多元化，並撤銷舊憲法中允許阿薩德的復興黨領導國家的條文，未來總統任期也限制只能連任一次，一任七年。不過，由於不溯及以往，若新憲法過關，阿薩德仍可執政到2014年，屆滿之後，仍可能繼續執政到2028年。儘管反對派與西方國家將新憲斥爲鬧劇，阿薩德仍在公投過關後下令新憲生效。

　　英國外相海格(William Hague)於2012年6月指出：現在的敘利亞就像1990年代的波士尼亞(Bosnia)，正處於崩潰或派系內戰邊緣，不能排除軍事選項。敘利亞反抗勢力組成的「敘利亞全國聯盟」，擴大了控制區域，並升高對政府軍攻勢。法國於11月成爲第一個承認全國聯盟的西方國家，接著美國總統歐巴馬也於12月認可全國聯盟爲代表敘利亞人民的合法組織，隨後更有一百多個國家也宣佈跟進。敘利亞反對派與多個國際組織於12月12日在摩洛哥召開「敘利亞之友」會議，討論敘利亞衝突。會後發佈的公報要求：敘利亞總統阿薩德下台，讓政權過渡得以展開，並強調阿薩德逃不過違反國際法的責罰。

1.11.7 中共政權剉咧等

　　遠在亞洲的中共政權，生怕中國人有樣學樣，因此也圍堵所有對此次人民革命熱潮的訊息，這段期間，在北京上網搜尋「埃及動亂」竟得不到任何群眾示威的報導，卻

出現「根據相關法律與政策」，無法顯示搜尋結果的訊息，大型入口網站也不讓網民討論相關新聞。中國的民運人士於2011年2月9日告訴法新社，貴州省運動人士上週試圖發放關於埃及示威的消息，但警方告訴他們此屬「非常時期」，給他們三千人民幣，要求他們停止散發傳單。

但是民主改革浪潮終究無法阻擋，海外華文新聞網站「博訊」於2月19日登出「中國茉莉花革命、各大城市集會地點」的文章，呼籲中國各地網民在20日下午兩點，在所居住的城市同步展開聚集示威，其中北京、上海、天津及廣州等13個主要城市有明確「散步」地點，其他則在「市中心廣場集合」，一起呼喊口號要求改善民生、司法獨立、新聞自由和結束一黨專政。北京的聚集點是在王府井鬧區的一家麥當勞(McDonald)漢堡店，距離天安門不遠。

博訊當日即遭網路攻擊而癱瘓，據信這波攻擊與刊登該文有關。一般網民的電子郵件也無法使用一對多的寄送功能，變成每封郵件只限一個收件人。「茉莉花」變成搜尋引擎找不到相關資訊的關鍵字，中國民謠《茉莉花》忽然變成了禁曲，花店在那幾天都不能賣茉莉花，還被要求檢舉企圖買茉莉花的客人，甚至連遠離王府井區的「茉莉花餐廳」，只因為店名剛好是茉莉花，也遭到公安人員的騷擾。一個全世界組織最大、最有錢、最有勢，又擁有最多軍隊的中國共產黨竟然怕一朵花。(Dobson, 2012)

20日下午有幾個大城市果然出現響應「茉莉花革命」的聚集行動，中國當局在各地出動大批警力驅散群眾，並

強行逮捕參與「散步」的人士。已經提出辭呈並將於4月
30日離職的美國駐北京大使洪博培(Jon Huntsman)也現身這項
示威而引起關注，洪博培和他的家屬在人群中被認出後快
步離開。總部設在香港的「中國人權民運訊息中心」估
計，就在兩天之間，有多達百名維權律師和異議人士被拘
捕、扣留或軟禁。

中國的媒體在報導北非所發生的事件時，著重於宣傳
其暴亂與不安，絕不說出整個背後人民憤怒的民主改革要
求。中國或許成功地壓制20日的抗議行動，但人民對於政
府的信任卻很淺薄。在1993年，中共公安部透露全國發生
8,700次群眾事件，包括示威、遊行、靜坐抗議等。這樣
的群眾事件到2005年飆升了十倍，變成一年87,000次，而
在2010年，又倍加到一年180,000次。觸發群眾事件的原
因，洋洋灑灑一大串：官員腐敗、強徵土地、警察暴行、
解雇、族群歧視、公共設施不堪使用、環境污染等。

加州克雷蒙麥肯納學院的中國政治專家裴敏欣指出：
「中國當前的統治結構非常脆弱，此時不是革命的時刻，
但不表示未來不會發生大規模的政治劇變。」然而，在中
國領導階層以其他獨裁政權為鑑，更以推動經濟之藉口嚴
拒政治開放，「維持穩定」的一貫用語現在讓許多中國人
認為是使社會問題惡化的原因。北京清華大學孫立平教授
指出，穩定已開始演變為維護既得利益的一種手段，歷史
將證明穩定不能超乎一切，而且可能摧毀一切。他認為中
國不是陷入社會動亂，而是加速走向潰敗。

1.12 革命2.0尚待精進

　　政治革命意指使用急劇的壓力以推翻現有矛盾的、不合理的政治和社會秩序的行動。革命除了涵蓋這種激烈的改變過程外，還有其系統性、總體性、社會性和持續性的思想、組織和行動。亦即革命運動是對現有政治、社會、經濟和文化諸體系的挑戰，並以導向及建構一個新而進步的體系為目標。

　　當統治集團無法使上述諸體系合理運作，有效調適轉變的合法手段也無法合理採用時，意指統治能力已消耗殆盡並且受到懷疑，革命運動的強烈需求乃應時而生。換言之，當統治集團本身失去均衡，無法滿足或回應社會環境的需求時，社會環境乃形成壓力要來推翻它。革命運動既以建立社會新秩序和改變現有政治體系為目標，則必然會引起當權統治集團的反撲和鎮壓。這種必然的革命與反革命相互對抗，給人的刻板的印象是刀槍齊發、人頭落地等血淋淋的武力對抗。然而，近代許多成功的革命事件顯示，革命的一方不必然採取武力行動的對抗方式，而是發展出癱瘓現行體制運作的威脅能量，逼迫當權統治集團放棄權力。

1.12.1 革命運動必須拉垮統治支柱

　　《如何啟動革命》(*How to Start a Revolution*)是2011年完成的一部以夏普(Gene Sharp)及其非暴力抗爭戰略理論為主軸的

影片。其中，老邁的夏普誠懇、反覆地鼓勵被壓迫的人民不要懼怕壓迫者，要堅持不服從的意志，堅持抗爭的意志，就能夠有翻身的機會。但是，採取非暴力抗爭需要先有總體戰略構思，需要瞭解支持著壓迫體制的統治支柱(pillars of support)，然後擬訂策略與戰術，將統治支柱拉垮，使壓迫體制失去支持或失靈而崩塌。但是，拉垮統治支柱時，要儘量讓它倒向革命的一邊，使他們加入革命或至少離開壓迫陣營。夏普在影片中指出：茉莉花革命帶來的阿拉伯之春都以獨裁者下台為目標，並沒有拉垮或中立化主要的統治支柱，結果是突尼西亞和埃及等國並沒有達到期待的民主化改革。

　　茉莉花革命純粹以人民作主直接參與，沒有傳統革命運動裡具聲望的領導者或堅強的革命組織，只有憤怒的年輕活躍網民。雖然，透過網際網路社群網絡與其他資通訊技術，已經證明可以喚起民眾並鼓動大規模示威抗爭，而引爆革命，癱瘓獨裁政權。但是，目前看來，似乎不容易執行較具策略性、長期性拉垮或中立化壓迫體制統治支柱的行動，更沒有展示如何有效地接管政權，進行變革的工作。

　　非洲Google公司的政府政策與公關經理烏克樂(Ory Okolloh)就指出：咱有了革命，但革命之後怎麼辦？科技無法回答這個問題，它不能提供工作或融資，也無法重建經濟，如果咱過度著迷在科技的角色，咱會錯失重大的時機。

　　因此，革命2.0時代仍須融合傳統的革命運動發展思維，建構系統性、總體性、社會性和持續性的思想、組織和行動，引進社群網路做為發展運動的輔助工具，也擴大革命鬥爭的活動空間。尤其，正如莫洛佐所預期，尚存的獨裁政權已經開始啟動資訊控制2.0來壓制網路自由時，未來革命2.0的手段或方法，更需要匯集創意來顛覆反革命勢力。

　　南美革命英雄齊克瓦拉說過：「革命不像蘋果，熟了就自己掉下來。咱得有能力把它搖下來。」革命者在急遽變動的環境裡，需具備積極正面的態度，勇於嘗試接受新科技與新思潮，對社會環境的發展與變化要有敏銳的嗅覺，適時創新行動方法。網際空間的發展尤其帶來許多機會。

　　革命者也必須坦然面對失敗主義者的批評與扯後腿。落伍的失敗主義者對新的嘗試總是看到困難、瑕疵和不可能。近代電腦之父巴貝吉(Charles Babbage)曾說過：「如果你告訴他削馬鈴薯的機器，他會說那是不可能；如果你展示削馬鈴薯的機器給他看，他會說那沒什麼路用，因為它並不能切鳳梨。」

1.12.2 非暴力抗爭的理念與實踐

　　從1900年到2006年之間，超過50%的非暴力運動獲得成功，而採取暴亂手段的只有約25%。(Dobson, 2012)

　　美國自然學家兼作家梭羅(Henry Thoreau)反對美國的奴隸

制度以及對墨西哥的帝國主義侵略戰爭，於1849年所發
表的《反抗平民政府》(*Resistance to Civil Government*)論文中，首
度宣揚民間不合作主義(civil disobedience)，以對抗腐敗沒有公
義的政府，他認為個人不應該容許政府抹煞他們的良知
(Thoreau, 1981)。但若論及實際將非暴力抗爭運用在公共事務
上，領導印度獨立的甘地被認為是非暴力抗爭的創始者。
1960年代金恩所領導的美國民權運動，善用非暴力抗爭與
當代新興的電視媒體，成功地為人口只占10%的非裔美國
人爭得平等的人權。

　　從方法論著手，把非暴力抗爭的理念與行動廣泛散播
的則是夏普，他在1993年為提供給緬甸的反獨裁運動所寫
的《從獨裁到民主》(*From Dictatorship to Democracy*)，後來被譯
成30多國的語言，影響深鉅。非暴力抗爭的戰略一方面是
不斷喚醒被壓迫者起來抗爭，另一方面是不斷削弱壓迫者
的支持力量。這個過程能夠激發並教育人民作主，用積極
的行動參與解放自己。

1.12.2.1 甘地領導的不合作運動

　　甘地說：不是英國人搶走我們的國家，而是我們自己
印度人把國家讓給英國人。因此，甘地鼓舞印度人對英國
的殖民統治實行不合作運動，是世界歷史上第一個全國性
的非暴力反抗運動。

　　為對抗英國殖民政府對印度人民的不公正待遇，甘地
發起印度全國性的抗議行動，呼籲所有辦公室和工廠都

1930年4月6日，甘地率眾步行388公里抵達丹底(Dandi)，在海邊俯身抓起一把鹽，公然觸犯英國殖民政府的食鹽法。

加以關閉，鼓勵印度人退出殖民統治當局管理的學校、警察工作、軍隊和文官工作，以及律師遠離殖民當局的法庭，並且抵制公共交通和英國製產品，特別是衣服。另外，一個重要的策略，也是人道精神的表徵，便是甘地要求每一個印度人皆注意印度教與回教的團結，並且反對種姓制度(Caste System)和種族保留地，以此團結印度，進行全面的非暴力抗爭運動。也因此，甘地的非暴力抗爭除了為印度帶來獨立，並且也幫助改善了印度國內宗教與社會裡的賤民地位。

1.12.2.2 金恩領導的民權運動

在一個獨立國家內實踐非暴力抗爭，為少數族群爭取公平待遇最著名的例子是金恩所領導的美國民權運動。以少數社會地位低落又貧困的非裔族群對抗多數又各方面占盡優勢的白種人的壓迫與歧視，可想而知，必然困難重重。金恩的牧師訓練使他能忍受痛苦與批評，遭遇挫折不絕望、不迷失方向，正如他所說：「當天色更黑暗，咱就更能看見星光。」

1955年12月1日在美國阿拉巴馬州的蒙哥馬利市，當

瘦小的非裔女性派克斯(Rosa Parks)在公車上拒絕讓座給一個白人乘客時，她觸犯了白人制訂的法律，因此被逮捕。然而，這個反抗侵犯和剝奪非裔民權的勇敢行動，卻激發了金恩牧師起來領導1950和1960年代波瀾壯闊的民權運動。派克斯在2005年10月以92歲的高齡病逝後，其棺木被移到美國國會，享有和林肯(Abraham Lincoln)與甘迺迪兩位總統相同的受瞻仰的榮譽。

　　金恩先在阿拉巴馬州的蒙哥馬利市發動抵制該市公共汽車的種族歧視措施，迫使汽車公司取消這種制度，並且開始雇用非裔司機。隨之於1958年在美國南方21個主要城市組織、集會，發動非裔爭取公民權利的活動。1963年8月，金恩在首都華盛頓一個25萬人的集會，發表了《我有一個夢》(I have a dream)的著名演說，演說中提到130多年前美國總統林肯的《解放宣言》，而金恩的夢想就是要實現該宣言和美國憲法的承諾：反對種族歧視及要求種族平等。在1964年，詹森總統(Lyndon Johnson)終於簽署了美國前所未有的最澈底的民權法案。金恩的非暴力抗爭行動，喚醒了美國一般民眾的良知，拆除種族主義的藩

金恩牧師(右前)在阿拉巴馬州的伯明罕城不顧禁令領導群眾示威，為此被捕入獄。(Oates, 1982)

籬，最後促成了美國人權平等的立國精神。

1.12.2.3 菲律賓的民力革命

　　1980年代有兩個重要的非暴力抗爭運動強烈地影響後來的政治運動。一個是1986年菲律賓總統馬可仕(Ferdinand Marcos)被推翻，產生日後被廣泛使用的「民力革命」(People Power Revolution)。另一個則是1989年捷克的絲絨革命，它為之後共產主義國家用花朵或色彩表示和平的「彩色革命」開啟先端。

　　馬可仕起初是有為的民選總統，在1972年發佈戒嚴令對付共產黨新人民軍的顛覆活動後，他於1973年修憲授予自己獨裁權力，從此馬可仕政權轉而變得腐敗和壓迫。1983年8月21日，受歡迎的反對派領袖艾奎諾(Benigno Aquino, Jr.)在結束海外流亡後回國，卻在馬尼拉機場下機時，在眾目睽睽之下當場被槍殺身亡。人民的不滿終於爆發開來，對馬可仕政權徹底失去信心，政治弊端和社會問題不斷被揭露出來，菲律賓的經濟開始惡化。在美國的壓力下，馬可仕同意提前在1986年開放總統選舉。艾奎諾的遺孀柯拉蓉(Cory Aquino)被反對勢力推舉出來挑戰馬可仕。

　　在2月7日的總統大選中，馬可仕藉著操縱選舉的舞弊手段當選總統，但是，無法相信選舉結果的馬尼拉市民蜂擁走上街頭示威。菲律賓的天主教主教會議以及美國國會參議院都通過決議案，譴責官方宣佈的選舉結果，這更增強了群眾示威的意志。大規模持續的群眾示威終於動搖了

軍心，在關鍵性的2月22日傍晚，由菲律賓國防部長安利耳(Juan Ponce Enrile)與副參謀總長拉莫思(Fidel Ramos)共同舉行記者會，譴責馬可仕的欺騙行為，並且公開宣佈艾奎諾夫人為正式總統。

雖然馬可仕命令參謀總長以優勢的兵力來平息少數軍人的「叛變」，並發動直升機攻擊「叛軍」營區。然而百萬人民在天主教樞機主教辛海梅(Jaime Sin)的號召下，築成重重人牆，以聖經和玫瑰花來保護「革命軍」。成千上萬的人民，許多都是全家總動員帶著狂歡節的心情來參加，有藝人表演、教士修女祈禱，另有更多的人堆築沙包、樹枝和車輛，以建構防禦工事。好幾群人分散各處誦唱《我的國家》的歌曲，而這首歌自1980年就被當做反對運動的國歌，到處播唱。人們也用大拇指和食指做成L型，比著戰鬥和勝利的手勢。成千上萬的男女老少手拉手、肩併肩，阻擋政府部隊前進。政府軍威脅開槍，但是人民毫不畏懼，政府軍終於被迫撤退。

2月24日，群眾越聚越多，估計達200萬人。在短短四天內，政府軍隊不斷地加入示威隊伍的行列，於是馬可仕在眾叛親離下，全家於25日深夜由美軍護送逃亡夏威夷。持續四天展現人民力量的革命，終於非暴力地結束了馬可仕20多年的威權統治。

1.12.2.4 捷克的絲絨革命

東歐脫離蘇聯獨立及推翻共產黨統治的運動則是用花

與色彩來標示的非暴力抗爭。捷克的民主改革在1968年的
布拉格之春受挫之後，民主運動者蒙受了一段迫害與壓制
的痛苦日子。到了1980年代，反抗運動注入新一代年輕學
生的活力，他們把當時的鬥爭重點定調為「資訊戰」，就
是要把正確的國內外資訊傳播給捷克人民。具新聞寫作能
力的反抗者把共產黨統治下的許多腐敗現象，偷傳到自由
歐洲電台放送，藉由無線電廣播將資訊傳回偷偷收聽自由
歐洲電台的捷克人民。

　　1989年11月17日，一個在布拉格和平示威的學生被鎮
暴警察嚴重打傷，此事件引發了一系列的示威遊行，觸發
了絲絨革命。12月20日，聚集在布拉格的和平示威群眾已
從前一天的20萬人膨脹到50萬人。12月27日，所有的捷克
人民皆參與了一個為時二小時的總罷工行動。環視東歐四
周的共產黨政權，除了蘇聯之外，都已經垮台，而柏林圍
牆也於12月9日被推倒。布拉格的街頭示威抗議群眾不斷
增加，在蘇聯的認可下，捷克共產黨於12月28日不得不
宣佈，願意放棄他們的獨裁政治權力，杜布切克(Alexander
Dubcek)和哈維爾(Vaclav
Havel)分別被選為聯邦國
會議長和捷克總統，建
立非共產黨政府。

　　捷克第一個自由選
舉訂於1990年6月，但
是馬上面臨一個國名問

布拉格學生在絲絨革命中抵擋警察用強力
水柱噴射

題：捷克聯邦共和國還是捷克斯洛伐克聯邦共和國？或是捷克與斯洛伐克兩個聯邦共和國？只因為捷克人與斯洛伐克人之間存在嚴重的認同分歧。許多捷克與斯洛伐克人希望維持捷克聯邦共和國的狀態，但是多數的斯洛伐克人卻主張鬆散的和平共存狀態或完全的獨立自主。1992年11月，捷克的一項民意測驗顯示，有49%的斯洛伐克人以及50%的捷克人反對分治獨立，但是卻有40%的斯洛伐克人贊同；另外，41%的捷克人和49%的斯洛伐克人認為：是否採行分治獨立，應該交付公民投票決定。

在獨立問題僵持不下之際，1992年7月17日，斯洛伐克國會逕自通過《斯洛伐克民族獨立宣言》。最後雙方協議，自1993年1月1日起，捷克斯洛伐克聯邦共和國分裂成兩個國家：一個稱為捷克共和國，另一個則稱為斯洛伐克共和國，雙方維持兄弟友好關係。捷克自共產黨的威權統治獨立出來，又分裂成兩個獨立的國家，乃至於隨後的國家財產分配等問題，都是透過和平的方式完成，捷克和斯洛伐克人為非暴力抗爭樹立了一個非常難得的典範。

1.12.2.5 波羅的海三國復國獨立

非暴力抗爭的許多著名案例中，1991年波羅的海三國成功地脫離蘇聯獨立是最令人印象深刻的事件之一。三國都在1939年被蘇聯強行併吞，但他們憑著強烈的民族意識抗拒「俄化」，不承認與蘇聯「合併」的合法性。

愛沙尼亞在1869年開始有每五年一次在首都塔林

(Tallinn)舉辦全國性音樂演唱會的傳統。在蘇聯強占後的高
壓統治下，雖然只能用自己的母語唱最後一首歌，還是讓
他們有機會維護民族的靈魂與強化追求獨立的堅持。在
1969年慶祝百年的大演唱會，共產黨當局爲了壓制愛沙
尼亞民族意識，故意排除那自1947年建立的傳統——合唱
《祖先的土地》，一首民間版的愛沙尼亞「國歌」。結
果，將近萬人的演唱者拒絕解散，在沒有伴奏、沒有指揮
的情況下不斷反覆合唱《祖先的土地》，集體公開地表達
不服從外來統治者。共產黨當局最後不得不讓步，讓演唱
會依傳統用愛沙尼亞人的母語合唱「國歌」，才結束這場
百年慶祝演唱會。

　　愛沙尼亞、拉維亞(Latvia)和立陶宛(Lithuania)的民間社團

呼喚愛沙尼亞民族靈魂的塔林露天劇場(黃淑純拍攝，2012年8月)

於1985至1990年間，
利用戈巴契夫執行
「開放、自由」(glasnost
and perestorika)改革的機
會，採取非暴力抗爭
手段爭取脫離蘇聯獨
立。愛沙尼亞的示威

「自由人鏈」的一幕記錄場景(擷取自The Singing Revolution影片)

群眾聚集在首都塔林唱歌，人數最多時達30萬人，占其總
人口的五分之一。另外在立陶宛也有25萬人聚集示威，
抗議蘇聯的非法占領。在1989年8月23日蘇聯藉《德蘇密
約》占領三國的50週年當日，共計有200萬人手牽手拉起
綿延600公里的「自由人鏈」，橫跨三國首都，向超級強
權的蘇聯嗆聲，向國際社會展現三國要求獨立建國的強大
意志力與決心。

　　1991年蘇聯的坦克車開進三國，企圖鎮壓獨立運動，
然而這些國家的蘇維埃立法當局卻與本國人自組的議會合
作，宣佈恢復各自國家的獨立地位，斷絕與蘇聯的法理關
係。三國人民無懼於蘇聯的經濟封鎖，愛沙尼亞人甚至勇
敢地擠在一起築成人牆，抵抗蘇聯坦克車接收電視信號發
射塔。三國人民終於在很低的傷亡下獲得最後的勝利，恢
復了國家獨立。

1.12.2.6 塞爾維亞推翻獨裁者

　　在塞爾維亞人於2000年推翻獨裁者米洛塞維奇的過程

中，歐脫迫這個不屬於任何黨派的年輕學生組織扮演了重
要的領導角色。歐脫迫是由在塞爾維亞首都的貝爾格勒大
學(University of Belgrade)的學生，於1998年10月，因為反對米
洛塞維奇政府嚴厲控制大學與媒體的新法規，所組成的校
園團體。在1999年北大西洋公約組織以武力介入科索沃
(Kosovo)戰爭後，年輕人憂於國家前途與國民福祉，開始積
極走入社會，鼓舞群眾反對米洛塞維奇的獨裁統治。結
果，召來警察在全國各地的強力鎮壓，有將近2,000歐脫
迫成員被捕，其中許多人被警察毆打。

歐脫迫的領導份子乃開始學習並實踐夏普所倡議的非
暴力抗爭思想和行動。他們更積極投入2000年的總統選
舉，要求反對黨振作、團結推出共同候選人對抗米洛塞維
奇。他們以緊握的拳頭做為運動的標誌，象徵團結與力
量；又設計了鼓舞人心、打擊敵對者士氣的簡潔口號：
「他完了！」當警察以暴力相向，他們總是秉持非暴力的
原則因應。政府所控制的媒體醜化他們是暴力份子、流
氓、外國人的走狗，人民不但不再受騙，反而激起更大的
反感。積極活躍的歐脫迫成了反米洛塞維奇運動的靈魂，
他們以創意、熱誠和愛國心催促了最多的選民出來投票。

9月24日的投票結果，反對黨獲得勝利而且自己的統
計認定獲得超過50%的選票。但政府的選舉委員會卻聲稱
反對黨沒有達到50%的選票，因此必須在10月8日重選。
但選委會所公佈的票數卻兜不攏，有明顯作假的嫌疑，反
對黨乃拒絕重選並發動民眾和平示威。10月5日數十萬來

自全國各地的示威者湧入首都貝爾格勒，警察放下了武器，米洛塞維奇在10月7日宣佈辭職下台。整個事件和平落幕，只有二個人死亡，一位從卡車上不小心摔下來重傷死亡，另一位

歐脫迫以露天音樂會吸引青年學生

可能是隨群眾熱潮過度興奮而心臟病發作死亡。米洛塞維奇後來被海牙國際戰爭罪行法庭列為戰犯，成了歷史上第一個被送上國際戰爭罪法庭的前國家元首。

1.12.3 革命運動的策略規畫

夏普倡議以「總體戰略—策略—戰術—方法」(Grand Strategy – Strategies – Tactics – Methods)做為抗爭運動的策略規畫架構，此架構的應用和是否採取武力抗爭其實無關，可適用於任何形態的革命運動。

依此規畫架構的邏輯，抗爭運動可以將其終極目標看成一個大「方案」(program)。然後，分析並確立為了實踐此方案，具有明確指標性執行意義的階段性目標，以最優先必須達到的做為第一階段規畫方案的「目標」(objective)。再根據此「目標」擬訂「總體戰略」和短、中期的「策略」，在這兩層的策略分析與決定過程，會附帶產生一組待執行的「行動計畫」(project)。抗爭運動之領導

組織的重要行動任務就是：遵循既定的「總體戰略」和
「策略」，規畫並動用其資源和影響力，使所有的「行動
計畫」得以執行成功。

1.12.3.1 策略規畫的方法與流程

在夏普規畫的架構──總體戰略、策略、戰術和方
法，每一層都是如何行動以達到該層既定目標的「做法」
(means)，主要的差別是在執行時間長短和目標涵蓋範圍的
大小。而在每一層所選擇的「做法」都是要採取或執行某
個明確、具體的行動或理念，一般稱之為「行動策略」，
例如「發展台灣守護隊」。若再加上預期達成的具體結
果，則稱之為「目標策略」，例如：「發展台灣守護隊，
3年內達到10萬人。」每個策略應該明確到能夠讓「利益
相關者」(stakeholder)分辨策略是否被正確地瞭解和忠實地遵
循，此外，策略必須具體到可以實際地執行。

這裡以較簡單的二個「情境」(scenario)來呈現策略規畫的流程，每個階段的意義將在以下各節做解釋。「情境」是指在追求「目標」

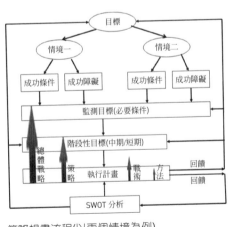

策略規畫流程(以兩個情境為例)

過程會影響整體規畫的政治和社會大環境。它是對未來相關環境發展的預測，大環境往往相當複雜，因此，經由慎密嚴謹的分析，一般都會有許多可能的「情境」。SWOT分析是企業管理科學常用的競爭態勢分析方法，它客觀評估企業在某一個待決策事項的強勢(strength)、弱點(weakness)、機會(opportunity)和威脅(threat)，做為幫助決策的重要參考資訊。

1.12.3.2 設定「目標」和「監測目標」

一般而言，革命運動的大目標不可能一口氣完成，必須分段來達成。因此，得先探討、分析並選定具有明確指標性執行意義的階段性目標，以最優先必須達到的做為規畫方案的「目標」。然後，分析邁向「目標」時可能面臨的「情境」。之後，就每個「情境」，前瞻地分析能夠達成「目標」的「成功條件」(condition)和「成功障礙」(barrier)。接著，再進一步分析促成這些「成功條件」與排除這些「成功障礙」的必要條件，將所有必要條件匯整成為明確的「監測目標」。所以，「監測目標」就是一組非常明確的必要條件，每個條件盡可能是量化的敘述，使運動的進展和效率能夠被客觀地評估。

基本上，「監測目標」就是革命運動能夠促成相應「目標」的必要環境和準備。理論上，「監測目標」尚未滿足的情況下，革命運動就無法在當下達成其「目標」。

1.12.3.3 制定總體戰略

　　接著，就是要針對「監測目標」來評估、制定最有利於創造足夠必要條件以達成「目標」的「總體戰略」，它是革命運動如何推動、如何鬥爭敵人以及如何完成「監測目標」的策略和行動主軸。在此步驟，必須先對革命運動做SWOT分析，因為它是幫助決策的重要資訊。這個「總體戰略」應儘量寬廣到能促成愈多「成功條件」並排除愈多「成功障礙」愈好，如此愈能勝利地達成運動「目標」。

　　近年來，先進國家都開始採用較嚴謹、科學的策略規畫，台灣民族運動應該參考應用這些先進技術，集思廣益來制定「總體戰略」。「總體戰略」可能是由多個獨立的策略組成，不過，為了讓運動的領導者能夠清楚、有效率地和社團以及一般支持民眾溝通，單一策略的「總體戰略」比較有利於運動的發展。

1.12.3.4 規劃短、中期目標和行動策略

　　革命運動無法預料達成「目標」的時間，但可以依據現實環境及對短、中期政治和社會情勢發展的評估，針對「監測目標」依「總體戰略」設定一年到三年的短期和四年到八年的中期行動目標。基於執行上的彈性和分工原則，此步驟一般會產生多組不過度重疊的「短期目標」和「中期目標」，過度重疊代表分工不當，應重新檢討。所

有的「短期目標」和「中期目標」都是針對滿足整組或其中一部分的「監測目標」來設定，亦即「短期目標」或「中期目標」都要朝向完成「監測目標」前進。

接著，再分別就每一組「短期目標」和「中期目標」，擬訂相應的行動「策略」，其程序、方法和前述從「監測目標」來擬訂「總體戰略」之步驟相同。不同的短、中期目標之間應互補來滿足「監測目標」的完整發展，避免工作的重疊和浪費。這個擬訂行動「策略」的步驟，將會邏輯地發展出主要的短、中期行動執行計畫(project)。

1.12.3.5 規劃階段性行動執行計畫

階段性行動執行計畫需要經過慎密規畫來產生執行作業規畫書(implementation plan)，是要依既定的行動「策略」去完成相對應的「短期目標」或「中期目標」的執行依據。規劃過程涉及繁瑣的工作、人力、時間和資源的協調、評估和分配，也可能需要做組織的調整、人員的訓練以及組織外的溝通與分工合作。執行作業規畫書裡會分派工作，包括待辦事項、執行人力、預算和時程，其中某些較具挑戰性的「工作」(task)，就需要填補「戰術」和「方法」的層次做為執行規範，完成夏普博士建議的行動策略規畫架構。市面上已經有電腦軟體如微軟的Microsoft Poject可以用來幫助執行作業規畫，並且可以追蹤執行作業的進展。

就台灣民族運動而言，具有共同目標的社團可以依各

自組織的屬性和實力,來參與支援「行動計畫」。如此,
會產生多樣性、具有創意的戰術和抗爭方法,讓敵人應接
不暇,而又能累積整體運動的能量,朝目標進步。

第二章

民族主義氣壯山河

2.1 民族主義是民族解放運動的 核心理念

　　馬英九在哈佛的老師孔傑榮(Jerome A. Cohen)在2009年3月
5日的《中國時報》寫了一篇《北京西藏政策的困局》，
其中提到自己1952年還年輕時，造訪法國在北非的殖民地
阿爾及利亞的往事：「大膽的外國人仍能採訪密謀起義的
阿爾及利亞青年。他們都是新聞記者、律師和研究生，充
滿著熱情想去推翻那個當年曾戮力提供衣食與教育給他們
的政府。他們的眼睛因民族主義的燃燒而明亮，而他們
最終也在他們自身以及法國的慘烈代價下印證了民族主
義。」孔傑榮生動地描述了民族主義所激發的解放意識、
戰鬥力和犧牲精神。(劉重義，2009)

　　「民族主義」(nationalism)這個名詞是德國哲學家荷德
(Johann Gottfried von Herder)在18世紀後期所提出。《大英百科
全書》認為民族主義的理念源於1775到1783年的美國獨立
戰爭和1789到1799年的法國革命，由這兩次大革命所伸張
的民權思想以及現代國家觀念所醞釀出來。民族主義由此

發展成為具國家意涵的民族認同的政治理念，具體的說，它主張：民族是建構國家的社會基礎，而每一個民族都有權利建立自己的國家。也因此，民族自決(self-determination)成為國際法的原則，讓每一個民族在不受外來威脅與干涉下，自由地決定其生存領域的主權歸屬和國際政治地位。更因此，民族主義幾乎就成為所有國家或地區民族獨立運動或民族解放運動的核心理念，以民族的名義宣示政治主張與國家願景。

換句話說，民族主義的理念分成兩部分：普世的國際宣示和在地的政治主張與國家願景。在普世共通的國際宣示部分：已經有國家的則強調維護主權獨立，還沒有國家的則強調建國或獨立建國以完成民族解放。而在地區或國家的政治範疇，經常有個別的獨特情形，例如台灣民族主義會有「台灣不是中國的一部分」，而美國民族主義不會有「美國不是英國的一部分」，因為英國並沒有併吞美國領土的意圖。又民族主義者常使用在地的語彙表達理念。例如「出頭天」，就是台灣民族主義者的在地語言。不過，民族主義的理念通常是取自各地的經驗或各家之言，至少向四周環境借來辭彙和主題。因此，從許多面向來看，民族主義的理念和宣傳是根據個別的民族自成一格的，但是，它同時又是從許多外在的資料來源所建立的。

革命理念大都涉及民族主義，因為訴求民族認同的理念最能動員群眾的廣大支持。民族主義最有潛力吸引感動社會的全部階層，它可以團結年輕人和老年人、男人和女

人、農民和地主、工業家和工人、商人和學者、虔誠的教徒和非教徒、富人和窮人，以及鄉下人和都市人。所有的先進國家也因此都利用其公共媒體，宣揚並強化各自的文化特色和國家認同。基本上就是在凝聚民族意識，發揚民族主義。某些腐朽學者宣稱民族主義是落伍的理念，所言與事實完全背道而馳。

譬如，阿爾及利亞民族解放陣線只要一提出未來社會和政治組織的建設觀念時，便面臨派系鬥爭的威脅。只有在提出反殖民主義的口號時，內部的衝突才會平息下來，革命運動才有協和一致的行動。1911年的中國革命，當初也為社會經濟和政治的改革鬧得四分五裂，而將之團結起來的，卻只是一句再簡單不過的口號：「中國的世界地位越來越使人沒面子。」再以古巴卡斯楚的革命為例，自西班牙與美國戰爭之後，古巴人普遍具有敵視美國經濟和政治侵略的態度，這使卡斯楚為他的教條主張加上自由主義和道德主義的色彩，否則，光以他的教條主張，是無法吸引那麼多人追隨信仰的。

在不以民族主義做為革命動員根據的地方，譬如英國、法國和美國的極左派運動，這些運動注定只能涵蓋在一個狹窄的階級基礎上，並且無法造成太大的政治意義。早期國際共產主義運動裡著名的女革命家盧森堡(Rosa Luxemburg)等對民族主義頗有保留，他們認為：民族自決是資本主義的優解放(utopian)，是社會主義的反動。列寧則在1914年發表的《民族自決的權利》裡說：「在被壓迫民族

的資產階級民族主義仍具有反壓迫的民主意涵，對此，咱必須無條件加以支持。」事實上，馬克思本人確實料想不到，顯然根基於階級意識的運動卻要依賴民族主義的情緒。雖然，他或許會辯解，民族主義對社會經濟發展的特殊階段有其特殊性存在。

1980年代開始，在許多族群較複雜的發展中社會，民主和人權以及生活品質和環境永續發展，逐漸成爲動員廣大群眾直接有效的普遍性訴求理念，而這些原來較缺乏共同意識的族群，或被外來統治族群分化的社會，可能逐漸從社會運動的合作過程中發展出堅強的民族意識。

2.2 民族的定義

民族主義者以明確的準則爲基礎界定民族，據以判定「誰是民族的一員」，並和其他民族區別。奧地利的社會民主主義政治思想家包爾(Otto Bauer)認爲：現代民族是一群人經由共同命運和願景而鑄成共同社會特質，如此結合而成的總體。美國的著名學者安德森(Benedict Anderson)在其名著《想像的共同體》(*Imagined communities*)一書中，將「民族」界定爲一個想像的政治共同體，具有既定的界限及領導權。霍布斯邦(Eric J. Hobsbawn)認爲民族不是一成不變的社會實體，而是透過民族主義想像得來的產物，這種想像並不是憑空而來，也不是任意的虛構、幻想，而是依據生存條件、生活經驗和歷史經驗所想像出來的。因此，民族不

是自然生成的。

　　而無形的共同歷史、經驗及記憶，可以超越有形特色的差異，不管是血緣或文化特質，進而發展成主觀上的共同意識，也就是「集體認同」(施正鋒，2003)。所以，一個民族是不是具有所謂「共同的血緣、祖先、歷史、文化」，其實並不重要。例如美國是一個移民的大熔爐，包含各種膚色人種，來自各種不同的歷史、文化背景，在國家的驕傲下結合成美利堅民族，2001年基地組織對美國本土所發動的911攻擊，全世界都可以感覺到美國人強烈的民族憤怒情緒。同樣的，策動911攻擊的基地領袖賓拉登，在2011年5月2日被美國海軍海豹(SEAL)特勤部隊獵殺後，美國人不向暴力低頭的民族精神再度從公開支持下刺殺令的歐巴馬總統表現無疑。

　　具共同血緣、祖先同一種族的人群，也不必然形成同一個民族。例如前南斯拉夫社會主義聯邦共和國裡的克羅埃西亞人(Croatian)和塞爾維亞人(Serbian)，其實都同屬斯拉夫種族，但是在長期歷史的發展中，形成了兩個不同的民族。克羅埃西亞政府於1991年乘著第三波民主化的潮流，宣佈脫離南斯拉夫成為獨立國家，但其中占10%認同塞爾維亞的人口，竟然聯合大部分由塞爾維亞人組成的南斯拉夫人民軍，攻擊克羅埃西亞(Croatia)，占據了將近三分之一的土地，也發生了民主國家嚴厲譴責的民族屠殺。在聯合國的調停下，武裝衝突到1995年才結束，之後，就成為兩個互相承認的國家。

2.3 民族主義激勵團結

　　民族主義並非在有共同語言和文化的地方就會自然產
生的一種思想，它也不是18、19世紀初歐洲學者所發明的
學理。事實上也許可以這樣說，民族主義在經濟尚待開發
的地區脫不了這樣的範疇：把自身承受或甚至於只是想像
的苦難，有力地指向外來的剝削者或殖民者，認爲外來者
是造成在地人苦難的最主要因素，從而在意識形態上使本
地人共同分擔不滿。也就是說，民族主義者突顯一個民眾
憤怒的對象，這對象可能是殖民強權，也可能是外來的經
濟利益主宰者，或者是意識形態不相容而被認爲受外來支
持的腐舊買辦政權。民族主義的動力很容易集中於反抗這
些外來的剝削集團或其奴才買辦身上。很顯然地，具有共
同語言和文化的地區較容易分擔不滿，互相交換經驗，並
且把忿怒集中在一個共同目標上。

　　由於民族主義易於造成團結的效果，不足爲奇地，許
多革命運動便被標示成民族主義，或者它們所產生及應用
的理念被稱爲民族主義。每一個成功的革命政權都有一個
共同點，就是要尋求群眾的認同和支持。爲了建立這個共
同點，可以強調革命運動的推動和目的是爲了消除外來勢
力的威脅。這種意識形成後，就必然產生民族主義的宣傳
和理念。也就是說，有些民族主義是革命運動的自然產
物，不管此革命運動本身是否眞的如此。

　　舉非洲的情形爲例。非洲國家在尋求獨立時，往往使

用共同的政治語言或共同的主題。他們這樣說：非洲人民是被帝國主義強權「主宰」、「剝削」和「種族歧視」所控制的民族。但是，每一個民族有統治管理自身的「不可分割的權利」，為了確保「獨立」自主，「民族解放運動」是必要的。這種尋求政治上解脫的運動是受全民意志所支持的。它是「民主的」，也是「社會主義」取向的。一旦「殖民主義」被排除，並且得以避免「巴爾幹化」，「偉大」的非洲便能因此達成。

再舉莫桑比克的例子，他們從1964年9月至1975年6月，在反抗葡萄牙殖民統治的過程中，爭取獨立時的一段宣言，說得多麼激昂有力。

「我們的武裝鬥爭發動了！它是隨著莫桑比克解放陣線(Mozambican Liberation Front, FRELIMO)所訂的計畫、組織和決定而開始的。在這個時刻，人民已經為莫桑比克準備好最小的軍事與政治條件，人民在FRELIMO領導下，拿起了武器展開攻擊。」

「直到一分鐘之前，我們都還計劃談判，亦即試圖談判。但是所有和平解決的可能都竭盡了，我們終於決定：唯有拿起武器。現在，我們確信這是唯一的辦法，使莫桑比克的葡萄牙人相信，他們必須滾出去！把屬於我們的權利歸還給我們！把我們的土地歸還給我們！我們決心與葡萄牙殖民主義對抗到底！我們深思熟慮後，決定唯有摧毀外來者在我們的國家裡造成的壓制和苦難！我們要建立一個正義與公平的社會，我們對所有的反動力量都已經有了

萬全的準備。我們知道，對許多人來說，死亡是到達那個理想社會必要的代價。我們準備爲這個理想付出任何的代價！」

這段文字中，特別要注意的是莫桑比克人稱呼葡萄牙人爲「外來者」，並且要把他們趕出去。而葡萄牙人則認爲莫桑比克是葡萄牙「神聖不可分割的一部分」。其實，在民族主義的驅動下，所謂的「不可分割」根本就是虛構的神話，這個神話面臨民族主義是根本無法抵擋的。

2.3.1 赤藍人是外來的掠奪者

馬英九當台北市長時期，市政府用外文編寫的《台灣導覽》勸告外國人說：這裡的「大陸人」聽到被稱爲「台灣人」會很不爽(uncomfortable)。

赤藍人在台灣迄今就像當年葡萄牙人在莫桑比克一樣，同樣是外來者。戰後從中國流亡到台灣的所謂「外省」族群，約占台灣人口的12%到15%，其人口比例逐漸下降，依據客家委員會2010年至2011年的基礎調查資料，自我認定的「外省人」目前占7.1%。這些「外省人」幾乎都不是中華人民共和國國民，因此，在1971年「中華民國」的蔣介石政權被聯合國驅逐，不能再代表中國之後，他們已經都不再是中國人(鄭欽仁，2008)。他們的權力核心在1947年屠殺整個世代的台灣社會菁英，藉此強占台灣社會的政治、經濟和教育的優勢位置，接著，以長期的戒嚴法、白色恐怖和媒體壟斷掠奪台灣社會資源，鞏固他們的

控制地位。

　　隨著社會的變遷與台灣長期獨立發展的事實，台灣人把失去母國而流亡居住在台灣的「外省人」也視同台灣人，而多數的「外省人」受到自然生活環境的影響也轉而認同台灣，認為自己已經是台灣人，而不再是中國人。不過，當中卻仍有不到5％至今仍堅稱自己是「中國人」，而且反對台灣獨立，也拒絕成為台灣國民，這些人當中的權力擁有者是當今「中華民國」邪惡體制的掌控集團，是討論台灣政治不能忽略的一群人。因為他們並不像台灣歷史上的移民，準備落地生根，只是一群認同「母國」中國自外於台灣人的「過客」，中國的英文China用福佬話讀來像「赤藍」，而他們也常常驕傲地披上這兩種顏色的衣服來展現其立場，因此，以「赤藍人」稱呼他們。這是基於必要性，沒有任何歧視的蘊涵，英文則用Chanian以示和Chinese做區別。

　　從1988年台灣人李登輝意外地接任「中華民國總統」之後，赤藍人當中占有特權地位的權貴份子開始焦慮不安，他們認為有權繼承蔣家的地位。具政治野心的赤藍權貴，尤其是立法委員，開始成群結黨，並且拉攏一些台籍黨員來掩飾其外來性，其中以新國民黨連線最為活躍。李登輝卻能依靠強大的民意，堅決地先後在1991年5月和1992年12月分別完成終止動員戡亂時期和國會全面改選，這兩項公然剝奪台灣人人權，以維護赤藍特權的重要機制。這種重大改革讓自認為是台灣當然的統治者的赤藍權

貴，更倍感其特權利益受到威脅。1993年8月，新國民黨連線另組新黨，主張中華民族「大義」，反對台灣獨立，也聲言要衝毀赤色政權，重光民主中華。新黨代表著台灣社會在民主化、本土化裡的一股逆流。

　　1996年台灣開始民選「總統」之後，赤藍權貴意識到，「民主政治下他們的命運只能如秋風枯葉，為重溫中國黨威權專制下的富貴之夢，便向中共暴政的極權專制投懷送抱。(袁紅冰，2009)」赤藍權貴「聯共制台」的行動，到2005年3月中共發佈《反分裂國家法》之後正式公開化。在兩個台灣人「總統」主政的20年間，台灣人展現了寬恕的心胸，沒有尋求對赤藍權貴及其台籍奴才過去違反人權的行為，進行任何調查和處分，反而，出自促進族群和諧的包容，不伸張台灣民族被赤藍殖民統治的痛苦歷史經驗。導致台灣人無法認清「外來者」和在地人對顧家園的巨大認知差異，而讓赤藍權貴在2008年復辟成功，把台灣推進被中共併吞的惡劣險境。

2.4 民族主義為革命灌注堅持的耐力

　　從功能上來說，民族主義最容易提供各派別的革命運動機會，造成社會橫切面的結合。尤其在革命運動的組織很弱，而且其追隨者不容易控制的時候，民族主義理念確實能夠造成可觀的力量，使革命運動強大，並且持續長久。以下將舉克羅埃西亞、愛爾蘭和波羅的海三國的爭取

獨立過程的理念與行動來說明。

2.4.1 克羅埃西亞民族主義

　　現在的克羅埃西亞人的祖先約在公元七世紀的時候移居到巴爾幹半島，從10世紀初到11世紀末，他們建立了自己的獨立王國。之後，就一直遭受外來民族的統治和壓迫，被迫使用外來統治者的語言文字於正式場合和文件。什麼力量使這個民族在經過將近800年間，維持他們民族的信心不墜，而且終於再建立自己的獨立國家？答案是：堅持民族主義。

　　克羅埃西亞是前南斯拉夫社會主義聯邦共和國的一員，面積是台灣的1.6倍，人口450萬，年平均國民所得在2010年約美金17,683元，和台灣相當。1990年支持獨立的克羅埃西亞民主聯盟(Croatian Democratic Union)在選舉中以些微差距擊敗分裂成兩黨的共產黨改革派和共產黨保守派，新政府於1991年乘著第三波民主化的潮流，宣佈脫離南斯拉夫成為獨立國家，但其中占10%認同塞爾維亞的人口，竟然聯合大部分由塞爾維亞人組成的南斯拉夫人民軍，攻擊克羅埃西亞，占據了將近三分之一的土地，也發生了民主國家嚴厲譴責的民族屠殺。在聯合國的調停下，武裝衝突到1995年才完全結束，到1998年克羅埃西亞才完全收復失去的土地。

　　中古時代的克羅埃西亞人在南部的杜布羅尼克(Dubrovnik)古城門石塊上刻著：「自由金不換」(Liberty should not be sold even at the price of all the gold in the world)，勉勵後代子孫要擺脫被奴役的命運，珍惜爭得的自由。克羅埃西亞民族主義於19世紀開始發展，年輕人聚集成立各種社團，使用自己的語言交談寫作，探索自己民族的歷史和文化，他們堅持使用自己的語言和文字的權利是不可被剝奪的權利。如今，克羅埃西亞的年輕人，已經擁有自己的獨立國家而感到充滿希望。所以，他們更不忘公開尊崇紀念過去的民族偉人。

葛古爾寧斯基(Grgur Ninski)是第十世紀的一位地位崇高的主教，任職期間從公元900到929年，卻沒有貪圖享受其職位所擁有的特權和聲望，於公元926年勇敢違抗天主教教皇和當時的教會以拉丁語做彌撒的規矩，而改用克羅埃西亞人自己的斯拉夫語言，讓一般民眾能瞭解教會儀式的進行和意義。結果爭取使用母語的努力最後失敗，葛古爾寧斯基被貶到較不重要的教區。後代的克羅埃西亞人因此尊崇葛古爾寧斯基為克羅埃西亞語言之父。

馬魯理克(Marko Marulic)是15到16世紀間克羅埃西亞最重要的作家，在外來政權的語言壓迫環境下，他將近80%的

葛古爾寧斯基銅像

作品使用拉丁文，中年時期就已經在歐洲文學界頗負盛名，他的著作在16世紀到17世紀被翻譯成歐洲各國的文字。公元1501年馬魯理克寫下第一首使用克羅埃西亞語言的史詩，激發人民反抗外來侵略，保護自己的城鄉家園，開啓了克羅埃西亞文學創作的文藝復興大門。克羅埃西亞人尊稱他爲克羅埃西亞文學之父。

　　米措維奇(Ivan Mestrovic)被認爲是自文藝復興後最傑出的宗教題材雕塑家，也是到目前唯一在紐約大都會博物館(New York Metropolitan Museum)做個人作品展覽的藝術家，1947年該博物館展出他的作品。他公開反對義大利染指達馬西亞(Dalmatia)主權的企圖，達馬西亞幾乎就是今天克羅埃西亞的大部分，在1420年因戰敗而被賤賣給威尼斯共和國長達377年。米措維奇也在1930年因爲反對納粹黨的作爲，而拒絕希特勒(Adolf Hitler)的邀請，不去柏林展覽作品。

　　二次大戰中，米措維奇被親軸心國的克羅埃西亞獨立運動組織關了三個半月，經過梵諦岡的介入，才被釋放。他輾轉移居瑞士，但許多家人包括第一任妻子卻無法倖免，他的兄弟被南斯拉夫共產黨監禁。戰後，克羅埃西亞成爲南斯拉夫聯邦的一員，狄托總統保證他能有完全的創作自由，請他回國定居。米措維奇堅決表示他不願意生活在共產黨統治下的社會，於1946年接受紐約州Syracuse University的教授職位前往美國。他擁有許多榮譽獎章，1954年美國總統艾森豪親自頒發美國公民證給他，1955年轉任印地安那州University of Notre Dame的講座教授直到

過世。米措維奇在1952年就將自己在故鄉的資產轉贈予克羅埃西亞人民，在過世前又將許多作品送給祖國人民。米措維奇逝世後，遺體被運回、安葬於故鄉親族的墓園，成為克羅埃西亞民族的驕傲。

2.4.2 愛爾蘭民族主義

愛爾蘭是一個面積約84,000平方公里，人口約380萬的島國，從12世紀中葉，開始受英國殖民統治，直到1922年才成為自由邦，繼而在1948年改為愛爾蘭共和國，其堅持獨立建國的力量也是來自民族意識的呼喚。愛爾蘭人對自己的語言、文化、歷史以及土地和人民充滿熱情和驕傲。

愛爾蘭民族主義者自16世紀以還，一直無法發動一場重大的革命行動，來反抗英國自宗教改革之後加諸於他們的經濟剝削和文化鎮壓。自1691年的威廉黨戰爭(Williamite War in Ireland)結束後，英國以制度化的方式讓占少數、效忠英皇的清教徒在愛爾蘭擁有治理權，歧視並壓迫占絕對多數的天主教徒，這是英國對愛爾蘭社會「分而治之」的惡劣手段，種下愛爾蘭長期的社會族群分裂與動亂。愛爾蘭內部本身黨派的鬥爭和派系的紛歧，使革命組織和領袖難以採取和諧一致的聯合行動，將所有力量投入愛爾蘭的獨立運動。

1798年長達四個月反抗英國統治的「愛爾蘭起義」(United Irishmen Rebellion)，是受到美國獨立及法國大革命的鼓舞，少數開明的上層清教徒由之接受了宗教自由的理念，

開始尋求和天主教徒合作為愛爾蘭爭取更大的自主權，發展出具有民主意涵的現代民族主義。他們組成了跨教派的「愛爾蘭團結社」(Society of United Irishmen)，要求民主改革和天主教徒的解放。他們也尋求法國的幫助要來擺脫英國的壓迫，而法國人也希望促成愛爾蘭人的起義來打擊、牽制英國。法國的軍援一波三折，整個起義事件最後以失敗告終，愛爾蘭人受到無情的鎮壓和屠殺，但是愛爾蘭人的民族主義並沒有退縮。

1916年復活節時期，愛爾蘭人再發動了一次最著名的「復活節起義」(Easter Rising)。當時正逢第一次世界大戰期間，德國在愛爾蘭的地下工作人員計劃發動一個起義抗暴行動，打擊英國的後方，愛爾蘭人乃準備趁勢宣佈建立愛爾蘭共和國。雖然這次起事又失敗了，但是戰士們的英勇事蹟鼓舞了愛爾蘭人，他們乃紛紛支持採取「棄權鬥爭」策略、要求愛爾蘭政治和文化獨立的新芬黨(Sinn Fein)。在1918年的大不列顛愛爾蘭議員選舉，新芬黨在105個席位中贏了73席，當選的新芬黨人都以拒絕就任凸出追求愛爾蘭獨立的氣魄。1922年的一場慘烈戰爭終於促使英國與愛爾蘭簽訂一項條約，讓愛爾蘭南部26郡成為大英國協內的自治國家，北部烏爾斯特(Ulster)地區的九郡則成為英國的一個省。

2.4.3 波羅的海三國的民族主義

超過200萬等於是超過四分之一的波羅的海三國人

民，於1989年8月23日，希特勒與史達林簽署《德蘇密
約》(*Molotov-Ribbentrop Pact*)50周年之日，以手牽手串成貫穿
三國首都600公里長的「自由人鏈」(chain of freedom)，他們
用這個空前的集體行動，抗議蘇聯的併吞，並向全世界宣
示爭取國家獨立的意志和決心。三國人民能夠堅持追求國
家獨立，種因於濃厚的波羅的海人的認同，以及從數百年
反抗外來統治和壓迫，所磨練、領悟出來獨特而強烈的民
族主義(Hartman, 1992)。三國分別在1990年3月和1991年8月，
正式向國際社會宣佈脫離蘇聯獨立，而蘇聯反動派在莫斯
科發動政變失敗後，三國鞏固了國家獨立，並在2004年加
入了北大西洋公約組織。

2.4.3.1 強權環伺下追求民族獨立

　　波羅的海三國是指愛沙尼亞、拉維亞和立陶宛自北而
南三個濱臨波羅的海東岸的國家，語言的差別是分成三個
國家的主要原因。基督教和封建制度約在13世紀傳入這個
地區。其後，瑞典王國在17世紀將大部分的愛沙尼亞和拉
維亞併吞、統治了百年，到1721年因敗戰才轉手割讓給俄
羅斯。在瑞典王國統治期間，因為瑞典本身沒有農奴制
度，又為了消滅封建領主的勢力，社會階級逐漸被打破，
農奴被釋放，教育普及各階層。立陶宛曾經是地區的強
權，領土一度向東延伸到現在烏克蘭的首都基輔，後來經
由貴族聯婚和波蘭合併，但還是維持高度的政治自主權一
直到1795年被俄國占領。

　　三個地區的住民因此在歷史上有過一段時間，建立各自的民族認同，得以承受接下來俄國沙皇暴虐的壓榨統治，而民族的靈魂仍不致於消聲匿跡。因為工業化經濟發展的地理優勢，三國社會中產階級興起，在民族靈魂的呼喚下，主體意識不斷升溫，抗拒制度性的「俄國化」。1918年第一次世界大戰結束後，西方國家擔心俄國布爾雪維克黨擴大影響力，散播共產主義革命到歐洲國家，因此封鎖波羅的海企圖阻止德國武器流向俄國。同盟國的行動雖然沒有幫助三國獨立的意圖，但間接幫助三國內部的「獨派」壓過「統派」，使他們得以趁機分別宣佈獨立，堅決為驅逐德國與俄國勢力而戰，到1920年終於贏得國際社會的承認。耕耘好幾世紀的民族主義終於能夠落實，展示了它的有效性。

2.4.3.2 絕不承認蘇聯併吞的合法性

　　在詭譎的國際情勢下，三國維持獨立的時間就歷史的尺度來衡量雖是短暫的，卻足夠使一個世代，從出生到成年是享有獨立國家主權的自由人，這對於之後民族主義的堅持是不可忽視的關鍵要素之一。1939年8月23日的《德蘇密約》讓俄國紅軍公然強行進駐三國的主要軍事據點，成立傀儡政府，再由傀儡政府的議會於1940年8月通過「志願」併入蘇聯。為了打擊立陶宛人的反抗，史達林在1940年夏季，一口氣一天就流放35,000人到蘇聯各地。蘇聯的占領軍在1941年被納粹德國驅逐，直到1944年後

期，紅軍才又重新占領三國。其後，三國人民分別對蘇聯占領軍發動游擊戰，直到1954年都無法有顯著的進展，武力反抗才轉趨消沉。但是，三國人民從來沒有承認「併入蘇聯」的合法性，決不放棄恢復國家獨立的希望。

在對蘇聯爭取獨立的過程中，三國內部都繼續有「獨派」和「統派」的鬥爭。「統派」是由俄國勢力所培養的在地奴才、買辦，以及政策上為了長久併吞而大量移入的俄裔住民。他們挾統治優勢在教育和官方文件都規定使用俄文，培養外來的「蘇維埃民族主義」，這是史達林用血腥高壓手段，強迫三國人民接受的社會改造，企圖用來團結蘇聯集團，對抗西方國家的影響。俄裔「統派」的外來本質，使他們難以溶入在地社會，但其人口已占有相當的比例，例如在愛沙尼亞他們占有超過30%，足以散播克里姆林宮的影響力。而各國的「獨派」都是基於自然原生的「民族主義」，後來甚至包括大量逐漸認同土地的俄裔移民。「獨派」雖然遭受外來勢力殘酷無情的分化、打壓，卻能透過地下教會和家庭保存自己的母語和文化，移民到歐美的三國人民，特別是在美國紐約和華府兩個城市，成立各種同鄉會等社團，透過與故土的聯繫，在海外為母語和文化保存火脈。這些努力和堅持，使三國的民族意識能夠焚而不熄，萌芽再生繁榮發展。

2.4.3.3 對自己民族的光榮感是民族主義的堅實基礎

波羅的海三國東邊比鄰俄國，有沼澤、湖泊做為自然

屏障。三國因爲有海港可以對外貿易並流通文化，因此，歷史上一直是比大部分的俄國進步且富有，也因此，俄國傳統上對三國存有領土野心。沙皇彼得大帝在1703年將俄國首都，從莫斯科遷到接近波羅的海的聖彼得堡，已經暴露了他的雄心。三國人民對自己生活環境相對的進步性，使他們產生對自己族群的光榮感，這種光榮感長期經由語言和文學作品的發揚流傳，構成了民族主義的堅實基礎。在規劃「自由人鏈」行動的會議上，三國代表捨棄共通的俄語，寧願花時間用各自的語言發言，再翻譯成另二國的語言。由此可以看出他們在展現民族主義的認眞態度。

　　宗教也對波羅的海三國民族主義的發展有很大的影響，傳統上也成爲反俄情緒的聚結點。愛沙尼亞和大部分

牆上刻滿被殺害者名字的前蘇聯秘密警察在立陶宛的總部(黃淑純拍攝，2012年8月)

的拉維亞人屬於新教改革宗的路德會，而立陶宛大都是天
主教，兩者的信仰儀式都迥異於同屬基督教的俄羅斯正
教。在19世紀沙皇統治時期，排斥非俄羅斯正教的信仰
者，尤其迫害天主教徒。立陶宛的天主教會被逼轉入地
下，印刷品不得使用立陶宛的文字，立陶宛人不得在公學
校教書。但是，這些壓迫手段卻始終無法削弱立陶宛人和
天主教堂的密切關係。史達林為了消滅立陶宛的民族主
義，更對天主教會下重手，到1947年所有的主教只有一個
倖存，其他都被殺害。在1985年，蘇聯領袖戈巴契夫走向
「開放、自由」改革之後，教士又成為自然的社區領袖，
教堂成為社區的佈告欄：張貼反俄的文字、拉起反俄的布
條，教堂更是公眾聚會討論政治和紀念被害的自由鬥士的
場所。

2.4.3.4 國家獨立是要敢付出代價掙來的

　　獨立的道路不可能是平坦的，不可能是不必付出代價
的，民族主義在邁向獨立的最後一哩路發揮決定性的導引
功能。三國人民公開示威倡議獨立是1986年11月從拉維亞
首都開始，隔年春天愛沙尼亞人也在其首都響應，接著立
陶宛共產黨後來居上，在法理程序上為獨立鋪路。到1989
年，三國決心以非暴力抗爭手段尋求獨立的態勢已經明朗
化。戈巴契夫一方面以武力干涉、經濟抵制的硬手段來威
脅，另一方面以「大蘇聯民族主義」呼召，以承諾高度自
治的軟手段來籠絡。軟腳派要大家接受條件不錯的「自

治」，唯恐搞法理獨立會立即引發戰爭、流血；妥協派用「獨立只能做，不能說」來排擠獨立派，不讓獨立派在公眾集會發言，理由是避免「嚇走中間份子」，更不能過度「刺激蘇聯」引起「武力鎮壓」；反動的「統派」在蘇聯幕後的支持下，組織「紅衫軍」起來喧鬧，高喊「維持現狀、反對獨立」，並譴責獨派「撕裂族群」。然而，以民族主義爲核心理念的獨立運動者，沉著應對險惡的內、外環境，站穩民族立場、團結事實上具優勢的民族力量，堅定地克服困難、排除障礙，終能突破妥協派和軟腳派的約制而鼓動獨立風潮。

　　三國獨立運動的堅定立場，贏得了廣泛的國際支持。立陶宛率先於1990年3月11日宣佈獨立。當時美國的老布希總統(George Bush)希望和戈巴契夫保持良好關係，對三國的獨立一直不願公開表示支持，但美國國會卻在1990年11月通過了附帶「呼籲總統考慮承認立陶宛獨立」條件的《清潔空氣法案修正案》。這種來自美國國會的道義支持，十足肯定三國人民的努力，使正在邁向開放和解的蘇聯高層，在國際社會的注目下，對處理波羅的海三國獨立的問題，增加了許多的顧慮與矛盾。終於，觸發了反對自由開放政策的死硬派在莫斯科發動政變。三國藉政變的機會，在蘇聯軍隊可能進行強力鎮壓之前，他們爲了對歷史和子孫交代，愛沙尼亞和拉維亞毅然勇敢地分別於1991年8月20日及21日通過向國際社會宣佈獨立。結果，死硬派在莫斯科的政變失敗，蘇聯瓦解，三國終於掙得實質的獨

立。

　　在國際人士的見證下，立陶宛於1991年2月9日舉行公民投票，投票率高達84%，其中91%贊成獨立。拉維亞於同年3月3日舉行公民投票，投票率更高達87%，且雖然境內有33.8%的俄裔居民，卻仍有73%的人民支持獨立。愛沙尼亞也於同日公投，在82%的投票率中，有77%的人民選擇獨立，雖然其國內也有30.8%的俄裔居民。

　　在「歌唱革命」(The Singing Revolution)這部描述愛沙尼亞爭取獨立過程的紀錄影片，二位駐守電視發射塔對抗蘇聯坦克車包圍的警察之中的Juri Joost說：「當我從收音機聽到最高議院通過宣佈愛沙尼亞獨立的時候，我很興奮，因為我知道我是在為愛沙尼亞而戰。」他們二位對企圖攻占塔台的蘇軍發出警告，將啓動發射塔滅火系統和進入塔台的蘇軍同歸於盡，這個威脅成功地拖延並阻止蘇聯軍隊採取占領行動，使處於危機當中的愛沙尼亞人能繼續從電視獲得正確的資訊。事實上，在蘇聯坦克車逼近的時候，許多住在附近的居民紛紛趕到發射塔，他們赤手空拳擠成人牆來阻擋坦克車，拖延蘇軍前進的時間。如果不是民族主義的催促，不可能產生這種大無畏的勇氣。

2.5 中華民族的濫用

　　在2008年「中華民國總統」選舉過程中，不斷強調自己「不會出賣台灣」、「燒成灰也是台灣人」的馬英九，

為了掩飾其外來赤藍人的本質，選舉過程幾乎閉口不公開說自己是「中國人」，甚至連「華人」都不提。當選之後，驕傲的他才又開始使用「中國人」及「中華民族」揭示其民族認同。在2008年的就職演說，他就露骨地說出讓許多台灣人不舒服的「兩岸人民同屬中華民族」。在2012年的就職演說，他把台灣人進步的文明倫理歪曲為：都是因為中華文化中「善良」與「誠信」的核心價值，已經融入台灣的日常生活。又重彈：「兩岸人民同屬中華民族，都是炎黃子孫，擁有共同的血緣、歷史與文化。」幾年執政下來，赤藍權貴糟蹋台灣有目共睹，馬英九為了要求中共大力伸援手，還不斷把台灣人掙到的國際榮譽歪曲為「中華民族的榮耀」。

中共國家主席胡錦濤於2008年12月31日，出席在北京人民大會堂，紀念中共的《告台灣同胞書》發表30周年座談會上，為了鼓勵和拉攏馬英九，也做了針對性的講話，全文用13次「中華民族」做「反獨促統」的呼喚。1979年的《告台灣同胞書》是中國人大常委會於元旦美、中正式建交之日，以「我們中華民族是偉大的民族」針對台灣住民所發表的統戰聲明，其中絕口不提「解放台灣」，而是以互通訊息、探訪親友尤其針對赤藍人招降。

中國黨和中國共產黨兩黨都是僵硬的威權意識形態的黨，因此，至今未曾出現具有現代社會意識與寬廣視野的政治人物，他們對中國的現代意義以及中華民族概念缺乏跟得上時代的認知與調整。二千多年前起，中國的華夏民

族即以為自己居世界的中心，是優秀民族，視四方夷狄民
族都是禽獸，必須臣服於中國，當今中共的霸權思想就是
源於這種出自於無知和自誇的傳統民族主義。(莊萬壽，2011)

　　台灣大學的歷史學者鄭欽仁教授在《中華民族論》(鄭
欽仁，2010)，對這個被兩黨濫用的「中華民族」，有精闢的
研究與見解，以下將相關的論述加以整理做為本節主要的
論述觀點。

2.5.1 中國到*20*世紀初才成為國名

　　自二千多年前東亞大陸出現王朝帝國以來，帝國涵蓋
許多民族在內，從民族的分佈和版圖看來，就像馬賽克
(mosaic)一塊塊拼湊而成。「中國」一詞是「中央都城」的
意義，與「四方」相對稱，是西周初年占據黃河流域的華
夏統治者，自認為自己的都城是世界的中心，而自稱為中
國(莊萬壽，1994)。到了滿洲人所建立的清朝帝國，其所統治
及影響的地域包括：(一)滿族居住的滿洲特別行政地域；
(二)承襲明朝統治的漢人居住地區，此由中央主要官僚機
構與地方官直接統治；(三)西南的非漢族地域，設土司；
(四)清朝中期以軍事力霸占的地域，西藏、新疆、蒙古等
地區設藩部，由理蕃院管轄；以及(五)以朝貢與冊封的關
係，將鄰近的地域或國家列入勢力範圍。基於以上的領域
構造，中國王朝的統治者就以「皇帝」與「天子」的雙重
身分君臨天下。因此「中華」、「中國」還帶有統治天下
大一統的涵義。

　　1898年清朝光緒帝所支持的維新運動，被慈禧太后「戊戌政變」遏阻後，主張維新運動的要角梁啓超，於10月16日乘日本軍艦流亡日本。日本當時正逢「明治國家」的「文明開化期的進步史觀」與「國家意識強化期的民族主義」興盛時期，「明治國家」建構的理論隨手可得，這也是當時的中國人所嚮往而欲吸取的。因此，梁啓超滯留在日本的15年不僅對他個人重要，對中國也很重要。

　　梁啓超看到中國人的歷史著作都是一人一家之譜牒，知有朝廷而不知有國家。他指出日本之《東洋史》幾乎等於《中國史》，但發現自古以來只有朝代的名稱，卻沒有國名，乃在1901年提出以「中國」爲國號。雖然，他覺得把國名稱作「中國」、「中華」，未免自尊自大，但基於自我命名原則，還是用了。十年後，清朝被推翻，這個國名被法制化，從此，中國一詞有別於過去歷史上所指的華夏區域或文明。1971年聯合國第2758號決議案：「承認中華人民共和國政府的代表是中國在聯合國組織的唯一合法代表。」可見「中國」做爲國名在國際社會已被公認，而且有專指。中華民國或中華人民共和國就像是朝代的名稱，而中華民國已被中華人民共和國所取代。因此，只有中華人民共和國國民才是「中國人」，目前在台灣的「中華民國國民」並不是「中國人」。

2.5.2 梁啟超提倡中華民族意指漢族

　　梁啓超在1901年還提出「中國民族」之語詞，並意指

漢族。1902年他重新提倡「中華民族」一詞，仍然意指漢族。他是提出此用語之第一人，從此被普遍採用。梁啓超以黃帝爲中華民族始祖，不論政治、社會、文化等一切根源出自黃帝。中華民族成爲歷史意識，也成爲政治意識，這些都是構築歷史觀與民族主義，建立「近代國家」的思想與理論的基礎。

在清朝帝國末年，不論是主張變法維新或革命，在那樣求變的時代，造出一個詞彙叫作「中華民族」，然後從傳說中一個像人又像神的萬能者──軒轅氏，在五行思想盛行的時代，將之排入土德，位居四方之中的位置。土是黃色，故稱之謂黃帝，宣稱文字、曆法、音樂和醫藥都是他發明的，塑造出一個神話，做爲一個民族以及國家形成的政治上的意識形態，而且帶有神權思想，以此做爲近代國家建國的理念基礎，可以說是荒唐的。

2.5.3 五族共和是為了繼承滿清王朝的領域

辛亥革命是要「驅逐韃虜，恢復中華」，前者是要推翻異民族統治，後者是漢族的光復革命。但在1912年「中華民國」創立後，孫文改倡「五族共和論」，誓言「合漢滿蒙回藏諸地爲一國」。在這個思想的轉折中，孫文的企圖是十分明顯的，「主觀上要使中華民國承續滿清王朝的領域」(陳儀深，1994)。1918年1月，美國總統威爾遜提出以「民族自決」做爲一次大戰後處理各殖民地的建議之後，一時各弱小民族要自己決定自己前途的想法蔚爲風潮，包

括蒙古、圖博、滿洲、東土耳其斯坦等地，脫離中國的動作此起彼落。孫文的主張又有了轉變，不再提五族共和，反而於1920年公開呼籲仿傚美國，組成「中華民族」，力倡應該把「中國所有各民族融化成一個中華民族」。(朱浤源，1992)

　　日本橫山宏章教授在他的專書裡，引用1921年12月10日孫文在桂林對滇贛粵軍的演說，其中說到：「五族共和」是騙人的，西藏、蒙古、回、漢民族都沒有自衛能力，必須發揮「大民族主義」使他們被優秀的漢民族「同化」，因此不是「五族共和」，而是兌現中華民族的形成，建設成最大的民族國家。孫文爲「同化政策」的正當性，重新定義中華民族爲：漢民族與被漢民族「同化」的少數民族，融合成一個民族概念的「中華民族」。所以，本質上孫文的中華民族就是「大漢民族」，源自不折不扣的「大漢沙文主義」思想。

2.5.4 孫文的中華民族建立在大漢沙文主義

　　1924年，孫文在講解民族主義的時候，主張從中國歷史的演變，民族主義就是國族主義。孫文提出民族的形成是自然力的結合，國家是人爲的力量結合而成的。對民族形成的原因，他列出血統、生活、語言、宗教和風俗習慣五個要素。但構成中華民族的漢、滿、蒙、突厥、藏等民族是否有共同的血統等五個要素？孫文辯說：「就中國的民族來說，總數是四萬萬人，當中參雜的不過是幾百萬蒙

古人，百多萬滿洲人，幾百萬西藏人，百幾十萬回教之突
厥人，外來的總數，不過一千萬人。所以就大多數說，
四萬萬中國人，可以說完全是漢人。同一血統，同一言
語文字，同一宗教，同一習慣，完全是一個民族。」因
此，孫文這個中華民族式的民族主義，用「疆域主義」
(territorialism)更能掌握其想法的精義，畢竟，它的思考前提
完全是著眼於中華民國繼承大清帝國的國土，合理化對這
個疆域統治的合法性。(許維德，2001)

基本上孫文把種族和民族混為一談，這也是當今許多
被強迫背誦三民主義的台灣知識份子的共通盲點。

2.5.5 滅其族滅其文的漢化政策

自梁啟超提出中華民族的概念以來，孫文以革命
黨領袖的角色，使這個概念得以發揮更大的政治影響
力，經中華民國到中華人民共和國，仍沿襲過去大一統
的思想，並沒有將統治「天下」的意圖剔除。從民國成
立迄今，尤其是中華人民共和國，仍舊在東亞劃上「勢
力範圍」，主張他們的「固有領土」。當然，也將以往
「羈縻」地域、「朝貢國」的領土包括在內。因此，是
十足的帝國主義思想。孫文於1919年開始發表《建國方
略》，提出許多實業計畫，主張向蒙古、新疆(即東土耳其
斯坦)殖民。孫文對這些地區有建造鐵路網的計畫，認為這
些邊疆地區有豐富的礦產資源，產業的開發是國民的需
要。移民、開發與漢化的同化政策，從歷史經驗傳到孫文

與中國國民黨，然後到中國共產黨。這種「滅其族、滅其文」的政策，在目前的中國，從東北到西北、到西南，如火如荼的在進行。

2.5.6 少數民族問題是中國潛在的動亂因素

中國的人口約13億人，其中90%是漢民族，其餘是「少數民族」。對1949年以後統治中國的中國共產黨，做為一個信奉社會主義的國家，必須遵循蘇聯史達林的「客觀主義」來形塑中國的民族觀。史達林用四個判斷標準來定義民族：「共通的語言、共通的疆域、共通的經濟生活，以及共通的文化爲基礎所表現出來的共通心理狀態。」基於這四個判斷標準，中共從1953年開始所謂的民族識別工作，到1979年6月確認了55個少數民族(許維德，2001)，與漢民族合計是56個民族，故中華民族不是一個單一民族，而是由56個民族所構成。但是，「中國」這個概念，被自孫文以來的「一民族一國家」所主導，也受日本及許多近代國家建構的影響，卻忽略本身是承襲王朝帝國以來馬賽克式的民族版圖。這是中國潛在的動亂因素之一。

中國的少數民族有55個，但各族的「少數」究竟有多少？例如壯族有1,618萬人、滿族1,068萬、苗族894萬、維吾爾族840萬、蒙古族581萬、圖博族542萬人等。但從千萬人到幾千人的民族，都被納入少數民族，是漢族立場的觀點，被批評爲「漢民族中心主義」。2008年北京奧運開

幕前，在世界各地迎接聖火時，少數民族份子趁機在各地抗議北京的暴政，而中共政權的「聖火防衛隊」打出「防衛中華」的標語，反映該政權將各少數民族看作恐怖份子。這種在意識與無意識之間的表現，可以看到最真實的「中華民族」意識。

中國境內的少數民族，如維吾爾族、藏族和滿族，在過去都有他們自己的國家、語言文字和特殊的文化，目前是受到中國的異民族統治，而被歧視列入「少數民族」。他們要求民族獨立，是理所當然。中共一向把藏獨、疆獨和台獨視為對中共專政的三大威脅，表面上對圖博、東土耳其斯坦和台灣分別實施「懷柔」政策，暗地裡則準備殘暴鎮壓。單就最近的事件，2008年3月14日鎮壓圖博，2009年7月5日又鎮壓東土耳其斯坦。1959年拉薩事件，達賴喇嘛流亡印度後，中國發動大屠殺。另外，1987年和1989年的蜂起也都被鎮壓。1989年的鎮壓出自當時的西藏自治區黨書記，即前中國國家主席胡錦濤。

1997年維吾爾族有15,000人起來抗暴，但失敗，有200人被殺、數千人被勞改。自1949年到1972年間，有記錄的暴動次數是548件，36萬人被殺。2009年7月5日，因不滿一星期前中共當局對廣東韶關發生的維、漢群毆事件的處理，維吾爾族人在烏魯木齊市政府前抗議，遭到開槍鎮壓。中共官方消息證實，「七五抗暴」事件造成至少156人死亡，800多人受傷，數百車輛被毀。

事件引起了國際社會普遍的關注。中共當局指責海外

的「世界維吾爾族代表大會」策劃了「七五」衝突事件。而「世界維吾爾族代表大會」主席熱比婭在美國接受BBC中文網的電話採訪時說：「這一事件完全是中國政府對維族的歧視性民族政策和鎮壓所造成的。」其發言人迪里夏提指出：「七五」的示威遊行是維族人自發參加的和平抗議，但遭到中共軍隊的開槍鎮壓，造成大量傷亡。他譴責中共當局利用媒體，歪曲事實，對維吾爾人進行醜化宣傳，並激化矛盾。

對於中國的民族問題，若從法制上去瞭解，1982年修訂的《中華人民共和國憲法》的序言有一段文字：「中華人民共和國是全國各族人民共同締造的統一的多民族國家。……在維護民族團結的鬥爭中，要反對大民族主義，主要是大漢族主義，也要反對地方民族主義，國家盡一切努力，促進全國各民族的共同繁榮。」雖然中國憲法有漂亮的規定，但實際運作正好相反。雖然說是多民族國家，卻是漢族獨尊、主控的國家，而且又是「大民族主義」與「大漢沙文主義」，而「反對地方民族主義」則變成對「少數民族」施行制度性壓迫的「法源」。

以中華民族為單一民族，想克服或消除各個民族之差異，最後祇能落得用鎮壓的手段，這種行為當然不會被國際社會所允許。擬訂「扶持行動」(Affirmative Action)保護少數民族的人權，已成為人類普世價值的規範。中國前大連市市長薄熙來迫害法輪功，已在2009年11月被西班牙國家法院以「殘害人群罪」和「酷刑罪」起訴。濫用「中華民

族」來侵害人權或侵略其他民族，必然遭到懲罰，赤藍權貴和中共貴族不能不有所警惕。

2.6 台灣民族的形成

台灣人以台灣為安身立命之地，仰賴周遭的土地和海洋，開發經濟與社會活動維持生活，進而追求他們期待的幸福與安全。在社會較不發達的時代，每個人的周遭環境大都侷限於部落或村莊的鄰近範圍，因此，其共同命運感僅涵蓋所處部落或村莊的生活環境。在閉鎖的社會，即使住民知道自己是居住在台灣島上，這種地理的關係對這個人的生活大概沒有任何影響。在那樣的時空環境，「台灣人」這個名詞對島上的這些居民不會有實質的民族意義。

隨著交通和通訊的發展，政治和經濟活動的直接影響層面不斷擴大，住民對自己生存空間的意識，才隨著擴展，終於普及全台灣這個時代環境的自然疆域。在近400年台灣從落後的孤島邁向現代化的過程中，來自閩粵的移民和原住民之間，甚至在先後移民之間，為了爭奪生存空間和資源，加上受到外來殖民政權的分化、操弄，從相互的衝突和合作中逐漸發展、建立共同生存的共識與秩序，台灣此後才成為一個獨特的、具有整體意義的政治和經濟活動的社會，台灣人意識才發展成為集體性的社會思維，台灣民族藉此建構共同追求的理想。

《台灣人四百年史》的作者，也是最堅定鼓吹台灣民

鼓吹台灣民族主義的史明先生(攝於2005年9月25日)

族主義的史明先生說：「台灣民族主義是台灣史的產物，身為台灣人，咱應了解台灣的過去與未來。」透過歷史，台灣人能夠更瞭解這塊土地所發生的事務，無論是值得驕傲的或是令人悲痛的，都會植入每個人的記憶，使個人和所處的生活環境有更緊密的連接關係，由之強化個人對周遭人文、地理環境的深厚感情，這樣的感情正是民族意識的激素。個人藉由這種感情創作文學、藝術、戲劇、電影、部落格等，傳播個人的感受與思想，進一步溝通擴大影響，築起群體所期待的願景。

「至於台灣民族主義，主要是日治時代的台灣資本主義發達後，因為民眾知識普遍提高，才在菁英份子的啟蒙與鼓吹下，反抗日本人的統治，這就是台灣民族主義的萌

芽。我們耳熟能詳的林獻堂、蔣渭水等，嚴格說來都是台灣民族主義的提倡者。(史明，2005)」史明進一步闡釋：「由於 400 年有史以來，台灣社會發展的主要動力是來自中國大陸的漢人移民及其後裔，所以，單一的台灣民族的形成愈發展，在社會、意識上就愈脫離了中國大陸社會，以致完全脫離而成爲不同範疇的台灣民族。」(黃界清，2010)

本章前面論及民族的定義時，已經清楚指出：具有共同血緣、祖先同一種族的人群，不必然形成同一個民族。但是，赤藍權貴爲了打擊、分化台灣人，而中共爲了併吞台灣，雙方都濫用「中華民族」、捏造「炎黃子孫」，透過教育和媒體宣傳來混亂台灣人意識。事實上，經過研究學者以現代科技分析台灣人的血型和基因證實：85%的福佬人、客家人有原住民的血緣；而初期自中國移民台灣，被認爲是「漢人」的「唐山公」，其實是亞洲大陸東南沿海「漢化」的越族；台灣的平埔族並沒有消失，只是溶入台灣人之中(林媽利，2010)。林媽利教授的同學劉如峰醫師更精確地說：「台灣人是漢化的越族，到台灣後與平埔族混血的後代。」這些科學的研究結果，是一般台灣人可以接受與理解的結論，可以用來修正史明對台灣民族發展的論述。

2.6.1 台灣是南島語族的原鄉

台南左鎮的菜寮溪於1971年陸續發現「左鎮人」頭骨化石殘片，經日本考古學者鑒定後，判斷距今2萬至3萬

年以前，台灣島上就已經有原始人類居住(Shikama et al., 1976)。這是目前所知最早在台灣出現的人類之一，是屬於舊

南島語系分佈圖(取自http://austronesiancounting. wordpress.com/page/2)

石器時代晚期的現代智人(homo sapiens)。台灣最早的史前文化──「長濱文化」，可能就是左鎮人的文化，他們究竟是何種族群的人類，目前尚無法確定。到了公元前4,500年左右，北部的淡水河口附近和西南部當時還是沿海地帶的新化丘陵、鳳山丘陵，出現了帶有農業，使用陶器、磨製石器的新石器時代人群──大坌坑文化人(劉益昌，2001)。這些遺跡屬於南島語系(Austronesian Languages)族群，是現今台灣原住民的祖先。

南島語系族群分佈範圍甚廣：南抵紐西蘭，西至非洲東邊的馬達加斯加(Madagascar)，東至南美西緣智利的復活島(Easter Island)，而台灣則在地理上的最北端。大洋洲上三個主要島群，密克羅尼西亞(Micronesia)、美拉尼西亞(Melanesia)以及玻里尼西亞(Polynesia)，除了新幾內亞之外都被包括在內。其東西之距離26,000公里，遠超越地球的半圈，涵蓋範圍也遠遠超過蒙古成吉思汗最盛時期所占的面積。在一個沒有現代航海技術的年代，南島族群如何能夠征服汪洋大海，分佈到如此廣闊的地域，一直是語言學家

和人類學者企圖解開的謎團。在人類歷史上，也只有印歐語系(Indo-European Languages)，在15世紀末期以後，才開始以船堅炮利的方式傳播到更廣闊的地區。比較起來，南島語系卻是在13世紀中期就已經達到了整個目前的領域。

南島語系族群是現今世界上唯一主要分佈在島嶼上的一個語系，也曾是世界最大的語系，共有1,200種之多，包含了菲律賓、馬來半島、印尼以及太平洋上許多島嶼居民所使用的語言，使用人口有兩億五千萬之眾。夏威夷大學的語言學家布拉斯特(Robert Blust)將這1,200種語系，進一步歸類源自十種古南島語。分佈在台灣的26種南島語類是屬於其中的九種古南島語系；而分佈在台灣島外的其餘1,174種，則源於僅剩的一種古南島語(Blust, 1999)。

2.6.1.1 南島語言是台灣給予世界的禮物

造成這種現象的一種合理假設是：最早期的南島族群，因為長期在台灣居留，而發展出十種南島語言的支系，後來，其中一個支系的族群，開始移民到台灣以外的島嶼。這種情形符合人類學的一大原則，顯示古南島語起源於台灣。伴隨著語言傳遞的是航海、農業、畜牧、瓷器等技術的散佈，在人類發展史上綻放了光彩的一頁。洛杉磯加州大學著名的生理學教授戴蒙(Jared Diamond)於2000年以《台灣給予世界的禮物》 *(Taiwan's Gift to the World)* 一文，發表在科學界最受尊重的雜誌之一，同時也是科學界最大銷路的《自然科學》 *(Nature)* 雜誌，稱讚起源於台灣的南島語對

世界語言文明的貢獻(Diamond, 2000)。

自從夏特勒(Richard Shutler, Jr.)和麥克(Jeff Marck)在1975年發表了一篇論文，首先論證台灣最有可能是南島語系的發源地(Shutler and Marck, 1975)，從此，「台灣原鄉論」(Out of Taiwan Hypothesis)備受矚目。接著，澳洲考古學者貝爾烏德(Peter Bellwood)於1991年在《科學人》(*Scientific American*)雜誌上，發表關於這個問題的研究論文，他參考語言學證據，同時從考古資料裡農作族群的遺跡，探討南島語族的起源與遷移，主張南島語系的族群應是起源於中國南方沿海稻作區，於公元前4,000年左右遷移到台灣(Bellwood, 1991)。貝爾烏德承認在中國南方不見南島語的蹤跡，但鑑于歷史上許多邊緣或劣勢語言，因受優勢語族的侵蝕而絕跡的例子甚多，推斷可能一度存在中國南方的南島語，也遭遇同樣的厄運，因此提議南島語起源於中國南方之說。

布拉斯特認為貝爾烏德的推論不能說絕對沒有可能性，但是可信度並不高。就南島語驚人的數量和分佈之廣，該語族應當是正值旺盛，並非強弩之末。僅在台灣一地便有九個古南島語，26種南島語，沒有其他地方有如此豐富的變異分化，也暗示著語族起源的特徵。反之若南島語族起源於中國南方，也應該有類似於台灣的情形，會有繁多的語種與祖源古語種。但是在中國南方，不僅不存在這種地區，沒有發現南島語的蛛絲馬跡，也沒有南島語由中國向東擴張的跡象。以澎湖為例，其地理位置在台灣本島與中國之間，但是澎湖卻從未發現南島語的蹤跡。事實

上，中國福建、廣東高山深谷多不勝數，步行艱難，也具有形成袋狀隔離的地理環境。這種袋狀隔離，正是保存邊緣、劣勢語言的最佳環境。在此條件之下，爲何光是南島語不見蛛絲馬跡實在令人費解，也十分不合常理。因此，比較起來，布拉斯特和戴蒙所主張的南島語源於台灣才是合理的推論。(鄭昭任，2002)

2.6.1.2 追蹤人體幽門桿菌也獲得相同結論

奧克蘭大學的語言學家格瑞(Russell Gray)等人，以先進的資料庫技術和語言演進計算法，用電腦分析了大約400種南島語系的詞彙後，使學界對太平洋區人口在史前時代是如何遷移有了更進一步的理論(Gray, Drummond & Greenhill, 2009)。他們的研究結果於2009年1月發表在著名的《科學》(Science)期刊。有趣的是，就在同一期，也刊登了另一篇由柏林大學慕德利(Yoshan Moodley)等發表的人類學研究，從追蹤人體幽門桿菌DNA之排序加以分析，竟然獲得同一結論：「南島語族的祖先來自台灣。」(Moodley et al., 2009)

2.6.1.3 從台灣到玻里尼西亞的高鐵

南島族群的先祖由亞洲大陸到台灣之後，在這裡停留生活一段長時間，塑造了其獨特的南島語言，也發展出卓越的航海能力，有了舷外支架的木舟(outrigger canoe)，才擁有適合遠征大洋的船隻。其中的一支應該就是阿美族，約於公元前3,200年到2,500年開始向南遷移。他們花了大約

1,200年的時間，橫跨了7,000公里的海洋，經過菲律賓、印尼和大洋洲的美拉尼西亞島群，抵達玻里尼西亞島群西端的斐濟、薩摩亞與東加。

以當時原始的航海技術，這種擴展速度無疑是相當驚人的，戴蒙稱之爲從台灣到玻里尼西亞的高鐵(express train to Polynesia, Diamond, 1988)。海外拓展到此又停滯了1,000年，直到雙重船體的木舟(double-hulled canoe)發明了，再開始向其他東邊的玻里尼西亞島嶼發展。在13世紀中期抵達復活島，屬於南島族群的毛利人也約在同時定居於紐西蘭。由於崇尚海洋探險的民族性，他們不斷分批移民至海外島嶼拓展，包括許多未曾有人類居住的無人島，而無論是擇居於大島或小島，多遍佈於亞熱帶和熱帶地區是一大特點。

根據考古學的研究，玻里尼西亞島群所有的島嶼原來都是無人島。在距今一千到三千年前，許多島嶼上突然出現了一種農業社會的繩紋陶(Lapita pots)。繩紋陶文化出現以後，考古學家沒有在島上再發現有任何其他人種移出或是移進的遺跡。所以，合理的推測是：既然島上現在的居民都是南島族群，那麼當年帶來繩紋陶文化的一定就是南島族群的先祖。然而，相似的農業社會繩紋陶文化的遺跡，只有在中國的南方和台灣被發現。由於中國沒有任何南島語系族群的蹤跡，所以，台灣就成爲南島族群最有可能的起源地。(翁青志，2009)

台灣目前的南島語族有14族，大約50萬人，占全世界南島語族總人口約0.18%。很多語言學家支持前述的「高

鐵」模式，認爲玻里尼西亞人祖先的「原鄉」就是台灣。
但是，也有一些學者持著不同觀點的理論，特別是所謂的
「慢船」(slow boat)理論，認爲玻里尼西亞人的起源地在東
南亞，而不僅是台灣。

　　起源理論因爲各個不同研究領域，如語言學、考古
學、文化人類學、族群遺傳學、細菌人類學等的理論與證
據各不相同，因而迭有爭議，使得世界南島語族最北邊分
佈點的台灣，成爲眾所矚目的焦點。現在的台灣人，無論
身上具備何種血緣和語源，能夠透過這塊土地來聯結，一
群在探索人類發展過程中備受重視的先民，這是值得台灣
人驕傲的歷史。

2.6.2 原住民建立「大肚王國」

　　直到16世紀中葉，原住民分佈於台灣全島，各有不同
的語言與風俗習慣，構成獨立而不相隸屬的部落社會，並
沒有建立統一的政權，僅有台中、彰化附近的「大肚王
國」曾有較大型的跨部落聯盟。漢人移民稱大肚王爲「柯
大王」(Quata Ong)，原住民則稱之爲白晝之王或平埔太陽
王。大肚王的首領一直以干仔轄(Camachat)爲名，Camachat
是巴布拉族語，也是大肚王所管轄村社共同使用的平埔部
族語言名稱。依據蘇格蘭人大衛萊特(David Wright)的記載，
大肚王國最強盛的時候曾統治27座村落。(翁佳音，1992)

　　大肚王國約始於1540年。日本的豐臣秀吉聽聞台灣有
個「高山國」，因此曾在1593年派原田孫七郎到呂宋，順

道攜帶催促「高山國」入貢的親筆函，歷史的記載似乎對此接觸沒有著落(王育德，1979)。大肚王國在荷蘭殖民時代，跟荷蘭東印度公司訂約臣服，不過直到1662年荷蘭人離開台灣，大肚王國都維持半獨立狀態。鄭成功取代荷蘭殖民統治後，大肚王國從未歸順鄭氏王朝，雙方曾數次武裝衝突，導致部分社民被迫遷往埔里、水裡，大肚王國開始解體。1683年清朝用鄭氏王朝的降將施琅滅鄭，統治勢力開始進入台灣，設一府三縣將台灣隸屬福建管轄。

　1731年12月，大甲西社原住民因不堪清朝官吏的貪婪剝削，發動武裝抗爭行動。1732年5月，清朝派軍隊征討反抗的原住民，因官員為求邀功，把五名前來幫助運糧的大肚社「良蕃」殺害，佯稱他們是大甲西社作亂的「生蕃」，引發大肚王國與十餘社原住民2,000多人圍攻彰化，許多飽受迫害忍耐多時的其他原住民也起而響應。然而，在清軍的優勢戰力反擊下，大肚社等兵敗投降，大肚王國才正式被滅亡。

2.6.3 福爾摩沙呼吸西方文明

　台灣出現在世界地圖上是在西方文明擴張殖民地的大航海時代。西班牙人約在同一時期的1565年，在北美洲建立到今天還一直持續有居民的最古老的城市——美國佛羅里達州的聖奧古斯汀城(St. Augustine)。和台灣移民同樣遭受殖民統治剝削壓迫的北美洲移民，於1776年奮起而戰，到1781年完全驅逐英國殖民勢力，在1783年正式獲得國家

西班牙為對抗英國勢力進入佛羅里達，於1672年在聖奧古斯汀建構了Castillo de San Marcos碉堡。(2012年8月拍攝)

獨立，如今成為超級強權的美國。然而，台灣人卻不斷陷入外來統治的歷史惡性循環。

台灣起初是指安平港的一個小島——一鯤身。這個地名來自原住民語言，原來是台南附近的平埔族西拉雅人對外來者的稱呼，閩粵來的移民誤以為是這個地方的地名而沿用。把台灣命名為「福爾摩沙」(Formosa)而標示在世界地圖的是葡萄牙人。他們的船隻在16世紀中期航行海上，船員看見青蔥翠綠的台灣島，而高呼「Ilha Formosa！」Ilha是島，Formosa 是美麗，意即美麗島。葡萄牙人每次發現美麗島嶼，都有歡呼「Ilha Formosa」的習慣，所以在亞洲、非洲以及南美洲叫這名字的島嶼有12個以上。儘管如此，歐美各國長期以來都以Formosa稱呼台灣。(王育德，1979)

2.6.3.1 福爾摩沙登上國際舞台

荷蘭在1581年宣佈脫離西班牙統治並建立獨立的共和國，從宗教和王權的束縛中解放出來，立即追隨葡萄牙、西班牙的海外擴張腳步經營海外殖民地，到17世紀中葉就

已經成為大航海時代的海上貿易強權之一，擁有16,000艘船艦。

　　荷蘭在1602年成立了荷蘭東印度公司，總部設在阿姆斯特丹，受荷蘭政府特別保護，獨占印度洋的航權和貿易。荷蘭東印度公司在1615年已擁有800艘武裝商船，成為遠東海上的重要力量。1621年在巴達維亞，即現今印尼的雅加達，設立東亞商館總部，做為發號施令的中樞。在該公司的謀劃下，荷蘭人於1622年入侵澎湖，建立城堡做為貿易據點，後來被明朝軍隊所逼退，便於1624年轉往不屬於中國版圖的福爾摩沙島現今台南安平地區，設置據點和「行政長官」施行殖民統治，為荷蘭東印度公司獵取最高的經濟和政治利益。形成了以台灣、中國福建和日本九州為核心的三邊貿易，中國人、日本人和西洋人先後到來，預示著新的變局的上演，這是福爾摩沙躍上國際舞台的開始。

2.6.3.2 荷蘭人吸引閩粵移民來台討生活

　　荷蘭人的統治吸引了大批中國和少部分日本人力來台灣從事勞動和貿易工作，這些外來流動人力有的就長期居住下來，在台灣繁衍生根，使原來只有二、三千人的移民聚落熱鬧起來。根據1638年巴達維亞總督的報告：「在福爾摩沙荷蘭人控制的區域內，約有一萬到一萬五千名閩粵移民，從事捕鹿、種植稻穀和甘蔗以及捕魚等活動。」新型的街市在台南和安平被開闢出來推廣商務和安頓新移

民，台灣隨著荷蘭人進入資本主義形態的社會發展。隨荷蘭人之後，西班牙人也在1626年沿台灣東海岸北上，爲現在的三貂角(Santiago)命名，占領台灣北部，建紅毛城及新街市，希望吸引中國商人互市。這種南北競爭、對峙的局面直到1641年，荷蘭人占領雞籠、驅逐西班牙人才結束。(湯錦台，2001)

　　荷蘭在台灣所獲的利潤龐大，在亞洲各地的商館中僅次於日本，居第二位(王育德，1979)，1650年左右，每年淨收入約40萬荷幣，等於約四噸黃金的價值(陳正茂，2010)，反映了台灣在亞洲地區經貿上占有重要的地理位置。台灣先民在荷蘭人和西班牙人的壓迫統治下，從西洋人的船堅炮利和事務管理，體驗了科學知識、工具與方法的有效性。

2.6.3.3 新港社開辦第一所西式學校

　　1627年，荷蘭東印度公司第一位駐台牧師侃第紐斯(George Candidius)進入新港社原住民部落學習新港語——西拉雅語，並開始傳教(王育德，1979)。來自蘇格蘭的台南長老會宣教師甘爲霖博士(William Campbell)，在他1903年出版的《荷蘭人統治下的福爾摩沙》(*Formosa under the Dutch*)一書中，引述了侃第紐斯對當時原住民社會結構及生活習慣的寶貴考察資料(湯錦台，2001)。

　　1636年，荷蘭人在新港社開辦了第一所西式學校，以羅馬拼音書寫新港語，導入西方的讀寫識字能力訓練。這是台灣原住民使用文字的開始，平埔族便以新港文來和閩

西拉雅族的文化與身分開始受重視，台南市長賴清德在2012年12月18日的研討會致詞。

粵移民訂土地買賣的契約，移民稱之為「蕃仔契」，這些珍貴的「蕃仔契」目前僅留存約150件，年代最近的是在1813年，換句話說，新港文在荷蘭人離台150年後還在使用(李筱峰，2000)。一份埋藏在美國密西根大學圖書館的文件，被發現後透露：密西根大學學者史蒂瑞(Joseph B. Steere)於1874年來台從事田野調查，在英國長老教會派駐台灣的首位牧師李麻(Hugh Ritchie)的陪同下，到台南左鎮區的岡仔林，從當地西拉雅族頭人李順義手中，取得以羅馬拼音書寫的西拉雅語地契，合計29件。後來的學者將之歸類為「新港文書」，現存於密西根大學。「蕃仔契」是研究西拉雅族和閩粵移民互動關係的重要史料，通稱為「新港文書」。直到18世紀初，《新港語主禱文》(oratio domonica Formosana)還常見於歐洲出版的世界萬國主禱文書冊中(翁佳

音，2007)。

　　荷蘭基督教改革宗宣教師尤尼斯(Robertus Junius)於1643
年的教育報告中記載，新港學校已有80名學生，其中有24
名學生在學習書寫，大約有八個到十個人能整齊的書寫，
在鄰近的目加留灣學校中，全部的90個學生中也有八個能
夠書寫。到1647年，新港等五社的學生已達557人，而成
人男、女班也達到500多人(湯錦台，2001)。

　　荷蘭東印度公司留下的檔案，特別是等於荷蘭官方記
錄的《巴達維亞城日記》，其中涉及台灣事務的資料，以
及由台灣行政中心的記事檔案匯集而成的《熱蘭遮城日
誌》，爲當時的台灣社會保存了珍貴的記錄與史料，提供
豐富的原始著述與數據，給後來的學者做科學的歷史與民
族研究。

2.6.4 清國不情願地捲入台灣的國際漩渦

　　鄭成功在1661年率軍將荷蘭人逼出台灣，以台灣做爲
「反清復明」基地，僅存活22年就投降清朝。清朝統治
台灣長達212年，起初對台灣並沒有強烈的領土意圖。部
分官吏認爲「台灣僅彈丸之地，得之無所加，不得無所
損」，倒不如「徙其人而空其地」，因此皇帝有意放棄台
灣，後因領軍攻台的施琅力爭，康熙皇帝才將台灣留下，
併入清朝之版圖(周雪玉，1979)。不過，清朝嚴格限制閩粵沿
海居民移民台灣，且不准攜帶家眷。但閩粵人民因山多田
少，資源有限，仍不斷湧入台灣尋找安身立命之地。他們

或正式持有墾照入台，或冒險偷渡「黑水溝」，由於禁帶家眷，導致台灣男女人口比例失衡，因此不少男性移民娶平埔族女子為妻，這就是「有唐山公、沒唐山嬤」這句俗語的由來。

2.6.4.1 歐美商船頻繁出入台灣海域

　　儘管清朝最後並未放棄台灣，但對台灣一直採取消極的治理態度，低成本的經營方式。1839到1842年的鴉片戰爭後期，英國艦隊數度出現台灣外海，試圖占領北部雞籠港與中部的梧棲港，但都沒有成功。接著於1854年7月，剛與日本締結親善條約打破日本鎖國政策，由培理(Matthew Calbraith Perry)率領的美國黑船艦隊在雞籠港停泊約十天。培理藉口搜尋失蹤水兵，登陸勘查雞籠煤礦，返國後提出報告力陳台灣適合做為美國的遠東貿易中繼站，他說台灣有如圍繞佛羅里達半島和猶加敦半島、制御墨西哥灣的古巴，主張加以占領。

　　培理的主張雖未實現，但其報告卻引起歐洲各國對台灣的注意。此後，於1856年10月在廣州發生亞羅號(Arrow)事件，引發英國對清廷的強硬抗議及武力恫嚇。為處理善後，兩國於1858年6月締結天津條約，清政府將台灣的淡水、雞籠、安平和打狗(即今高雄)於1862至1864年間陸續開放，並且允許宣教士來台傳播基督教。此後，歐美商船在台灣海域出現日趨頻繁，台灣的茶、樟腦、糖等特產透過外國商行進入國際市場(王育德，1979)。

　　台灣及澎湖位於海上交通的主要航線，鄰近國家如中國、琉球、日本及朝鮮的船隻，往往會通過此海域。隨著大航海時代的來臨，歐美各國船隻陸續前來此海域尋求貿易機會及新資源。台灣是介於日本及菲律賓之間最大的島嶼，就航海路線而言，台灣位於歐洲船隻航向日本，日本船隻駛往東南亞，以及往來美洲大陸、菲律賓及中國之間的歐美船隻的航線上。

　　1951年由陳達儒作詞、許石作曲的台灣民謠《安平追想曲》，描述當時一位安平商人的女兒，與一位荷蘭隨船醫師戀愛後，生下一個金髮女孩「金小姐」，女孩長大後卻又步上與母親相同的命運，也愛上途經安平港的外國人，而那外國男友也如金小姐的父親一樣，無情地離她而去，音信全無通。這首許多台灣人愛唱的民謠，反映了當時往來頻繁的外國船隻，以及港口生活的多采多姿。

2.6.4.2 黑水溝和颱風的猖狂

　　但是在海流、氣候及地形的影響下，海上的不幸事故及船難消息頻傳。在洋流方面，以「黑水溝」最危險，這裡是寒流及暖流交會處，受到季節風吹襲，激起大漩渦，船舶一旦遭遇此強烈海流，往往會被迫偏離航道。在季風方面，冬季半年中，台灣海峽及附近的海域，有強烈的東北季風，夏季半年則有颱風(湯熙勇，1999)。

　　由於台灣附近海域充滿了艱險，從1729至1838年間，初步估計共有86艘軍方及官府的船隻失事。船隻失事的地

點，以澎湖附近的海域爲主；船隻失事的時間，以六、七月爲最高。造成船隻失事的最大原因，則是海上的颶風影響(湯熙勇，1999)。據戴維生(James Davidson)的統計，1850年至1871年底，共有44件船難，其中21艘船遭島民搶劫，其中有四件爲原住民所爲。1882年至1885年，共31次船難，六件劫船者皆爲閩粵來的移民所爲(陳政三，2008)。

貧困的台灣漁民對遇難船隻十分殘酷，將打劫難船當做獲利的機會，不僅對外國船隻如此，對落難的漁民同胞也極不仁，往往趁火打劫，與受難者討價還價，以錢的多寡來決定是否救人(陳逸君譯，2010)。

1841年9月，有一艘叫「尼布達號」(Nerbudda)的船在北部雞籠港附近擱淺，船上所載的隨軍人員大都是印度人，這240個印度人有些在登陸過程中溺斃，有些在登陸後被劫船者殺死，剩下存活下來的通通被逮捕，全身被扒得精光，戴上鐐銬投入牢房，後來被分批押往台灣府(即今台南)。1842年3月，又有另一艘雙桅橫帆船叫「安妮號」(Ann)遭暴風雨襲擊而擱淺在西海岸沙灘。船上有歐美人、馬來人和印度人總共57個人，這些人一樣全身被扒得精光，在凜冽刺骨的東北季風中被押往台灣府。這兩條船的生還者當中的197人，約在1842年8月13日被集體斬首示眾，很可能是在台清朝官員對鴉片戰爭失利、受辱的激烈反應。直到中英簽訂和平協議之後七個月，兩條船僅剩的11位生還者被遣送到廈門釋放，整個屠殺事件才曝光。(林弘宣譯，2009)

　　由前述數據與事件可以看出原住民傷害船難者的情形
並不多。其實，很可能起初因為雙方語言隔閡與習俗不同
造成誤會的經驗，種下後來原住民敵視船難者登岸的行
動。在南部海域遇難的外國船隻，發生數起遇難者上岸後
被原住民砍掉頭顱，各國向清廷抗議，清廷卻辯稱蕃地是
化外之地，生蕃是化外之民，不肯負責任。既如此，外國
船艦就自行對原住民進行討伐。其中，有兩次重要事件，
分別是1867年3月美國商船「羅發號」(Rover)事件和1874年
5月日本攻打牡丹社的征台之役。

2.6.4.3 美國商船「羅發號」事件

　　1867年3月9日美國「羅發號」三桅帆船由廣東汕頭開
往東北牛莊，途經台灣海峽時，遇暴風漂流至南岬(即今鵝
鑾鼻)南方的七星岩觸礁沉沒，遇難船員搭救生船在龍坑至
風吹沙間的獅龜嶺上岸，即遭到龜仔律社(即今社頂)的原住
民攻擊，船長韓特(J. W. Hunt)夫婦及船員共13人慘遭殺害，
唯一倖存的廣東籍水手逃至打狗向官府報告。

　　當時美國駐廈門領事李仙得(Charles W. LeGendre)趕赴台
灣，試圖與原住民直接聯繫，結果被拒絕上岸。1867年
6月，在李仙得的慫恿下，美國亞洲艦隊司令貝爾少將
(Henry H. Bell)率哈特佛號(Hartford)和懷俄明號(Wyoming)軍艦二
艘，軍隊181人，討伐原住民。在英國商人畢麒麟(William
Alexander Pickering)前導下，美軍雖登陸成功，但遭到原住民
伏襲，導致傷亡遠超出最初的預期，美軍只好撤退。但美

國政府態度轉趨強硬，清廷唯恐開罪美方，於是命台灣總兵劉明燈率兵士500員南下，到柴城(即今車城)卻受阻而不得前進，無法解決問題。

求助清廷無效之餘，李仙得毅然自行帶著必要的通譯和嚮導共六人，同行還包括畢麒麟，於1867年10月10日直接與瑯嶠十八社總頭目卓杞篤(Tauketok)交涉，結果雙方達成口頭協議，原住民同意歸還船長韓特夫婦的首級及所洗劫物品，並答應不再殺害歐美的船難者。1869年2月28日李仙得與卓杞篤再度會面，正式簽訂了親善盟約的書面協議，羅發號事件始告落幕。之後，清政府也曾派代表要求締結同樣的條約，但遭卓杞篤嚴詞拒絕。在李仙得的紀錄中，記載：「卓杞篤派遣他的兩個女兒為使者，表示絕不和詐欺萬端、不守信用的漢人締結合約，誓與漢人血戰到最後一人。」(陳政三，2008)

羅發號事件後續的處理過程，清楚顯示台灣島上有「二元政權共存」，李仙得基於此事實而出版一本書《原住民的福爾摩沙是中華帝國的一部分嗎？》(*Is Aborigines Formosa a Part of Chinese Empire?*)，提出「番地無主論」，即原住民的活動空間是不屬於任何政權的(林呈蓉，2006)。顯然，清政府無力處理愈來愈多的船難事件，外交官僚總是以「化外之地、化外之民」推責任。當琉球船民遇害時，清廷亦表示對於原住民無力管理，終於發生了日本出兵攻打在恆春半島牡丹社的事件(林呈蓉，2006)。

2.6.4.4 日本出兵牡丹社之事件

　　1871年10月，一艘琉球宮古島船隻，因遭遇颱風襲擊，漂流至台灣八瑤灣(即今九棚灣)，船上69名乘客溺死三人，其餘66人登陸，無意間闖入高士佛社原住民部落，因為語言與文化溝通不良，54人遭原住民殺害，其餘12人逃離後，在閩粵墾民的保護下輾轉被送到台灣府，再被護送到福州琉球館，從那裡回到那霸時已經是隔年的6月。一度流傳這些被害者是漁民，其實，他們大多是宮古島的官員和幾位當地的士族與商人；而真正殺害落難者的是高士佛社而非牡丹社原住民。

　　1872年10月24日的《紐約時報》報導：「來自舊金山消息說，數名日本人船員在台灣遭遇船難，並被原住民吞食。琉球國王派遣使節前往江戶，試圖在報復措施上尋求協助。」從上述報導，可以看出在當時資通訊尚未十分發達的情況下，歐美人對台灣原住民存有很深的誤解與畏懼。其實，某些台灣原住民有出草獵人頭的習俗，但並沒有食人肉的習慣。針對琉球宮古島船隻在台灣遇難的問題，從肇事責任的歸屬再度牽扯到中國對台灣的主權問題，清廷對處理原住民問題的怠慢，使日本決心出手來保護這裡的區域安全。1874年2月，日本內閣會議確立《台灣蕃地處分要略》九條，針對原住民問題採「軍事力優先路線」為國策，並在正院內設「台灣蕃地事務局」。

　　美國駐日公使很快就察覺出，明治政府內部薩摩派軍

牡丹社石門天險古戰場

人對「出兵台灣」的呼聲甚囂塵上。英國極為擔心日、清紛爭可能造成東南亞地區局勢的不穩定，對英國在該地區的經濟活動造成負面效應，因此，在英國的反對下，美國及其他歐洲強權也公開反對日本對台灣用兵，而且禁止對日本的征台行動提供任何服務。

　　然而，鎖國將近300年，明治維新還不到六年的日本，已經確立其在東亞的未來角色。以宮古島船隻遇難問題為藉口，在1874年5月2日，由日本陸軍中將西鄉從道率將校與士卒3,600人攻台，5月8日在社寮登陸，開始以精銳武器裝備攻擊原住民村落，所到之處極盡燒殺。5月22日轉進到石門時，遭遇原住民強烈抵抗，最後日軍攀上峭壁居高臨下，情勢才逆轉，原住民敗逃，酋長阿祿古父子

雙亡。6月1日之後，日軍勢如破竹，掃蕩牡丹社、高士佛社以及女仍社。7月1日，諸社無法抵抗終於投降議和，日軍便移營龜山準備長期駐紮。此役日軍戰死14人，病歿561人，史稱「牡丹社事件」。

日本在討伐牡丹社的前一年，曾派領台後的第一任總督樺山資紀等人到淡水、蘇澳展開三個月的探查，並與原住民接觸。日本出兵前一個月，樺山資紀等人再度來台，從打狗經清廷在台灣最南端的轄區——枋寮，還向駐守此地的巡司借地圖臨摹描繪下來，然後，潛入原住民區域活動，到5月7日才和征台日軍會合。清廷官員顯然對日本人的意圖毫無警覺性。

日本出兵九天後，清廷才由恭親王奕訢發表「無法置信」以及「抗議」日本未事先知會。閩浙總督也派使臣乘坐「揚武號」軍艦，於5月23日到達瑯嶠向日方表達抗議，並要求日本撤兵。不過，這位使臣從頭到尾都躲在船艦上，不敢踏上這片陸地一步。等到日軍掃蕩原住民，情勢穩定下來之後，清廷特使沈葆楨於6月21日才率艦前往瑯嶠與西鄉從道會面，出人意外的是，沈葆楨並非來表達抗議，而竟然是表達「無法共同參與掃蕩逞凶原住民的遺憾」。

牡丹社事件最後在英國的居間協調下，由清廷以50萬兩海關銀「補償金」來換取日本的「撤軍」，並保證「蕃害」事件不再發生。事件落幕後，中國體認到台灣的重要性轉而積極治理台灣，派遣福建船政大臣沈葆楨來台籌建

海防，並在瑯嶠設縣築城，即為現在的恆春古城。

2.6.5 台灣領先清國的現代化腳步

　　清政府直到統治末期，因為國際勢力否定清朝對福爾摩沙「番地」的管轄權，才開始注意到建設台灣。1875年，欽差大臣沈葆楨推行「開山撫番」的政策，下令開北、中、南三路通往後山，鼓勵移民入山開墾，台灣東部才逐漸納入清朝的領土，但在以武力開拓東部的過程中，也殺害了不少原住民(楊慶平，1995)。

　　1884到1885年的「西仔反」，肇因於法國企圖取得雞籠煤礦為戰艦提供能源，以便封鎖中國東南沿海，進而威脅沿海各大城市，也企圖藉機占領台灣，增加日後談判的籌碼。此役突顯了台灣地位的重要，清政府因此決定提升台灣的行政層級，將台灣改設為行省，並任命劉銘傳為首任巡撫。雖然劉銘傳沒讀過多少書，但與清末推行洋務的名臣，如曾國藩、李鴻章等讀書人相比，行伍出身的劉銘傳由於少了傳統科舉的包袱，更能接納、吸收西方現代知識。他在台灣積極實施建設：台灣在1891年有了清朝第一條從基隆到新竹的官辦客運鐵路；南北普設可通達福州的電報線；同時也設立郵政與新式學堂；人口在1893年增加到255萬人。於是，台北城的街頭亮起了路燈，台灣成為當時清朝近代化程度最高的行省(顏瑞鈴，2008)。

2.6.6 宣教師引領台灣邁向現代化

　　台灣占有海洋地理位置的優勢，從17世紀初開始有系統地吸收西方文明，隨著荷蘭人的離去而暫時消退。直到19世紀中葉，清朝被迫開港通商的形勢下，西方進步的文明再度迅速傳入台灣。其中，基督教長老教會宣教師在台灣創設醫館、設立西式學校，給予中下層民眾重要的啓發與訓練，南部在1865年由英國長老教會傳入，北部在1872年由加拿大主導。

　　宣教師到台灣宣教之初，曾引起社會的緊張與衝突(吳學明，2007)。1865年5月，才30歲的英國宣教師馬雅各醫生(James L. Maxwell)自廈門來到台灣，在台南府城西門外的看西街租屋，前面做禮拜堂，後面做爲醫館開始醫療傳道。行醫不久，由於醫療免費，對許多病痛的治療效果又較有效、可靠，自然打擊到在地漢醫與赤腳仙的生意，他們就造謠說馬醫生是取人心肝、挖人眼睛去做藥，全城民心因此沸騰騷動。馬雅各在此不到24天，便不得已遷往有英國領事保護的旗後，繼續其醫療傳道的工作。不過，若與同時期的中國相比，基督教宣教在台灣所引發的衝突事件並沒有像在中國那麼嚴重，台灣平埔族以及下層貧窮移民在傳統信仰上的束縛較低是重要的原因。

　　儘管有各種來自文化歧異與

馬雅各醫生

文明落差的挑戰，宣教師努力學習在地語言，採取醫療傳教的方式，實際有效地解除許多居民的病痛，總是能夠逐漸化解衝突，贏得民眾的信任。在西班牙統治台灣北部的17年間，天主教神父就用醫療傳道的方式接近原住民，先治療他們的瘧疾、天花等，然後才傳福音。馬尼拉總督於1630年向西班牙國王報告：「三年傳教，只在雞籠一處，受洗者有300人，17年間受洗禮者達四千人。」(史明，1980)

　　宣教師也引導改善社會風俗，提升婦女地位，同時也關懷弱勢團體，使台灣能夠順應進步社會的發展脈絡。英國長老教會首位派駐台灣的李庥牧師，在他1875年的東部之旅特別提到：數年前彪馬族頭目前往府城治療疾病，獲得後來被尊稱為「熱帶醫學之父」的萬巴德醫生(Patrick Manson)治癒。又另一位頭目的女兒病痛的腳，也在一年多前獲得成功的截肢手術，而且效果非常好。西方醫療技術讓這位頭目折服，於是邀請李庥牧師前往彪馬訪問，也一道拜訪卑南族的大頭目(Richie, 1875；林昌華，2011)。

巴克禮博士

　　因此，以醫療做為傳教的媒介確實是接近民眾很好的方法，故英國先期派來的宣教師，如馬雅各醫生，1866年於高雄旗後開設台灣第一座西式醫館的「慕德醫館」，1868年

在府城設立「舊樓醫館」以後變成「新樓醫院」，以及
1871年來接替馬雅各醫生的醫療宣教師德馬太醫生(Matthew
Dickson)，都受過完整的醫學教育，連不具醫學背景的加拿
大長老教會首任宣教師馬偕博士(George L. Mackay)，於1871
年底來到台灣也以醫療做爲傳教的媒介。宣教師也傳授新
的西式醫學知識與技術給在地人才，培養台灣醫生行醫，
並將個人及環境衛生觀念注入台灣社會。(莊永明，1998)

馬雅各夫婦在傳教過程中，發現平埔族還流傳著荷蘭
拼音的新港文，於是開始推行羅馬拚音的「白話字」，
做爲對居民宣教與資訊傳遞的工具。宣教師巴克禮博士
(Thomas Barclay)於1875年6月由英國來台，在打狗登岸，1876
年底遷到府城。他認爲荷蘭人在台宣教失敗的主因是沒有
將聖經完整譯成在地語言，以致荷蘭人離開後，台灣信徒
不能自行研讀聖經，直接吸收教義。鑑於信徒間文盲太
多，要花很長的時間才能學會漢文，而且許多宣教師也不
會讀、寫漢字，白話字則能夠在一兩個月的短時間學會，
教會基於迫切的需要，於1880年正式決定在教會中各級學
校教白話字，要求宣教師都得學習。

巴克禮認爲欲推行「白話字」，首要之務是成立一個
出版部門，所以積極設法取得一套印刷設備。已經回到英
國母會的馬雅各醫生獲悉這個需求，便熱心捐贈了一套新
印刷設備給台灣教會，包括機器、排字架及鉛字等共11箱
的設備，在1881年6月運送到府城。但是，卻沒有人知道
如何安裝使用。1881年9月，巴克禮返英渡假，特地到蘇

格蘭一家印刷廠學習檢字和排版。1884年正月返台後，利用新樓醫院北角一間房間充當機房，他將那套印刷設備裝配起來，這是台灣第一台活版印刷機，5月24日正式開始運行印刷的工作。使用白話字的《台灣府城教會報》，於1885年6月12日創刊(台灣教會公報社，2012)，這是台灣民間最早的報紙，不以長老教會內部事務或教義介紹為限，對於當時的新知識與世界局勢，皆有報導，使台灣的文化出版與大眾傳播邁進了一大步。

　　宣教師並設立西式學校的神學院：現在的「台南神學院」是巴克禮牧師在1880年創辦的；現在北部的「台灣神學院」是馬偕牧師在1882年設立，用以訓練在地的信徒接

安息在台灣基督教長老會台南墓園中的部分外籍宣教師

受神學教育，投入傳教的工作。馬偕牧師於1884年又創設
台灣的第一所女子學校「淡水女學堂」，鼓勵女子受教
育，突破「女子無才便是德」的舊觀念，這所淡水女學堂
即今淡江中學的前身；宣教師余饒理(George Ede)亦於1885年
在台南創辦「長老教會中學」，這是台灣的第一所中學，
即今天的台南長榮中學；1887年，二位女性傳教士朱約安
(Joan Stuart)與文安姑娘(Annie E. Butter)創辦「台南女學」，即今
天的台南長榮女中(曾逸昌，2009)；甘為霖博士於1891年在台
南設訓瞽堂，是台灣盲啞學校的開始，並在1913年完成編
著《廈門音新字典》，1915年7月日本政府頒給他「勳五
等雙光旭章」，以表揚他創設盲人教育機關之功績。

　　宣教師對台灣教育文化發展以及人性的提升有頗大的
貢獻，馬偕、巴克禮和許多宣教師服務台灣社會直到生命
安息，葬於台灣，他們無私的奉獻，讓台灣民眾領悟：人
可以追求比生命更高的價值。許多信徒家庭成為接受西方
科學文明的先驅，獲得改善社會經濟地位，促進了台灣社
會階層的流動。

　　1895年10月20日，日軍進逼府城，劉永福所率領的黑
旗軍都已撤離，「台灣民主國」已實質滅亡。居民自知無
力抵抗，乃懇求巴克禮牧師與宋忠堅牧師(Duncan Ferguson)偕
同城內19名仕紳前往城郊二層行溪附近的日軍紮營處，與
後來成為第三任台灣總督的乃木希典將軍交涉談判，最後
促成日軍和平進城，使府城民眾倖免於日軍的殺戮，得
以保留地方文物的完整。台南人為緬懷巴克禮牧師的卓

越貢獻，於2003年6月，將坐落於台南文化中心對面的原「十八號公園」命名爲「巴克禮紀念公園」。

2.6.7 日治時期全面推動現代化

19世紀後半期，亞洲國家遭受歐美帝國主義的侵略，各國社會動盪不安，在各民族的前途岌岌可危之時，日本的先賢志士，推翻德川幕府265年的封建體制，還政於天皇，舉國充滿「明治維新」的朝氣，統一國政，學習歐美先進的思想、科學與制度等，實施憲法、開設議會，短時間內就躍升成爲亞洲最進步的國家。不過，日本的富國強兵也步上帝國主義的道路，投入殖民地的爭奪與擴張侵略。台灣是日本首先得手的殖民地之一。(史明，1980)

1894年，清朝與日本因爲朝鮮主權問題而爆發甲午戰爭，最後清政府被迫於1895年4月17日與日本簽訂《馬關條約》，將台灣全島及澎湖列島割讓予日本。日本人以武力弭平在地台灣住民自發性的反抗，包括征服居住於台灣東部和中央山脈的原住民，成爲第一個有效完全統治全島的政權，也全面性在台灣推動現代化。

日本統治台灣達50年，先是採取軟硬兼施的殖民地政策，而後逐漸確立同化政策爲統治方針，其基本政策有三：第一是內地化，把台灣建設成和日本相近，成爲內地的延長；第二是「工業日本、農業台灣」，這個政策到1930年後因戰爭需要，才調整在台灣發展基礎工業；第三是把台灣做爲帝國南進侵略、擴張的基地。台灣社會在現

台灣博覽會於1935年10月10日至11月28日舉行

代化方面，以經建、教育等最為突出，其中金融、糖業、
米糧、義務教育、鐵路交通等改善幅度最大。

2.6.7.1 投資與發展重點科技

在整體科技發展方面，早在1907年，台灣總督府就籌
備成立「台灣總督府研究所」，分化學及衛生二部，此為
「中央研究所」的前身。初期五年，研究所每年經費55萬
日圓，相當於現值約610萬美元的投資，到1921年每年經
費已超過90萬日圓，約現值1,000萬美元，研究重點是農
業、林業、工業和醫療(吳明勇，2009)。台灣的小學義務教育
從1896年就開始，包括數學、語文、音樂等西式課程。
到1944年，全台灣已有944所小學，學生人數達876,000餘
人，就學率高達71.3%，在亞洲僅次於日本。高等教育方

面有台灣大學前身的台北帝國大學、成功大學前身的台南工學院和師大前身等。這些科技基礎研發和教育環境使台灣在1930年代就已經是在亞洲僅次於日本的進步社會。台灣在1935年已經有能力舉辦成功的世界博覽會，1935年11月22日，還舉辦了台灣史上第一次的選舉。

2.6.7.2 推動公共事業基礎措施

在公共事業方面，日本在台灣建立詳細的戶政與地政檔案、統一度量衡、設立「台灣銀行」、日台幣制同步，以及大興電信事業(謝宗倫，2008)。在測量土地的同時，總督府整頓地籍，確立了土地所有權的關係，同時，將無所屬的土地國有財產化，部分便宜出售給日本企業，以導引資金進入台灣投資。

1899年，「台灣銀行」成立，同時總督府開始整頓台灣的貨幣制度，當時台灣仍使用清朝及外國鑄造的錢幣，甚至還有私人錢莊發行的紙幣，或用金銀塊做為交易的工具，再加上日本貨幣的流通，交易繁瑣複雜。1904年，台灣銀行發行紙鈔，統一了全島的貨幣。台灣銀行在中國及海外設有分行，以方便貿易及金融的往來，也有利於總督府引進資金投資台灣(黃育智，2012)。郵政儲金銀行也有非常令人滿意的成功，存戶的數目從1896年的5,847戶到1902年的41,145戶，而寄存額則從1896年的228,487日圓到1902年的763,575日圓(Times, 1904)。

當日本接管台灣時，有一條由劉銘傳所建自基隆到新

竹的鐵路，但是建造的品質不夠好而且管理相當拙劣，鐵路的票價與貨物的運費幾乎是每天在變，而且火車只是在所謂的「方便時」才行駛。在了解了殖民地的基本需求後，日本開始有計畫的在台灣的每一個地方造路，到1904年已經完成超過1,600公里的道路，也全盤地規劃了鐵路，預計花費2,880萬日圓，在當時的日本幾乎是非常耀眼的數字。日本人完全地重建那一段清朝留下來的鐵路，而且新竹到高雄的新線也以最大的能量同時從兩端展開。在1897至1903年之間，150公里的鐵路已鋪設完成，同時也興建了37個火車站，而且引進了210貨車和乘客車廂和20個火車引擎。在這段期間，運載乘客的數量成長四倍而貨運量則以十倍數增加。1908年西部縱貫線鐵路從基隆到高雄開始通車，同時基隆港和高雄港也被加以修建。(Times, 1904)

　　到1940年全台灣的鐵路已達1,600公里，包括從基隆到蘇澳以及花蓮到台東的路段，而較輕便、較窄專供山區森林鐵路或甘蔗園區俗稱「五分仔車」使用的軌道達2,880公里。阿里山鐵路費時12年才開通，被譽為日本工程技術的光榮。蘇花公路長達115公里

甘蔗園區的「五分仔車」道

是全世界景色最美的公路之一，也是在日治時期完成。同時，也著手把花蓮港從南濱移向在北邊地勢較高的地點。(Mendel, 1970)

　　郵政、電報和電話也陸續成功地引進。在1896至1902年期間，87個郵局在全島開放營業，其中在1902年，共處理了13,285,105封信件及明信片，114,779件包裹，和發送了336,207個匯款單。至1919年，全台已有六條電報線與7,146支電話。電報線從1896年的1,450公里成長到1902年的4,160公里，而電話線在1902年時也鋪設了2,160公里，單這一年間就發送了3,690,228件信息。(Times, 1904)

　　電力方面，1903年成立「台北電氣作業所」，在南勢溪上游興建「龜山水力發電所」，於1905年開始供電，成為台灣首座水力發電所。1919年，總督府計劃在日月潭興建一座亞洲最大的水力發電廠，於是將各公民營的發電所合併改組為「台灣電力株式會社」，是現今台灣電力公司的前身。

2.6.7.3　建設台灣成為米糖王國

　　在經濟上，台灣陸續完成了數個大中型基礎設施建設，如桃園大圳、嘉南大圳、日月潭水力發電所等(陳鴻圖，2009)，並興建自來水廠，在都會區提供自來水。農業上推動綠色革命，建設水利灌溉設施，特別是蓬萊米的研發成功，大大提高稻米產量。台灣適合種甘蔗，日本人引進含糖量高的蔗種，鼓勵台灣人種甘蔗。在台灣設置多個

稻米收成農忙時期

糖廠，並改善製糖方法，修築「五分仔車」運送甘蔗的鐵
路，方便甘蔗運到糖廠製糖，使台灣成為「米糖王國」。

　　嘉南平原是台灣最大的平原，北起虎尾溪，南至鹽
水溪，長約130公里，寬約35公里，面積25萬公頃，跨雲
林、嘉義、台南三大區域，整個平原地勢平坦，適宜發展
農業。地理上雖有北港溪、八掌溪、急水溪、曾文溪等河
川穿越，但河流湍急，含沙量大，大雨一至，沙石順坡而
下，淤積河道，洪水成災。嘉南平原的氣候是高溫多雨，
雖然雨量豐沛，但屬夏雨多乾型，80%的雨量集中在五月
至十月，一入旱季便河床乾枯、荒煙蔓草，不能耕種。雖
然有15萬公頃的耕地，但大部分是旱田和看天田，作物生

踏水車從水道引水入稻田

產有限，農民生活困苦。(王英欽，2003)

　　為解決嘉南平原灌溉水源的問題，總督府土木局於是派技師八田與一做水利狀況調查，結果發現在官田溪上游烏山頭地方有荷蘭和清朝時期建造的小型水利工程遺跡，接著在龜重溪亦發現適合興建水庫的地點，八田與一就構想在官田溪與龜重溪建造兩大水庫供給灌溉用水，並順便在嘉南平原興建灌溉與排水工程，如此不但可以改良土質，大量提高農作物的生產，並且一舉解決洪水、乾旱、鹽害等問題。於是，八田與一向總督府提出嘉南大圳建設計劃書，並獲得通過。

　　嘉南大圳建設計劃的核心工程──烏山頭水庫，在

1920年正式開工，1930年完工，花費5,414萬日圓，是嘉南大圳的主要水源。水庫位於台南縣官田鄉、六甲鄉、大內鄉、東山鄉之間，原為一丘陵起伏之低窪山谷，並無可利用之水源。而嘉南平原最大之河川曾文溪則隔著烏山嶺流過。八田與一便在楠西鄉建造水閘門，並在烏山嶺建造一條3,122公尺長的引水隧道，將曾文溪的溪水引入官田溪上游山谷，又在官田鄉烏山頭地區建立堰堤，將山谷缺口堵住，成為一龐大的烏山頭水庫。水庫堰堤長1,273公尺，高56公尺，有效蓄水量一億五千萬噸，為當時東亞規模最大之土堰堤水庫。(王英欽，2003)

　　建水庫的主要目的是灌溉農田，因此在整個嘉南平原，建造蜘蛛網般密佈的水路，這就是嘉南大圳。從水庫到農田的給水是經由幹線給水路、支線給水路、末端給水路，送到每一塊農地。灌溉過的水，經由末端排水路、支線排水路、幹線排水路，匯集注入大海。給水路總長一萬公里，排水路總長六千公里，二者相加，總長一萬六千公里，等於繞了地球半圈。排水的目的並不只將水注入大海，它還有去除鹽害的功能。當時沿海地區的土地，皆含有鹽分，不能耕種。(王英欽，2003)

　　嘉南大圳竣工並開始引水後，地質改良，許多不毛之地變成可耕之地，原本只有五千公頃的水田變為十五萬公頃，其中稻田增加74%、蔗園30%，其後八年中，兩旁地價整整上漲了四倍之多。大圳通水後四年，嘉南平原一片欣欣向榮，水稻一年三作，每單位面積的稻米產量幾乎倍

增，而稻米總產量則增加了近八倍，成爲台灣最大的米倉。(Mendel, 1970)

2.6.7.4　破除迷信和陋習並培養進步觀念

社會方面，總督府採取措施廢除清朝遺留下的「三惡」，即鴉片、纏足與辮髮，規定不可有乩童，試圖破除民間過度的迷信與陋習；同時加強衛生體制與教育，設計全島自來水與下水道，經常舉行大掃除，實施預防注射的防疫制度，撲滅不少台灣原有的傳染病；改農曆爲西曆，並採用星期制與標準時間；對台灣人教授日語、禮儀等；在街頭放置時鐘，培養台灣人的守時觀念，鐵公路交通明訂時刻表，要求準時發車及抵達目的地。

到1935年，吸食鴉片的人數從1905年的130,500人降到14,600人。具近代醫療器材及醫護人員的醫院在1897年寥寥無幾，在1940年卻已有了386間醫院和2,500名醫護人員，死亡率從1906到1910年間的3.2%降到1936到1940年間的2%。(Mendel, 1970)

第三任台灣總督乃木希典的任期是從1896年10月至1898年2月，前後1年4個月，他的妻子與母親長谷川壽子也都隨同來台。由於台灣多山，森林密佈，充滿瘴癘之氣，各種傳染病橫行，外來人接觸這種環境，往往染病，造成大量病亡。例如，1895年日軍接收台灣時，官兵實際死於戰鬥者僅164名，而死於疫病者卻高達4,478人。台灣惡劣的衛生環境，成爲日軍接收台灣最大的阻礙。

　　明治天皇及皇后聽到乃木的母親要隨行來台，都曾出面勸告，但乃木的母親則堅持隨兒子來台，她希望能以自身爲表率，教化台灣婦女戒除纏足等不良的社會習俗。乃木總督母親的心願並沒有達成，她來台僅兩個月之後，就因染上瘧疾病逝。心願未了，臨終遺言要葬於台灣，於是家屬依其遺囑葬於台北市三板橋日人墓園，在現今林森北路與南京東路路口的公園。

　　戰後，三板橋日人墓園區遭到中國入侵的難民占據，乃木總督母親的墓園墓碑、墓石及鳥居也被難民取走，做爲居住房舍建材，墓地因此消失不見。直到1980年，這塊墓碑在一間違章建築的民宅中被發現，消息曝光，才勾起許多人的記憶。隔年，這塊墓碑被日本人以重金購回日本珍藏。

　　乃木總督在台主政期間，當時仍處於武力綏靖時期，忙於征討各地不斷的抗日活動，對台灣並無積極建設或貢獻。他曾寫信給友人，抱怨台灣難以治理：「就像一位叫化子討到一匹馬，既不會騎，又會被馬踢。」認爲台灣難治理，軍費又繁浩，是塊燙手山芋，頗能反映日本占領台灣初期的心情，日本國會因此一度出現以一億日圓的價格將台灣賣給中國或法國的想法，就是所謂「棄台論」的主張。黃昭堂在《台灣總督府》敘述了乃木希典擔任台灣總督期間，對台灣人的鎮壓與政治的腐敗，並批評乃木希典「政治無能」。

　　但是，在日本近代史上，乃木希典具有「武聖」的地

位，相當受到尊崇。1904年日俄戰爭期間，乃木指揮日軍
強攻在旅順的203高地，日軍犧牲慘重，但終於奪下這座
戰略要地，可以從山上向旅順城區和港口猛轟，把停泊在
港裡的俄艦全部擊毀，贏得最後的勝利。這場戰役曾被拍
成電影《203高地》而廣爲後人熟知。乃木的兩個兒子也
都在日俄戰爭期間爲國犧牲。1912年，明治天皇去世，乃
木希典切腹自殺，其妻亦以短刀割頸自殺，同爲天皇殉
死，一門忠烈氣節，受到當時日本人的景仰，日本各地建
有「乃木神社」加以祀祭。

2.6.7.5 實施新式教育並鼓勵文學及藝術創作

　　受新式教育及西洋近代文化的啓發，台灣的文學、美
術、音樂領域中人才輩出如百花齊放，電影和廣播也進入
台灣。擺脫古詩的近代文學開啓了台灣白話文運動的方
向，激發可以感動廣大群眾的文學以及用台灣話描寫事物
的文學，其中賴和被譽爲「台灣新文學之父」。藉由西式
教育體系帶來的美術教育，開始將西洋繪畫、日本畫等的
技法與寫生的概念傳入台灣，影響台灣畫壇，甚至美術設
計、工業設計等層面，不但紮下了美術欣賞的根基，也在
傳承中出現了不少知名西畫家。令人矚目的有台灣人中首
次以西畫跨進日本官展門檻的陳澄波，另有李梅樹、廖繼
春、陳進、林玉山、郭雪湖、李石樵等。雕塑藝術上以首
位入選帝展的黃土水成就最大，代表作爲《水牛》，他曾
感慨：「倘使台灣如同其美麗島之盛名，順利地開發的

話，台灣將可能流傳下什麼樣的固有藝術呢？然而，現在
的台灣卻幾乎看不到什麼，有的只是延續或模仿支那文化
的罷了！」由此露出其突破傳統框架的理想。具國際性知
名度的音樂家以江文也為代表，台語歌曲則以鄧雨賢、李
臨秋等人具全島性的知名度。

2.6.7.6 進行科學的研究與調查

　　1895年以後由東京帝國大學學者所進行的台灣探險
調查，開啟了日本殖民地學術研究的先聲。東京帝國大
學史學科教授賴斯(Ludwig Riess)於1897年出版的《台灣島
史》(*Geschichte der insel Formosa*)，被視為學院台灣史書寫的里
程碑。而日本統治前期，官方對台灣的歷史編纂與調查成
果，可以竹越與三郎1905年的《台灣統治志》，以及後藤
新平推動的台灣舊習慣調查，與岡松參太郎等人編纂的
《台灣私法》及《清國行政法》等重要史料為代表。日治
中期，除1922年台灣總督府史料編纂委員會的《台灣史料
稿本》之外，以1928年台北帝國大學成立後的台灣相關研
究為主。而日本台灣研究先驅伊能嘉矩1928年問世的遺著
《台灣文化志》，以及東京帝大殖民政策講座教授矢內原
忠雄1929年的《帝國主義下の台灣》，則被譽為台灣研究
的經典名著。(張隆志，2010)

　　日本把人口普查稱為「國勢調查」，是現代化國家重
要的統計工作。日本政府於1920年推動帝國領域內的人口
普查(黃育智，2012)。而台灣總督府則早已於1905年就進行了

「第一次臨時台灣戶口普查」，統計結果，台灣人口不包括山地原住民，共有3,039,751人。1915年，總督府又進行第二次的普查，有3,479,922人。此後至1940年止，每五年實行一次，於日治時期共計7次。前兩次稱為臨時戶口調查，後五次則稱國勢調查。1940年普查所得的人口數是5,872,084人。

1898年，總督府成立「臨時土地調查局」，花了五年時間，測量出可課稅土地約77萬甲，其中田地約31萬甲，旱地約30萬甲，建地約4萬甲，山林地約12萬甲。若只計田地及旱地，比起劉銘傳時代的清查結果多出了近70%的可稅土地。「臨時土地調查局」的土地測量工作，是建立在劉銘傳既有的基礎上，由於採用先進的測量技術，及擁有素質較高的測量人員，因此獲致較大的成就。1905年，總督府頒佈《土地登記規則》，規定除繼承或遺囑者外，須以登記為土地權利移轉為有效條件，而日本的《民法》及《不動產登記法》，則遲至1923年才正式實施這樣的規定。(黃育智，2012)

2.6.8 福爾摩沙卸下神秘面紗

一位自一稱已經改信基督教的福爾摩沙原住民撒瑪納札(George Psalmanazar)，1704年在英國倫敦出版一本《福爾摩沙地理與歷史描述》(*An Historical and Geographical Description of Formosa — An Island Subject to the Emperor of Japan*)，對島上的住民、地理和政治經濟做了一番奇異、荒誕的描述。這本書問世

後，迷惑了當時的博學之士，驚動歐洲上層社交圈，先後
有多國語言的譯本刊行。儘管他後來承認筆下的福爾摩沙
記事是虛構的，一直到20世紀，英、法二國仍有人不斷再
版該書，台灣也在1996年出版了由薛絢翻譯的《福爾摩
啥》。

　　其實撒瑪納札的書並非全部「憑空」捏造、虛構，畢
竟還偷抄若干16世紀歐洲宣教士、商人等有關日本、台灣
的紀錄，他把這些過時的資料混雜在書中，編織了一個符
合歐洲基督教新教民眾對東方所期待的神秘夢想。所以，
書中的美麗島台灣，幾乎盛產歐洲人所能想像的東方貴重
物產及商品：金銀、絲綢、瓷器，與棉、香料、茶；島上
有國王、王后與貴族，有可惡的天主教神父等。撇開這
些胡扯，有些台灣早期歷史的影像，仍然隱約可見。(翁佳
音，2007)

2.6.8.1 馬偕的福爾摩沙紀事在歐美出版

　　馬偕博士於1893年9月回加拿大述職。其間，於1894
年6月被選為加拿大長老教會的總會議長。直到1895年10
月從溫哥華搭船回台之前，他訪問了加拿大、美國及蘇格
蘭的許多地方教會並做演講。他對台灣、島上住民以及宣
教工作第一手的特殊經歷，尤其他又是娶台灣在地女子為
妻，引起了多方的興趣和重視，教會的朋友都催促他把
這些生活見聞與工作體驗記載下來，讓世人瞭解台灣。
因此，在教會同工的協助下，《福爾摩沙紀事》(*From Far*

1893年馬偕博士與妻張聰明全家合照(照片來源：真理大學)

Formosa)一書由麥唐納牧師(Rev. J. A. MacDonald)於1895年11月編著完成、付印，次年在倫敦、愛丁堡、紐約、芝加哥、多倫多等地出版，在當時被視爲是瞭解先驅的海外宣道，以及台灣住民的文化和生活習慣的重要文獻。(林晚生，2007)

2.6.8.2 畢麒麟的福爾摩沙歷險記

畢麒麟在16歲的時候加入英國皇家海軍當實習生，隨船艦遨遊世界各地。在1862年22歲的時候，他進入設在福建福州的英帝國海關(Imperial Maritime Customs)工作。由於具有語言天份，他學會說、寫流利的廣東話和閩南語。1863年他被派到台灣，幫助在淡水、雞籠和打狗設立海關，然後就留在打狗的海關當港口檢查官員，後來調爲安平海關負責人，之後又接掌英國天利行和怡記洋行台灣府分店店

長。直到1870年因為被熱帶疾病纏身而離開台灣，他努力
學習在地語言，包括福佬話和原住民的語言，並深入內陸
和山區探險。為了認識平埔族人，他一再麻煩道明會神父
代為安排，不惜任何代價，前往各處拜訪平埔族，也跋山
涉水到達玉山附近、六龜、恆春海濱等地，見到布農族、
魯凱族、南鄒族、斯卡羅族和排灣族，與他們把酒言歡。
在「羅發號」事件過程中，畢麒麟當時扮演中介和翻譯的
角色。(Stephenson, 2011；陳逸君譯，2010)

　　畢麒麟在1870年8月離開台灣回國療養，不再有機會
重返這美麗島。他認為從1860年大英帝國錯失幾次可以不
陷入危機而併吞台灣的機會，卻因不可原諒的遲疑，而
「錯失這一座肥沃的島嶼，以及澎湖群島可提供給其艦隊
的極佳戰略位置」。1898年，他將在台灣的所見所聞，整
理出版了《歷險福爾摩沙》(*Pioneering in Formosa: recollections of
adventures among mandarins, wreckers and Head-Hunting Savages*)，成為紀
錄19世紀後半葉台灣風土人情另一本重要的經典書籍。(陳
逸君譯，2010)

2.6.8.3 戴維生介紹福爾摩沙的歷史

　　戴維生是把加拿大卡格里(Calgary)的扶輪社推向國際社
會的重要推手，使扶輪社成為享有聲譽的國際性民間社
團。戴維生出生在美國明尼蘇達州，後來歸化成為加拿大
人。1895年他以《紐約前鋒論壇報》(*New York Herald Tribune*)
等幾家報紙派駐台灣戰地記者的身分來台，1896年底被美

國政府任命為首任駐淡水代辦領事，1898年卸任。他在
1903年出版《福爾摩沙的過去與現在》(*The Island of Formosa,
Past and Present*)，書內詳述自荷蘭人統治時期到20世紀初的
台灣歷史，對台灣的自然資源、貿易、產業以及台灣各族
群的生活和語言，有深入的記載，對1895年「台灣民主
國」對抗日本接收的過程有詳細的第一手資料與經歷，是
一本學習台灣歷史與人文的重要參考書籍。

2.6.8.4 汴夭斯基傳奇地登陸福爾摩沙

Count Maurice Benyowsky

戴維生在他的書裡，特
別用第六章來介紹汴夭斯基
(Maurice August Benyowsky)在台灣
的冒險經歷，其內容大部分應
該是取自汴夭斯基1790年以法
文出版的自傳《汴夭斯基伯爵
遊歷記》(*The Memoirs and Travels of
Mauritius August Count de Benyowsky*)。

汴夭斯基出生於當時為匈
牙利王國領土的斯洛伐克，是
波蘭裔的匈牙利貴族，擁有伯爵頭銜。1768年，他在波蘭
參加巴爾同盟反對俄國干涉的戰爭，因戰敗被俘虜，而被
流放到西伯利亞堪察加半島的監獄。監禁期間，他不但獲
得典獄長的信賴，也贏得典獄長女兒阿芳娜夏(Aphanasia)的
芳心。汴夭斯基在1771年8月組織並指揮96名波蘭人犯越

獄逃亡，成功地搶奪停泊在堪察加灣口的俄國軍艦科衛號
(Corvett)出航，阿芳娜夏顯然提供了許多協助，但她在越獄
過程中不幸中彈死亡，留下一樁感人的浪漫悲愴結局。

　　汴朵斯基一行從鄂霍次克海，經千島群島、日本、琉
球，在台灣東岸的秀姑巒溪口上岸，與原住民發生戰鬥
後，向北航行，停泊在今貢寮三貂河口一帶。前後大約停
留三個禮拜，和當地的原住民有密切的合作。在此得知後
山為無主之地，因而萌生說服歐洲國家資助其殖民台灣之
計畫。汴朵斯基在協助當地部落與一些敵對部落交戰後離
台，途經馬達加斯加返回歐洲。他向法王路易十五和神聖
羅馬帝國皇帝約瑟夫二世提出福爾摩沙殖民計畫，但皆未
被採納。汴朵斯基也曾經到北美向獨立運動領導者提出合
作性的援助計畫。1786年他戰死於馬達加斯加，其一生極
具浪漫的冒險事蹟被改編成戲劇、歌劇，廣為流傳。

2.6.8.5 地理雜誌大幅報導福爾摩沙

1920年3月國家地理雜誌

　　　　1920年3月份的美國《國家地理
雜誌》(*The National Geographic Magazine*)由
祺佳索(Alice Balantine Kirjassoff)以《美麗
的福爾摩沙》(*Formosa The Beautiful*)為主
題之一，用台灣特有的大型竹排仔
的圖片為全文的首頁。竹排是一種
用粗大竹幹並排拼成的水上運輸工
具，台灣的竹子可以長得很粗，因

此，這裡的竹排仔比中國
或日本的都大，承載量也
就比其他地區的竹筏大。

祺佳索把在日本殖民
統治下的台灣社會，包括
台灣的生態多樣性、原住
民和閩粵新移民的生活環
境與習慣、殖民地的制度
與建設，以及台灣的特產
包括茶、米、糖和樟腦
等，做了長達47頁圖文並

台灣特有的大型竹排仔

茂的深入報導，使世界更認識台灣。文中特別盛讚台北大
稻埕比任何中國人居住的城市還乾淨。而原住民擺滿骷髏
的竹架，展示出草所獵取的頭顱，是引發後人深思的歷史
記憶。(Kirjassoff，1920)

2.6.9 外來殖民政權操弄「分而治之」

16世紀中期開始的大肚王國基本上是部落聯盟的形
式，各部落仍沿襲幾千年來的獨立運作生活，並沒有發展
出統一的、細密的政治組織和經濟架構。到了荷蘭人統治
的時代，才有近代國家形式的政府運作建立在其直接管轄
的區域，開啓了台灣受外來政權殖民統治的序幕。

外來殖民政權的本質對台灣在地人而言就是壓迫和剝
削，殖民地社會的發展當然忽略以在地人利益為主體的規

劃和建設。然而，有壓迫就有反抗，因此，外來政權為了
鞏固其統治地位，總是殘酷的屠殺、迫害反抗者。但是，
當統治力量不夠強大或無法為所欲為時，則利用台灣住民
的多族群特性，玩弄分化族群、製造族群矛盾，以收取分
而治之的效果。

不可諱言，台灣因為處於列強所矚目的地位，隨著國
際社會的開發與競爭，殖民政權為了維護他們在台灣的利
益，對台灣的現代化必須順勢而為。台灣社會一方面受惠
於先進的知識、技術與建設，另一方面卻不由自主地必須
聚焦於「創新」來求生存、求發展，以滿足殖民政權壓
迫、剝削導向的利益追逐和統治威信。因此，台灣社會當
然無暇重視、沉澱與優化展現台灣主體性的成果與經驗，
當然也就無法建立像日本、韓國等各自獨特的、可指認的
而且可驕傲的民族「文化標記」。

2.6.9.1 荷蘭人拉攏原住民制衡新移民

荷蘭人統治台灣的時代，起初為了擴大開墾、提高生
產以增加獲利，對閩粵來的移民格外優遇。新移民為了和
原住民爭資源、爭發展，在沒有完善可循的社會規範下，
雙方的衝突、結怨難以避免，加上語言、生活習慣和文化
的巨大差異，雙方的矛盾更形嚴重。蜜月期過後，荷蘭人
日漸加強對墾民社會的管制和增稅，窮困的墾民飽受剝
削，心中當然憤憤不平。荷蘭人看出原住民較單純，而且
面臨來自新移民的威脅，因此採取拉攏原住民防範新墾民

的策略。而對付原住民，他們先交叉運用鎮壓、分化與懷柔的手段，例如，故意讓新港社人砍掉敵對的麻豆社首領的頭顱，以加深兩社的仇恨，荷蘭人玩弄這些卑鄙的手法，有效地控制其統治區域內28社的原住民，之後，再以原住民制衡新墾民。(王育德，1979)

在《賽德克‧巴萊》這部描述日治時期發生在1930年的霧社事件的影片裡，馬赫坡社頭目莫那魯道用「野蠻的驕傲」反抗強迫他們「卑躬屈膝的文明」，日本人也玩弄類似荷蘭人的殘酷手法，將霧社地區沒有參加反抗軍的其他賽德克族人組成「味方蕃」奇襲隊(李筱峰，2000)，給予槍械和人頭獎賞，誘發他們獵殺反抗軍。甚至在事件平息後，還教唆親日的賽德克族人殺害反抗部族中存活下來的原住民，更進一步地挑撥、分化賽德克族。

1652年郭懷一發動反荷蘭殖民統治的抗爭，這是台灣後來「三年小反、五年大反」無數大小反殖民政權起義的第一次。郭懷一本是鄭芝龍的部下，鄭芝龍歸順明朝之後，他決定留下來定居，在台南近郊的二層行溪南岸開墾。他憎恨荷蘭人的暴虐，乃結合同志糾眾圖謀驅逐荷蘭人。不料郭懷一的弟弟心生畏懼，偷偷向荷蘭人告密，郭懷一因此被迫倉皇舉事。荷蘭人兵力雖然少，只有900餘人分別駐守十餘處，卻能動員原住民助陣，供應他們精銳武器參戰。原住民一方面受到荷蘭人的威脅利誘，另一方面也仇視閩粵移民爭奪其生活資源，因此，奮勇當先報復。結果，沒有充分準備的新移民軍隊，無法抵擋統治勢

力凌厲的鎮壓，來台墾民在此役幾乎被屠殺殆盡。勞動力
激減而難以補充，使當時已經發展得相當順利的經濟活動
轉趨式微，部分已經融入這個經濟體系的原住民，當然也
直接承受了負面的經濟效應。(王育德，1979)

2.6.9.2 清朝策動福佬和客家分裂相鬥

馬偕博士在他的回憶錄第11章，對當時清朝在台灣的
官吏和司法的貪瀆腐敗，有深刻的描述(林晚生，2007)：「在
台灣的中國官員，從上到下，每個都有一隻貪財手，做官
就必得收取賄賂。」高官往往耽於淫樂，只顧苛斂誅求，
許多移民難以建立家園落地生根，而淪為無恆產、無固定
工作的「羅漢腳」流民，他們在社會的夾縫中生存，成為
社會邊緣人，1721年的「鴨母王」朱一貴起義，有80%的
參與者是流民(李筱峰，2000)。

1721年4月，朱一貴在高雄內門鄉鴨母寮，以打倒貪
官污吏、反清復明為口號揭竿起義，各路英雄好漢群起呼
應。福佬和客家移民的聯合大軍，從正式開戰，不到七天
就攻陷台南府城、席捲全島。其間，清廷也利誘、動員新
港等四社原住民來攻擊起義軍，原住民以此為報復閩粵移
民的機會，沿途搶掠並殺戮一般百姓，反而激起各地更多
新移民響應革命。

領導客家軍的是來自屏東內埔檳榔林(即今義寧村)的客
家好漢杜君英，他其實是已融入客家庄，能夠使用流利的
客家話的福佬人。起義軍攻陷府城之後，朱一貴和杜君英

爆發爭奪王位而分裂、反目，形勢惡化成爲福、客自相殘殺，結果，下淡水溪兩岸的客家庄爲了保護自己家園免於遭受朱一貴軍的燒殺，而推派代表共組「六堆」，豎起「大清義民」旗幟來反擊朱一貴勢力。

等到清廷援軍抵台，革命軍節節敗退，逐漸被消滅。1722年2月，朱一貴和杜君英等都在北京被處死。雙雄兩敗俱喪殊爲可悲，足爲後世台灣人之鑑。

朱一貴革命被鎮壓之後，清廷以客家人幫助清軍是爲「義民」，沒有參加杜君英勢力的客家人，尤其是組六堆擊退朱一貴軍的都予以獎勵有加。清廷也因此解除客家人來台的限制，藉以策動福佬人和客家人分裂相鬥，以資「分而治之」(史明，1980)。時間上，客家移民來台比福佬人相對的晚，因此，大都只能取得較惡劣的墾殖地區；人數上，客家人是相對的少數，因此，在當時無法無天的移墾社會裡處於絕對的弱勢。這種不平衡的族群環境提供了統治勢力絕好的操弄機會。

儘管革命功敗垂成，朱一貴已經爲台灣人歷史留下可歌可泣的一頁，他反抗暴政的義行應該受到後代台灣人的敬仰。目前，在高雄內門建有一處「朱一貴紀念園區」，重現這位台灣先民的革命英雄當年在養鴨池的景象，供後人緬懷追憶。

園區在2010年打造了一尊高達十五台尺的朱一貴雕像，底座的右側刻著：「頭戴明朝帽，身穿清朝衣；五月稱永和，六月還康熙。」據說是一首內門鄉人流傳的打

朱一貴紀念像(高雄內門鄉鴨母寮園區)

油詩。這首詩原創的目的令人費解，「頭戴明朝帽，身穿清朝衣」似乎影射朱一貴外在的言行不一致，而「五月稱永和，六月還康熙」則直指他抗爭能耐不足，一個月就被消滅。把這首具有負面、嘲諷意味的詩，刻在朱一貴雕像底座實在不妥當。

2.6.9.3 清朝利用台民分類械鬥控制台灣社會

　　台灣社會在移民開拓發展過程中，不同族群或社群之間爭執、械鬥情形頗為嚴重，主要是外來統治勢力的「分而治之」陰謀所促成，再則為吏治敗壞，政府無能建立合理的調解秩序。因此，一般百姓為了自衛，盛行結盟、設立幫會，藉以互助合作，以自力救濟的方式來維持地方安寧。在清朝統治時期的苛稅虐政之下，台灣社會福佬人和客家人之間以「天地會」為最大的幫會，組織據點和盟友遍佈全島。

　　1786年11月爆發，前後歷時16個月的林爽文革命，是清朝統治台灣212年間最大規模的反抗事件。林爽文原籍福建漳州，1733年隨父來台，定居在彰化大里杙庄(即今台中大里)，是當時「天地會」的北路盟主，南路盟主則是鳳

山的莊大田，全台盟友有萬餘人，其中難免夾雜游民，清
政府視之為統治的禍害。事件的導火線是台灣知府下令緝
捕在諸羅(即今嘉義)地區滋事的天地會份子，遭殃被捕的盟
友，其財產盡為清兵劫掠。北部盟友接到警訊，紛紛趕到
大里勸林爽文領導抗清。林爽文仍在猶豫之間，彰化知縣
先發制人，率隊向大里，沿途濫捕無辜百姓，並放火燒民
房，展示衙門威風。林爽文被迫率眾起義，進占彰化城，
南路莊大田也招集盟友響應，攻陷鳳山城，全島在不到20
天的短期間，幾乎被起義的民兵占領。(史明，1980；李筱峰，
2000)

　　清廷前後調動大批增援兵力，但最後能平定反抗勢
力，其實是得力於本地「義民」的支援與協助。當林爽文
和莊大田二人南北呼應，勢如中天，全台多處皆有內應，
各城不攻自破。唯客家庄因先祖曾被封為義民，不願附和
起義；六堆義民軍在旗山區牽制莊大田兵力，使他無法固
守鳳山，全力攻府城；竹塹(即今新竹)的客家庄則應清廷召
喚，協助鎮壓起義軍。鹿港的泉州人因為和大里的漳州人
有私仇，也拒絕響應林爽文的號召，使清朝援軍得以順利
從鹿港登陸；諸羅縣城被林爽文重兵包圍數個月，城中民
眾誓死協助清兵固守，堅持到援軍趕到。一場轟轟烈烈的
農民革命，終於難逃被勦滅的厄運。

　　乾隆皇帝在1795年陳周全事件時，給台灣道楊廷理的
上諭說：「台灣地方向分漳、泉、粵三庄，伊等類聚群
分，遇有事端，彼此轉得互為牽制。即如林爽文、陳周全

滋事時，悉賴有義民，是以要犯得以就擒，迅速集事，否則僅恃該處弁兵，安能似此克期成功？」皇帝甚至還特別交代地方官員，利用台民分類械鬥控制台灣社會之事，「不可使漳、泉人知覺」。(李筱峰，2000)

2.6.9.4 日本將台灣人領導者分化為穩健派與激進派

在日本接收東台灣當時，台東平原的原住民為求生存與地方穩定，扮演了支持與協助日軍的角色，卑南族並參與1897年乃木希典總督為鎮壓閩粵移民抗日運動的「護鄉軍」(郭祐慈，2007)。而後，日本為了掌握台灣山區的樟樹砍伐以製造樟腦，必須制服原住民的「出草」風俗，以維護山地的安全，在霧社事件可以看出，日本對賽德克族原住民就是採取「分而治之」的惡劣手法。但是，日本究竟軍力強大、法制嚴謹，除了在軍警力量較難有效發揮的峻險山區，需要策略性運用原住民之間或原住民與閩粵移民之間的矛盾，來輔助其征服、鎮壓行動，並沒有刻意濫用漳、泉、客三族群之間的矛盾來坐收漁利。反而，漳、泉、客在經過日本人初期殘酷的武力掃蕩，以及其後施行的民族歧視政策下，產生了「台灣人」的共同意識，分類械鬥的情形逐漸能夠通過協調而獲得改善，並終於杜絕。

不過，台灣總督府對後來台灣社會逐漸高漲的、各種形式的殖民地解放運動，他們發現《治安警察法》、《治安維持法》無法有效打擊運動的領導者，因而改以分化、誘導手段，將領導份子分化為穩健派與激進派。一方面嚴

屬打擊激進派，另一方面則誘導穩健派在內地延長主義許可範圍中參與政治(何義麟等，2007)。這是一種屬於操弄意識形態的分而治之手段。

2.6.10 台灣民族的塑造成形

　　台灣住民在外來政權長期的壓迫、剝削、玩弄和屠殺的歷史惡性循環過程中，隨著社會現代化所開創的進步環境──交通和通訊的發達，使台灣住民得以在地理上逐漸拓展相關的政治和經濟活動，從族群衝突、覺醒與合作的交錯過程中逐漸凝聚、產生「生命共同體」的意識。這種共同體的意識逐漸從部落、村落擴大發展到地區，終於發展到台灣全境，鋪設了台灣人和台灣民族意識的基礎。

2.6.10.1 台灣開創亞洲第一個民主國

　　1895年5月25日美國的《舊金山早安》(*The San Francisco Call*)率先報導：「福爾摩沙成立共和國，決定和中國及日本分離，藍地黃虎旗升起，前巡撫成為總統。」緊接著，5月26日《紐約論壇報》(*New York Tribune*)根據25日倫敦得自上海發出的電訊，以「福爾摩沙誕生了一個共和國，列強被告知此島嶼的獨立」為標

台灣民主國藍地黃虎旗

題，報導前清朝在台官員也支持這個爭自由的行動。《紐約論壇報》又另外引用華府國務院的消息：美國駐北京的外交使節丹比(Charles Denby, Jr.)打電報證實台灣宣佈獨立。但國務院官員對台灣成立共和國表示難以理解，他們不相信台灣人知道「共和」的意義，國務院官員更認為，如果台灣人起來反抗，日軍應能在24小時內平定叛亂。5月26日的《舊金山早安》進一步標示：「福爾摩沙獨立，美國尚不準備予以承認。」丹比給國務院的電報表示正在等待進一步的指示，是否承認這個新國家。不過，同一則新聞也報導：美國承認福爾摩沙屬於日本，承認福爾摩沙獨立是對日本相當不友善的行為，因此，美國政府對此事件不太可能會有回應。

這是台灣第一次正式向國際社會宣佈建立獨立國家，成為亞洲第一個民主國 —— 台灣民主國(Formosan Republic or Taiwan Republic)，總統是當時的台灣巡撫唐景崧，《台灣獨立宣言》的公告以及要求國際承認的電報是在5月23日發出。獨立宣言明白表示「獨立」並無脫離清國之意，只是為了阻止日本占領台灣。黃昭堂1970年在日本東京大學出版會出版的《台灣民主國的研究》指出，台灣民主國並不是由渴望獨立的台灣住民，趁著日本占有台灣這個大變動的機會而創立的，而是被意外的大變動所驚嚇的部分台灣仕紳「做為窮極之策而創立，而其根本之目的則在於抗日」(廖為智譯，1993)。

台灣民主國的動機與思想是落伍的，國際社會顯然不

台灣民主國發行的郵票
(stamp直譯於左)

會因此重視此事件，唯獨後來台灣民主國由劉永福繼任總統後所發行的兩期郵票「士担紙」(stamp)舉世聞名，分別有30錢、50錢和100錢三種面值，第一期總共只印5,000張，折線沒有打洞，第二期顏色上有變化而且折線有打洞，這些郵票成了收藏家的珍愛，市場售價昂貴(San Francisco Call, 1896)。

清廷在1894年8月爆發的甲午戰爭敗給日本，隔年的4月17日雙方訂定《馬關條約》，其中把台灣割讓給日本自5月8日生效，而日本先前在戰爭期間就已於3月26日攻占澎湖。當時李鴻章還以台灣是「鳥不語、花不香，男無情、女無義」來說明割台之舉並不可惜。清朝在台官員和一些仕紳為了保護在台的既得利益，先是極力向清廷陳情無效後，繼之以宣佈獨立為號召，期待以一個新的國家來引發國際壓力，以阻止日本領有台灣，這個獨立運動事實上獲得兩江總督張之洞的指點，也預先照會光緒皇帝(Davidson, 1903)。當時那些清朝官員並不是真正具有民主思想，只是以為採用共和制，就意指獨立是根據民意，而非唐景崧等清朝官吏一意孤行的決定。所以，採用共和制不是出於深奧的理想，只不過是企圖脫罪的護身符而已(黃昭堂，2001)。因此，當日軍於5月29日登陸澳底後，民主國政府官員就紛紛逃回中國。正如王育德先生所言：「只剩下台灣人。」

自閩粵移民來台落地生根的居民，出於自我防衛的原始本能，不願淪落在「日倭」的統治之下，因此，對割台的反應是：憤怒與反抗！在《1895》這部以客家人抗日英雄吳湯興的事跡描述民主國保衛戰的影片裡，有強烈反映這種心態的情節。唐景崧陣前脫逃，讓原來找來護衛台北城的「河南勇」前清軍變成流竄的敗兵，在城裡放火搶劫成了匪徒。各地自組的義勇兵，不但得抵抗進逼的日軍，還得對付未被日軍繳械遣返中國的「河南勇」匪徒。各地區的義勇以粗劣的小型火器向精銳的日軍展開游擊戰，慘烈的民主國保衛戰不是美國國務院預計的24小時，而是持續了五個月，愈往南，抵抗愈激烈。(王育德，1979)

清朝雖然沒有完全占領台灣，當時的閩粵移民應該已經能夠意識到台灣將成為他們繁衍子孫之地。民主國獨立戰爭的歷史契機，使台灣住民第一次把自己和台灣的命運做了實質緊密的聯結，使台灣住民凝聚成為一個政治上的生命共同體。「生為台灣人，死為台灣魂」的決心，強化成為反抗外來侵略的共同立場。「台灣民族」終於是可以想像、可以感覺的具體存在。

2.6.10.2 台灣民族運動社會化

台灣人對日本殖民統治的武力反抗，從1895年5月一直持續到1915年8月的噍吧哖(即今台南玉井)起義，或稱「西來庵事件」，前後整整20年。台灣人採取激烈的反抗先是出自於不願意接受日本的統治，後來則肇因於日本人殘

暴、蠻橫的殖民地統治方式，以及對台灣人的公開歧視政策。然而，這些武力反抗都缺乏進步的民族鬥爭的革命理念，只停留在原始的反抗行動，而付出慘重的代價，為台灣民族的發展植下血淚的記憶。

在日本人的統治下，台灣人有了更多機會接觸到日本由西方引進的近代知識，尤其自1910年代開始，台灣人紛紛遠赴日本接受更全面、更新的近代思潮，1922年的留日學生人數，從1915年的300多人增加到2,400多人。這些年輕人從那裡接觸了日本傑出的學者、思想家、政治家等，吸收了進步的科技知識、自由民主立憲理論，甚至社會主義的思想等。這些具有較寬闊的世界眼光和較精確的科學精神的台灣留學生，義不容辭地接下台灣民族運動的火炬。

正是透過留日青年的牽線，1914年3月明治維新功臣之一的自由民權鬥士板垣退助，應台中霧峰的大地主林獻堂邀請來台灣演講，並趁勢於12月再來台成立「台灣同化會」，這是在台灣具有現代性而且有組織的政治運動的開始。同化會的宗旨主張：台灣人應該向日本人同化，日本人應該給予台灣人平等的權利。此種來自日本維新元勳的公開主張，強烈吸引當時飽受民族歧視的台灣人，鼓舞台灣人起來參與爭取平等權的運動。然而，台灣社會的反應過於熱烈，使總督府大為震驚，在同化會成立不到二個月就下令將它解散。然而，希望之火一旦點燃就會愈燒愈旺。

　　1915年在東京成立的「高砂青年會」，創立之初是同鄉會聚會性質，1917年歐戰爆發後，受到民族主義思潮影響，逐漸涉入政治議題，林茂生、蔡式穀、陳炘相繼擔任各屆會長。從廢止總督專制具日本國內延伸主義的思想，演變到1920年初組成尖銳要求台灣高度自治的「新民會」，並發行《台灣青年》月刊。到7月進一步改稱為「東京台灣青年會」，並在會址的門口正式掛牌。青年會標榜「涵養愛鄉心情，發揮自覺精神，促進台灣文化的開發」為目標，實際上是在推進台灣民族自決的實踐運動，並支援台灣議會的請願運動。其在1920年9月19日舉行例會時，正逢中國河北、山東、山西、河南和陝西五省發生饑饉，陳炘提議展開救濟的運動，結果由台灣及東京共募得4,643圓，彙集交由中國駐日大使館轉用於災區。另外，對每年台灣總督府在小石川植物園招待東京的台灣留學生，1921年那次所有留學生一致拒絕參加，並對總督府壓迫言論自由大肆斥責，將決議案，選派代表20人，面交日本首相加藤友三郎。這是台灣留學生民族意識覺醒的具體表現(鄭弘斌，2003A)，但卻潛伏著虛無的「祖國」情結。

　　1918年8月林獻堂為了逃避總督府的壓迫，前往東京僑居。出於對壓迫的反彈，他捐出大筆資金，在俄國革命、各殖民地爭取獨立及美國總統威爾遜提出民族自決原則的國際風潮影響中，用心幫助在日留學生推動台灣民族解放運動。台灣人已覺悟到，用武力無法和日本對抗，乃改變形式，先著重文化運動，提高民族意識。1921年10月

成立「台灣文化協會」後，台灣社會菁英精力旺盛地在全島設立讀報所、舉辦文化演講會、巡迴放映電影和演劇、推行羅馬字普及運動等，更提出超越當時台灣社會的進步思想鼓舞風潮，如醫治台灣人「知識的營養不良症」、宣揚民族問題及介紹自由民主、世界思潮等新知，也宣導戒鴉片、迷信及鋪張浪費的建醮酬神、婚葬等社會陋習。(王育德，1979)

台灣民族運動的志士從推展社會運動領悟到：台灣人需要一個屬於台灣人的言論機關。終於促成以漢文為主的《台灣民報》半月刊於1923年4月在東京創刊，到1925年7月進步為週刊，發行量達一萬份，1927年8月正式在島內發行，1930年增資改組，易名為《台灣新民報》，為發展成日報做準備，到1932年4月獲准開始發行日刊。台灣新民報的性格是報導重於評論，站在台灣人的立場從事報導，尤其致力於糾正日系報紙歪曲事實與袒護日人的言論，廣受台灣人喜愛，成為民族運動重要的武器。到1937年中日蘆溝橋事件發生，新民報已發行滿五週年，報份突破五萬大關。(鄭弘斌，2003B)

2.6.11 台灣民族必須堅持台灣獨立

許多在二次大戰結束後完成國家獨立的前殖民地社會，如被英國殖民的印度及法國殖民的越南、阿爾及利亞和突尼西亞等，或已掙脫族群歧視體制的社會如美國和南非的黑色種族，他們在追求民族解放或族群平等的過程

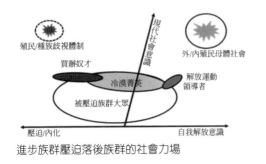

殖民/種族歧視體制

買辦奴才

冷漠菁英

被壓迫族群大眾

現代社會意識

外/內殖民母體社會

解放運動領導者

壓迫/內化　　　　　　　自我解放意識

進步族群壓迫落後族群的社會力場

中，其社會領導菁英都能學習、領悟壓迫族群的進步性而提升自我解放的意識，如印度的甘地、美國金恩、南非曼德拉、越南胡志明和武元甲、阿爾及利亞獨立戰爭的「九條好漢」(the nine chiefs)當中的大多數，以及突尼西亞首任總統哈比‧布爾吉巴，他們都曾經在統治族群的社會裡有直接的生活經驗或接受其制式的教育，由之學習、領悟進步社會的價值和願景，而投入並擔負民族或種族解放的領導責任。

　　事實上，在前述地區的民族當中，無論是充當壓迫者買辦奴才的、冷漠不涉入政治的，或是領導民族解放或族群平等運動的，基本上都受到壓迫族群進步社會的影響，而提升其進步社會意識，因此能夠對自己的擁護族群產生正面的啟發作用，進而帶動整體社會的進步思想，也因而助長反壓迫及追求人權的解放意識。在這種類型的社會，解放運動的領導者若能夠適時提出正確的進步理念，從自己被壓迫族群當中說服、凝聚堅強的支持力量，組成有效運作的核心組織，持續鬥爭、推展運動，最後都能排除萬難，達成目標。

　　一種對比於「日本人」的「台灣人」意識在1910年代中期已經強烈地呈現出來，其後的民族運動相當地提升台

灣人的民主思想與法治觀念，整體社會的進步充實了追求民族解放的動力。但是，當時的許多台灣社會菁英無法掌握民族解放運動的主體性，懷有「祖國」幻想，使自己在對抗日本殖民統治的艱辛過程中暫時得到某種精神慰藉，甚至妄想獲得「祖國」實質幫助。他們沒有吳濁流在《亞細亞的孤兒》裡的深刻體驗，無法以小說中的主角胡太明來警惕自己的民族認同，走自己的路。他們在觀念上認為自己是「漢人」，和中國人同文同種，對中國的實際情形不甚暸解，卻美化中國來圓自己潛在的「祖國夢」。

　　1919年韓國發生三一獨立運動，中國則發生五四運動，對東京的台灣留學生有極大刺激和影響。第一位被日本判刑的台獨份子張深切回憶他當時到日本留學，選了「東洋史」這門課的情況說：「我讀了祖國的歷史，好像見著了未曾見面的親生父母，血液為之沸騰，漠然的民族意識，變為鮮明的民族思想。」台灣文化協會成立後推進文化啟蒙，以及台灣議會設置請願運動如火如熾的展開，這兩項活動除了激勵台灣青年關心民族與社會問題外，更帶動去中國留學的熱潮。1920年赴中國的台灣留學生只有90名，但到1923年則激增為273名。1923年10月，蔡惠如、許乃昌、彭華英等人發起「上海台灣青年會」，會員人數不久後就達50名。民族意識的覺醒，驅使他們批判台灣議會設置請願活動太消極，也排斥對日本帝國主義的任何妥協，逐漸顯露台灣獨立之主張傾向，其後更揭起了台灣獨立革命運動之旗幟。(管仁健，2005)

　　既然他們有「祖國情結」，為何還主張台灣獨立呢？張深切晚年說：「因為當時的革命同志，目睹祖國的革命尚未成功，做夢也做不到中國會戰勝日本而收復台灣。所以一般的革命同志提出這句口號的目的，第一是要順應民族自決的時潮，希求全世界的同情；第二是表示台灣人絕對不服從日本的統治，無論如何絕對要爭取到台灣復歸於台灣人的台灣而後已。」意即因為台灣「回歸祖國」是絕無希望的事情，因而退而求其次地主張台灣獨立。(管仁健，2005)

　　受到中國內在環境和國際情勢的影響，中國國民黨和共產黨兩黨的領導人，包括戴季陶、蔣介石、毛澤東和周恩來等，在1941年之前，也都曾經把台灣民族和朝鮮民族相提並論，公開發表支持台灣獨立的立場(陳佳宏，2006)。之後，國共兩黨才逐漸改變立場，主張「收復台灣」。可惜，在二次大戰末期，日本的敗相已露之際，大部分的台灣社會菁英並沒有排除「回歸」中國，並沒有強烈堅持台灣民族獨立。

　　1946年到1947年美國駐台大使館副領事葛超智(George Kerr)，以他的台灣與中國經驗，尤其是對二二八事件的實地觀察，在1965年出版《被出賣的台灣》(*Formosa Betrayed*)，其中提及美國到1943年底都還沒有就台灣問題公開表示任何立場(Kerr, 1992)，剝奪所有日本從其他國家占有的領土本來就是要懲罰、削減日本的既定措施。但是台灣並非日本「竊」自中國，而是從和平條約得來的「戰利

品」，而且已經併入日本將近半世紀，美國也瞭解台灣社會各方面的建設已經比中國更為先進。如果，當時的台灣社會菁英能夠拋棄「祖國」幻想，堅持台灣民族獨立建國，鼓舞台灣民族自決的群眾運動，使美國和英國能夠正視台灣人的意願，瞭解把台灣主權轉移給中國可能引發的複雜問題，《開羅宣言》(Cairo Declaration)對於處理台灣的「意見」可能會有完全不同的措詞，戰後的台灣可能經由託管和民族自決的程序，早已成為真正屬於台灣人的獨立國家。

2.6.12 八田與一灌沃台灣民族

八田與一(Hatta Yoichi)1886年出生於日本石川縣金澤市，父親是富農，也是鄉長，兄長有三位，長兄繼承家業，二哥於日俄戰爭陣亡，三哥是醫生。八田與一1910年畢業於日本東京帝國大學土木工學科，該年8月，24歲的他就踏上台灣的土地，到總督府報到，任土木科技手，開始了在台灣30多年的職業生涯(王英欽，2003)。就和許多來台的外籍宣教師一樣，他貢獻自己於這塊土地，造福台灣社會，把台灣當做自己永遠的家園。八田與一完成建造烏山頭水庫，不僅是一個工程上的偉大成就，被美國土木工程協會賦予「八田水庫」的殊榮，更使廣大的60萬嘉南平原的農民蒙受其利。此外，他還為台灣民族留下一個可以盡情發揮創意的偉大故事，能夠鼓勵台灣人勤奮打拚、成就大事造福社會，能夠釋放深沉的愛情與親情，豐富台灣民

族的內涵。

　　八田與一初抵台灣時，高雄正在築港，所以被總督府派到高雄勘察地形，並調查嘉義以南，整個南台灣自來水工程的開發計畫。1914年升任總督府技師，服務於土木課衛生工程股，負責自來水、下水道工程。1916年8月轉派至土木課監察股，負責發電灌溉等工程，參與桃園埤圳計畫，進入桃園深山做調查、測量，以很短時間完成桃園大圳的工程設計書，經總督府認可後於11月開工。1917年在桃園埤圳工程順利進行後，八田與一返回日本，在8月14日與剛從故鄉金澤高女以優異成績畢業，才16歲的米村外代樹結婚。婚後一起返回台灣，住在台北。桃園埤圳工程之設計，灌溉面積達34,500公頃，農民受益非淺。八田與一因為表現優異，受到總督府的肯定，因此受命負責更艱鉅的工作，就是改善嘉南平原的農田水利。

　　八田與一於是擘劃興築嘉南水庫大圳工程，總工程費估計高達5,430萬日圓，而當時的台灣總督府年總預算僅為5,000萬日圓。為使嘉南大圳工程能開工進行，台灣總督明石元二郎二次回日本，向內閣議會交涉請求同意補助。交涉過程中，據明石總督後代兒孫敘述，有一晚明石總督親身前往商請前內閣首相山縣有朋相助，明石總督正襟危坐分析工程之必要性至三更半夜，竟因此腳麻失禁漏尿，尿水流到山縣元老腳下，使山縣大感折服，終於答應鼎力相助。最後日本內閣應允補助2,674萬日圓，才使工程得以順利進行。嘉南大圳灌溉嘉南平原，明石總督之催

生功不可沒。(黃守禮，2007)

　　明石元二郎於日俄戰爭中，由山縣有朋主持的參謀本部撥給100萬日圓的工作資金，以策動俄羅斯革命。1904年，明石到列寧日內瓦的住處密會，表示願意提供鉅額金錢，援助列寧所領導的共產主義革命。列寧起先拒絕接受，認為：「此為吃裏扒外，背叛祖國！」明石則反駁：「沙皇是斯拉夫人，你是韃靼族人。少數民族藉助友邦的力量，推翻斯拉夫暴君，怎能算是叛國？」這說辭打動了列寧。此外，明石也資助受俄國侵略的各國反抗人士以及其他俄國境內的革命黨人，使在俄羅斯國內的反戰、反政府運動火上加油，造成沙皇內憂外患，打擊俄國繼續對日戰爭的決心。明石的工作與後來俄羅斯革命的成功有很大關係。列寧亦提及此事：「真的感謝日本的明石大佐，頒給他感謝狀。」日本陸軍參謀本部參謀次長長岡外史說：「明石一人可抵陸軍十個師團。」此外，德意志皇帝威廉二世也說：「明石元二郎一人的成果，超越日本滿洲20萬大軍。」

　　明石元二郎於1918年6月出任第七任台灣總督，致力於台灣建設而積勞成疾，1919年在回日本本土洽公的旅程中生病，10月病逝於故鄉福岡。他交代遺體歸葬台灣，是唯一在任內逝世並葬於台灣的總督。明石原本埋葬在台北三板橋日本人墓地，戰後台北因都市計劃遷墓，在國際文化基金會楊基銓董事長等人的努力下，於1999年遷葬至三芝鄉的福音山基督教墓園。

　　1920年9月亞洲最大的灌溉土木工程正式動工，當時，烏山頭山區仍有「生番」出沒，而且多瘴氣，瘧疾還是主要的傳染病，八田與一為了促使工程順利成功，決心在這樣不友善的環境創造安全繁榮的生活圈，讓職員與工程人員安心工作。他規劃、開拓了2,000戶的住宅生活環境，包括宿舍、醫院、學校、大澡堂，以及娛樂和運動等軟、硬體設施。1922年烏山頭宿舍完工後，八田與一舉家遷入。他們夫婦共育有八名子女，其中有四女一男是在烏山頭出生的。1930年5月15日，烏山頭水庫發出轟隆聲浪，豐沛的水傾洩而出，順著嘉南大圳的水道潤澤大地，農民跳躍歡呼：「這是神的恩惠，神賜予的水。」(楊鴻儒譯，2002)

　　烏山頭水庫完工後，八田與一遷回台北，回任台灣總

嘉南大圳的水道潤澤綠油油的稻田

督府技師，出任土木課水利股股長，開始著手台灣全島土地改良計畫。1939年，八田與一升爲敕任官技師，成爲總督府最高職位的專業技師。

1942年4月，八田與一接受日本政府的徵召回到日本，準備再投向南洋開發水利。同年5月1日，接到了正式人事通知，被任命爲菲律賓軍政部屬員，規定要在5月5日於廣島附近的宇品港上船。1942年5月3日，他寄給台灣子女一人一張明信片，也寫了一封信給妻子外代樹，這封信在5月9日寄抵台北。八田與一在這封信裡告訴外代樹，他將在5日搭「大洋丸」前往馬尼拉，船程費時8天，說不定會停靠高雄或基隆港，如果停靠基隆港，他會直接回家，若停靠高雄，他會拍電報回去，希望外代樹能到高雄來見面。這時的外代樹還不知道，在她收到信的前一天，大洋丸被美軍潛艇擊沉，八田與一已經不幸罹難。(趙卿惠、王昱婷，2000)

大洋丸上的罹難者遺體隨著潮水漂流，八田與一的大體在6月10日漂到山口市，日本方面從衣服口袋中的名片，確定了身分。他的骨灰在6月21日被帶回台灣，經過了三次盛大的喪禮，葬於烏山頭水庫。戰爭進入末期，盟軍密集轟炸台灣，外代樹選擇從台北疏散到原來在烏山頭水庫的宿舍。戰爭結束後，日本人奉命撤出台灣，外代樹沉重地思考自己的未來。1945年8月31日，也被徵召從軍的次子泰雄回到烏山頭團聚。翌日，八田外代樹留下一紙便條：「玲子、成子也長大了，兄弟姐妹要好好和睦共同

生活下去。」那是颱風來臨的前一天，烏山頭的風很大。穿好繡有八田家徽的和服，外代樹走向水庫放水口，她輕輕脫下木屐，整齊排放在岸邊，然後，毫不猶豫勇敢地跳下去，選擇和丈夫堅守在真情奉獻的台灣。(趙卿惠、王昱婷，2000)

嘉南農田水利會的人將外代樹的遺體火化，一部分骨灰送回日本故鄉，其餘的和八田與一合葬，夫妻親密長眠於烏山頭水庫堤堰畔。

烏山頭水庫公園內有一座造形相當特別的八田與一銅像，這座銅像是參與水庫工程的職員以及嘉南地區的台灣人在水庫完工之後，徵得八田與一的同意，遵照他的意願，共同出資委託日本石川縣金澤市的雕塑家都賀田勇馬製作，是一尊身著工作服、穿工作靴、席地於堤堰上沉思

模樣的銅質塑像，於1931年7月8日以無台座方式安置在烏山頭水庫大壩旁，被認為是台灣公共藝術的濫觴。

1941年，太平洋戰爭日本戰事吃緊，急需銅鐵金屬等物資，嘉南農民唯恐八田與一塑像被徵收熔解供應戰事軍需使用，就偷偷移走塑像，藏於番子田(即今隆田)車站倉庫之內，戰後才由水利

烏山頭的八田與一塑像(蔡幸宏拍攝)

會的人再偷偷運回烏山頭。不過，大家又擔心相當痛恨台灣人親日的中國黨統治集團會加以熔毀，便將塑像藏放於八田與一住過的宿舍的陽台上。經過數十年，赤藍人反日情緒較爲緩和之後，水利會於1981年在八田夫婦塚前，建台座置放此塑像。八田與一坐在石板上，眼睛望去的方向剛好是大壩，他一手支頭，一手放在腿上，展露沉思的神情。

　　每年5月8日八田與一的忌日，水利會都會在烏山頭水庫八田塚前舉行追思會，在日本的「八田之友會」也都會組團前來參加。這個追思會已經成爲台灣人回顧歷史的嚴肅時刻。

第三章

台灣民族運動1.0

3.1 台灣民族運動1.0的結論

台灣民族運動1.0是指從戰後1945年到2012年初，民進黨企圖藉由「總統」選舉取回執政權的努力失敗，在此期間台灣人對追求建立屬於台灣人自己國家的主流思想和行動，以及其所做的努力與後果。

此階段的民族運動，台灣社會菁英以對回歸「祖國」充滿期待開場，卻很快地警覺到「祖國」和台灣之間存在巨大的「文明落差」，中國來的士兵不守秩序，缺乏現代社會知識，以爲把牆壁挖個洞插進水龍頭就會有自來水可用，中國黨「接收」官員無法無天的貪污腐敗，讓台灣人陷入難以置信的矛盾、失望與悲痛，經歷了1947年中國黨軍隊殘暴的二二八屠殺之後，台灣先賢所拋灑的鮮血，凝結了咱家園的泥沙，塑造出追求獨立建國的民族覺醒。台灣人終於醒悟自己不是中國人，而且，堅持要建立屬於自己台灣人的國家。

顯然，經過了60多年的奮鬥，卻沒有達到建國的目標。1970年中出任改組擴充大力呼籲政治改革的「大學雜

誌社」社長陳少廷，眼看東帝汶公投獨立，感慨地說：
「台灣之所以無法成爲獨立國家，主要的障礙在於台灣本
身。台灣的領導人缺乏以性命保護台灣的偉大情懷，沒有
歷史的遠見，也沒有爭取國際支援的能力，只熱衷於搞權
謀、爭權奪利，置國家前途於不顧。(陳少廷，1999)」

　　台灣社會菁英在赤藍殖民統治體制內，基本上是屬於
中上的「既得利益」階層，雖然比踏在咱頭上的赤藍權貴
不足，比絕大部分被壓迫、被剝削的中下階層則綽綽有
餘。這樣的社會菁英很容易落入機會主義的陷阱，缺乏承
擔革命風險的決心。因此，很不幸，台灣人的領導者不但
沒有善用兩位台灣人「總統」的自由、開放時機，掀起民
族運動風潮，反而犯了三個嚴重的錯誤：

　　一、在赤藍壓迫集團「撕裂族群」的指控下，台灣
　　　　人領導者缺乏民族鬥爭常識，鄉愿地將台灣民
　　　　族主義束之高閣，不斷無意義地質疑民族主義
　　　　是否已經落伍或爭論如何翻譯nationalism這個名
　　　　詞，逃避對倡議台灣民族主義內涵的猶豫，放
　　　　任「中華民族」意識繼續侵蝕台灣人；
　　二、台灣人領導者爲了迴避尖銳的民族鬥爭，鄉愿
　　　　地把自認爲中國人的赤藍人當做台灣人，結果
　　　　把屬於民族問題的「國家認同」衝突，混淆、
　　　　降溫成爲台灣人內部的認同錯亂問題，在「民
　　　　主」的遮掩下，赤藍權貴推波助瀾，助長台灣

人投機份子肆無忌憚地傾中；以及，

三、台灣人領導者懾於中共武力恫嚇的淫威，於是編
造「1996年總統直選之後，台灣已經獨立」的論
述，自欺自慰：台灣已經獨立，所以不必宣佈
獨立。這種論述誤導台灣人「認賊做爸」，促
成承認「中華民國」流亡政府在台灣具有統治
的合法性，等於承認台灣是中國的一部分，嚴
重背離台灣民族立場。

波羅的海三國人民成功地掙得獨立是台灣人很好的教
材：他們堅持民族主義；他們沒有愚蠢地把俄裔「統派」
當做自己人；他們堅不承認蘇聯統治的合法性，即使「併
入」蘇聯是當年國會的「正式」決議。他們的堅持是站在
國家主人的立場，台灣人領導者卻站在奴才的立場，向外
來的赤藍權貴乞求施捨咱一個「國家」，錯亂地淪為「中
華民國」民族壓迫體制的護衛者。為什麼經過20年台灣人
「總統」的主政，咱到今天還是赤藍權貴的奴才，道理非
常清楚。

已故的捷克總統哈維爾於1978年在共產黨的壓迫體制
下，曾寫了一篇《無力者的力量》(*The Power of the Powerless*)，
被認為是20世紀重要的政論文獻之一。文中道出：對於那
些希望活在真實、大聲說出自己的想法、表達和社會大眾
具有同理心、期待創造並且和「自我」和諧相處的人，自
然無法同意把他們自己認定的「立場」用不相關的觀點加

以否定，把自己定位爲反對者而不是本來就是如此的自己。(Havel, 1978)

　　因此，在本章的開始，先安排在本節將這段時期的民族運動所體驗的教訓列出，使咱對當前運動的處境和無法達到目標的關鍵原因，能夠一目了然。

3.1.1　台灣人還沒有自己的國家

　　「台灣中國、一邊一國」是陳水扁於2002年8月2日透過視訊會議演說，向在日本東京舉行的第29屆世界台灣同鄉會年會的與會人士提出的，大概是要平息台灣人對他上任那天發表「四不一沒有」的憤怒。因爲他是以「中華民國」元首的身分，公開明確表示台灣與中國分立的現狀與事實，意義特別重大。這麼重要的宣示沒有事先照會美國政府，引起當時的小布希總統極爲不悅，因爲中共必然藉此製造外交上的麻煩。雖然中共貴族對台灣主權的要求，沒有國際法的依據，卻要流氓用暴力恫嚇來支撐其無賴的領土野心，

台北捷運文湖線的乘客，好長一段時間接近仁愛路的街景。

美國面對「會吵」的「崛起的中國」，自然對相對「順服的」台灣人的安全承諾，會盡可能給予較「彈性」的解釋，用犧牲台灣人的利益來安撫中共。

蔣介石父子及其中國黨黨羽在戰後非法將台灣納入中國領土，據此非法將台灣人的國籍改為中國籍。1949年「中華民國」被中國人民推翻，他們逃到台灣，成立奢想「反攻大陸」的流亡政府，對國際社會繼續宣稱台灣屬於中國，而「中華民國」才是中國的正統，也堅持「中華人民共和國」是「偽政權」。直到1999年7月9日，李登輝接受「德國之聲」(Deutsche Welle)訪問時，首次把台海兩岸的關係定位為「特殊國與國關係」，強調台海兩岸是互不隸屬、對等的政治實體，也就是通稱的「兩國論」。民進黨執政後，繼續宣示「中華民國是主權獨立的國家」。民進黨2012年「總統」候選人蔡英文則進一步把「中華民國等同台灣」，明白表達「中華民國」只包括台灣、澎湖、金門和馬祖等島嶼範圍。

馬英九2008年復辟後，基於赤藍權貴「聯共制台」的「國共九二共識」，又把在台灣的「中華民國」退回到「一個中國」的框架。儘管蔡英文、李登輝都否認「九二共識」的「合法」存在，但中共貴族和赤藍權貴雙方確實以各自陳述的「九二共識」做為「海峽兩岸交流的基礎」。在《大話新聞》主持人鄭弘儀的挑戰追問下，中共外交部於2011年9月7日發表《和平發展白皮書》，由中國國際問題研究所所長曲星說明：「九二共識」只有「一個

中國」，這個原則是定了，也是中國統一的基礎。話雖然說得白，但是，中共就怕萬一蔡英文當選，他們的併台之路必然節外生枝，為了幫助馬英九的選情，曲星及其他中共貴族並不敢駁斥赤藍權貴附加的「各自表述」，說它有違中共的「九二共識」。

　　因此，明確地說，中共貴族堅持「只有一個中國」，而「中華人民共和國」政府代表這個中國，但默認赤藍權貴在「承認只有一個中國」的前提下，宣稱「中華民國」政府代表這個中國。換句話說，為了「拐誘」台灣人陷入「台灣屬於中國」的泥淖，中共貴族權宜地承認「一個中國，二個政府」的「現實」，然後喧嚷：「沒有九二共識，兩岸關係和平發展將難以為繼。」許多傾中的大企業主因此紛紛表態，並且以行動支持這樣的「國共九二共識」，這是馬英九2012年勝選的重要原因之一。

　　「國共九二共識」先將「台灣問題」內政化，這是中共貴族併吞台灣所希望促成的有利環境，是赤藍權貴「買時間」在台灣繼續貪贓枉法，和「馬友友」共享特權利益的「荒淫時刻」。赤藍權貴為了利用中共嚇台灣人，不斷挑撥中國人對台灣人的敵意，馬英九於2006年3月以中國黨主席的身分訪美期間，就公開透過媒體要求中共弄清楚：其主要敵人是台灣共和國，而次要敵人是「中華民國」。正如政論家南方朔在選前轉而支持蔡英文時所言：「馬政府有個伎倆，那就是用中共來嚇台灣人，用台獨來嚇北京，他就可以撿到便宜。(南方朔，2012)」

　　中共貴族屢次公開放話，若台灣宣佈獨立一定不惜採
取武力犯台行動，赤藍權貴則居中聲張呼應。不可諱言，
中共的公然恫嚇確實造成不少台灣社會菁英的心理恐懼，
於是一種「台灣已經獨立」的論述，在1996年「總統直
選」之後被創造出來，希望讓支持台獨運動的社會菁英獲
得「安心」。這種論調宣稱：台灣已經獨立，所以不必宣
佈獨立。言外之意是：既然沒有宣佈獨立，中共就沒有理
由打過來。這些煞費苦心的台灣菁英，企圖藉「台灣已
經獨立」的定心丸，通過「正名制憲」瞞天過海，來達
成咱台灣人期待的台灣獨立。1999年5月民進黨所通過的
《台灣前途決議文》，就是引用上述論調，進一步加以發
揮：台灣是一主權獨立的國家，依目前憲法稱為「中華民
國」，但與中華人民共和國互不隸屬。

　　然而，事實上，台灣迄今並不是國際社會認可的國
家，「中華民國」根本沒有獨立國家的平等地位。台灣的
統治機器仍是外來的「中華民國」流亡政府，整個社會可
相當感覺到外來的赤藍權貴仍然掌握優勢，不但繼續執行
歧視、剝削台灣人的政策，赤藍人還聯合中共來打擊、壓
制台灣民族意識的發展。而且，中共貴族的武力威脅，並
沒有因為台灣人自稱「台灣已經獨立」，而改變其蠻橫的
態度。

　　革命理論有一個直覺上不難理解的結論：反抗運動的
潛力與當權統治集團的合法性成反比的關係，承認統治集
團的合法性，會誘導民眾順服統治集團，並和統治集團合

作，因此削弱反抗勢力(劉重義、李逢春，2006)。「台灣已經獨立」的邏輯只能建立在：承認現在的「中華民國」是咱台灣人的國家，承認這個「中華民國」政府在台灣具有統治的合法性。這種立場不但帶給台灣更難擺脫的危險，而且對台灣獨立運動造成了巨大的傷害。兩種惡果在2012年之前，都已經清楚顯現出來。

　　赤藍政權從2008年復辟後就啓動「國共九二共識」，把「中華民國」逐步鎖在「一中」框架，相當數目的台灣人被誤導承認「中華民國政府」在台灣具有統治的合法性，於是，台灣人的「反出賣、反併吞」號召，難以激發強烈的社會參與，而國際社會也當然傾向接受「台灣屬於中國」。2012年馬英九連任成功，咱已經可以預見台灣被併入中國的具體步驟將發生。台灣民族運動的領導者必須醒悟，回歸否定「中華民國在台灣具有合法性」的民族立場，才能博得台灣民眾與國際社會的信賴，具正當性地撐起反出賣、反併吞的群眾抗爭。

　　「台灣已經獨立」的主張使台灣獨立運動陷入理念的混亂，不少人質疑：台灣既然已經獨立了，爲什麼還搞台獨？許多意志動搖或理念不清的獨立運動者被民進黨綁架，甚至具指標性的獨立運動組織轉而承認「中華民國」，民族運動的力量被瓦解到支離破碎。承認外來赤藍族群統治的合法性是台灣民族運動1.0的嚴重錯誤，愛沙尼亞在1939年被蘇聯併吞，在民族主義的激勵下，愛沙尼亞人堅決不承認蘇聯統治的合法性，即使無力反抗也保持

沉默的否定，最後終於能夠掌握機會，在1991年勇敢掙脫
超級強權的蘇聯，獲得國家獨立。

已故的巴勒斯坦解放組織(Palestine Liberation Organization,
PLO)領袖阿拉法特(Yasser Arafat)說過：「國家不是靠人施捨
來的，國家是要靠自己的血淚去掙來的。」台灣民族運動
在爭取台灣獨立的過程，當然必須審慎評估國際形勢下的
中共動態，絕不能魯莽行動，但一定要不斷地創造對台獨
更有利的環境。究竟人類文明的進步，使任何國家企圖憑
野蠻的武力併吞其他民族，已經有許多由不得己的顧慮。
全世界人類不可能眼睜睜在網際網路上，看著一個霸權對
一群對他們毫無敵意的民眾任意進行轟炸和傷害；當網際
網路展示這個政權驅使的侵略軍正在海上掙扎溺斃、在海
灘上受傷死亡，沒有一個侵略政權能撐得住來自全世界各
方的壓力，當然包括來自中國境內愛好和平的人民的壓
力。台灣人對獨立建國的意志愈堅持，中共貴族做為侵略
者的顧忌就愈多，台灣人就能抓住對的時機，建立咱自己
的國家，在國際上享有平等的地位。

3.1.2 台灣絕不是民主社會

英國經濟學人智庫(Economic Intelligence Unit, EIU)從2007年
開始，對全球約165個政治實體進行了四次「民主化程
度」的評比，針對五大項目做評分：選舉運作與多元性、
人民的權利、政府運作、政治參與，以及政治文化。他們
把「民主化程度」分為四等級：完全民主、瑕疵民主、混

淆民主，以及專制集權。根據EIU的評比結果，台灣四次都被列入「瑕疵民主」，而中國當然屬於「專制集權」。(EIU, 2011)

　　赤藍權貴糟蹋下的台灣為什麼是「瑕疵民主」，而不是「混淆民主」或「專制集權」呢？因為：

1. 赤藍權貴夾「中華民國」逃到台灣，他們已經喪失母國的後援支撐，企圖以少數人統治多數台灣人，不可能長期憑暴力與威勢，脅迫台灣人奴才做忠誠的走狗供其驅使，終究必須培養願意認賊做爸的在地菁英，讓他們分享某種程度的權力和利益，以維持壓迫體制的運作，如此，自然就不能完全摒棄台灣人在較高階的政治參與。反觀日治時期，台灣總督府有日本內地的強大後援，不必高度依賴台灣在地勢力的配合，因此，總督府有較大的彈性處理給予台灣人政治參與的要求；

2. 「中華民國」完全依賴美國的保護，美國社會基本上持守著自由、民主和人權的價值觀，赤藍權貴既沒有台灣人的強力支持，不得不披上民主的外衣，用山寨版的民主來掩飾其專制獨裁的本質，以掛羊頭賣狗肉的「自由中國」矇騙美國與國際社會，好讓他們能維持足夠統制力量繼續剝削台灣社會。反觀埃及的獨裁集團，雖然他們也依賴美國龐大的軍事與經濟援助，但是獨裁集團還是擁有足夠的社會支持力去鎮壓反對勢力，因此，埃及軍方並沒有過

度掩飾其混淆民主的必要。

要維護這樣的少數統治結構，就必須確保「假民主」不弄成真，因此，赤藍權貴不惜濫用任何奧步和反社會手段來「贏」得必要的選舉。

咱沒有不事先獲批准的集會遊行自由；中國黨擁有龐大的黨產介入選舉綁樁買票；台灣的鳥籠公投法是設計來阻礙公民投票的權利；支持台灣人運動的企業會遭受國稅局查帳的騷擾以及工安檢查的刁難；台灣沒有獨立的司法，法院還是赤藍權貴開的；整個「中華民國中央政府」部門的上層主管以及政府可以直接左右的企業的上層主管，赤藍人都占超過50%到80%，雖然這種統計數字止於1991年，但是，這種占有率到今天不會有太大的變化；在台灣大學台灣人學生只占50%，同樣地，這種統計數字止於1991年，但是，這種分配率到今天不會有太大的變化；台灣經常看見無助的弱勢向「中華民國」高官下跪伸冤求援的封建專制場景；在中國有龐大企業利益的大老闆，2012選前紛紛跳出來支持「九二共識」，在中國吃頭路的員工則打電話回來拉票說：「如果民進黨贏了，老闆說我們公司會關門。」

顯然，以上咱看到的「民主瑕疵」都是為了保障赤藍權貴在台灣非法竊據的優勢地位。只有安於奴才地位、不顧台灣人尊嚴的社會菁英才會把這麼破爛的「瑕疵民主」捧做可以接受的「民主」！

1988年李登輝意外繼承「中華民國總統」，開始運用

台灣社會潛勢推動重大的民主化工程。1996年「總統」改為普選之後，台灣社會菁英對台灣的前途充滿著期待，而別有用心的赤藍權貴則默默地盤算復辟事宜，暗地裡佈局聯共制台。台灣人當上「總統」是赤藍集團操縱「瑕疵民主」的失算，但是，赤藍權貴終究實質上對「中華民國」體制的運作具有足夠的控制力，台灣人根本無法從體制內的運作來動搖他們非法占有的政經、社會、教育與媒體的優勢地位。

2000年陳水扁勝出，被「民主奇蹟」和「權力滋味」沖昏頭的台灣社會菁英，不知死活自以為台灣從此就是台灣人當家作主，錯估赤藍權貴的反動心態及其在台灣根深蒂固反民主的共犯結構，卻以傳統典型「息事寧人」消極畏縮的包容心態，希望台灣人吞下一切不公不義來拭消歷史的傷痕。這種缺乏民族鬥爭常識的作為，不但無法真正帶來族群融合，無法使台灣社會正常化，還不預期地助長不辨是非曲直的鄉愿氛圍，模糊了台灣社會的民族矛盾。直接的惡果是：2008年赤藍權貴復辟！

達笙(William Dobson)在2011年中東獨裁國家面臨革命2.0衝擊的時段，是《外交事務》雜誌的編輯。他應《華盛頓郵報》寫特別報導，許多他從開羅發出的文稿，被美國許多大報社所採用，頗受矚目。達笙是第一個直接採訪受害者，揭露埃及軍方逮捕參與「解放廣場」(Tahrir Square)示威的女性，施以酷刑還檢驗她們的陰道，對未婚的非處女濫加「賣淫」罪名。由於事件是發生在獨裁總統穆巴拉克已

經下台之後，該篇報導引起國際社會普遍關切埃及軍方「獨裁集團」違反人權的嚴重性。

2012年達笙出版《獨裁者的學習曲線》(*Dictator's Learning Curve*)，從他的職業經驗掌握了如下的現象：現代的獨裁者已經知道必須學習披上民主的外衣來變裝，以騙取人民及國際友人的支持，來維持其權力以及由之所創造的龐大利益。這是他整整花了約兩年的時間，奔波將近15萬公里路程，採訪在埃及、突尼西亞、俄羅斯、喬治亞、中國、馬來西亞、委內瑞拉、美國等國家超過200位具實質功能角色的各方人物，才完成這本書。其實，他只要先到台灣住個半月或一個月，就能夠下同樣的結論。當然，他辛苦奔波也絕非白費，究竟該書豐富的訪談與實地經歷所得的資料，確實可能開導一些對現代獨裁政權麻痺無知或是被混淆的知識份子。

網路上很出名的酥餅教授最先把這本書介紹給台灣人社群。他在部落格把書中指出的一些獨裁者玩弄民主的手法，對應到咱台灣的現實政治環境：

「作者研究世界各地的獨裁者，得到一個結論：像北韓一樣活在上一個世紀的獨裁者已經不多了，今天的獨裁者有許多變形，他們口中也談選舉與人權，他們的統治技巧高超，而且也經營網際空間，關鍵時有許多國際支持。台灣雖然不是作者研究的對象，但是許多書中的片段大家應該耳熟能詳。

作者舉俄國爲例，當民眾打算上街抗議普丁選舉不公

時，普丁的應對方法並不是軍隊與坦克，而是在國會修法，提高抗議的罰款，並授予警察在抗議前約談反對人士的權力，雖然是惡法，但是一切依法辦理。相對於台灣的集遊法，耳熟嗎？

談到委內瑞拉時，作者描述大選結束的當天晚上，反對黨的領袖承認敗選，不過他說：『委內瑞拉在選舉當天是公正透明的，但是除了選舉那一天的其他364天則剛好相反。』但是，另外一個受訪者卻說：『我們的恐懼不會離開選票上留下的指紋。』相對於台灣的不當黨產、行政不中立以及黑道包票，耳熟嗎？

作者也談到變裝後的獨裁者，處理反對者時，不再使用憲兵與軍隊讓你消失不見，取而代之的是派出查帳的會計師與稅務員，用看起來公正其實不然的司法將政敵入罪。相對於台灣的特偵組辦案，耳熟嗎？

變裝後的獨裁者不會百分之百控制媒體，他會開放一小部分的媒體自由，一方面讓群眾自我感覺良好，以為擁有一定程度的民主自由，另一方面也避免自己被包圍，這一小部分自由的媒體會幫他查出他的手下中，誰已經過分的貪污腐敗。相對於最近發生的林益世施壓索賄案，耳熟嗎？

所以，你還以為一切依法辦理、有公開透明的選舉、定期更換總統、走司法程序、另有一小部分媒體揭弊就不是獨裁政權，我們就不是被獨裁者統治嗎？民主政治重要的不是形式，而是民主法治的精神、實質的公平、權力的

制衡、獨立的司法與進步的媒體。徒具形式的民主是變裝
後的獨裁者學會披上的外衣，也是麻痺自我感覺良好的人
民最好的方法。」(酥餅，2012)

達笙顯然不知道台灣的赤藍權貴早已跨過「學習曲
線」，其實台灣是當今唯一由外來統治集團恐嚇、麻醉在
地社會菁英供其驅使的特例，如果加入赤藍權貴在台灣的
假民主技倆，更能豐富本書的內容。可惜，全書只有三個
地方提到台灣，都和主題無關。台灣反對運動的領導者公
開向台灣及國際社會宣稱：「從1996年總統普選之後，台
灣已經是民主國家。」如此，怎能怪達笙沒去注意到台灣
呢？

其實，無論是既有的革命理論或是某些受訪者的經驗
都清楚指出：反動政權即使是合法產生，反對者與革命者
都必須撕毀它的合法性，否定它權力的正當性。反觀大部
分台灣反對運動和台灣民族運動的領導者，卻黑白講：中
華民國就是台灣人的國家。竟然反其道而行，自廢武功，
承認外來的赤藍權貴壓迫集團在台灣有統治的合法性。

達笙在全書最重要的一句話是：「若要革命成功，必
須計劃、準備，並智慧地預料、比下那一味想要維護其權
力的壓迫政權。」咱看見赤藍權貴就是一味想要維護他們
在台灣非法取得的優勢地位，過去用反共剝奪台灣人的政
治權利與人權，現在用聯共來獲得中共貴族的支持，共同
壓制台灣人的政治權利與人權。這樣的社會絕不是民主社
會，而是少數人壓迫多數人的民族壓迫社會。

3.1.3 有健康的台灣意識才有健康的台灣民族

　　蔣介石及其赤藍黨羽制度性地把台灣「赤藍化」，將中國黨的價值觀以「政治力」強行植入台灣人腦中和台灣社會。因此，和台灣沒有關係的孫文被捧為「國父」，三民主義與《國父遺囑》變成台灣人要解救「大陸苦難同胞」的咒語。兩蔣過世之後，台灣人主體意識蓬勃發展。比起過去僵硬封閉的戒嚴時期，台灣社會開拓了很多創意、包容與自由的空間，先前不受重視的領域，在家庭、社會，與教育的自由開放下，百花齊放紛紛冒出人才，展示了台灣人在軟實力與硬實力兩方面的成就。

　　單在過去幾年，台灣人在許多國際傳播界矚目的公開比賽有優異的表現，「台灣之光」在多種領域閃爍耀眼：

1. 王建民是美國大聯盟職棒洋基隊2006年和2007年最多勝的投手；
2. 職業高爾夫球女將曾雅妮2011年排名登上世界第一，成為史上第六位世界球后，10月更如願將LPGA台灣站的冠軍獎盃留下；
3. 盧彥勳打出亞洲網球界最好的成績，晉入2010年溫布頓(Wimbledon)比賽前八強；
4. 「黃金女雙」莊佳容和詹詠然，2007年在網球女子雙打公開賽中表現驚人；
5. 江秀真在2009年成為世界上第一位完成登上世界七大高峰的女性；

台美人在巴爾地摩球場為王建民加油(2007年6月拍攝)

6.「台灣甜心」龔惠君於2006年的「世界盃調酒大賽」以她所調配的「冰涼甜心」，擊敗其他47國代表，奪得傳統調酒組冠軍，是30年來亞洲第一人，所調製的冠軍酒還列入國際調酒協會的酒譜；

7.吳柔文也於2009年與來自世界各地52個國家優秀好手競技，也得到調酒世界冠軍；

8.設計師古又文有生第一次到紐約就得到美國2009年最大國際服裝競賽的「前衛時裝獎」；

9.台東菜市場裡的阿嬤陳樹菊獲選美國2010年《時代雜誌》百大英雄；

10.麵包師傅吳寶春的「米釀荔香麵包」得到2010年國際麵包冠軍；

11.「哈佛小子」林書豪是自1954年以來，第一個簽
　上美國「國家籃球協會」的哈佛畢業生，2012年
　2月披上紐約尼克隊(Knicks)球衣，在美國職業籃球
　賽以靈巧似蛇捲起全世界觀眾瘋狂熱愛的「林來
　瘋」浪潮，2012年4月18日《時代雜誌》公佈全球
　百大最有影響力人物的名單，林書豪名列榜首。

　　這20年台灣人「總統」主政的自由開放期間，赤藍人
實際上仍然繼續控制台灣的「立法院」、經濟、教育與媒
體，只是無法像兩蔣時代那樣公然、全面制度化的推動
「赤藍化」政策，培養「高級外省人」來扭曲、摧殘台灣
意識並醜化台灣人。但兩位台灣人「總統」和他們指派的
台灣人政務官，幾乎沒有實際作為去推動「轉型正義」或
「去赤藍化」的工作，放任赤藍官僚和他們的共犯繼續占
據大部分行政體系內的重要執行決策職位，讓他們繼續透
過制式的教育，對青年學生灌輸危害台灣正常化的「赤藍
意識」。另一方面，赤藍勢力也在社會上繼續利用媒體優
勢對大眾洗腦，逐漸加強歌頌中國、唱衰台灣，創造「中
國幻象」。赤藍勢力抗拒台灣主體意識的努力雖然無法逆
轉潮流，終究還是成功地製造了混淆台灣意識的效果。

　　國際少年運動會2006年9月在泰國曼谷舉行的時候，
台灣代表團隊員在領獎、繞場及拍照時，四度遭到北京代
表團成員強行搶走「國旗」，奪旗的中國人甚至向台灣代
表團成員嗆聲：「要拿旗，你們只能拿五星旗！」事件發
生後，台灣社會的年輕人群情激憤。之後，在許多國際競

賽場合，好幾次發生台灣人運動員和年輕觀眾與中國運動
員和觀眾，為了護旗而大打出手。台灣青年人護旗是出自
對台灣的認同，他們以行動抗拒、痛恨中國對咱的欺壓。
只是，這些愛台灣的年輕人並不清楚他們所要保護的「車
輪旗」根本不是咱台灣的「國旗」。江秀真在2009年登上
聖母峰的時候，勝利地展示那面「車輪旗」做為台灣的驕
傲。吳柔文於2009年得到調酒世界冠軍時，穿著中國式旗
袍「國旗裝」上台領獎。除了他們當中的赤藍人，咱看到
了一群主體意識被混淆了的台灣人。

　　政治大學選舉研究中心的民調顯示：從1992年到2011
年，只願意做台灣人的百分比從17%飆升到近55%，而只
願意做中國人的從25%跌到低於5%，剩下的40%仍沉迷於
赤藍人的洗腦效果，以為自己既是台灣人也是中國人。另

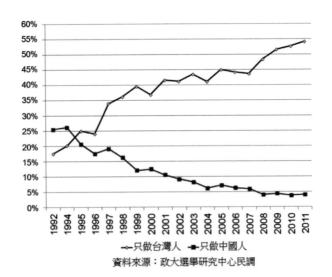

資料來源：政大選舉研究中心民調

外，《天下雜誌》在2009年12月公佈的民調指出：62%受訪者認為自己是「台灣人」，自認「既是台灣人也是中國人」的有22%，自認是「中國人」的僅8%；其中，18到29歲的年輕族群認為自己就是台灣人的更高達75%。由此可以看出，在沒有外力強制扭曲下，主體意識是每個人從生活環境與日常體驗裡自然孕育形成的，生長在這個已經具備成立國家條件的台灣，絕大多數會認為自己是台灣人，以台灣的利益為重，希望台灣發展成為符合台灣人期待的進步社會。

20年來，赤藍權貴極力抨擊的所謂「去中國化」，顯然只是一種台灣人主體意識的覺醒所自然衍生的推擠效應，根本不是「制度化」的政策推動所造成。也因為台灣人領導者的無作為，甚至漫不經心地沿用赤藍政權的民族歧視政策，如此培養出來的「台灣意識」，在赤藍人刻意的干擾下，並不很健康：認為自己既是台灣人也是中國人的數目仍然偏高；此外，台灣人竟然不重視赤藍人不是台灣人的事實；許多年輕人不會講自己的母語；最糟的是把荒謬的、壓迫咱的「中華民國」，毫無民族尊嚴的接受、當做咱台灣人的國家。健康的台灣意識必須具有堅實的台灣主體性思維，絕不鄉愿地、和稀泥地混雜喪失台灣主體性的赤藍意識和中國意識。

2008年的「總統」選舉民進黨大輸，是不健康的「台灣意識」給予馬英九偽裝台灣人魚目混珠的機會。在群眾歡呼稱讚「國王的新衣」盛況下，當一個小男孩直覺地喊

出「國王沒穿衣服」的事實，路旁的人群不再「裝聰明」
而跟著哈哈大笑起來，「國王的新衣」於是被撕破。然
而，當馬英九高喊「我是台灣人」來騙選票，即使已經有
不少台灣人公開駁斥他，竟然，台灣人的領導菁英繼續
「裝聰明」，不敢站在台灣民族的立場，道破「馬英九不
是台灣人」。

馬英九及其赤藍黨羽復辟成功之後，毫不掩飾地濫
用政治權力，硬搞去台灣化和去自由化。他們強迫「教
育部」修正課綱，自2012年8月起，以《論語》、《孟
子》、《大學》和《中庸》四書為主的《中華文化基本教
材》再度正式納為高中必選課程，強行對台灣青少年施
加「赤藍化」的毒品。馬英九在2012年5月20日的就職演
說，把花蓮運將曾世誠費盡苦心，將日本乘客遺失在車內
的皮夾，不惜辛勞送回失主手中的動人故事，顛倒黑白說
是：「因為中華文化中善良與誠信的核心價值，已經融入
台灣的日常生活。」這是在赤藍人掌控的「中華民國」殖
民體制下的一種愚民式的技倆。

如果台灣繼續由認同中國的和認同台灣的兩個對立
「政黨」輪替，台灣的前途是危險的。因此，台灣人必須
確立堅實的台灣主體性觀念，要能清楚辨別什麼是符合主
體性觀念的台灣意識，什麼不是。如此，才能培育健康的
台灣意識，才能孕育健康的台灣民族。

3.1.4 赤藍權貴籍藍綠鬥爭掩飾民族矛盾

台灣社會的「藍、綠」對立意識，自2000年本土的民進黨贏得執政權後，謝啓大等赤藍權貴開始醞釀「泛藍」團結。2001年9月，中國黨中央考核紀律委員會撤銷李登輝的黨籍，連帶引發較支持本土優先的台灣人黨員出走，從此確立以赤藍人爲首的中國黨爲「泛藍」陣營核心。2001年底的「立法委員」選舉使民進黨成爲「立法院」最大黨，但赤藍人控制的中國黨、親民黨加上新黨仍占多數，更給予「泛藍」團結注入誘因和壓力。「藍綠對決」的政治形勢終於在2002年的北高市長選舉，被兩個競爭陣營及媒體激烈地喧嚷。各種跡象顯示中共在擬定、促成「藍綠鬥爭」的態勢可能扮演了重要的角色(李忠勝，2011)，而民進黨自然成爲「泛綠」核心，社會充斥以「藍綠鬥爭」爲主軸的選舉思維，偏離台灣社會的主要矛盾──民族矛盾，民族鬥爭的方向完全迷失。

民進黨的黨旗以綠色突顯台灣長年的青翠，赤藍權貴便以車輪旗的藍天代表他們高高在上的統治地位。台灣人和外來的赤藍權貴本來就存在嚴重的民族矛盾。

中國的蔣介石政權在戰後奉盟軍統帥麥克阿瑟(Douglas MacArthur)之命，代表同盟國接受在台灣的日軍的投降，蔣介石派他的心腹陳儀帶著國民黨軍隊進駐台灣，他們違逆國際法片面將台灣人的國籍改爲中國籍，大肆掠奪台灣社會的公共資源，強取民間的私有資產，摧殘台灣的進步文明，弄得物價飆漲、社會秩序崩潰，引爆了1947年的二二八革命。野蠻的蔣介石父子則仿傚史達林1940年左右

在波蘭及波羅的海三國的殘暴手段，借機屠殺20,000台灣
社會菁英，以破壞既有的社會結構與運作，方便日後對台
灣進一步的操作與控制。

1949年，蔣介石及其中國黨黨羽被逐出中國，逃到台
灣之後，非法自行恢復「總統」職位並「復行視事」。他
們藉口維護「中華民國」法統，把跟著逃出的原國會代表
變成終身職加以籠絡，更實施戒嚴法和戡亂條例，以法西
斯式的獨裁特務統治，壓制、剝奪台灣人的政治權力和基
本人權。跟來的所謂「外省人」占當時台灣人口約12%到
15%，幾乎壟斷所有統治體系與公營事業等的高階地位和
機會，他們公然立法或假借行政命令，執行民族差別政
策，剝削台灣人的財產與機會來優惠「外省人」，提升他
們的政經、社會地位，造就「高級外省人」意象，一方面
是合理化赤藍權貴的統治地位，另一方面是要博取「外省
人」的忠誠。

在1994年改為民選之前，14位「台灣省主席」當中只
有四位是台灣人，也就是赤藍人占了超過72%。吳祥輝引
述資料指出：台灣直到1988年，黨政軍媒各界的高階主管
之中，「外省籍」仍是一面倒，占有率仍在65%到93%之
間(吳祥輝，2002)。

然而，流亡台灣的「中華民國」統治集團究竟已失去
母國的後援，隨他們來台灣而能夠接受現代進步文明的
「外省人」，逐漸唾棄獨裁、民族壓迫等落伍的思維，轉
而認同台灣、願意和台灣人平等生活，導致統治集團的控

制逐漸分化、衰弱。尤其，「中華民國」又相當依賴美國的保護來存活，而美國社會以支持自由、民主與人權價值為主流，因此，隨著台灣社會的演進和台灣獨立運動在國際社會的宣傳，蔣介石父子不得不調整權力階層的族群結構，逐漸起用樣板「吹台青」陳列為「民主櫥窗」，以安撫台灣人的不滿和美國政府的要求。過去赤裸裸的民族壓迫不得不以模糊貼紙遮掩，事實上，若以台灣人和赤藍人的人口比例為參考基準，檢視政策上的利益相關者(stakeholder)的族群比例，則其民族壓迫的本質就無所遁形。

目前在台灣自我認定的「外省人」占7.1%，而赤藍人不及5%，職業上他們大多集中在軍公教及過去的中國黨事業和公營事業。18%的荒謬利率、軍公教人員的優惠、榮民的高額補助、中國黨黨職計為公職等政策，都是剝削台灣大眾去供養赤藍族群，即使某些台灣人也伴隨得利，但是人數上和人口比例完全脫節，可見，那些都是赤藍權貴刻意制訂的民族差別政策。赤藍權貴到今天堅持繼續享受過去蔣介石暴力集團為他們包攬的優惠利益。

台灣人「總統」的主政，揭開了台灣主體意識的成長和社會自由化。赤藍權貴自知難以強烈逆轉此潮流，為了掩飾其外來、少數欺壓、剝削台灣人的族群特質，他們把「泛綠」框為支持台灣獨立的社會族群，把「泛藍」框為支持「中華民國」體制的族群。根據《遠見雜誌》於2011年4月，對台灣民眾「統獨立場」所做的民調結果：主張維持現狀者占53.5%、台灣獨立占27%、與中國合併占

7.5%。至於民眾的「終極統獨觀」則為：贊成台灣終極獨立的49.3%，不贊成的占34.7%；贊成終極與中國合併的占15.7%，不贊成的高達69.6%。這樣的框法，使台灣人陣營從95%降到介於27%與49%之間的「泛綠」，而赤藍勢力從不到5%躍升為將近35%與54%之間的「泛藍」。

不管「泛綠」或「泛藍」，其實都是台灣人占絕大多數。赤藍權貴顯然在中共的指導下，活學活用敵我鬥爭的基本原則，不僅分化台灣人，還成功地拉攏一半打擊另一半。使整個台灣社會過去十年消耗在他們設計的「藍綠鬥爭」，把赤藍權貴的民族壓迫隱藏在社會內鬥的烽火煙霧中，而台灣民族運動最大勢力的民進黨，為了爭取「藍綠的中間」選票，竟採取模糊台獨意識的策略，更削弱了台獨運動的力量。問題的根源在於，被赤藍化的台灣社會菁英沒有挺身堅持台灣民族主義，無法抓住台灣社會的主要矛盾，很容易就隨著敵人的指揮棒亂舞。

「分化敵人，孤立一小撮主要敵人，全力打擊主要敵人，如此循環不已，直到瓦解、消滅敵對勢力。」這絕不是很難記住的敵我鬥爭大原則。赤藍權貴是當前台灣民族運動的主要敵人，台灣人應該公開否定他們是台灣人，否定他們可以掌有公民權，全力打擊這幫人的權力與地位。

3.1.5 民族主義促成承擔民族責任的社會氛圍

美國中央情報局網站(CIA, 2012)提供的各國比較數據，若不計歐盟，台灣在全世界將近250個國家或政治經濟體

當中的排名為：土地面積35,980平方公里排第139；總人口數2,323萬排第51，人口數介於2,000萬到2,500萬之間的還有其他11個國家；網際網路人口1,615萬排第24；以購買力平價計算的總生產值(GDP/PPP)是$8,759億排第20，比台灣人口少又能擠進前20名的只有排第19的澳大利亞；以購買力平價計算的平均國民所得(PCI/PPP)是$37,700排第28，PCI/PPP高於台灣而且人口也多於台灣的只有排第11的美國、第23的加拿大和第26的德國，又PCI/PPP也高於台灣而人口接近台灣的則只有排第21的澳大利亞和第17的荷蘭。台灣在缺乏天然資源的情況下，能有如此的經濟表現，要歸功於台灣人的素質與勤奮。

　　英國經濟學人智庫2009年發表《全球最具創新力國家之新排名》，名次是以2004至2008年各經濟體在歐洲專利局(EPO)、日本專利局(JPO)以及美國專利與商標局(USPTO)取得之專利總數，除以百萬人口為比較基礎，在被評比的82個經濟體中，台灣排名第7位，在亞洲排第2，僅次於領先全球的日本，韓國和新加坡分別占第11和第16位。(EIU, 2009)

　　在世界經濟論壇的《2011-2012全球競爭力報告》中，台灣在142國中的總體表現是排第13名，在亞洲各個國家中屈居新加坡、日本和香港之後，但遠優於第26名的中國與第24名的南韓。台灣被歸類在「創新驅動的經濟發展階段」，而創新正是台灣比較強的一項，報告中排名第9，而在USPTO的人均專利數則冠於全球。此外，台灣的

高等教育和訓練也高居第10名，尤其在數學和科學的素質
更高居第5。(Schwab, 2011)

基本上，台灣持續近代化的過程，鋪設了高教育水準
和高素質訓練的基礎環境，培養了許多科學與工程人才，
20年台灣人「總統」主政下的自由化和本土化，使台灣主
體性的文化、價值與思想不再受制度性的壓抑和扭曲，得
以茁壯成長，爲台灣經濟灌注更充沛的創新能量。台灣憑
藉優異的創新力，能以相對較先進國家爲少的創新投入，
獲得不亞於先進國家的創新產出。EIU指出台灣是全球創
新國家的典範之一，顯示台灣人的創新能力普獲國際肯
定。

在「中華民國」荒謬體制長期的剝削和糟蹋下，台灣
人仍能爲自己在國際社會掙得諸多成就，證明：台灣絕對
有足夠成爲獨立國家的能量，而且能在國際社會受到尊敬
和平等待遇。

應該質問的是：在中共貴族統治下的中國主張擁有台
灣主權，配置了1,500顆飛彈威脅台灣人的人權，還訂了
所謂《反分裂國家法》，做爲行使武力侵略台灣的藉口，
然而，爲什麼台灣人「瘋」產業西進，建構所謂「台灣接
單、中國生產」的營運模式？從1991到2011年底，超過美
金$3,500億的台灣資金流向敵視咱的中國，爲中國創造了
千萬的工作機會，還把台灣研發的進步技術去幫助中國發
展經濟，使中共得以大幅更新軍事武力，提升中國在國際
上的強權地位，而另一方面，資金、技術和工廠的西進，

卻讓台灣產業空洞化，導致工作機會嚴重流失，社會充滿焦慮不安。

　　關鍵在於台灣社會菁英沒有營造健康的台灣意識，捨台灣民族主義去追逐和中國藕斷絲連、糾纏不清的「中華民國」，當然無法促成台灣人承擔民族責任的社會氛圍，無法凝聚堅持獨立建國的社會意志，導致咱對中共貴族和赤藍權貴的「敵我意識」很容易被操縱稀釋，台灣社會因此放任「商人無祖國」的利慾思維，驅使相當部分的企業盲目追逐動物性的生存與滿足，絲毫沒有「資敵」的愧疚，絲毫沒有民族獨立的氣魄。

　　台灣企業轉進中國只能獲得短期降低成本的利益，卻

獨台會譴責連戰飛向中國出賣台灣(攝於2005年4月24日)

喪失了產業深根台灣、產品升級精進的意志和壓力，對台
灣的永續發展是不利的，何況，它還資助中共添加瞄準台
灣的飛彈。幸好，尚有部分民族意識堅強的企業主堅持根
留台灣，他們發揮台灣既有的科技知識與企業經驗，放眼
全球市場，尋求創新轉型，跳脫傳統「壓縮成本的量產」
加工業模式，開發精緻、高價值的產品，爲台灣未來的產
業發展開闢新局面。

3.1.6 善用言論自由創造民族運動的契機

　　以言論和思想問題做爲迫害異己的「罪狀」，是過去
中國黨暴力政權散播白色恐怖的主要手段之一。白色恐怖
基金會到2009年7月的統計指出，台灣在二二八事件後期
到解嚴後兩年共43年的白色恐怖期間，因思想、言論涉
及叛亂罪，被依動員戡亂時期檢肅條例逮捕的受難者有
8,296人。因爲許多相關案情已經消失於歷史，或根本缺
乏可追蹤的記錄，前述數目一般相信是偏低。根據「法
務部」向「立法院」所提之一份報告的資料顯示，戒嚴
時期，軍事法庭受理的政治案件29,407件，無辜受難者約
14萬人。然而，據「司法院」透露，政治案件約六萬到七
萬件，如以每案平均三人計算，受軍事審判的政治受難人
應當在20萬人以上，他們都是白色恐怖的犧牲者(魏廷朝，
1997)。

　　1989年鄭南榕爲追求「百分之一百的言論自由」而自
焚殉道；1990年11月黃華第四度因「言論叛亂」被中國黨

逮捕並判重刑。直到1992年刑法第一百條被修改，把內亂罪限定於「以強暴或脅迫著手實行者」後，李登輝和其後的陳水扁兩位台灣人「總統」主政期間，台灣社會的言論自由伸展到極致，赤藍權貴及媒體集團也迎合此一發展情勢，因爲其中潛藏了藉言論自由污名化民進黨執政以利日後復辟的意圖，所以並沒有像其他的政治與社會改革遭遇強大的阻力。

馬英九及其赤藍黨羽能在2008年復辟成功，完全是從2004年之後，大肆濫用台灣的言論自由，澈底污化民進黨，捏造聳人聽聞的「哀鴻遍野」影像，再施以信口開河的633承諾。缺乏敵我意識的台灣社會菁英，面對赤藍人排山倒海的謊話和騙局，先是「淺綠學者」迷失民族立場，隨著赤藍權貴的指揮棒跳「阿扁下台」舞，而後，民進黨內部表演「切割」自殘，重傷許多台灣人的民族自尊心和自信心。台灣社會菁英的失態，連帶使許多台灣人霧煞煞，甚至喪失他們在1980年代的民主運動中，引以自豪的「新聞顛倒看」能力，使台灣再度陷入赤藍人全面攬權的災難。

馬英九上任後，藉著濫用司法，企圖仿傚白色恐怖製造「藍色恐怖」，壓縮台灣的新聞自由以及台灣人的言論自由。根據自由之家在每年4月發佈的《世界新聞自由度報告》，台灣從2008年排行亞洲第一的32名，跌落到2009年的43名，更跌到2010年的47名。美國自由之家研究主任沃克(Christopher Walker)，於2010年11月應邀在美國西岸洛杉

磯參加學術討論會，並與台灣移民座談台灣的政治和新聞
自由，沃克指出，台灣在亞洲國家的政治權利和公民自由
評比等級與日本相同，但那些批評政府的人或做出中國
不喜歡的行動的人，所受到的政治壓力，有增加的趨勢(容
易，2010)。不過，企圖剝奪台灣人已經享有多年的言論自
由必然遭遇阻力，尤其是年輕一代的台灣人絕不會在網際
空間輕易讓步。

　　台灣民族運動有更正當的理由，應該善用言論自由的
有利環境，創造運動的契機。當年，波羅的海三國就是抓
著戈巴契夫推展「開放、自由」改革，容納言論自由的時
機，逐步從低調的爭取保護環境、討論民族歷史、文化的
發展等，進一步評論核心政治時事，最後終於勇敢公開挑
戰蘇聯統治的合法性，並且喚醒群眾要求恢復國家獨立。
換句話說，他們利用言論自由的空間，公開討論歷史與社
會真相，暴露非法的外來統治，激發民族主義的熱情，強
化民族鬥爭的堅定意志，創造了最有利於革命的環境。波
羅的海三國的人民，掌握了正確的鬥爭理念和方法，高舉
民族主義的旗幟，以六年步步進逼的非暴力抗爭行動，驅
逐超強的蘇聯勢力，完成了國家獨立。

　　台灣教授協會在2010和2011年舉辦多次「中華民國百
年」序列研討會，清楚地獲得如下結論：台灣的國際地位
未定，而台灣人擁有民族自決權，可以主張以公投決定其
前途；「中華民國」流亡政府在台灣沒有統治的合法性；
台灣人的國籍在戰後被改為中國國籍是非法的。台灣社會

既然擁有寬廣的言論自由空間，咱應把這些有利於激勵民族解放的史實和觀念，向台灣民眾毫無保留地說清楚、講明白，使民族運動沿著清楚而且正確的路徑，邁向目標。

3.2 憤怒的台灣人

　　1945年8月15日，日本宣佈無條件投降而結束了第二次世界大戰。從50年的殖民地桎梏中解放出來的台灣人，欣喜萬分地期待著回到「祖國」的懷抱，做為平等的國民，重建美好的家園。殊不知自10月初，中國黨軍隊、陳儀等接收官員先後抵台之後，到1947年二二八事件發生前，短短一年半時間，祖國來的貪官污吏將台灣搞得物價飛騰、社會烏煙瘴氣，早已在台灣絕跡的黑死病、霍亂等瘟疫復發肆虐。台灣人那種重歸「祖國」的美夢淪為一場失望，更進而由失望轉為憤怒。

二二八大革命引爆點天馬茶行舊址紀念碑

　　美國記者紐頓(William Newton)來台灣採訪之後，從1946年3月下旬，在華府史豪德報系(Scripps-Howard)旗下的報紙登出幾篇令人髮指的頭條新聞，包括《腐敗中國

人統治失血的豐饒島嶼》、《中國人剝削福爾摩沙更甚於
日本人》、《中國統治無能，福爾摩沙工廠生銹》、《福
爾摩沙受苦，美國難辭其咎》等報導。《華盛頓郵報》
*(Washington Post)*則在3月29日刊登《福爾摩沙醜聞》的社論，
說：「中國人已建立一個集恐怖、全面掠奪，乃至赤裸裸
攔路搶劫行徑於一體的政權。」該社論敦促美國不應袖手
旁觀，而任由國民黨政府：「如此踐踏戰時的所有解放承
諾。」(黃中憲譯，2011)

　　台灣第一位獲得美國哥倫比亞大學博士學位的林茂
生，在1947年2月27日他所主持的《民報》社論警告：
「最近物價突變地在高漲，整個的經濟社會在振盪著、人
民生活極端困苦，奔走駭告朝不保夕。誰都在希望政府能
夠有辦法，切切實實來個解決。人民實在太夠苦了。再
提起日本投降時所自設想的美麗遠景，那只有癡人。(李筱
峰，1998)」就在當天傍晚，專賣局傅學通等查緝科員在台
北市延平北路天馬茶行前毆打女煙販林江邁，釀成槍擊旁
觀民眾致死，星火燎原，觸發了全島性追求高度自治的
二二八大革命。

　　一整個世代的台灣社會菁英，估計有二萬個教授、醫
生、律師、民意代表、商人、作家、藝術家、新聞工作
者、教師和學生等，在二二八事件當中，幾乎被蔣介石的
中國黨軍隊及特務有計畫地屠殺。罹難者受到野蠻的殺
害，甚至屍骸下落不明，目擊者口述：「以鐵絲貫穿被捕
人士的手腳，三人或五人綑成一串，槍殺之後，丟入海

台北市二二八紀念碑

中，以致基隆港灣佈滿浮屍，慘不忍睹。」被屠殺的台灣先輩所流的血，終於匯流成爲台灣民族切割中國認同的利刃，揭開了目標明確的台灣民族獨立運動。

「二二八事件紀念基金會」在1995年成立，當時是台灣人「總統」李登輝主政時期。2003年該基金會集合了一個「二二八事件眞相研究小組」，在2006年發表《二二八事件責任歸屬研究報告》，確定了蔣介石爲事件最大的責任者(張炎憲等，2006)。儘管好長一段白色恐怖的年代，赤藍權貴將所犯的罪行列爲公開談論的禁忌，即使在李登輝和陳水扁主政的20年間，前特務系統的機構仍然頑強拒絕交出重要的檔案資料，或宣稱沒有保留任何資料。但是，許多台灣人已經不再沉默，歷史眞相終究不可能完全永久被掩埋。

雖然從已解密的公文往來資訊，蔣介石被認定爲這個民族屠殺事件的元凶，赤藍權貴依舊公然在台灣各地樹立和維護蔣介石銅像，毫不掩飾地膜拜這個屠殺台灣人的凶手，究竟，所有赤藍權貴到今天在台灣所擁有的政經、社

會與媒體優勢地位和特
權利益，都是受惠於蔣
介石當年所示意的民族
屠殺及其後施行的白色
恐怖。葉石濤就指稱，
1950年代的白色恐怖，
是有計畫、按劇本導演
而進行的殘酷殺戮，由

野蠻的二二八民族屠殺(《串綁的悲劇》，
施並錫教授畫)

1950年起，至1987年解嚴爲止，台灣有14萬人受難，其
中3,000至4,000人遭處決(侯坤宏，2007)。2008年赤藍權貴復
辟，重新獨攬政治權力後，他們就處心積慮企圖抹煞、掩
蓋過去20年台灣人主政期間已被掀開的、可能妨礙赤藍統
治的史實。

　　台灣人由此可以深一層認知赤藍權貴的外來性，以及
台灣社會的民族壓迫本質。如此，才能掌握台灣民族運動
的正確鬥爭方向。詩人李敏勇用他被枷鎖刺痛的手，翻開
歷史被遮蓋的書頁(李敏勇，2004)：

　　　　一九四五年八月十五日從海的彼方放送解放的聲音
　　　　殖民地的孩子望著不一樣的天空
　　　　雀鳥的飛翔取代軍刀機

　　　　日本兵解開禁錮島嶼的鎖鍊
　　　　降下太陽旗

但我們忘了在塔頂升上旗幟
標示我們的身分

終戰的日子
在歡樂中我們徬徨
忘了註銷殖民地戳記
它持續了我們暗澹的歷史

失去記憶的日子
被封鎖在新的枷鎖裡
模糊島嶼的身分
阻塞我們對天空的憧憬

但我們擦拭那些歷史
找尋記憶的轍痕
我們被枷鎖刺痛的手
要翻出歷史被遮蓋的書頁

3.2.1 文明落差註定引爆民族衝突

　　中國社會到20世紀封建思想仍然非常濃厚，對現代社會的生活環境缺乏知識，加上戰亂頻繁兵荒馬亂，終戰後，整個社會秩序已遭破壞，法紀蕩然無存，相對於台灣而言，實在是一個非常落伍的社會。反觀台灣社會，早已

成功地步入近代化過程，在教育、交通建設、環境衛生、農工業技術都有很長足的進步。尤其在長期反抗日本殖民統治過程中，台灣民族運動提倡民主思潮與法治精神，整個社會無論在生理上、心智上都比中國更成熟，成為一個進步、有秩序的社會。

自日本投降到中國黨軍隊來台前的兩個月，政治上雖呈真空狀態，但台灣人自動地在各街各庄組織了三民主義青年團，擔當起維護治安的工作。這一段台灣治安史上的黃金時期，正顯示了當時台灣人高度的自尊心與自制能力，也證明了陳儀的暴政更惡劣於日本的專政。再看「祖國」官吏普遍的貪瀆營私，軍人屢見極端的惡劣習性與敗壞軍紀，這一批新統治者的落伍、貪婪與自大，竟跟土匪相去不遠，當然激起台灣人的不滿與憤怒。

就政治與經濟因素，「二二八事件處理委員會」委員之一的王添灯，在他草擬的《三十二條處理大綱》前言指出：「本省光復一年餘來的政治狀況是，一面陳長官在公開演講的時候說得如花似錦，說要怎樣為人民服務、要怎樣謀民生的安定。但是實際上，大小貪污互相搶奪接收之敵產者到處有之，弄文舞法或倚藉武力以欺壓人民者比比皆是。人權不能得到保障，言論出版失去自由，財政破產，物價繼續騰貴，廠礦倒閉，農村日益衰微，失業者成群，無法營生者不可勝算，全省人民不堪其苦，敢怒而不敢言，因此次專賣局貪污官吏之暴行，全省民之不滿遂同時爆發。由此可知此次事件根本是由腐敗政治之結果而

來，已非只因專賣局官吏之不法行爲所致，亦非由於省界觀念而發生的事件。故對此次事件，整個台灣政府應負全部責任。(李筱峰，1998)」

從王添灯的分析，可以看出整個事件的源由。「台灣省行政長官公署前進指揮所」主任葛敬恩於1945年10月5日進駐台灣後，在第一次公開演講即宣稱台灣是個「次等領土」，台灣人是「二等國民」，根本沒有把台灣人當做平等的同胞，完全是以征服者的姿態駕臨台灣(王建生等，1984)。陳儀及其黨羽也以「台灣沒有政治人才」、「台胞不解國語國文」爲由，而引薦親友任居高津，把許多受過良好教育、高素質的台灣人排斥在中高階職位之外，不適任但有關係的「外省人」取代適任的台灣人，薪水比同級職的台灣人甚至高一倍，牽親引戚蠶食台灣，惡劣到連不識字的校長「岳父」也能夠充任專業學校教員(李筱峰，1998)。

「祖國」官員一方面顯露歧視台灣人之心態無異於日本人，一方面也借親友的職位網絡掩飾其貪污舞弊的罪行。台灣的公共資源及民生物品被「劫收」官員侵吞、私運到中國、香港變賣，任由共犯集團分贓。難怪素以產米著稱的台灣，日治期間未曾鬧過的糧荒竟然會發生。接收前，白米價每台斤二角台幣，接收後馬上漲到3.6元，1946年初漲到16.8元，二二八前夕更漲到每台斤80元(李筱峰，1998)。餘如樟腦、糖、煤炭等，本來也都是台灣特產，竟也相繼缺乏，向來盛產糖的台灣，糖價竟比在上海

還貴。這種物價的暴漲，使台灣在1946、1947年間，變成一個「朱門酒肉臭，路有凍死骨」的淒涼社會。民間流行著唸歌：「台灣光復真吃虧，餓死同胞一大堆，物價一日一日貴，阿山一日一日肥。(鍾肇政譯，1987)」

1946年初，蔣介石「藍衣社」的特務已逐漸由上海來台灣，他們和本地的流氓合作，常到處搶劫倉庫物資，「光復」後不過四個月，上海的流氓幫派就在台北橫行無忌，背後還有軍隊和中國黨助紂為虐(陳榮成譯，1984)。這些人很可能在二二八民族屠殺當中，扮演「非正式編制單位」綁架、謀殺台灣人領導者的凶手。在事件發生後的3月11日，當時擔任台大文學院代理院長的林茂生，被中國黨特務從家裡帶走，秘密殺害，沒有留下任何逮捕記錄，至今無法將屍骨交還家屬。

王添灯也於3月11日凌晨在自宅被人強行帶走，一去不回屍骨無存，據說是被特務潑汽油在身上，點火燒死。美國駐中國大使司徒雷登(John Leighton Stuart)於4月1日下午致國務卿的電報提及：行政長官告訴美國記者稱，政府與前處理委員會間的主要聯絡人王添灯，因「拒捕」而被射殺(王景弘編譯，2002)。

一個落伍社會的族群去統治一個進步的社會，其間的文明落差，必然會引發嚴重的族群磨擦與衝突，從前述二二八民族屠殺的發生背景可看到悲劇發展的脈絡。香港自1997年「回歸」中國後也遭遇同樣的處境。

自稱是孔子第73代孫的北京大學中文系教授、「孔子

和平獎」評委孔慶東，於2012年1月19日的網路電視台節
目中，評論網際空間上熱傳的一段中國兒童於港鐵車廂違
規吃麵事件，大罵香港人受殖民主義影響，自覺身分優
越，其實「香港人是狗」，又說「用法治維持秩序的地方
就證明人沒有素質」，要建立中國意識才是明智。

　　整起事件起因於1月15日下午，一列從九龍開往羅湖
的港鐵列車上，八名中國遊客連小孩準備離開香港，其中
一位婦女不滿有人指正她不該讓孩子在車廂內吃麵，結
果，中國遊客反譏對方連普通話都講不輪轉，引起這位香
港人強烈反感，雙方爆發普通話和廣東話的相互叫罵。

　　孔慶東於節目中就香港人講廣東話，表示：「中國人
就有義務講普通話，不講普通話的是王八蛋。」還說香
港：「是靠內地人旅遊、維護你們生存，不然你們都得餓
死，變成臭港。」接著他又指，香港人把小孩吃東西小題
大做是歧視中國人，「據我所知很多香港人不認為自己是
中國人，這種人是給英國殖民者當走狗當慣了，現在就
是狗，你們不是人，有很多香港人至今還是狗。」(東方,
2012)

　　香港大學2011年底公佈的港人身分認同調查，顯示香
港市民自認為是「香港人」者，居然比自認是「中國人」
的比例高出近30%，只有16.6%的港人認同自己是中國
人，創下自2000年以來新低點。專制政權控制下的中國官
方媒體，反而指責該民意研究計畫主任鐘庭耀心懷邪惡意
圖，是接受外國操控的學術敗類，煽動港人否認自己是中

國人(BBC, 2012)。

　　咱過去的台灣先輩就像今天的香港人,直接從他們的
「中國經驗」來拒絕中國認同,而赤藍權貴正積極引進中
共勢力,其目的是要沖淡台灣人的人口優勢,台灣民族運
動必須制止赤藍權貴的陽謀,否則,台灣人勢必又得面臨
另一波激烈的文明落差衝擊。

3.2.2 悲壯的台灣民族鬥爭

　　台北市民在二二八前夕中國黨緝私員槍擊民眾致死後,
大規模挺身而出示威遊行發出怒吼,包圍、攻擊陳儀腐敗
統治的權力象徵,如專賣局和警察局等,整個事件的發展
完全是典型的自發性群眾行動,從要求懲罰開槍殺人的緝
私員演變成要求大幅政治改革。如此聚集起來的人潮,通
過共同的氛圍、感覺,或情緒的衝動,擴大群眾的敏感
度,並減少或消除平時個人行為中遵循的規範,所以平常
可能不會縱火燒警車的民眾,變成會和大家協力翻覆警車
並點火燒它。團結的意念也開始形成,參與者不再視自己
為社會的獨立個體,會模仿其他人的行動而跟著群眾走。

　　這樣的群眾絕非赤藍統治集團所指控的一群盲目、毫
無理性的「暴民」,他們反對的目標具選擇性:他們攻擊
對示威群眾施暴的警察局和軍隊,奪取槍枝彈藥是為了反
制中國黨的武力騷擾與鎮壓,並沒有發生任意打家劫舍、
紀律全面癱瘓的事件;他們攻擊在台的中國人,因為痛恨
中國人壟斷台灣經濟資源與社會機會,展開維護台灣人利

益的民族鬥爭。

　　赤藍權貴為了擾亂台灣人對二二八民族屠殺的探討，總是渲染「外省人」在事件中的傷亡。根據《大溪檔案》監察院的事件調查報告，各地「外省人」在鎮壓前後的死亡人數總收不過33人；若根據「台灣省警備總司令部」所編印的《台灣省「二二八」事變記事》，死亡人數為45人；《大溪檔案》也透露這些「外省人」並非全然遭受台灣人攻擊而喪命，也有被中國黨軍隊誤殺者(黃招榮，2012)。在這種自發性群眾行動的民族衝突中，對在台中國人而言，只有不依附中國黨的中國人才算是無辜的受害者，是自發性群眾在其行動中難以正確分辨身分的不幸者，但是可想而知，這樣的受害人數必然微乎其微。

　　反而是中國黨統治集團採取無區別的濫殺：高雄港要塞司令官彭孟緝在3月6日，就派兵包圍正在市府禮堂開會的處理委員會，以機槍掃射與會人士，死於非命的市民代表數十人，隨後幾天，繼續在市區任意虐殺市民超過2,500人，部分屍體被投入愛河染成血河；3月8日下午蔣介石的增援部隊抵達基隆，登陸的士兵對著碼頭工人和苦力，無預警地用機槍掃射，數百名工人應聲倒地，慘不忍睹；擔任警總參謀長的柯遠芬就大言不慚地說：「寧可枉殺九十九個，只要殺死一個真正的就可以。(李筱峰，1998)」

　　台北市民透過民眾大會，匯聚行動方案，有人提議占領電台，廣播民眾的訴求，也呼籲全民起義，此建議立刻博得與會者的支持並付諸行動，占領當今二二八公園內的

電台。果然，廣播一放送出去，事件原委傳遍全島，各地民眾紛紛起來響應。青年學生開始接收地方警察局內的武器，編組武裝民兵隊伍，因為蔣介石將調派軍隊來台灣的風聲已經不斷傳來。

「二二八事件處理委員會」基本上是由仕紳名流組成，對統治集團抱有強烈的要求改革的心態，但是，他們對革命鬥爭缺乏理念與方法，台奸走狗很容易混雜其間，製造意見上的紛擾，甚至挑撥離間，瓦解委員會的領導。當整個大環境已經發展成為民族鬥爭的形勢，委員會的領導核心卻不敢高舉民族主義的旗幟，激勵並團結整體反抗力量；而不敢高舉台灣民族主義的內心障礙，則是因為社會菁英仍然被中國意識的幽靈所困擾；委員會一方面知道必須追求「台人治台」，卻又服從陳儀及中國黨在台灣的統治權，這種理念上的矛盾與模糊，不但使一般民眾失去行動準則，甚至製造了內部的分裂，錯失了澈底制服中國黨軍隊，牢牢掌控台灣防務的先機。

在每個階段的民族解放鬥爭運動過程，主張對壓迫者妥協的動搖份子總是會出現，他們幾乎不例外都成為削弱民族力量、破壞民族團結的罪魁禍首。

蔣介石的增援部隊即將抵達之前，想邀功的彭孟緝已先在高雄大開殺戒，陳儀則耐心地等到最後一刻才現形。接著，所有處理委員會的改革要求不但被拒絕，而且都被視同「叛亂」，野蠻的蔣介石便仿傚蘇共在波蘭與波羅的海三國的殘暴手段，借機屠殺台灣社會菁英，破壞既有

的社會結構與運作，以方便日後對台灣進一步的操控。

民族英雄湯德章紀念銅像

許多冤魂無辜喪命，只因為他們是台灣社會的菁英份子，但也有大義凜然威武不屈的忠魂烈士，成為台灣民族永遠紀念的英雄。蔣介石的增援部隊於3月11日由高雄進犯台南市，著名的律師湯德章不忍市民遭受虐殺，挺身承擔一切在台南的事件處理責任。他先被倒吊刑求一夜，肋骨全被打斷，仍堅持不吐露參與事件處理者的名單。3月13日中國黨士兵將湯德章反綁雙腕，背插姓名木牌，押上卡車繞市街一圈後，在市中心的大正公園以叛亂罪名當眾將他槍決，不讓親人收屍，逼其暴屍公園。許多尊敬湯德章的朋友和市民，默默目送他慷慨就義的最後一程。

1997年張燦鍙當選上任台南市長後，翌年2月27日宣佈將湯德章烈士就義的公園更名為「湯德章紀念公園」，並樹立其半身胸像以為紀念。然而，在這個號稱紀念湯德章烈士的公園，正中卻高高樹立一座相對巨大的孫文全身豎像，這種強烈的對比所公然呈現的民族羞辱，反映了台灣人政治領導者缺乏自尊與勇氣。

台灣人必須痛下決心爲咱被屠殺的前輩討回公道，國際社會不容許這種罪行，也不鼓勵縱容這些罪犯。1968年11月聯合國大會通過2391號決議的《戰爭罪及危害人類罪不適用法定時效公約》，也就是說，追討這些犯罪者是沒有受到時效限制的，而在台灣的「中華民國」流亡政府和在中國繼承它的「中華人民共和國」都可以列爲被告。

3.2.3 翻開歷史被遮蓋的書頁

有關二二八民族屠殺的文字記載，目前在書店和網路上已經有很多參考資料。許多針對二二八事件相關議題的學術性研究論文與報告紛紛出爐。但是，直到1980年代台灣民族運動風起雲湧之際，二二八事件在台灣社會還一直只能在家裡偷偷地談論。甚至到現在，許多無法擺脫赤藍陰影的台灣社會菁英，還不敢公開直言二二八事件就是中國黨屠殺台灣人的民族屠殺事件。

事件後逃離台灣的台灣共產黨人最先著書，對二二八大屠殺做較完整的敘述。1948年二二八週年紀念日，《台灣二月革命》在香港由新民主出版社出版，該書是根據事件參與者提供的資料編成的。記載台灣人的勇敢反抗行動，「台奸」如何破壞團結、出賣同胞，中國黨軍隊又是如何鎮壓屠殺「台灣同胞」。不但闡明了二二八民族屠殺的事實眞相，也提供了台灣「光復」初期第一手的歷史資料。該書署名爲台共林木順所著，但眞正作者是另一個台共楊克煌。隔年，台共蘇新也以「莊嘉農」的筆名寫《憤

怒的台灣》，內容從台灣人在日治時期的民族運動，到二二八事件發生後台灣人的反抗，做了深入的描述。該書於1949年3月由香港智源書局出版。但是，在台灣可以公開發行這兩本書之前，大概很少台灣人有機會讀過它們。

在台灣民族運動發揮最大影響力的二二八民族屠殺相關書籍是，曾任美國駐台大使館副領事葛超智在1965年出版的《被出賣的台灣》。他任職期間，適逢二二八事件發生，因此有機會實地觀察得到第一手的資料。該書在1970年代初期，很奇怪地從許多美國大學圖書館「失蹤」。一般相信那是中國黨海外工作會有計畫地指使校園抓扒仔去「偷竊」。幸好陳榮成翻譯原著，在1973年由日本東京玉山學舍出版漢文版的《被出賣的台灣》。許多到海外的台灣留學生深受這本書的衝擊而突破中國黨在台灣的洗腦。尤其在美國的台灣人社會之間，它是幫助宣傳獨立思想非常重要的一本書。因此，「台灣獨立聯盟」在1984年增加了索引目錄，並委託田納西州立大學美術系的黃根深教授設計新封面，再版大量發行。

《被出賣的台灣》著重於事件的觀察敘述。在1984年同一時段，日本

《被出賣的台灣》1973(左)與1984(右)二種版本

的林啓旭先於2月出版了《台灣二二八事件綜合研究》，
除了描述事件外，還整理列出事件的相關人士，並檢討反
抗失敗的原因。王建生等也於7月出版了《一九四七台灣
二二八革命》，更詳細地描述全台各地發生的反抗事件，
也較詳細地列出事件的相關人士的背景資料。這兩本書詳
述起初事件發生後，中國黨自知無法鎮壓革命勢力的當
時，他們如何一邊和「二二八事件處理委員會」虛與委
蛇，一邊蒐集名單準備配合援軍屠殺台灣人。對邪惡的敵
人缺乏認識的台灣社會菁英，把對方當做願意合理解決問
題的「對手」，其悲慘的後果不僅使個人受難，也使整個
台灣民族受難。

　　1985年7月當時的台北市古亭聖教會牧師白義豐到華
府拜訪，他拿到再版的《被出賣的台灣》，讀後甚受感
動。經過沉思祈禱後，他決定冒險將這本書帶回台灣，他
同時還藏匿了彭明敏所寫的《自由的滋味》。8月底回台
安全通關後，白牧師把這兩本書透露給年底要競選台中市
長的許榮淑。許榮淑便將這兩本書改成雜誌型的版面，在
競選集會場合大量義賣，民眾熱烈爭先搶購。另外，白牧
師也幫助競選台北市議員的顏錦福在服務處外設立牌牆，
將這兩本書加上吳濁流的《無花果》像貼大字報似地每日
連載數頁。起初來讀書的人不多，消息逐漸傳開後，來閱
讀大字書的群眾甚爲踴躍，中國黨的特務也混在人群裡蒐
證。此次將「禁書」用大字報張貼供民眾公開閱讀的行
動，被認爲是1980年代台灣民主運動爭取言論自由的重大

突破。

台灣社會公開討論並要求平反二二八，陳永興醫師是最重要的推手，他質疑：歷史的解釋權為什麼不是操控在我們自己的手上？1985年趁著到柏克萊大學進修，陳醫師有機會從柏克萊大學和史丹佛大學的圖書館接觸到有關二二八事件更詳細的資料，加深了他對事件真

陳永興醫師帶頭打破禁忌，要求二二八真相。

相的瞭解。1986年返台後不久，他就接任台權會會長，鄭欽仁教授任副會長，李勝雄律師擔任秘書長。因為隔年就是二二八事件40週年，他們就決定在年底舉辦一場二二八事件學術討論會，為隨後幾年一序列的平反活動熱身。1987年2月初正式成立「二二八和平日促進會」，每場會都被鎮暴警察包圍，他們堅信：「對的事就應該要做，而且會成功。」1989年他們成功地在嘉義建置了台灣第一座二二八紀念碑。(陳永興，2011)

3.2.4 中國黨對民族屠殺的狡辯

過去，蔣介石父子為掩飾其罪行與責任，採取禁止公

開討論和文字出版來淹沒事實，在必要時才對特定的對象提供扭曲的歷史做爲辯護。持續很長的時間，「殖民地餘毒效應」和「共黨策動說」是中國黨的官方說法(台灣省文獻委員會，1991)。蔣介石派遣的軍隊在3月8日分別從基隆與高雄登陸，隨即展開廣泛的、不分青紅皂白的屠殺與搶劫行動。爲確認武裝鎮壓的成果，3月17日蔣介石再派當時的國防部長白崇禧帶領包括蔣經國等30餘人到台灣視察，白崇禧的調查報告就將事件發生的責任歸咎於日本人的毒化教育和共產黨的煽動(林啓旭，1984)。又如1966年台灣省文獻委員會編印的宣傳品《台灣省二二八事件之眞相》一書，其中特闢一節標題爲「共匪幕後操縱之明證」。革命過程有共產黨人參與是事實，但據此炮製共黨策動或操縱的陰謀論，就與事實相差太遠，完全是在利用當年的反共氛圍狡辯。

　　二二八民族屠殺的受惠者之一的馬英九在2006年二二八紀念日即將來臨前，在中國黨中常會說：「省籍不是二二八事件衝突的核心，官逼民反才是問題根源。」馬英九改以「官逼民反」來敷衍台灣社會，認爲二二八事件不是民族衝突，因爲當時有太多的「外省人」受到台灣人的保護。其實，二二八事件的爆發是台灣與中國兩個社會巨大的文明落差的直接結果，許多「外省人」當時受到台灣人的保護，是因爲台灣社會較文明，著重是非辨識，而不像中國黨人濫殺無辜不知愧疚。馬英九在2007年也私下對美國在台協會台北處長楊甦棣(Stephen M. Young)說，台灣

人在二二八罹難人數約900人，特別說這是他當「法務部長」時只有約900人申請「補償」來推斷。這項談話見諸維基解密2007年3月9日台北AIT的電報。

　　曾於2004年著書以意識形態代替科學，質疑三一九槍擊事件是陳水扁「自導自演」的中國黨學者朱浤源，在2007年中央研究院所舉辦的「紀念二二八事件六十週年」學術研討會中，發表論文，大膽指控二二八事件是前美國副領事葛超智支持台獨、醜化蔣政權的結果，而且認為二二八當天「可能」是「暴民」所放的槍，並假冒政府人員所為。朱浤源又於2011年12月在華府漢學會(Washington DC Mandarin Association)發表受台灣民主基金會委託完成之《二二八研究報告》，假學術研究之名把「長老教會」、「流氓」、「中共地下黨」及「暴動」糅成一團，指基督教長老會與大流氓結合，會同台籍日本兵、中共地下黨等人一齊暴動，不顧一切地扭曲二二八台灣民族革命的意義。

　　郝柏村在2012年二二八紀念日即將來臨之際，也以《正視中學史地課本》投書登在2月21日的《聯合報》，其中提及他任「行政院長」時，儘管已經從寬認定、放寬期限，仍只有1,000人左右接受「撫慰」，據以質疑三民版高中歷史教科書、台北二二八紀念碑關於二二八事件「死亡逾萬」、「死傷逾萬」不正確。

　　當年郝柏村任「行政院長」時，在1991年曾設立「二二八事件研究小組」，參與該計畫成員之一的吳文星

就指出：因為學界當時對死亡人數各說各話，且政府人口統計獨缺1947這一年，最後由人口專家陳寬政根據前後各十年的資料，按自然出生、死亡率，估算1947年的異常死亡人口數，據此認定二二八大屠殺的死亡人數約為18,000到28,000人。

　　二二八基金會的補償條件事實上很嚴格，需有具體事證才能通過，在人證物證多已滅損的情況下，申請補償困難重重。當年的罹難者當中有很多單身漢，事發60年後若已經沒有近親，就不可能有人出來為他們申請。此外，有人因為不滿中國黨的處理態度，拒絕申請；也有人還有疑慮，不敢申請；有的人後代已經不在台灣，自然無法申請；有的人生死不明，也無法申請；有人是戶籍登記與戶

高金郎(左一)1963年圖謀奪取灃江號軍艦被判刑15年；郭振純(左二)「連續參加叛亂集會」於1954年被判無期徒刑，坐牢22年又2個月；劉金獅(右一)1962年因參與讀書會被判10年。

籍資料不一致，無法證明死於二二八。換句話說，根本不能以名不正、言不順的「補償」件數來推斷被屠殺的人數。

　　同樣的「巨大落差」也發生在白色恐怖受迫害者的「補償」件數。根據1988年11月5日「法務部」主任檢察官陳守煌在立法院內政委員會議上所提之報告資料，透露戒嚴時期軍事法庭受理的非現役軍人之刑事案件共29,407件，每個案件牽涉人數不等，案件包括盜賣軍油、貪污和重大刑案等，雖然政治案可能占大多數，但爲數不詳(林世煜、胡慧玲，2006)。從赤藍集團一貫湮滅其犯罪證據的處事模式，一般估計，實際受迫害人數約14萬到20萬人以上(魏廷朝，1997)。然而，據白色恐怖基金會呈報「行政院」的數目，自1999年起至2007年6月底爲止，申請補償的件數爲8,500件，已領補償金者爲13,000人，顯然和實際受迫害人數有巨大落差。

　　1962年1月27日，台南市忠義國小老師戴華德在學校網球場打完球，被兩位調查局特務在運動場攔路押走，他無法通知妻子自己的狀況，家人及親友好幾天都錯愕地到處打聽他的下落。戴華德隨即被學校免職，妻子和三個幼兒頓失生活依靠，就此一去一年多才被釋回。回來之後，透過各種人情關係才得以重新取得教職，而不是復職。多年後，戴華德才逐漸透露：他被捕後連續被審訊三天兩夜，之後，就再也沒有被問過一句話，更沒有任何審判，蹲了一年苦牢後，才莫名其妙被釋放。他從當初訊問的內

容知道，特務想掌握他在田中國小教書時，和從火燒島回來的台獨份子鍾謙順的交往關係。他們兩人同一天分別在台南與田中被特務非法逮捕。

獲悉白色恐怖受害者可以申請「補償」後，戴華德向調查局申請「逮捕狀」、「釋放令」或任何他曾被拘留的證明，調查局皆以沒有文件資料搪塞。戴華德轉向軍法處，也被告知「非本處處理案件」。後來，是由承辦法官直接向調查局查詢，才取得書面回覆得以做為「受害證明」。可以想像，有一部分古意的受害者，根本不得其門去取得「受害證明」，當然也就無從取得「補償」。顯然，赤藍集團是故意刁難，讓可以領到補償金的人數短少。

馬英九和郝柏村的言論就是典型的赤藍拙劣狡辯技倆，暴露外來赤藍集團對「二二八民族屠殺」的罪行毫無悔意，尤其目前在中共主子的撐腰下，他們更囂張地憑藉所掌握的流亡政府體制，在台灣社會曲解歷史、混淆是非。這些仍然盤踞台灣社會的赤藍權貴，因為長期用心術維護其少數人壓迫剝削多數台灣人的統治體制，因此，和當年詐騙、屠殺台灣人的中國黨黨羽並沒有本質上的改變。看到這些赤藍權貴及其奴才、幫凶缺乏文明社會的理性與自尊，更激起台灣人的憤怒。

3.3 美國戰後搖擺不定的台灣策略

戰後，盟軍統帥麥克阿瑟授命蔣介石來台接受日軍投

降，將日軍繳械並遣送回日本，任務完畢後應當撤軍回中
國，讓台灣依照聯合國憲章辦理託管、自治、獨立的手
續。蔣介石其時為盟軍中國戰區的統帥，也簽字同意遵守
聯合國憲章，其奉命受降地區還包括中南半島的越南等
地，而中國東北地區則由前蘇聯受降。負責「受降」並不
等於接收領土主權，否則，今日的越南已是中國的領土，
而東北豈非變成前蘇聯的一部分。領土主權的轉移必須根
據國際條約才具有合法性與正當性。

　　蔣介石及其中國黨黨羽以及後來推翻「中華民國」的
中國共產黨，雙方皆依據《開羅宣言》辯稱台灣是「回
歸」中國成為領土。其實開羅宣言只是一紙新聞公報，是
親蔣介石又很受美國總統羅斯福(Franklin Delano Roosevelt)信任
的顧問霍普金斯(Harry Hopkins)所起草的聲明，並不具有法律
效力。也因為不具效力，很少人願意花時間去批評它。不
過，戰後東西冷戰的「圍堵之父」肯南(George Kennan)對這
個過時的宣言還是按捺不住地罵說：「這種沒頭沒腦將一
個人口密集、戰略地位重要，又已經分離將近半世紀的島
嶼丟回給中國，而且沒有先弄清楚中國情勢可能的發展，
也完全沒有徵詢島上住民的意願，結果，搞出一條美國
政策的大烏龍，還製造了一個戰後最危險的地區。(Kennan,
1961)」

　　其實，在1945年2月的「雅爾達會議」(Yalta
Conference)，與會的美國、英國和蘇聯都簽字同意把從軸心
國分離的領土交聯合國託管。既然台灣、澎湖是日本在戰

後被迫放棄的分離領土，依約定當然需交由聯合國託管，
然後由聯合國對歸屬問題做處理。

3.3.1 「中華民國」流亡政府寄生台灣

　　蔣介石及其中國黨黨羽在「受降」後，進而竊據台
灣，1946年1月12日以「中華民國」政府行政院的命令非
法「恢復」台灣人的國籍爲中國國籍。依慣例，被轉移主
權的領土上的住民，有選擇保持原國籍的自由，如1871年
普法戰爭之後，德國取得原屬法國的亞爾薩斯和洛林，或
是1895年日清甲午戰爭之後，日本取得原屬大清帝國的台
灣，原土地上的住民都獲得國籍選擇的自由。因此，英國
與美國在同年3月與8月相繼對蔣介石發表不同程度之外交
抗議書。(薛化元，2010)

　　各國因爲忙於戰後復甦，實際上無暇過度干涉台灣人
本身似乎也並不反對的國籍更動。蔣介石因此對同盟國的
抗議置若罔聞，還大肆掠奪台灣社會資源、剝削台灣人，
執行二二八大屠殺以摧毀台灣社會既有的運作架構。1949
年他們被中國人民推翻後，逃亡到台灣設立「中華民國」
流亡政府，更強化民族差別政策來維護他們這個外來集團
在台灣的特權利益。

　　1948年11月初到隔年初歷時65天的國共徐蚌會戰，國
民黨軍隊大敗，讓中共解放軍攻占長江以北大片土地。蔣
介石的黃埔軍系在此役折損大半，動搖他的總統地位，
以李宗仁、白崇禧爲首的桂系對他的批評變得公開且直

接，他被迫不得不在1949年1月21日宣佈「引退」，但仍以「國民黨總裁」的身分在幕後操控政局。接著李宗仁代總統並無法扭轉敗勢，中共解放軍在4月下旬渡過長江，很快就占領南京，國民黨軍隊兵敗如山倒。蔣介石無意在中國作戰，於5月先逃到台北，「中華民國」中央政府幾經流竄也於12月7日逃到台灣。

約30萬官員和難民以及40萬殘兵敗將，短時間內遷移湧入台灣，25,000人不久就因病喪生(陳榮成譯，1984)，攪亂整個社會秩序、生活環境及價值觀念，台灣淪落為「中華民國」流亡政府的寄生殖民地。美國在台灣的利益變得更複雜，更難做決策。

3.3.2 韓戰突出台灣在遠東的戰略價值

美國的輿論界對台灣社會在戰後飽受「中華民國」摧殘，曾給予道義上的聲援。少數無助的台灣社會菁英也嘗試尋求美國保護台灣，要求將台灣交由聯合國託管。1946年6月，黃紀南送請願書到台北的美國領事館，要求在聯合國監督下舉行全島公民投票(黃紀南，1991)。

葛超智在《被出賣的台灣》透露，在8、9月都分別收到請願信函，反應當時台灣人對「狗去豬來」的苦惱，希望美國介入使台灣人得到安全。1947年3月11日，在二二八屠殺的恐懼氣氛下，活動於上海的「台灣民主同盟」發表聲明，要求聯合國託管台灣。駐華美軍總司令魏德邁(Albert Wedemeyer)於7月飛到台灣瞭解狀況，他向國民黨

安排會面的半山黃朝琴保證：「美國對台灣沒有領土野心。」但是，他發給國務卿馬歇爾(George Marshall)的訊息指出另一個參考方向：「跡象顯示福爾摩沙人會接受美國的保護和聯合國託管。」(陳榮成譯，1984；黃中憲譯，2011)

　　不幸的是，台灣人經過二二八大屠殺之後，已經暫時失去創造台灣獨立形勢的能量，美國的介入自然就涉及更錯綜複雜的利益考量。1949年2月底，美國國務卿艾奇遜(Dean Acheson)派駐南京大使館參事莫成德(Livingston Merchant)到台灣，調查在台灣建立一個獨立於中國之外的政府的可能性，莫成德報告這樣的獨立政府可能無力自我防衛(黃中憲譯，2011)。評估結果顯然讓美國擔心，支持台灣成為獨立的政治實體意指美國必須派軍隊協防對抗中國。然而，美國在當時似乎並不準備捲入這個爭端。

　　國共內戰的勝負結果在1949年4、5月已經明朗化，美國政府對國民黨政府不再抱有幻想。美國在戰時及戰後的援華計畫，支援國民黨政府超過350億美元，大多數都是宋子文經手居中A錢，因此，蔣、宋家族及其他被優寵的黨羽，在美國擁有從國內、聯合國及美援貪污所得高達10到20億美金的財產。這筆巨大的金額足夠推動聲勢浩大的「中國遊說團」(China Lobby)，向美國要求更多援助，也順手A更多錢。杜魯門(Harry Truman)後來對美國作家米勒(Merle Miller)的一次談話中，憤怒地罵道：「我過一陣子終於發現蔣介石、宋美齡和孔、宋家族全都是賊，包括宋美齡和蔣介石沒有一個不是賊！……我們援助蔣介石350億，他

們偷走7.5億。」(Miller, 1974)

　　中國遊說團成功地利用「反共意識」鼓動龐大的社會壓力，要求杜魯門拒絕承認中共政權，而對於如何處理蔣介石在台灣的流亡政府，美國內部出現了激烈的辯論。8月5日美國國務院發表了惹起爭議的《中國白皮書：美國與中國的關係》(*White Paper on China: United States Relations with China*)，說明：「美國已盡力而為，但已經無法扭轉中國內戰的結果。」國務院希望循此提出結束援華計畫的種種理由。8月20日美國在中國的大使館悄悄地熄燈關門。10月1日毛澤東在天安門宣佈中華人民共和國誕生，北京成為新的中國首都。蘇聯立刻承認新的北京政府，美國則繼續承認四處流竄的「中華民國」政府。

　　《紐約時報》11月16日的社論重新檢視台灣情勢後指出：中國人在台灣「有點」不受歡迎，台灣技術上還是日本的領土，是盟國的責任，是否應該由聯合國託管來解決問題？蔣介石及其黨羽揚言：任何否定「台灣毫無爭議地是中國領土」的說詞都令他們憤怒，美國國務院似乎也某種程度傾向他們的看法。參與撰寫中國白皮書的偕薩普(Phillip Jessup)於11月28日對聯合國大會演講時，就以強調中國領土的完整性做為「反對接管台灣的想法的背景」。然而，與此同時，美國的外交使節正在暗地裡準備解釋終止援助蔣介石的理由。國務院也推演公開聲明若導致蔣介石集團崩潰的對策，乃於12月初，密令葛超智提出一些可能「配合美國利益」的台灣人領袖名單。葛超智黯然地寫

著：只能提出一些「保守」的台灣人領袖，因為那些過去
有連繫的要不是已經死了就是逃亡海外，新的領導者需要
一段時間才會出現。(Kerr, 1965)

　　12月23日美國國務卿發佈外交政策聲明：台灣是中國
的一部分，雖然被日本統治了50年，歷史上曾屬於中國，
因此，政治上和軍事上都是中國的責任。不顧國內反對共
產主義擴張的聲浪，杜魯門總統在1950年1月5日正式宣佈
「放棄」台灣，他例行公事地說：這是尊重中國領土的完
整，開羅宣言和波茨坦宣言已言明將台灣歸還給中國，美
國將不捲入中國的內戰，也不再提供軍援給在台灣的中國
勢力。隔天，國務卿宣佈美國西太平洋防線包括阿留申群
島、日本、琉球往南到菲律賓，台灣和韓國被排除在外。
(Kerr, 1965)

　　真正具有進步國家素質的台灣人，既然無法展現足夠
令人信服的獨立建國能量，而蔣介石集團只是一群低劣的
「賊」，杜魯門終於下定決心要置身事外，寧可把資源注
入戰後國內社會的復興，寧可把台灣拱手讓給中共，也不
願意再浪費心力支援流亡台灣的蔣介石集團。台灣人當然
也會因此被連累受害。

　　中國總理周恩來於1月8日致電聯合國大會主席羅慕洛
(Carlos Romulo)、秘書長賴伊(Trygve Lie)及安全理事會成員國：
國民黨代表留在安理會是非法的，應將其開除。1月10日
蘇聯代表馬立克(Jacob Malik)提出把國民黨代表逐出安理會
的提案。但國民黨的「中華民國」代表剛好當時是安理會

主席，結果蘇聯提案在1月13日遭到否決，馬立克宣佈蘇聯退出並抵制安理會，同時聲明：在蘇聯缺席的情況下，安理會通過的任何決議都是非法的，對蘇聯不具有約束力。(沈志華，2010)

1950年6月25日韓戰爆發，擁有蘇聯裝備與訓練的北韓軍隊突然跨過南北分界的38度線。北韓的軍事冒進行動，迫使美國嚴肅看待已經隱然成形的共產集團的威脅，而決定不僅要在朝鮮半島以及亞洲其他地區，甚至在全世界各角落圍堵共產勢力的擴張。利用蘇聯抵制而缺席的機會，安理會在6月27日迅速通過對北韓採取軍事行動。美國也扭轉其台灣立場，宣佈台灣中立化，並派遣第七艦隊進入台灣海峽，一方面防止中共軍隊攻擊台灣，另一方面也制止蔣介石集團「反攻大陸」。杜魯門也聲明：「福爾摩沙的未來地位，將等太平洋恢復安定，與日本簽署和平協定，或聯合國審議通過後，再做決定。」美國等於是撤回在開羅宣言和波茨坦宣言中有關將台灣歸還中國的承諾。(黃中憲譯，2011)

1950年10月下旬，中國發動「抗美援朝」正式派兵介入韓戰，美國與中共的敵對白熱化。因此，在1951年9月召開的舊金山對日和會，與會國完全捨棄開羅宣言及波茨坦宣言中有關台灣的聲明，和約中規定日本「放棄對台灣、澎湖的領土主權、權利，與要求」，但是並沒有指定受益國家。陳隆志在其所著的《台灣的獨立與建國》特別強調：「這個省略既不是疏忽也不是失察，而是與會各國

1950年10月15日由麥克阿瑟統率，扭轉韓戰戰局的仁川登陸戰，二星期後收復首爾。(McCullough, 1992)

代表有意的決定；他們根本沒有將台灣歸屬中共或蔣介石政權的意思。(陳隆志，1971)」事實的確如此，次年在台北簽訂的《中日雙邊和平條約》中，毫無討價籌碼的蔣介石集團，只得接受以《舊金山和約》(*Treaty of Peace with Japan*)來處置台灣和澎湖，台灣的法律地位就此懸而未決，不管是「中華民國」的中國或「中華人民共和國」的中國都沒有取得台灣的主權。

3.3.3 「中華民國」是美國在外交賭場的籌碼

　　1954年4月26日到7月21日，《日內瓦協定》分割了南北越。美國為了防止共產勢力在中南半島蔓延，於該年9月8日帶頭成立了「東南亞公約組織」。由於不滿西方國家在處理亞洲事務的獨斷，關切中美之間的緊張所產生的

不良後果，同時也希望與中國及西方國家同時維持和平友好的關係，五個東南亞國家包括印尼、緬甸、錫蘭、印度和巴基斯坦發起了「亞非國家會議」，總共29個國家代表著全世界一半以上的人口，於1955年4月18日到24日，在印尼的萬隆開會，此次會議因此被稱為「萬隆會議」。當時，廖文毅以「台灣民主獨立黨」主席身分，也應邀參加並表達台灣獨立的意願。

　　中國代表周恩來在會中表現了持平及願意和解的溫和態度，提出了和平共存的五大原則，消除了不少反共國家代表的疑慮，捲起了中東國家承認中共的熱潮，使中共在外交上獲得一大勝利。周恩來在參加此次會議，包括緬甸、錫蘭、中國、印度、印尼、巴基斯坦、菲律賓和泰國八國代表團團長會議上聲明：「中國政府願意同美國政府坐下來談判，討論和緩遠東緊張局勢的問題，特別是和緩台灣地區的緊張局勢問題。」這種積極的態度受到第三世界國家的肯定，為了平衡第三世界國家的輿論，美國只好同意和中共進行談判，如此鋪設了從8月1日開始的「日內瓦會談」。儘管雙方立場迥異，但是，會談增進了雙方對實際情勢的瞭解，美國不再妄想中共政權的崩潰，而中共也認識到「解放台灣」不是一廂情願的「內政」問題。

　　1957年蘇聯人造衛星史潑尼克的升空震驚了美國社會，美國的振作是全面性的。國會參院外交事務委員會決定重估美國外交政策，列出了15個主題交付學術機構研究，有關中國與台灣的部分由加州大學教授史卡拉賓諾

(Robert Scalapino)負責。《美國亞洲外交研究政策》或稱《康隆報告》(*Conlon Report*)於1959年11月1日發表。

　　《康隆報告》指出：中共的崛起已為專家學者一致公認，美國應取消對中國的全面禁運，並將中國在安全理事會的席位交給中共。作者並打破「自由中國」的說法，指出「大陸難民」(mainland refugees)與台灣人存有一大鴻溝，指出台灣人要求與中國分離，並倡議成立「台灣共和國」，使台灣成為聯合國的會員國。報告又指出：非經台灣人同意，將台灣交給中共是不道德的行為，將嚴重損害美國與其他有賴美國協助獨立的弱小國家之間的外交關係。葛超智在《被出賣的台灣》論及《康隆報告》時，有如下的評語：「這冷靜而條理井然的陳述，予人一種新鮮的氣氛，以驅散外交軍事的空談烏雲，這正是外委會久所需澄清的，自此，基本問題不再如此混濁不清了。(陳榮成，1984)」

　　1960年美國兩黨總統候選人，民主黨的甘迺迪(John F. Kennedy)與共和黨的尼克森(Richard M. Nixon)，為了很少美國人知道的兩個小島──金門與馬祖，展開大辯論。

　　1954年9月，中共砲轟金門，造成遠東局勢的緊張，被稱為「第一次金馬危機」。同年12月，美國和蔣介石集團的「中華民國」締結共同防禦條約，承諾協防台灣與澎湖及其他為防衛台澎所密切關連的地域(陳隆志，1971)。1958年8月23日，中共出其不意再度大規模砲轟金門、馬祖，中國黨軍方將領及台灣兵在毫無預警的情況下蒙受重創。美國於是採取了比「第一次金馬危機」更堅定的援助政

策，提供了12門威力強大的八吋長程重砲，反擊中共沿海的砲兵陣地，造成中共軍方慘重的破壞與傷亡，知識較不足的中共解放軍低階士兵誤以爲美國動用「原子砲」而驚惶失措。蘇聯則發出嚴重的警告：任何對中共的攻擊就是對蘇聯的攻擊。於是，美國和中共於9月間在華沙恢復大使級的會談。美國表面上以流亡到台灣的「中華民國」代表中國，實質上以中共爲談判與解決問題的「中國政府」。

雖然中共在美國先進武器的震撼下，驚駭之餘立即縮手，但兩個鮮爲人知的小島竟有引發美蘇大戰的潛勢。因此，以甘迺迪的觀點爲代表，一部分的美國人認爲：美國應迫使蔣介石集團的「中華民國」放棄金門、馬祖，因爲中共軍力無法直接威脅台灣、澎湖，難以製造緊張局勢，對遠東地區的和平有幫助。然而，以尼克森的觀點爲代表，另一部分的美國人存有支持「中華民國」的心理，他們認爲保留金門、馬祖，具有準備反攻大陸牽制中共的象徵意義，因此，不贊成從這兩個島嶼撤退。

甘迺迪的勝選顯示了國際情勢朝著有利於台灣獨立的方向發展。他曾一度表示要蔣介石政權加速起用台灣人，並提高台灣人的政治地位。外交上，他放眼一中一台的政策，準備在第二任時大力推行。很不幸，甘迺迪總統於1963年11月在德州達拉斯(Dallas, Texas)遇刺身亡。

1960年代，美國在聯合國的影響力已經大不如1950年代的強勢。1962年古巴飛彈危機解除後，東西冷戰的局勢

暫時緩和下來，美國的盟國開始各自發展他們與中國的關係。1964年1月法國承認中華人民共和國，加上同年10月中共成功地試爆第一顆原子彈後，其連鎖反應使中共在1965年聯合國大會的《中國代表權案》首次爭取到和蔣介石政權同樣的支持票數。

　　雖然，接下來，隔年開始的文化大革命造成中國的混亂，拖延了中共進入聯合國的時間。但是，美國政府也陷入越戰的泥淖，死傷慘重不得民心，局勢難以收拾。而中共和蘇共也發生了意識形態的嚴重分歧，甚至惡化到1969年3月雙方在珍寶島發生邊界武裝衝突。在這樣的國際情勢下，美國國內主張和中共建立正常關係的勢力日漸抬頭。1969年尼克森就任總統之後，他利用7月飛到關島迎接阿波羅11號太空人自月球歸來之際，提出了所謂《關島原則》(Guam Doctrine)，其中暗示美國將減少對蔣介石政權的軍援，並且要和中共和解。另一方面，尼克森的國家安全顧問季辛吉(Henry Kissinger)則熱中於打「中國牌」，希望拉攏中共來反制蘇聯並影響北越。蔣介石政權在這樣的外交賭場上，只能充當美國的籌碼。

　　1970年4月24日中午，到美國留學的台灣青年好漢黃文雄在紐約布拉薩飯店(Plaza Hotel)前，突然從一群台灣留學生的示威隊伍挺身而出，對準正要步入飯店的蔣家暴力政權特務頭子蔣經國開槍。由於受到美國警察的軀體干擾，子彈沒有擊中蔣經國頭部，一個偉大的、歷史性的政治刺殺行動功敗垂成。另一位同謀的壯士鄭自才也在與警方

的衝突中當場被捕。這一聲槍響簡潔有力地告知國際社會：「台灣人既不接受外來的蔣家政權統治，更不接受蔣家父傳子的皇朝接班設計。」這個刺殺行動印證了《康隆報告》所指的「大陸難民與台灣人存有一大鴻溝」。重視人權的進步國家從此更知道「中華民國」不等同台灣，他們可以支持台灣

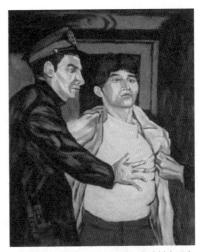

424刺蔣英雄黃文雄站立的威武神氣(油畫《勇敢的台灣人：黃文雄》，1993年鄭自才作品)

人，但不必支持「中華民國」。因此，許多國家與中共建交的時候，他們拋棄「中華民國」，但並不承認中國擁有台灣的主權。

　　到了1970年的聯合國大會時，加拿大、義大利等相繼承認中共，支持中共進入聯合國的議案首次獲得超過半數的支持，要不是美國仍守住《重要問題案》的防線，中共就已經取代蔣介石政權在聯合國的席位了。1971年10月，當季辛吉與周恩來還在北京秘密會商的同時，聯合國大會接納了阿爾巴尼亞的提議，以極大的票數差距作成了《2758號決議案》：將蔣介石政權的「中華民國」逐出聯合國，並承認「中華人民共和國」為代表中國的唯一合法政府。尼克森政府沒有強力反對聯合國的決議，令蔣介石

父子及其中國黨黨羽錯愕又震驚。(黃中憲譯，2011)

　　之後，美國和中共朝著雙邊關係正常化的方向努力，蔣介石父子及其中國黨黨羽自知「中華民國」外交大限終究會來臨。蔣介石在1975年過世，蔣經國實質上早已接掌獨裁權力，並沒有接班的問題，但要等到1978年才正式掛「總統」的職稱。

　　種土豆崛起政壇的卡特(Jimmy Carter)在1977年初就任美國總統，這位本質非常善良的總統剛好碰上經濟萎縮、物價上漲和能源危機糾纏在一起，他的政府無法有效地處理這十分棘手的情況，導致民調出來的滿意度不斷下跌。一方面擔心自己連任失敗，又感受到蘇聯勢力在中亞的威脅，卡特接納了國家安全顧問布里辛斯基(Zbigniew Brzezinski)的建議：打「中國牌」，尋求與北京在外交關係上做突破性的發展。1979年1月1日，美國與中華人民共和國正式建交，同時與「中華民國」斷交並廢除共同防禦條約。赤藍權貴在台灣的「中華民國」騙局就此澈底被揭穿。

3.3.4 美國以台灣關係法收拾「中華民國」騙局

　　1972年2月美國總統尼克森首度訪問中國，與中國總理周恩來發表《上海聯合公報》，結束一星期的歷史性行程。一位在國務院參與撰寫公報的年輕助理，後來私下對幾位住華府的台灣同鄉透露，當時他們絞盡腦汁在公報中為台灣佈置安全閥，例如故意忽略明確定義「中國」，留下必要時可以「各自表述」的空間，又「美國認

知(acknowledge)台海兩岸的中國人都認為只有一個中國，而且台灣是中國的一部分」。使用「認知」表示美國知悉，但並不表示承認(recognize)中共的立場，又美國也知道大部分台灣人並不認為自己是中國人，因此前述的立場只能說是中共貴族和赤藍權貴各懷鬼胎的立場，並不是台灣人的立場。

美國從1971年就開始公開或秘密地謀求中共的瞭解，以擬訂「一個中國政策」，台灣地位是其中關鍵的分歧點之一。在上海公報上使用「認知」被認為是美國的強勢表達，周恩來在1971年就明確表達反對美國對中國的台灣立場，和英國、加拿大一樣地使用「認知」，他說這樣的用法其實就是支持「台灣地位未定」的說法(Romberg, 2003)。然而，美國對台灣的安全承諾是絕對可信賴的嗎？

2003年底被降低機密等級公開的1972年尼克森與周恩來密談的備忘錄，也就是卡特政府時代所稱的《尼克森五要點》(*Nixon's Five Points*)，其中第一點：「只有一個中國，而台灣是中國的一部分；將竭力控制華府官員不再發表台灣地位未定的言論。(Kan, 2011)」尼克森私下出賣台灣來換取中國同意雙方進行關係正常化，和1939年希特勒與史達林之間簽訂《德蘇密約》來瓜分波蘭與波羅的海三國一樣的邪惡。密談備忘錄以機密封存，沒有公開，尼克森得以其「豐功偉業」在1972年底的總統選舉大獲全勝連任。但接著終於為競選期間的「水門案」奧步，說謊被揭發，而被迫於1974年8月黯然辭職下台。

　　到目前，沒有一個美國總統願意公開承諾《尼周密約》的台灣立場，但是，美國自卡特總統開始，似乎著重強調「兩岸的中國人以和平方式解決台灣問題」，這種把對岸的中國人納入參與「解決過程」的說法，可能被解讀爲美國承認「台灣是中國的一部分」。

　　美國對台灣主權的公開立場自簽訂《舊金山和約》之後一直非常明確：台灣地位未定，不屬於「中華民國」，更不屬於中國。美國國會基於維護其在民主陣營的領導地位及其一貫標榜的普世人權價值，在1979年美中關係正常化之後，制定了《台灣關係法》(*Taiwan Relations Act*)做爲持續與台灣進行經貿、文化等關係，以及幫助保障西太平洋的安全與穩定的準則。其中界定的台灣，有包括澎湖，但不包括金門與馬祖。美中建交的前提是和「中華民國」斷交，自此，美國政府就採取「中華民國不是主權國家」的立場，但美國也強調，決定和中華人民共和國建交是基於認定台灣的前途必須用和平方法解決。

　　大部分美國人認爲：台灣人和他們秉持相同的自由、民主與人權價值觀，又是他們重要的貿易伙伴。因此，保障台灣的安全具有高度的政治必要性。推動美中關係正常化的卡特總統在1978年9月美中談判進入緊要關頭之時，爲了制止中國不切實際的奢望，利用中國新任駐華府聯絡辦事處主任柴澤民到任，抓住機會表明：「沒有一個美國總統可以不顧台灣安全而完成與中國關係正常化。(王景弘，2004)」後來，《台灣關係法》明訂：任何企圖以非和

平方式，包括抵制或封鎖，來決定台灣前途的行為，都是對西太平洋和平與安全的威脅，是美國嚴重關切(of grave concern)的事項。在國際外交上，被嵌入「嚴重關切」字眼的事項就是指可以發動戰爭的事項，美國國會以強烈的字眼向中共劃下保障台灣安全的「紅線」。美國總統柯林頓在1996年的飛彈危機時刻，即時派遣二組航空母艦戰鬥群進入台灣海峽壓制中共的挑釁，就是堅持上述原則毫不含糊的反應。

3.3.5 台灣人在美國國會的朋友

台灣民族運動最早在美國國會曾有四位重量級的支持者，被暱稱為「四人幫」(gang of four)，他們是：麻州民主黨參議員甘迺迪(Edward M. Kenndy)、羅德島民主黨參議員培爾(Claiborne Pell)、紐約民主黨眾議員索拉茲(Stephen J. Solarz)以及愛俄華共和黨眾議員李奇(Jim Leach)。他們四位都強力支持台灣的人權與民主化議題，在《台灣關係法》的立法過程，注入保障台灣與台灣人安全有利的文字。

培爾參議員是當時四人幫中唯一敢公開支持台灣獨立的國會議員，他主張：「台灣的前途應由台灣人在不受威脅、和平與台灣人認可的方法來決定。」他對台灣的關心源自二次大戰末期，服役於海巡部隊時，曾被挑選接受美軍準備接管台灣的訓練，對台灣歷史與文化因此有較深入的瞭解與感情，他在1989年的一次演講中表示：「台灣獨立是遲早要發生的，不是假如會發生。(Hughes, 2007)」

台美人在美國社會努力為台灣爭取朋友(2004年1月2日亞太傳統文化節遊行)

　　甘迺迪參議員是被刺殺的甘迺迪總統的弟弟，常常就台灣的安全與前途問題提出有利於台灣人的議案，例如《台灣前途決議案》。他支持台灣的民主運動和民主鬥士，他的一位外交政策女助理蘇娣蓓(Nancy Soderberg)常與台灣人密切合作，為營救政治犯而勇敢與中國黨政權對抗。

　　李奇眾議員特別注意到台灣的民主與人權問題，是深受到他的一位女助理欣蒂(Cindy Sprunger)的影響。欣蒂的父親是牧師，曾被派到台灣鄉村傳教一段時間，深愛台灣，欣蒂因此有機會和台灣學生一起讀到初中二年級。她能夠講流利的福佬話，對台灣有深厚的感情，在準備「高雄事件」、「林義雄家庭血案」及「陳文成謀殺案」諸事件的聽證會資料及營救工作時，常常和華府同鄉合作到深夜，

她深受華府同鄉的敬愛。李奇明確表示他對台灣人的支持完全是出自對人權的堅持與關心，因此，他不接受即使是選區內的台美人的政治捐款。

索拉茲眾議員是眾院外交委員會亞太小組主席，和甘迺迪參議員一樣特別關心台灣的安全與前途問題。他在眾院也提出並巧妙通過《台灣前途決議案》，同時對台灣的選舉、民主政治、政治犯，與人權問題特別關心，曾為這些議題舉辦過相當多次聽證會，對台灣的民主發展貢獻甚巨。他的成就也應歸功於其得力助理卜睿哲(Richard C.Bush)。卜氏出生於傳教士家庭，父親曾在台灣傳教講學。卜睿哲深愛台灣並領養一個台灣女兒，回美後不斷關心台灣，並在政學界有出人的成就。1997年到2002年，卜睿哲被派任為「美國在台協會」(AIT)理事主席。

3.4 邪惡落伍的赤藍民族壓迫體制

中國共產黨在1949年成功地推翻「中華民國」之後，除了政府權力階級的巨大更動，中國人也預期社會結構的大幅翻轉。因此，大量國民黨時代的達官顯貴挾著無法自主的殘兵敗將逃到台灣，許多舊社會的既得利益階級也跟著逃難。

韓戰的爆發，使美國正視台灣的戰略地位，蔣介石集團託福被納入美國的保護傘。東、西方冷戰的登場，更使「中華民國」流亡政府能夠充當美國在聯合國所支持的傀

僞中國代表。曾經叱咤風雲的蔣介石被中共譏諷是「落草
爲寇」，悶在他強占的「草山行館」，沉迷於編寫「中興
復國」的劇本。

　　流亡落魄的現實加上美國保護者嚴肅的民主眼神，蔣
介石父子及其赤藍黨羽不得不努力跨越「獨裁者的學習曲
線」以求生存。蔣介石父子首要之務當然是維護赤藍集團
在台灣的安全，並提升統治機器的運作效率。他們所採取
的奮發圖強策略是：更澈底施行以民族壓迫爲基礎的「假
民主的法西斯統治」。

3.4.1 剝奪台灣人的政治權利

　　蔣介石集團移植「中華民國」中央政府到台灣，就像
過去中國的土軍閥據地爲王一樣。爲了壟斷統治權力，他
們堅持在台灣的「中華民國」爲中國的正統政府，藉口維
護法統而將逃出中國的部分國會代表，荒謬地遞補湊人數
並賜予終身職加以籠絡，公然施行民族壓迫政策剝奪台灣
人的政治權利，防止台灣人在「國會」出現太多代表，而
發展實質影響力。蔣介石父子更以「反攻大陸」爲藉口，
實施戒嚴令和《動員戡亂時期條例》，方便其剷除異己，
好鞏固其忠誠黨羽在台灣社會占有的政經、社會及媒體優
勢地位。台灣人被當做奴隸，勤奮生產供養這些外來的統
治族群，社會被推回到19世紀馬偕博士所描述的：「滿大
人」橫行，貪官污吏、苛捐雜稅的落伍時代。

　　由「台灣省政府主席」兼「台灣省警備總司令」陳

誠於1949年5月19日頒佈戒嚴令開始，在台灣民族民主運
動的衝擊下，到1987年7月15日蔣經國不得已宣佈解嚴爲
止，共持續38年又56天，是其時全世界最長的戒嚴時期。
在這段「白色恐怖」肆虐期間，台灣人沒有思想、言論、
出版、集會及結社的自由，很多人被以莫須有的罪名及不
正當的審判而失蹤、入監甚至死亡，未成年青少年學生也
難以倖免，造成無數家庭的人倫悲劇。

　　「中華民國」的「國民大會代表」和「立法委員」是
分別在1947年11月底和1948年1月底，在國共內戰如火如
荼進行中亂七八糟產生的，「選」出2,961個國大代表和
759位立委。第一屆國大代表第一次會議於1948年3月5日
舉行，報到人數爲2,841人，蔣介石和李宗仁分別當選總
統和副總統(管仁健，2006)。蔣介石在1949年1月21日被迫宣
佈下野，由李宗仁代行總統職務。1950年3月1日，蔣介石
在台灣卻於法無據地宣佈「復行視事」，成爲「中華民
國」流亡政府的「總統」。

　　1953年10月，「中華民國」流亡政府依其憲法，要在
台灣選舉第二任「總統」。逃離中國來投靠的國大代表只
有1,041人，蔣介石集團絞盡腦汁胡亂遞補人數後，仍然
不足憲法上所需的「三分之二出席」，根本無法召開第二
屆國大會議(管仁健，2006)。於是，御用「大法官會議」做了
荒謬的解釋：第一屆國大代表之任期可以繼續到第二屆國
大代表產生。因此，第一屆「國大代表」實質上成爲終身
職的「老賊」。而跟著逃到台灣的380餘位立委也同享終

身職。它是剝奪台灣人的政治權利，確定赤藍人牢牢掌握「中華民國」統治機器的「奧步」。

台北的建國中學曾經有一位勤快的「外省籍」老工友，他是在1949年隨著中國黨逃到台灣，負責打掃辦公室、燒開水、倒垃圾，每天兢兢業業地工作。到了1970年代，有一天老工友接到「內政部」發給他的「第一屆國民大會代表遞補通知書」，通知他排在他前面的老國代已經死了，由他遞補成為「第一屆國民大會代表」。當天，校長立刻端茶給他喝，並馬上派車送他回家。(管仁健，2006)

1972年3月21日，蔣介石參選第五任「總統」。這天榮總調派了全台北各醫院的救護車，從山上排到山腳，只是為了載這些「老賊」上山投票。他們有的拿拐杖被扶進場，有的坐輪椅被推進場，有的躺擔架被扛進場，有的插呼吸器，有的打點滴，有的掛尿袋，有的帶抽痰器。最壯觀的是「植物人」代表，在家屬與醫護人員「扶持」下，投下「神聖的一票」。(管仁健，2006)

「立委老賊」為中國黨投護航票也同樣令人嘆為觀止，利用這種假民主議會機制，大肆掠奪竊取台灣社會與弱勢民眾的資產為黨有、私有，圖利赤藍權貴。外來的赤藍權貴為了維護他們的民族壓迫剝削體制，不顧自己做為現代社會人的尊嚴，醜態百出也毫不引以為恥。直到台灣人李登輝主政後，趁機順應台灣民族民主運動的抗爭，才在1991年底以優厚金錢誘因「勸退」所有國會老賊。《動員戡亂時期條例》的法西斯惡法也在同一年被廢止。

3.4.2 摧殘台灣人的母語

　　中國黨的榮譽主席吳伯雄在2011年11月中，「2012總統」競選活動正發燒的時候，批評民進黨的參選人蔡英文不會說客家話，是「假客家人」，認為蔡英文到了選舉才宣稱自己是「客家妹仔」，是「操弄族群！」一個嚴肅的問題是：台灣當時至少有百萬「三年級生到八年級生」的客家鄉親都跟蔡英文一樣，無法使用流利的客語，為什麼？誰之過？

　　蔡英文在她的臉書區回應說，過去幾十年，因為中國黨蠻橫錯誤的語言政策，讓所有的本土母語遭受嚴重的漠視和傷害。不管是原住民、福佬、客家的孩子都不准說自己的母語，導致台灣原本多元豐富的語言和文化在年輕一代逐漸流失。中國黨從來沒有為過去數十年錯誤的語言政策道歉，現在為了掩飾執政的失敗，又開始操弄族群牌，這種「真假客家人」的族群分化手法，是非常不道德的。(蔡英文，2011)

　　統治者以語言政策來控制人民的思想，是語言學界及政治學界公認的事實，換句話說，語言與政治有密切的關聯性。施正鋒教授的研究指出，語言與政治有三種可能的關係：一是語言政策會影響政治權力的分配，二是政治力量會透過語言政策介入溝通體系，三是語言與政治兩者相互影響。(施正鋒，1998)

　　中國黨政府在1945年從日本人手中接收台灣，當時台

灣人使用的語言是日語和包括福佬話、客家話及原住民語言的台語，而對北京話(Mandarin)則相當陌生。中國黨為了鞏固在台灣占有的統治地位，他們一安頓好就開始推動北京話的「國語」，做為所有的公家機關、公共場所的官方語言。

1946 年2月，「國語推行委員會」正式成立，負責編選所有的北京話出版品，訓練需要北京話的公務人員，並且監督小學的國語教學。他們選定台北的一間小學做實驗，在那裡發展教法及教材。1949年「中華民國政府」流亡到台灣之後，「推行國語」更是雷厲風行。1951年初「台灣省教育廳」已通令各國民學校：「凡舉行各種集會口頭報告，必須操國語。」1954 年那套「國語推行委員會」所編製的教材及教法就在所有的學校實施，正式開始長期制度性地打壓台灣在地族群的母語。

1953年「台灣省教育廳」和「新聞處」以「推行國語」為由，禁止電影院設置將劇情對話用台語翻譯的「辯士」。雖然有「省議員」多人在議會中質詢反對，因為沒有「辯士」，一般觀眾無法瞭解、欣賞劇情，因此請求解禁，但「省政府」並不同意。1959年禁止電影院設置「辯士」的層級更提高到中央，而且處罰更嚴格。由「教育部」規定電影院放映「國語片」時不准加用台語通譯，違者將予糾正或勒令停業。但是，北過基隆河、南過淡水河，對其他外語片則睜一隻眼閉一隻眼，給地方警察有索賄賺紅包的機會。(管仁健，2011)

　　從1956年到1987年好長一段時間，台灣囡仔在學校說「方言」會被老師在脖子上掛「我要說國語」的狗牌羞辱、罰錢或處各種體罰。當時許多被安插到學校教書的「外省籍」老師都是操中國各地的方言腔調，也不會講「國語」，可是他們卻可以用台灣學生更聽不懂的方腔怪語上課。1953年9月，台東縣富崗國校首任校長藍德和，因為說方言被解職，改派只能講湖南方言的鄧耀祖接任(管仁健，2011)。

　　創刊於1885年6月的《台灣教會公報》在日據時代，因為站在台灣人立場，對日本政府有不同的聲音，而在1941年4月，當太平洋戰事升高之際，以妨礙推行「國語」被迫停刊。直到戰後1945年12月才復刊，繼續用羅馬拼音的白話字發行。1957年，中國黨政府下令禁止在教會公報中使用白話字。

　　1963年1月，屏縣內埔鄉鄉民代表聯名簽署罷免代表會主席賴鄉春，四個理由之一竟是「不懂國語」。(管仁健，2011)

　　由前幾個例子可以看出，赤藍權貴推行「國語」的目的就是為了占據台灣社會政經、教育與媒體的優勢地位，排擠台灣人，同時，也消滅台灣話，混亂台灣人意識，以方便外來的、占少數的赤藍權貴壓迫、剝削台灣人與台灣社會的資源。

　　台視是台灣第一家電視台，成立於1962年，同年10月正式開播，次年教育部即頒定《廣播及電視無線電台節目

輔導準則》，其第三條規定：「廣播電視台對於國內的播音語言，以國語爲主，方言節目不超過百分之五十。」初期台灣只此一家，節目製作完全不必考慮「收視率」，所以根本不考慮台語節目。中國黨黨營的中視於1968年成了第二台之後，兩台爲了搶廣告，台語節目才開始增加。

進入1970年，又多了軍方勢力經營的華視加入競爭行列，台視爲了拚收視率與廣告，因此，自1970年3月起，推出福佬話爲主的台語布袋戲《雲州大儒俠》，立刻受到全台灣老少觀眾的瘋狂熱愛。「史豔文」、「兩齒耶」、「劉三」和「怪老子」可說是當時全台灣社會最熟悉的人物。每天中午一到布袋戲播出時間，台灣人幾乎都停止了工作，守在電視機前面，收視率甚至超高達97%。

瘋史豔文的不僅僅是台灣人，連「外省囝仔」也熱滾滾。當赤藍權貴發現他們的孩子在看台語布袋戲，而且學著兩齒耶「合耶、合耶」講台灣話，他們震驚不已。先是台視節目部經理何貽謀接到了「你該槍斃」的恐嚇信函，又連續半年的時間每個月都收到一疊冥紙，表達對台視播出台語布袋戲的強烈不滿(鄭懿瀛，2007)。接著，來自新聞檢查單位的干涉，又讓《雲州大儒俠》播播停停。1974年6月，「行政院」新聞局以「妨害農工正常作息」以及「與推行國語運動相悖」等理由，禁止台視繼續播出《雲州大儒俠》，其他電視台的台語布袋戲也都喊卡。後來，黃俊雄製作的「國語」布袋戲《新濟公傳》，每週日在台視播演半小時，聽起來不順、看起來不爽，收視率當然極差，

不久就停播了。

　　赤藍權貴生怕他們的後代變成台灣人，因此更狠下心來以消滅台語為己任：1973年，在香港發行使用白話字的《台英辭典》被禁止進口、沒收；1975年5月，全面查禁沒收以母語發行的聖經和聖詩，天主教瑪利諾會與台灣基督長老教會新譯的福佬語聖經以及泰雅語聖經都被查禁；1976年通過廣電法，限制廣播、電視台語節目的時間不得超過20%，而且必須要逐年減少，到1992年剩下不到10%；1984年教育部函請內政部制止教會使用羅馬拼音傳教，其他雜誌一刊登白話字也馬上就被查禁等。

　　1978年6月，雲林縣的「省議員」蘇洪月嬌在第六屆台灣省議會第35次會議時，質詢台中護理學校校長酆夠珍，針對學校規定：家長來學生宿舍看小孩，只能在一坪大的會客室裡見面，一次15分鐘，而且「禁用方言」。那些沒受過「國語」教育的台灣父母來學校探望孩子，竟然不能說話，只能比手劃腳。(管仁健，2011)

　　1986年9月28日早晨，彰化市中華西路的新進昌印刷廠，駐廠的工人以及建教合作的台中高工學生共六人，吃稀飯配蔭花生、麵筋、花瓜與豆豉魚乾後，發生食物中毒現象。原來是生寶公司生產的蔭花生罐頭內，含有劇毒的肉毒桿菌A型毒素所致。衛生署在確認病毒來源後，不僅在電視新聞裡大聲疾呼，也在各電視節目中插播廣告，警告民眾千萬別吃，但直到12月都還有受害者的病例。原來依當時廣電法規定，政令宣導短片與插播稿，如果在「國

語」節目中插播，只能以「國語」播出。黃金時段早已被
赤藍權貴禁播台語節目多年，因此這些警告民眾的插播
稿，在12月中旬以前，根本沒用台語播出過。只會聽台
語的民眾，當然完全不知陰花生有毒，白白冤枉死。(管仁
健，2011)

　　這個事件為蔣介石、蔣經國父子及其赤藍黨羽嚴禁方
言的暴政，留下最慘痛的記憶。置台灣人死活於度外的老
賊，以及新聞局、文工會與警總的鷹犬，對電視節目裡台
語演員不標準的「國語」深痛惡絕，但對兩蔣父子及其家
臣如俞國華、周宏濤怪腔怪調的「國語」，卻從來不敢置
喙。直到「陰花生事件」爆發後，台語在電視裡才有了一
絲喘氣的機會。(管仁健，2011)

　　赤藍權貴一方面藉政治暴力推行「國語」政策，另一
方面又成功地摧毀了相當多數台灣社會菁英的台灣民族意
識。結果，自1990年代以來，許多台灣社會菁英以「語言
只是溝通的工具」，來合理化他們自己對外來赤藍族群的
屈服，直接、間接地幫助赤藍集團破壞台灣人母語的使用
環境。

　　波羅的海三國的民間社團在規劃1989年「自由人鏈」
行動的會議上，三國代表捨棄共通的俄語，寧願花時間用
各自的語言發言，再翻譯成另二國的語言，彰顯他們對實
踐民族主義的認真態度。台灣民族運動也應該鼓勵咱台灣
人在各種公開場合，儘量使用母語發言或交談，避免用北
京話，除非它就是你的母語。當有比溝通更重要的反抗外

來壓迫意涵時，更一定要使用母語，必要時做翻譯，讓所有相關的人都能互相溝通瞭解。

3.4.3 剝奪台灣人的公職機會

「中華民國」流亡政府植入台灣之後，依其體制，有俸給之常任文、武職公務員及其他公營事業機關服務人員之選任，需通過「考試院」以公務員任用資格考試合格後，才能按成績擇優錄用，而公務員資格的考試分為高等考試、普通考試、初等考試和特種考試。特種考試是為了滿足特殊性質機關的需要而舉辦的，如警察機關、情報機構以及安全部門等，或是為了填補高普考可錄用人員不足或不符需求之情況而辦。

台灣的公務員人數龐大，目前有60萬人左右。他們長期受到照顧，薪資平均較民間部門高，福利更比民間部門超好，除了結婚、生育和喪葬補助，軍人和中小學教師免稅到2011年才停止，軍眷水電半價，另外，在1994年之前，公務員子女就讀公私立大學院校幾乎都是免費。公務員除了職業生涯穩定，也是唯一可以確定擁有退休保障的職業，1995年7月之前的服務年資部分，退休金一次全額提領者，可以獲得眾所詬病的18%優惠利率，領月退俸者最高可領到同職人員月俸的90%。

更可惡的是在1987解除戒嚴之前，在中國黨服務的年資竟然可以併入「公職」年資計算，以增加「黨棍」退休的福利。赤藍權貴毫不知恥以「威權時代，黨國不分」做

為他們的辯護主張，要台灣人繼續支付他們罪惡的「黨棍」生涯退休給養。

在2012年的數字，軍公教退休18%每年吮吸台灣人的血汗超過801億，外加1.5個月的所謂「年終慰問金」、三節慰問金及子女教育補助等三大福利又吞食232億，而公銀退休者的13%優惠利率再搶40億。經過精算，各級「政府」的退撫新、舊制潛藏負債已近八兆元，受害、受剝削的是廣大的中下層工人、中小企業和農民等弱勢階級。

「內政部」於2000年的《老人狀況調查》顯示：65歲以上老人主要經濟來源是靠退休金、撫卹金及保險給付的「外省人」有47.3%，台灣人則只有6.7%；而主要依靠子女奉養的台灣人有54.6%，「外省人」則只有19.4%。赤藍權貴在台灣製造、拉攏這個公務員階級，一方面做為執行統治集團政策的工具，另一方面則是把他們組成在選舉時期可以用來動員的「鐵票」部隊。(駱明慶，2003)

為了阻撓台灣人在公務體系的正常錄用，自1950年起在台灣的高普考錄取制度，仍依據1948年在中國設計的分省區依人口數訂出錄取比例，再依比例分配錄取名額的辦法。其中台灣錄取比例定額數，最初只有八個名額，後來才又隨著台灣人口逐年增加，比例逐漸遞增到1989年為22個名額，然而該年的總定額數卻高達600人(張麗雪，2011)。以1950年為例，錄取者之中，台灣人只有七人，其他「外省人」雖因少數省區無人應考而缺額，仍然錄取了179人，占全部錄取人數的96%。即使加上只由台灣人應考的

「台灣省公務人員考試」所錄取的30人，「外省人」仍占該年高考錄取的83%。再以1956年的錄取情況為例，台灣人有40人，「外省人」卻有428人(駱明慶，2003)。

這種違逆現實環境，明顯強力壓縮台灣人錄取機會的不公平制度，暴露赤藍權貴為了握緊權力，毫不掩飾地歧視台灣人。到1962年，為了安撫台灣人的抗議，赤藍權貴發明了所謂「加倍錄取」的做法，但卻是拐彎抹角不放棄民族歧視的旁門左道。不過，它也實質提高了台灣人考生的錄取人數，從1964年開始，台灣人的錄取人數所占的比例才趨近80%(張麗雪，2011)。姚嘉文早在1975年出刊的《台灣政論》第二和第四期公開批判這種基於民族歧視的配額制度，逼得當時任「行政院長」的蔣經國還得在「立法院」回應(姚嘉文，1975)。但是，這個荒謬的制度仍一直沿用到台灣人李登輝主政後，才於1992年喊停。

實際上更重要的另一個取得公務員資格的管道是特種考試，雖然沒有像高普考錄取名額分配的設計，但是1950到1991年間的退除役軍人轉任公務人員特考，共錄取67,365人，錄取率高達44.15%，占同期高普考錄取總人數80,407人的83.8%。因為應考者必須具備職業軍人的身分，絕大部分都是「外省人」，其錄取人數之多與錄取率之高，實質上是藉由不公平的優待來讓更多「外省人」取得公務員資格。(駱明慶，2003)

特種考試是要讓更多「外省人」取得公務員資格的旁門左道，卻因為投考者一般的水準都不夠，因此，考場監

考人員往往被要求到場外注意是否有督察人員來巡視，掩護考試者趁機抄書作弊，好讓分數不要太難看。

根據「考試院銓敘部」從1962到1991年的統計資料顯示：「中華民國」公教人員中，若不計軍職人員，「外省人」從1962年占42.8%逐漸下降，到1990年的30%，再降到1991年的22.4%。當然，如果計入軍職人員，則「外省人」所占的比例數字一定更高。「外省人」人口約占台灣總人口的12%到15%，比對前述「外省人」的任職比例，立刻可以發現赤藍權貴在制度上的精心設計。(林丘湟，2006)

更露骨的是，在行政機關裡，職位層級愈高，「外省人」所占的比例就更高。「銓敘部」的統計顯示：

年代	簡任級	薦任級	委任級	一般雇員
1981	84.3%	61.4%	35.3%	43.1%
1991	51.6%	33.4%	22.8%	34.4%

林忠正的研究指出：由於高階主管對一般雇員有錄用權，所以「外省人」在一般雇員所占的比例也飆高。在決定雇用的面談時候，台灣人主管一般不會在意「省籍」，赤藍主管一般卻會偏向錄用「外省人」。上表所暴露的民族歧視措施，不僅發生在行政機關而已，其實是一種在所有由「政府」控制的生產事業、交通事業和金融事業等的「常態」(林丘湟，2006)。

　　究竟經過兩位台灣人「總統」20年的主政，赤藍權貴為了控制「中華民國」，而刻意製造的民族差別公務員生態，究竟有沒有被打破？1992年《戶籍法》修改，將本籍改為出生地，「銓敘部」此後就不做這類的統計，增加了這方面研究的困難度。尤其，自1990年代開始，許多較具現代進步社會意識的「外省人」，逐漸勇敢擺脫落伍、反社會的赤藍意識，轉而認同台灣，願意成為平等的台灣人。因此，若再以「外省人」和台灣人做對比，已經不能正確觀察台灣社會的民族矛盾。

　　「寧靜革命」的驕傲，使事實上在「中華民國」體制內，並沒有足夠政治權力處理「轉型正義」的兩位台灣人「總統」，無奈地藉口台灣民族的寬厚性格，對過去赤藍權貴個人所犯的罪行與責任，完全不予追究或譴責。但是，就在咱這麼散漫的民族解放鬥爭氛圍下，反動的赤藍權貴，開始暗中進行「聯共制台」的勾當，為2008年的赤藍復辟鋪路。

　　馬英九上任後，為何能夠在很短的時間內，恢復過去兩蔣時代對公權力的濫用，尤其是檢調司法的濫用，又能公然向企圖併吞台灣的中共輸誠，引進中共勢力來支持他壓迫台灣民族運動？合理的答案是，赤藍權貴過去憑民族歧視制度和民族壓迫措施，在行政機關所占有的優勢，在兩位台灣人「總統」任內，並沒有被有效的糾正與改善。職位愈高的「高級外省人」愈是死硬的赤藍人，愈是千方百計想要維護自己非法占有的優勢地位和特權利益。因

此，馬英九能夠在行政體系受到公務員「玩法弄法」的配
合，尤其，愈是反台灣人的措施，配合度愈高、愈有效
率。

3.4.4 剝奪台灣人受優質高等教育的機會

　　台灣在大學未能普遍增設之前，一般的印象是：「外
省人」的教育水準比「本省人」高，也因此「外省人」的
職業地位比「本省人」高。赤藍權貴讓媒體把這種印象刻
板化成爲：台灣人穿拖鞋嚼檳榔，「外省人」穿皮鞋打西
裝。雖然乍看之下職業聲望高低是受到「省籍」的影響，
但是這種影響是透過另外的管道而發生作用的，並非「外
省人天生就比較聰明」(王宏仁，1999)。

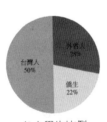

台大學生比例
(1954-1991)

　　在納稅人的補貼下，台灣的公立大
學學生可付較少的學費，享受遠比私立
學校優質的教育資源。台灣大學一直是
台灣最頂尖的大學，英國高等教育調查
公司Quacquarelli Symonds公佈2012世
界最佳大學排名，台大排第80名，是台
灣唯一擠進全球百大的大學。在2012
年，每個台大學生平均由納稅人補助41.7萬台幣，是同爲
國立的中正和東華大學學生的兩倍，是私立大學學生的三
倍多。因此，進台大的學生，除了個人花較少的經濟成
本，享受到超值的學習環境，由於台大各方面條件的優越
性，個人得以和在學術、產業、政府或其他公共領域具有

卓越地位的教授建立垂直的「裙帶關係」，又能和未來發展機會都較看好的同學建立橫向的專業網絡。這種垂直的與橫向的人際關係是個人可以在大學環境裡創造的高價值資產，它帶來機會和競爭優勢。就和有民族差別的「公職機會」一樣，而這種優質高等教育的機會也一樣搞民族差別。

　　從1954年到1990年就讀台大的學生共有86,263人，其中沒有經過大專聯合招生管道的僑生占18,750人，約占21.7%。排除這些僑生後，從1954年到1991年就讀台大的「外省人」學生約占36%，台灣人占64%。若假設1954年到1991年僑生的比例和1954年到1990年同樣是21.7%，則從1954年到1991年就讀台大的僑生、「外省人」和台灣人的比例分別是21.7%、28.2%和50.1%。僑生幾乎都不是台灣人，他們在政治或族群意識上比較接近「外省人」。換句話說，占人口85%的台灣人，在高等教育環境最好的台大只占50.1%。若進一步分析在前述時段內，適齡的「外省人」男性相對台灣人男性進台大的機會，可以發現它從9.2倍逐漸遞減到還是極不合理的2.76倍。台大經濟系的駱明慶教授認為，這種極不合理的現象應該是「外省」學生的父親平均教育水準較高、軍公教家庭教育補助費的幫助，以及以北京話為學習與成績篩選語言的關係。(駱明慶，2002)

　　事實上，「外省人」在台灣接受高等教育的機會就是遠優於台灣人，並不僅限於進入台大而已。陳婉琪的研究

分析發現：對高教育家庭背景的子女來說，「省籍」對於任何出生世代之上大學機會似乎沒有影響；但在低教育家庭背景的子女中，則存在相當顯著的「省籍」效應(陳婉琪，2005)。吳乃德在他的研究報告裡客氣地下結論說：政治力量是造成台灣人和「外省人」在社會地位上不平等的重要原因之一(吳乃德，1997)。

　　赤藍權貴以政治力介入教育內容，一方面企圖藉教育壓制或消滅台灣人的台灣意識，另一方面企圖塑造其統治的合法性。那些中國的歷史、中國的地理、中國的文言文、教條的三民主義，以及毫無科學實證的中國文化基本教材，這些課程不僅讓台灣學生缺乏學習興趣，甚至讓較具台灣民族意識的學生與家長產生反感與排斥，而教育內容和本土環境的隔閡無形中也剝奪台灣學生的在地優勢。相對的，「外省人」自中國逃來台灣，其家庭背景使他們對中國的事物有較高的學習興趣。

　　赤藍權貴處心積慮製造對「外省人」有利的學習環境與考試優勢，以製造「高級外省人」來延續其外來統治的能量。他們深知人性的弱點，高等教育成就愈高的「外省人」，愈能在台灣「名正言順」地占據優越的社會地位與利益，也就為了維護既得利益而愈傾向赤藍族群的認同。

3.4.5 挑撥離間分化台灣住民

　　台灣在進入20世紀的日治時期，島上住民當中的福

佬、客家和原住民族群之間，基本上已經能夠和平相處，並無嚴重的磨擦。但是，破壞與分化台灣住民的團結，從來就是外來政權常用的統治技倆。日治時期總督府有強大的武力後援，比較不必依賴分化統治手段。但是，赤藍權貴逃亡、強占台灣之後，為了維護其少數族群的統治地位，便把這種反社會的分化統治手段發揮得淋漓盡致。

陳師孟指出：「外省統治階層將國家統治權視為禁臠，尤其對最大的福佬族群更是傾軍政情特之力嚴以防範。為了扳平人數上的劣勢，外省統治階層以施小惠的方式籠絡客家與原住民族群，以扶植樣板人物的方式離間福佬族群。」(陳師孟，2006)

赤藍權貴為了創造剝削台灣人的《兩岸經濟協議》(ECFA)環境，在台灣人的反對聲中，「經濟部」於2009年7月推出了以漫畫促銷ECFA的說帖，企圖用兩位主角「一哥」與「發嫂」似是而非的對話來為ECFA瞞天過海。

「經濟部」還特別開了記者會為這兩位漫畫人物的身分做了簡介：反對ECFA的「一哥」是台南的福佬人，年齡45歲，五專畢業，從事傳統製造業業務；而贊成 ECFA 的「發嫂」則是新竹的客家人，才40歲，大學畢業的學歷，已經是貿易公司的主管，還在進修EMBA。

接著，「經濟部」進一步說明這兩個角色的人格特質，其刻板人物描述的褒貶意味，以及明目張膽編造「福佬差、客家好」的對比形象，令人震驚：

「一哥」操台語口音的台灣國語，對人生的要求就是得過且過，平時抱持老二哲學，但對於攸關自身權益的事，就會全力以赴，例如，買東西老闆如果少找五塊錢也必定會力爭討回來。總是不滿別人升遷，但卻從來沒有實際行動，是一個只會說大話的人。每天嘻嘻哈哈輕鬆過日，不懂得自我提升，沒有危機意識。雖然對ECFA內容完全不瞭解，但在人云亦云下，也開始擔心可能影響工作。

「發嫂」是已婚職業婦女，個性積極、熱心、主動，精通國、台、英、日語，溝通能力佳，兼具知性與感性，為人客觀又具有求知精神。總是主動參與公共事務，因此對ECFA議題有相當的瞭解。

本來，ECFA的議題和族群並沒有明顯的相關性，赤藍權貴在塑造漫畫角色的時候卻毫不掩飾他們根深柢固的族群歧視心態，而為了維護他們非法的特權地位，也毫不收斂他們挑撥台灣族群對立的習性。

渲染「福佬沙文主義」也是赤藍權貴慣用來挑撥離間台灣住民的方法之一，專為挑起客家人、原住民與新移民對福佬族群的疑慮，使他們因此猶豫、甚至反對和福佬人合作，藉以削弱台灣民族運動的團結力，使台灣人對台灣前途難以發揮積極的作為，讓赤藍權貴得以坐收漁利。赤藍權貴和他們的打手透過各種通訊管道與人際關係，散佈：福佬人根本不尊重弱勢的客家人、原住民與新移民，

如果福佬人掌握了政治權力，一定會歧視、欺壓這些族群，把他們當做「二等公民」。

　　曾在1964年和他的兩個學生謝聰敏和魏廷朝共同發表《台灣人民自救宣言》的彭明敏教授，於民進黨執政不久後指出：中國黨來台灣後，爲了掩飾「外省人」享受特權的事實，企圖混淆視聽，在原有三大族群之間挑撥分化，喊出「反對福佬沙文主義」，以激起客家和原住民對福佬的反感，以便操縱族群關係(彭明敏，2001)。那兩個學生當中，謝聰敏是福佬人，而魏廷朝是客家人，清楚表現兩個族群合作反抗外來的赤藍壓迫集團。

　　被壓迫族群使用自己的語言，拒絕使用壓迫族群的語言，本來就是一種象徵反抗的行動。以目前所觀察與經驗的情況，從自然的語言隔閡見縫插針，似乎最容易被用來激起客家、原住民與新移民反對福佬沙文主義的猜忌情緒。

　　赤藍權貴過去在台灣強迫台灣人說北京話，是出自赤裸裸的民族壓迫心態。在台灣民主運動的衝擊下，現在赤藍權貴已經無法公然逼大家說北京話，既如此，台灣人就應該鼓勵大家在公開場合多使用母語。福佬人是台灣住民的多數，因此，在許多場合使用福佬話，無可厚非。但這並不表示福佬人反對客家人、原住民與新移民各用其母語。當然，在開會的場合，福佬人也應該瞭解，如果客家人、原住民與新移民實在聽不懂福佬話，他們就很難融入會場的氣氛，這絕對是人之常情。不過，客家人、原住民

與新移民絕不應該據此要求台灣人在公開場合都使用北京話，這種錯誤的思維正是金恩博士指責非裔美國人所陷入的「螃蟹簍筐效應」(crabs in a bucket)，也就是被壓迫者互相拉扯不讓他人得以脫身自由。因此，在必要時，解決的方法應該像波羅的海三國的民間社團，用翻譯的方式來進行，使大家都能聽懂與溝通。

事實上，許多台灣人領導者多年來一貫主張台灣各族群的文化、語言、習慣都應平等尊重，不應該容許族群歧視存在。台灣族群一定要認清赤藍權貴是咱共同的主要敵人，絕不能落入他們的陷阱，被他們挑撥離間，導致台灣人互相攻訐，使赤藍權貴獲利。

3.5 開闢出頭天之路

有壓迫就有反抗，台灣人經歷了二二八民族大屠殺之後，終究會打破沉默逐漸擺脫恐怖的陰影，醞釀反抗的意志和行動。正如吳濁流在《台灣連翹》所要呈現的：被修剪得整整齊齊的連翹，築成一道規矩順服的花牆，那些穿過籬笆縫隙向外伸展的青翠枝葉，逃過被裁剪的厄運，而被削剪過的枝幹經過雨淋日晒則又茂盛茁壯，依循自己的意志爭取自己的生長空間。

3.5.1 生是台灣人死是台灣魂

先是親身經歷災難的台灣人領導者之一的廖文毅博士

亡命香港，在1950年2月轉往日本，聯合一些旅居日本的台灣人組織「台灣民主獨立黨」。1956年進一步成立「台灣共和國臨時政府」，向國際社會控訴蔣政權的暴行，提出台灣住民自決的主張，尋求聯合國的干預。可惜台灣社會缺乏足以受到重視的爭取獨立的實際行動，因此，台灣人建立自己的獨立國家在當時並不是主要國家關注的利益所在，這些前輩因此求助無門。

　　1963年5月28日清晨，陳智雄志士即將被從牢房押赴刑場時，大聲高喊：「台灣獨立萬歲！」獄卒們粗暴地將抹布塞到他的嘴裡，阻止他出聲，上了手銬之後，獄卒用斧頭猛力砍斷他的腳鐐，使他的腳掌也被砸傷，目的是不讓他英勇豪壯地昂首走向刑場。目送他拖著負傷的腳，沿路滴血而行的最後背影，難友們感覺到強烈的悲憤。當天，全體台灣人政治犯以絕食對不人道的蔣政權做無言的抗議。陳智雄烈士奉獻自己的生命，遭到槍決，結束了他為台灣獨立的戰鬥。曾經坐過政治黑牢達27年的鍾謙順，在他所寫的《煉獄餘生錄》中，稱陳智雄為「台獨的第一犧牲者」。由台灣政治受難者聯誼會編印的《政治犯——台灣獨立運動史》，將他譽為「台獨第一烈士」。

　　陳智雄1916出生於屏東，家境小康，成長後精通英語、日語、荷蘭語、馬來語、台語以及北京官話等六種語言。太平洋戰爭期間，被日本政府徵調到印尼擔任翻譯。二次大戰結束後，陳智雄留在印尼做生意，其間娶荷蘭籍的女子為妻。在蘇卡諾(Sukarno)挑戰荷蘭殖民統治發動獨立

戰爭之時，陳智雄以荷蘭籍夫人爲掩護，暗中提供日軍遺
留下來的大批武器支援獨立軍。因此，他被荷蘭軍政府逮
捕囚禁一年之久。印尼獨立後，蘇卡諾就任總統，有感於
陳智雄的冒死義援，遂待他如國賓，並授以名譽國民獎
狀。

受到印尼人民奮鬥爭取獨立的鼓舞，陳智雄決定獻身
於台灣獨立建國運動。他接受了「台灣共和國臨時政府」
大統領廖文毅的委任，擔任「東南亞巡迴大使」。透過陳
智雄的良好人脈關係，廖文毅得以在1955年應邀參加了在
印尼舉行的「萬隆會議」，使廖文毅的國際聲望達到了最
高點。

陳智雄在東南亞奔波，進行爭取台灣獨立的外交工
作，受到蔣政權及中國政府的注意。在中國共產黨的壓力
下，親共的蘇卡諾總統將陳智雄逮捕入獄。陳智雄在獄中
寫信大罵蘇卡諾忘恩負義表示抗議，蘇卡諾自知理屈便以
驅逐出境釋放他。陳智雄隨即整裝赴日打算與廖文毅會
合，在羽田機場下機後，卻因爲沒有入境簽證，在蔣政權
的壓力下，日本政府也拒絕他入境。於是，陳智雄就在東
京與雅加達之間往來好幾趟，「空中人球」成了當時的國
際社會矚目的新聞話題。直到他在飛機上碰到一位瑞士官
員，安排他到瑞士去居住，順利取得瑞士公民籍後，1958
年陳智雄才以瑞士公民身分前往日本，繼續推展台灣獨立
運動。

陳智雄的行動讓蔣政權如芒在背。1960年12月12日，

他們透過駐日單位特工人員的運作，將陳智雄綁架回台。由於在日本的台獨運動者強烈抗議，並向新聞界公開陳智雄秘密被捕的實情，蔣政權只好將他釋放，條件是要他不可再有任何「反對政府」或是從事台獨運動的言論或行為。但陳智雄並沒有放棄台灣獨立建國的理想，仍然積極奔走，繼續在島內推動台獨運動。

　　陳智雄在屏東認識了台灣大學出身的蕭坤旺和戴村德二位，組織了「同心社」。由於行動受到中國黨特務嚴密的監控，他寫給蕭坤旺的英文信被攔截當證物。調查局在1961年底將三人逮捕，移送到警備總部。1962年8月，陳智雄被以唯一死刑的叛亂條例二條一起訴，蕭、戴二位則以二條三起訴。面對軍法官的審訊，陳智雄一概以福佬話回答，軍法官喝令他以「國語」應訊，他仍以福佬話回應說：「台灣話就是我的國語。」惹惱了聽不懂台語的軍法官，軍事審判判決結果是：陳智雄判死刑，蕭、戴兩人各判八年。判決前陳智雄正氣凜然當庭陳述：「生是台灣人，死是台灣魂。」

　　與郭雨新在1976年暗組新黨，遭警備總部以「意圖顛覆政府」罪名逮捕的楊金海，飽受特務極不人道的酷刑之後，遭警備總部軍法處以懲治叛亂條例二條一求處死刑，審判時也有類似陳智雄遭遇的場景。軍法官要他用「國語」，楊金海說：「台語就是國語。」軍法官說那是「閩南語」，不是「國語」，楊金海則堅持用台語繼續回答。氣到軍法官臉色發青喝斥：「你會叛亂，我也會亂判！」

結果宣判死刑。在美國台灣人權團體的救援下，後來才改判無期徒刑，打入綠島黑牢。(鄒景雯，2007)

3.5.2 台灣獨立思想漂泊海外

接著，目睹二二八慘痛景象的台灣留學生，利用前往留學國家如日本、美國的安全庇蔭，開始發展有組織的台灣獨立運動。1956年1月，林榮勳、林錫湖、陳以德、楊東傑和盧主義五個年輕人在費城成立「自由台灣人的台灣」(Formosans' Free Formosa, 3F)，它是台灣留美學生為鼓吹台灣獨立所建立的第一個組織。他們秘密地發行刊物，向留學生及美國人作宣傳。

第一期的刊物用英文打字，印了60份，附了一封給台灣留學生的公開信，一開頭就寫著：「這是一個覺醒的世紀，一個革命的世紀。」然後，詳述亞非各殖民地紛紛獨立建國的時代潮流。第二段開始控訴台灣的情況，信中稱蔣政權為外來政權，而這個政權藉恐怖鎮壓來剝奪台灣人的人權，並使台灣人的生命、財產和幸福失去保障。第三段強調台灣的歷史是一部爭取自由繁榮、反抗外來強權的鬥爭史。第四段鼓勵台灣留學生利用美國的有利環境，向全世界表達台灣人的意願，並

3F主要成員：左起楊瓊姿、楊東傑、李國瑠、陳以德及林榮勳。1954年合影於美國費城。(楊東傑提供)

3F主要的理論家盧主義(右)至今仍努力奔走為台灣人爭取國際支持(2011年8月攝於美國國會廣場)

舉當時著名的作家戴維斯(Elmer Davis)的名言：「只有勇敢的人民，才配享有自由的國家。」最後，要求大家基於共同的信念結合起來，互相切磋增進知識，以備來日集體性的行動，達成台灣獨立的願望。第一期的刊物，在當時平靜的留學生當中，造成了石破天驚的震撼。有人嚇得魂不附體，有人感動得暗自流淚。(劉重義等，1985)

　　3F的組織與活動雖然那麼弱小，卻讓非法占據台灣的蔣政權坐立不安。究竟3F提供了台灣的真相，長久下去可能使美國人恍然大悟。因此，蔣政權乃透過「中國賄賂團」要美國國務院調查3F與共產黨的關係。在身分可能暴露的壓力下，3F便在1957年底宣佈解散，隨即在翌年1月宣佈成立「台灣獨立聯盟」(United Formosans for Independence,

UFI)。比3F更進一步，UFI有了粗略的組織章程。在1958
年11月UFI所印發的《要求正義》(*Appeal for Jusustice*)季刊，
開頭就說明：「台灣獨立聯盟是在美台灣人的組織，我們
鼓吹基於民族自決的原則來解決台灣和澎湖的地位。我們
深信人生而平等，爲了台灣人的自由、幸福和繁榮，我們
有不可被剝奪的權利來選擇和建立我們自己的政府。我們
追求一個自由、民主、獨立的台灣共和國，我們反對任何
形式的獨裁和殖民統治。」(劉重義等，1985)

　　1960年2月，當時任日本明治大學講師的王育德和幾
位台灣留日學生也在東京成立了「台灣青年社」，後來演
變爲「台灣青年會」、「台灣青年獨立聯盟」，是爲「達
成台灣獨立，建設近代化新台灣爲目的的全民性革命建
國團體」。1964年3月，滑鐵盧大學(University of Waterloo)教授
黃義明和留學生林哲夫等人在加拿大多倫多組成「台灣自
決聯盟」，隔年改名爲「台灣人權委員會」。而威斯康辛
大學麥迪遜校區則在1965年3月，由周斌明醫師組成「台
灣問題研究會」，明確揭示建立「民主、獨立、自由的台
灣」。

　　1964年9月20日，台灣大學教授彭明敏和他的兩個學
生謝聰敏及魏廷朝以無比的勇氣寫下歷史性的《台灣自救
運動宣言》。他們雷霆萬鈞的筆，一開始就宣稱：「一
個堅強的運動，正在台灣急速地展開著。這是台灣島上
一千二百萬人民不願受共產黨統治，不甘心被蔣介石毀滅
的自救運動。我們要迎上人民覺醒的世界潮流，摧毀蔣介

UFI於1961年8月3日發動台灣留美學生第一次歷史性的街頭示威，在紐約向準備到聯合國大會演講的陳誠抗議。

石的非法政權，為建設民主自由，合理繁榮的社會而團結奮鬥。」但是很不幸，他們來不及散發宣言就被中國黨特務逮捕。

自救宣言全文於1965年底，被日本「台灣青年獨立聯盟」的許世楷取得，並公開發表在《台灣青年》月刊。海外台灣人受到相當大的鼓舞，紛紛複印傳閱並以各種方法寄回島內。1966年5月，陳以德和他的美籍太太連夜將全文譯成英文，由羅福全等人印送各地向國際人士宣傳台灣人要求建立自己的國家。

受到彭明敏師生發表《台灣自救運動宣言》激勵，與1965年5月「台灣共和國臨時政府」大統領廖文毅回台投降的挫折，10月底北美洲的台獨活躍份子由周烒明和陳

以德具名邀請到麥迪遜校區參加「留美台灣同胞結盟大會」(Formosan Leadership Unity Congress)。加拿大的「台灣人權委員會」以及在日本的「台灣共和國臨時政府」與「台灣青年獨立聯盟」三個團體也都分別派有代表與會。整合力量的共識促成了1966年6月的費城結盟，在北美洲的主要台獨組織合併成爲「全美台灣獨立聯盟」(The United Formosans in America for Independence, UFAI)。

　　1970年1月，全世界主要的台獨運動團體合併組成「世界台灣獨立聯盟」(World United Formosans for Independence, WUFI)，簡稱台獨聯盟。從此，台灣民族運動較能依循革命運動的發展軌跡，把宣傳理念、擴大組織與採取行動三者交錯影響，提升運動能量。他們意識到台灣人必須依賴自己的力量建立自己的國家。

　　1970年台獨聯盟的好漢黃文雄和鄭自才爲了實踐台灣獨立建國的理想，毅然將個人安危與前途置之度外，在紐約行刺蔣家暴力政權特務頭子蔣經國，採取直接打擊外來政權統治核心的行動，其浩然勇氣可比古代刺殺秦王的荊軻，其革命抱負可比謀刺俄國沙皇的列寧的大哥亞歷山大(Alexander Ulyanov)，其守護人權可比襲擊南非執行「種族隔離」政策的白人官員的曼德拉。

　　亞歷山大被捕時是彼得堡大學非常優秀的學生，他的犧牲激發了少年列寧的革命火種。曼德拉被捕時是年輕的律師，他成爲打破「種族隔離」的驅動力與希望。黃文雄被捕時是康乃爾大學的研究生，而鄭自才是已經從匹茲堡

大學畢業的建築師，他們的壯舉使中國黨無法再阻止「台獨」議題在島內浮上檯面。台灣同鄉會或同學會在美國各大學校區如雨後春筍般地成立，為70年代的台灣獨立運動注入旺盛的活力。

海外台獨活動的熱絡吸引了島內自覺的台灣志士。1927年出生的鄭評又名鄭智仁，原來是高雄人，後來搬到台北士林，是北投基督長老教會的執事。1971年10月，鄭評赴日參加「基督教反共聯合會」，與史明結識而被吸收。鄭評回台發展細胞組織並籌劃購買槍枝、暗殺中國黨高官如蔣經國等的行動。1973年10月鄭評被捕，全案被捕有22人，史明在1998年增訂版的《台灣人四百年史》提及鄭評的組織「被蔣家特務賴錦桐所滲透」。1974年3月26日，警備總部軍法處初判：鄭評死刑，同案多人分別被判處無期徒刑或十年。1974年8月12日，時47歲的鄭評昂首大步走出軍法看守所，在安坑刑場為台灣民族獨立運動從容就義。

王幸男畢業於陸軍軍官學校專修班，1970年前往美國經商，與不少台灣同鄉有所接觸，1974年加入台獨聯盟。目睹中國黨蔣家政權的戒嚴高壓統治，王幸男決定效法前以色列總理比金(Menachem Begin)主持的「爆炸復國」行動。1976年7月王幸男返回台灣，於10月「國慶日」前以國語辭典製作成三個郵包炸彈，分別寄給謝東閔、李煥與黃杰。其中，寄給謝東閔的郵包在拆封時爆炸，謝東閔遭炸斷一臂，李煥被炸傷手指，黃杰則預先接到警訊而逃過一

劫。

漂泊海外的台獨組織終於把民族獨立鬥爭的實際行動帶回台灣島內，和島內的民族運動者連接，直接挑戰外來赤藍統治集團，希望能喚醒更多台灣人起來參與台灣民族獨立運動。

3.5.3 革命的掙扎

在島內，無黨無派的台灣人「省議員」，在「省議會」或政見發表會上，以巧妙的措辭批評中國黨政權，他們的言論深深地打動被外來集團壓迫與剝削的群眾。這些民主鬥士當中較著名的有五虎將：郭雨新，吳三連、李萬居、郭國基和李源棧。台灣人反對中國黨政權的心理，在歷次選舉中公開表露無餘。

較有眼光的「外省人」當推雷震。他是《自由中國》半月刊的負責人，對蔣介石父子假借「反攻大陸」的神話蹂躪「憲法」，深感憂慮。1956年10月，他藉慶祝蔣介石70歲生日時出版《祝壽專號》，對中國黨政權展開猛烈的批判。他後來所寫的《反攻大陸無望論》更是赤裸裸的揭露蔣家政權的騙局。

在內外情勢的鼓舞下，台灣本土的政治人物和雷震等開明的「外省人」，開始攜手合作，在極為有限的言論空間，灌注進步的民主思想，沖刷蔣家政權的污濁謊言。這股新興勢力在1960年邁入公開組織反對黨，在各地進行演說活動。蔣家特務乃在9月4日以雷震窩藏「匪諜」劉子英

的罪名加以逮捕，反對黨就此被扼殺。劉子英當時是《自由中國》的編輯。

雷震的被捕以及反對黨的流產，引來各方強烈的抗議。史卡拉賓諾於9月27日的《紐約時報》發表了一篇措詞激烈的投書：「自由中國在那裏？當然不是在中國大陸，但也不是在台灣。」又說：「我們若不擬定好中國政策，使這個政策能夠讓台灣人決定他們自己的前途並參與自己的政府，有一天，我們必然面臨台灣人的敵對態度。而歷史將再度控告我們，說我們袒護一個即將沒落的獨裁政權。」

1961年9月18日，雲林縣無黨籍議員蘇東啓在議會以臨時動議提案：「敦請總統特赦雷震。」獲得全體45位議員通過。隔日凌晨，蘇東啓和他太太蘇洪月嬌被一群身荷槍械的憲警從住處押走，逮捕的理由是因為參與台獨叛亂。

原來，在民雄經營戲院的張茂鐘於1960年認識了在虎尾經營國際照相館的詹益仁，兩人對台獨理念的認同相近而決定聯手合作，要採取武裝革命促成台灣獨立。之後，他們吸收了戲院管理員林東鏗、農會獸醫黃樹琳、商人李慶斌和陳金全、工人張世欽、陳火城和沈坤、農民王茂己、陸戰隊第1074部隊上等兵陳庚辛、砲手兵林江波、駕駛兵鄭金河、鄭正成、鄭清田、洪才榮和陳良、通信兵詹天增和吳進來、空軍訓練中心下士教育班長李志元和空軍訓練中心二等兵張邦彥等人。他們計劃奪取虎尾糖廠警衛

室和空軍訓練中心的武器彈藥，以武力控制電台，號召革命起義。

　　為實現目標，他們積極爭取在雲林地區有聲望的蘇東啟加入，並擔任領導者，以擴大影響力。他們先為蘇東啟輔選，獲信任後才提出革命行動計畫，而得到蘇東啟的贊同。1961年1月，張茂鐘等人聚集在詹益仁的照相館，商議有關事項，草擬行動計劃，組成武裝行動隊，推舉張茂鐘和詹益仁分別為正副隊長。3月9日晚，他們決定在1074部隊換防他地之前，襲擊兵營奪取武器。但發現真正挺身參與的人力單薄，加上兵營戒備森嚴而取消行動。結果消息外露，中國黨特務於是伺機採取行動，該案陸續被捕者300餘人，為二二八事件以來，牽連人數規模最大之政治案件，稱為「蘇東啟案」。

　　1962年5月17日，蔣家警備總部軍法處以祕密庭判處蘇東啟、張茂鐘和陳庚辛死刑，另47人分別判處無期徒刑、15年及12年不等的有期徒刑。此案引起國際社會嚴重關切外來統治集團對在地人的殘酷措置。1963年9月25日，警備總部軍法處改判蘇東啟、張茂鐘、詹益仁和陳庚辛無期徒刑，林東鏗、黃樹琳和鄭金河有期徒刑15年，陳良、詹天增等九人有期徒刑12年，蔡光武等六人有期徒刑7年，黃錫琅等11人有期徒刑5年，蘇洪月嬌、顏錦福等七人以知情不報，處有期徒刑2年，另外，廖學庚等10人有期徒刑2年，緩刑2年。蘇洪月嬌帶著哺乳中才4個月的兒子蘇治原被關了2年，蘇家財產全部被沒收。

　　鄭金河、詹天增與陳良等多人後來陸續被關到台東泰源監獄服刑。1970年2月8日上午11點半，被關在台東泰源監獄的六個年輕、熱血的政治犯，鄭金河、陳良、謝東榮、江炳興、詹天增和鄭正成，依計畫發動台灣獨立革命行動，可惜，執行過程的意外導致事蹟敗露。六壯士迫於情勢而攜槍械逃亡山區，到2月18日先後被圍捕押回。

　　泰源監獄建於1962年，位於台東東和鄉北源村的阿美族部落區內，自1960年代中期後成為中國黨囚禁政治犯的大本營，其中具有台灣獨立思想、組織與行動技能的勇士們，於1968年2月正式開始籌劃自獄內發動武裝革命，其後逐漸發展出奪取輕裝師武器，占領富岡廣播電台發表《台灣獨立宣言》，奪取台東的軍艦，聯合原住民在山區打游擊，發動全島性革命的執行構想。他們爭取到更多的政治犯同伴、駐紮該地執行警衛任務的台灣人士官兵50人，以及當地的原住民知識青年等，總共網羅約120餘人。(高金郎，2007)

　　革命行動的觸發一方面是受到國際情勢的鼓舞，另一方面則因為領導小組意識到風聲洩露的危機。舉事失敗被捕後，五位烈士豪勇地承擔所有責任，在嚴刑拷打下緊守口風，絕不牽連其他同志，還佯言鄭正成壯士是身不由己被他們綁架的。3月30日經軍事法庭審判，除鄭正成被判刑15年6個月，其他五位皆處死刑。

　　當時，蔣家政權的聯合國席位已經岌岌可危，又泰源獄方管理階層深怕事態擴大暴露其貪瀆無能，加上，4月

江炳興烈士　　詹天增烈士　　鄭金河烈士　　謝東榮烈士　　陳良烈士

照片上列取自高金郎著《泰源風雲》；下列陳儀深著《口述歷史——泰源監獄事件專輯》。

24日台獨壯士黃文雄在紐約槍擊蔣經國使台灣問題成為國際社會矚目的焦點。在內外情勢的壓力下，蔣家一方面企圖掩蓋泰源革命事件，更要報復台灣人刺殺蔣經國，因此，快速地在5月30日槍殺五位泰源台獨壯士洩忿結案。其餘100多位參與行動計畫的革命同志因此得以倖免。

　　四度入監總共被關了23年的黃華在《別無選擇——革命的掙扎》中，就特別提及：「蔣經國遇刺後，中國黨對台灣的控制更嚴緊了。叛亂案的判決，突然都變重了。」又指出：「更可怕的是，有許多案子，一審只判十年，上訴後，變成十五年或無期，甚至變成死刑；無期的，上訴後，幾乎都改判死刑。而且，很快就槍斃。」(黃華，2008)

　　在文明社會的死刑，都盡量降低犯人在執刑過程中的痛苦，但是五位烈士都被射擊至少六次，陳良烈士被射擊

七次，再用刺刀割斷心脈。家屬領回的屍體個個都血肉模糊，慘不忍睹。因為蔣家政權不把判決書交給家屬，家屬對自己親人何故被殺害無法得到明確的解釋。可以看出，那是一場野蠻人或黑幫對反抗者的虐殺與報復，而不是正常合法的執刑。

鄭金河烈士在即將赴刑場之際放聲高呼：「台灣獨立萬歲！」中國黨的士兵用毛巾塞住他的嘴巴加以殺害。倖存的鄭正成帶出鄭金河烈士最後的遺言：「台灣如果沒有獨立，是我們這一代年輕人的恥辱！」「我們要走了，剩下的就留給你們了。」(高金郎，2007)

「台灣政治受難者關懷協會」在2012年5月30日於台北義光基督長老教會舉行泰源事件42周年紀念會，新上任的「文化部長」龍應台代表赤藍政權，將鄭金河烈士42年前所寫的遺書交還給家屬。江炳興烈士的家屬因當日無法出席，遲到10月11日龍應台才將遺書送到他住在台中大里的兩個妹妹手上。龍應台向記者透露：在國家檔案局中仍保存有白色恐怖時代被槍決受難者177件遺書及文件，尚未遞交給家屬。「中華民國」在台灣是什麼碗糕可想而知，竟然藏匿被殺害者的遺書、判決書等資料，沒有一個正常國家的政府敢做出這麼反社會、反人權的代誌。

3.5.4 民族民主運動風起雲湧

1971年蔣家政權被逐出聯合國，而美國總統尼克森正加緊準備訪問中國。這種發展揭穿了「中華民國」代表中

國的荒誕神話，刺激了年輕人關心自己台灣的前途，要求
改變的力量強烈擠壓著社會每個角落。以蔣家爲核心的赤
藍權貴，在時局的衝擊下，爲了鞏固其少數外來統治族群
非法占有的優勢地位與特權利益，不得不重新調整台灣社
會的利益階級結構，引進赤藍化較深的「吹台青」，即所
謂善於吹噓的台灣青年人，給予較多的權力和利益收買他
們的忠誠，利用這些台籍樣板誘發台灣人的改革幻想，也
在國際社會模糊「民族壓迫」的形象。

具有百年歷史、在社會各階層有相當影響力的台灣基
督長老教會，於1971年12月29日發表《台灣基督長老教會
對國是的聲明及建議》，要求全面改選中央民意代表。隔
年3月19日，四位具有國際聲望的台灣人牧師和學者——
黃彰輝牧師、黃武東牧師、宋泉盛牧師以及林宗義博士，
在海外響應長老會的國是聲明而發起「台灣人民自決運
動」(Formosans for Self-Determination)，在海外的台灣人教會與同
鄉會之間奔走啓發台灣人的「自決」意識。

1975年11月18日，台灣基督長老教會不顧蔣家政權的
脅迫，發表第二次公開聲明《我們的呼籲》，除了重申第
一次聲明的信念，並提出住民自決呼應海外的台灣人民自
決運動，強調：「唯有我們自己的人民，才有權力決定自
己的命運。」1977年8月16日，長老會更進一步發表《人
權宣言》，呼籲：「使台灣成爲一個新而獨立的國家。」
這是台灣社會首度由公開的民間團體，明確發出台灣獨立
的聲音。(陳佳宏，2006)

　　1974年9月在當代台灣反對運動相當突出的新「增額立委」康寧祥，應美國國務院的邀請訪美。他被《時代雜誌》評選列入該年度的「全世界未來150位社會領袖人物」之一，是台灣唯一入選的代表。

　　赤藍權貴則形容康寧祥是：「一顆掉進茅坑裡的石頭，又臭又硬。」果然，他是敢到被蔣家政權認定為台獨外圍組織的台灣同鄉會，做公開演講的第一位黨外人士，開啟了島內外台灣民族運動者的公開接觸。康寧祥9月23日晚在俄亥俄州的哥倫布市同鄉會呼籲：「諸位如果有好的主張和理想，那麼，就應該透過諸位所要影響的對象，把這些好的主張和理想促成其實現。」並強調：「希望能透過這個見面的機會來探求一個可能和大家共同的點。然後，朝這個共同的目標來努力。」當年的康寧祥展現了無畏蔣家威脅的智慧，含蓄的語詞連接了雙方共同追求的目標，期待推動島內外台灣人的合作。(流星人，1974)

　　1975年4月獨裁者蔣介石去世，雖然早已安排好蔣經國接班，總是，長期被導向個人崇拜的封閉社會頓時茫然若失，為台灣民族運動帶來推動改變的契機。回顧當時的政治環境，台灣仍然繼續在中國黨的高壓戒嚴統治下，黨外異議人士除了選舉的言論假期之外，沒有任何言論自由或組織活動的空間，動輒得咎被捕入獄。

　　第一本以台灣本土意識為主體的政論性雜誌《台灣政論》於8月創刊，黃信介為發行人，康寧祥當社長，大部分成員和作者都是土生土長的台灣知識分子。雜誌的言論

隨該年底立委選舉升高，結果在選舉中途才出到第五期，
就遭到中國黨政權蠻橫的停刊。《台灣政論》因為刊出澳
洲昆士蘭大學教授邱垂亮的〈兩種心向〉一文，國民黨政
權以「煽動他人觸犯內亂罪，情節嚴重」為藉口予以停
刊。接著，該刊被關了八年甫出獄來任副總編輯的黃華遭
到逮捕，後來被以二條三判刑12年又一個月。停刊前不
久，另一位副總編輯，因涉嫌貪污5,000元被停職的宜蘭
縣礁溪鄉長張金策，已經被高院從原來地方法院的半年刑
期，重判改為十年(黃華，2008)。

美國總統卡特在1977年1月上任就高舉「人權外交」
的旗幟。在美國台灣人權團體的努力下，美國國會在1977
年6月14日針對台灣人權問題舉行了第一場聽證會。台灣
方面出席的人士除了中國黨派去的高雄市長王玉雲之外，
另有兩位由「台灣獨立聯盟」安排偷渡出境而來參加，一
為宜蘭縣礁溪鄉長張金策，一為嘉義縣議員吳銘輝。這兩
個政治亡命者的出席做證，使得那次聽證會特別引人矚
目。

張金策與吳銘輝兩人於5月下旬由台灣北部搭漁船做
伙偷渡出境，在日本的與那國島游泳上岸。台獨聯盟日本
本部預先就已安排好接應步驟，讓兩人在第三天搭機飛到
大阪。聯盟美國本部則透過美國國會議員，取得邀請張金
策、吳銘輝出席聽證會的邀請函。在日本本部主席黃昭堂
妥當的安排下，日本法務省官員認定：「兩位台灣來的政
治亡命者是在好心人士的協助下誤打誤撞底上岸入境。」

當庭結案、判決：「遣送出境。」使他們得以趕在聽證會前一天抵達華府。隔天，兩位都以親身經歷用台語作證，由陳以德做翻譯，訴說中國黨政府如何停刊《台灣政論》、如何迫害黨外人士，嚴厲控訴中國黨政權統治下的台灣缺乏人權保障。這是島內台灣人首度將赤藍外來統治集團的醜態在國際舞台上予以公開，使赤藍權貴相當「丟臉」。(陳銘城，2009)

3.5.5 蕃薯不驚落土爛

1977年底的五項地方選舉結果，黨外勢力暴漲。中國黨在投票中舞弊，而引爆中壢事件，是自二二八大屠殺以來，第一次大型的政治性群眾暴動。

1978年蔣經國正式坐上「總統」位置，不識時務的權力核心狠下心，佈署了血腥暴力鎮壓台灣民族運動氣焰的對抗策略。殘暴的高壓手段激起台灣人更強烈的反抗決心，喪心病狂的蔣經國集團則還以更野蠻凶狠的手段，企圖澈底撲滅台灣人的反抗意志。

一個靠特務暴力和民族壓迫來維持統治運作的外來政權，是在為革命運動創造有利的環境。接下來十年的台灣民族鬥爭，團結了社會各階層的反抗力量，勇敢對抗外來赤藍壓迫集團，國際社會因此也挺身支援台灣人的抗爭。

獨裁者蔣經國在內外的挫敗下，眼睜睜看著手下的「血滴子」無法嚇阻台灣人遊行示威、寫文章唾棄「黨國」、無視黨禁公然組本土政黨等，逐步踐踏象徵赤藍統

治權威的戒嚴法。殘害眾多台灣社會菁英，阻礙台灣社會全面現代化的蔣經國，不得不在1987年解除早已失去威信的戒嚴，在1988年初吐血暴斃，結束他雙手血腥的一生。台灣人李登輝意外地繼任「總統」，開創了嶄新的台灣民族運動形勢。

卡特在1978年12月15日宣佈將在隔年初正式和中國建交的消息，讓蔣經國集團如喪考妣。蔣經國被懷疑在1957年5月鼓動「劉自然事件」，以特務、線民帶領攻擊美國大使館。這次，似乎也如法炮製，攻擊美國特使副國務卿克里斯多福(Warren Christopher)的座車，導致車窗被打破，克里斯多福被玻璃割傷，而美國駐台北大使安克志(Leonard Unger)的眼鏡也被打破。

蔣經國集團用荒誕不經的口實於1979年1月21日逮捕前高雄縣長余登發父子，特務用脅迫欺騙的手段，誘騙一個心智不太正常的神棍吳泰安，來構陷已經76歲高齡的余登發「知匪不報、為匪宣傳」。消息迅速傳開，黨外人士商討後認為必須抱著置之死地而後生的決心，採取公開抗議做為反應。於是，隔日大家聚集高雄余家發動「橋仔頭示威」，參加者約30多人，手持「堅決反對政治迫害」、「立即釋放余氏父子」大布條，第一次公然向實施30年的戒嚴法挑戰。參與此次遊行示威的曾心儀女士在搭車返回台北的路上，激情地說：「國民黨的戒嚴令已不再是處女了，我們已強暴這30歲的老處女了！」(張富忠、邱萬興，2005)

軍法庭在4月16日宣判吳泰安死刑，而余登發父子分

別被判有期徒刑8年和3年。5月28日，吳泰安在景美軍法看守所，神色自若地跟著獄卒走出牢房大門，因爲照「約定」，軍法官只是假裝判他死刑給社會看，「三個月後就會放他出來，並在調查局給他一個課長當。」然而，囚車卻直接開赴刑場，他才恍然大悟受騙扮演「愛國的眞匪諜」。臨刑前，留下遺言：「我很對不起余老先生。」蔣經國集團快速槍殺吳泰安是典型的殺人滅口，斬斷余登發父子揭發眞相的機會。(李禎祥，2007；張富忠、邱萬興，2005)

　　展現積極草根性的《美麗島》政論雜誌於1979年8月出刊，黃信介是發行人，許信良爲社長，旗下網羅了各派活躍的黨外人士，在全台各地設服務處辦活動。9月8日，雜誌社在台北中泰賓館舉行創刊酒會，自稱「反共義士」的《疾風雜誌》人員帶頭在館外聚眾滋擾，向館內參加酒會的人士投擲石塊、電池等危險物品。這是所謂的「中泰賓館事件」，是對黨外人士直接行使肢體暴力的序幕。

　　接著，12月10日國際人權日，《美麗島》雜誌社在高雄的活動，觸發了赤藍權貴所說的「高雄暴力事件叛亂案」，即通稱的「美麗島事件」或「高雄事件」。在活動現場的人證指出，鎮暴軍警有計畫地向遊行隊伍進逼與挑釁，引發群眾自衛性的反抗與衝突。蔣經國集團事後大肆濫捕黨外領導者和重要幹部，動用媒體營造恐怖肅殺氣氛，更證明事件的失控是出自統治集團的預謀與計算。

　　海外台灣人對美麗島事件的反應非常激烈，座落在華府的協調處大樓，整個玻璃門被砸得粉碎落地。連續一個

月，在美國主要城市的中國黨協調處，都有台灣人和台美人的示威抗議。向國際社會，尤其是向美國國會，要求人道救援的工作如火如荼地展開，台灣人展現了空前的團結與激昂。

受到以美國爲首的強烈國際壓力，蔣經國集團被迫對美麗島事件的主要「被告」做公開審判，並允許台灣報紙登載審訊過程與被告陳述之言辭。八位主要被告的陳述，給台灣社會上了一節相當感動人心的民主課程。製造「高雄事件」的蔣經國集團結果是舉鋤頭掘自己的腳，台灣社會從此更積極支持黨外運動，美麗島事件被捕人士的家屬紛紛在選舉中高票當選，使黨外運動愈戰愈勇。美國政府也認爲維護台灣人權，台灣社會才可能獲得安定。

1949年9月蔣介石派「藍衣社」特務在重慶以利刃殺害當年「西安事變」要角之一的楊虎城及其秘書全家，連尚在懷抱裡的嬰幼兒也不放過，是典型黑幫殺人洩忿的方式。

1980年2月28日蔣經國集團重施暴行，光天化日之下派殺手進入被拘押在看守所的林義雄的住宅，將他的老母和雙生幼女用利刃刺殺，才九歲的長女奐均遭受十多處嚴重的刀傷，奇蹟地存活下來。蔣經國集團針對美麗島事件八位主要被告之一的家屬，選在二二八這個台灣民族遭受赤藍族群屠殺的歷史性日子行凶，很明顯是想要刣雞教猴，藉此達到恐嚇、教示台灣人的目的。結果，反而卻激發台灣人更強烈的民族感情和悲憤的歷史記憶，大家更堅

決不向統治集團的暴力低頭。台灣人公開強烈、不屈服的反抗，贏得國際社會正義人士的同情、支持與尊敬。

陳文成於1975年至美國留學，於卡內基美隆大學統計系擔任助理教授。他長期關心台灣民主，熱心募款捐助支持《美麗島》雜誌社。蔣經國集團為了警告海外的台灣留學生，並製造校園抓扒仔學生無孔不入的恐怖氣氛，1981年7月2日，警總特務謀殺回台探親的陳文成教授。蔣經國集團用沒有人相信的「畏罪自殺」來掩飾他們的罪行，但是，來台灣參與驗屍的美國教授，認定這是一起謀殺案件。「陳文成謀殺案」牽連外國職業學生在美國大學校園的間諜行為，更讓美國國會無法坐視不管。蔣經國集團這次是搬石頭砸自己的腳，招致國際社會更嚴厲的譴責。

1982年6月，康寧祥、張德銘、黃煌雄、尤清等四人，透過「北美洲台灣人教授協會」的邀請，做了為期40天的訪日、美之「四人行」。他們除了在美國與政界人士接觸之外，並與旅美台灣同鄉廣泛的溝通。7月初「世界台灣同鄉聯合會」在休斯頓召開第九屆年會，蔣經國集團警告他們：「世台會」為台獨聯盟所把持，凡公職人員參加該年會，將依法處理。迫於嚴峻的情勢，康寧祥等人於是在「世台會」會場外的樓下咖啡廳發表演講，在樓上開會的台灣同鄉則攏總下樓來聽，做了技巧性的台獨接觸。他們四人還與全美24個台灣同鄉會發表共同聲明，主張：台灣的前途應由台灣1,800萬人共同決定。

「江南案」發生於1984年10月15日。蔣經國集團瘋狂

到僱用三名竹聯幫黑道份子，到美國槍殺筆名「江南」的
美籍作家劉宜良，只因為不滿他所撰寫出版的《蔣經國
傳》。為首的竹聯幫精神領袖陳啓禮完成任務後，因為瞭
解赤藍權謀詐術，害怕自己被滅口，所以錄製了執行江南
案始末的錄音帶，交由竹聯幫內的親信兄弟保存。果然不
出所料，陳啓禮返台後不久，蔣經國集團就執行「一清專
案」掃黑行動，逮捕陳啓禮等，「殺人滅口」的企圖暴露
無疑。於是，陳啓禮先發制人立刻向警方抖出他們「忠黨
愛國」赴美暗殺劉宜良的實情，讓蔣經國集團難以秘密做
掉他們。

內情曝光後，美國政府與社會大眾非常忿怒。面對各
方的指責與懷疑，蔣經國辯稱該案是情報局官員獨斷專行
所致，絕非高層授意，並逮捕了情報局長汪希苓等人，
還付出145萬美金「暗殺遮羞費」給劉宜良的遺孀。據瞭
解，當時蔣經國的次子蔣孝武涉入情報體系甚深，一般認
為蔣孝武是主謀，但是，當然沒有人敢動「太子」一根
毛。1988年鄭南榕到獄中專訪陳啓禮時，陳啓禮透露了一
些「玄機」，說出：「汪希苓沒有擔當，汪希苓後面的人
也沒有擔當。(鄭南榕，1988)」

汪希苓後來被判無期徒刑，關到景美看守所，獄方為
他特別在守衛區另外設立環境良好、約35坪大、別墅般的
「汪希苓特區」，有套房、會客室、書房、客廳等，太太
晚上還可以在獄舍陪宿過夜，與一般受刑人的待遇差很
大。此特區其實是在看守所的守衛區，並不是在牢房區

內，汪希苓很可能是在這裡繼續「辦公」，用以掩美國人耳目。他在此度過三年就被移往陽明山情報學校，後續的優待情況如何，局外人尚無從知道。形式上，他經兩次減刑，1991年1月前後只「關」了六年就獲假釋出「獄」。很明顯，汪希苓一定是執行高層的旨意，否則，闖了這麼一個在國際社會丟盡顏面的大禍，不可能在服刑中還能獲得那麼優惠的待遇。

竹聯幫其實是蔣經國特意培養來對付黨外勢力的組織，根據黃玄銘的研究，蔣經國選定竹聯幫的理由，主要的原因在於：「竹聯幫是典型的外省掛，其成員多為外省子弟；而且不乏達官貴人之後，對於國家、民族有一定的忠誠，發展壯大之後，一方面可收嚇阻的效用，另方面也可以與各方角頭廣結善緣，在緊要關頭發揮作用。」因此，自美麗島事件之後，赤藍集團就頻頻與竹聯幫接觸，

特別建在牢房區外的「汪希苓特區」

希望竹聯幫能擴大勢力，甚至主動提出新台幣四億元的預算，做為竹聯幫擴展勢力所需的經費。赤藍權貴的幕後支持，使「外省掛」的竹聯幫能深入各鄉鎮，甚至許多原本不會說北京語的地方角頭，也被吸收為成員，而竹聯幫也因此成為赤藍統治的支柱之一。(黃玄銘，1997)

3.5.6 民族運動被赤藍體制吸納

海外獨立運動和島內民主運動這兩股力量在70年代中期開始自然匯流聚合，打破了中國黨政權壓制台獨思想的禁忌，為台獨勢力回歸島內滋長、發展開拓了空間，為台灣民族運動創造80年代風起雲湧的抗爭與衝撞，激發了台灣人鬥爭赤藍權貴的信心與勇氣，成就了90年代前期的民主進步。可惜，相當部分的台灣民族民主運動的領導者缺乏民族鬥爭的堅持，急於分贓些微成果所帶來的權力和利益，而模糊了獨立建國的大目標，使民族運動隨著民主運動被吸納入「中華民國」體制的運作。

就和工人的組織一樣，一旦併入社會的政治和經濟體系內，並且正常穩定的運作時，工人的革命傾向就會相對地降低。台灣民族運動1.0就是在這樣錯誤的領導下衰退崩潰，讓赤藍權貴有機可乘得以復辟。從獨裁者蔣經國晚期的挫敗與無奈，赤藍權貴很清楚他們必須依靠中共，來壓制台灣人的反抗，也因此，馬英九一上任就陷台灣於更危險艱難的境地。

前台獨聯盟主席黃昭堂的口述歷史訪問記錄，談及有

些人把留學生當年在海外做的事稱做「民主運動」，黃昭堂深不以爲然，認爲獨立運動是一個民族要建立國家的運動，這種民族運動是非常崇高的，而民主運動只不過是「小兒科」(陳儀深，2011)。字裡行間可以窺見昭堂先慣用的幽默式「直言」，以及他對於投入獨立運動的驕傲神情。事實上，若是把「民主運動」當做是台灣民族解放運動的一種行動策略，由於它涉及許多實質參與者在「中華民國」體制內個人利益和權力欲望的糾纏，就運動執行面而言，它的複雜性和困難度絕非「小兒科」。

「中華民國就像是雨天時要戴帽子遮雨，這頂帽子不是我們願意戴的，是別人戴在我們頭上的，我們要等待天空放晴的日子脫掉它。」這是黃昭堂在2011年8月接受媒體專訪時，對「中華民國」體制爭議的描述(李欣芳，2011)。這裡的昭堂先似乎按下了台獨的驕傲，吐露了晚年的無奈，以及顯然缺乏信心的期待。最後，他並沒有等到天空放晴的日子，能讓他脫掉不是他願意戴的帽子。然而，台灣人脫掉那頂「中華民國」牌的帽子，眞的需要等到天空放晴嗎？台灣人對個人人權、尊嚴的認知與執著已經大爲進步，對抗赤藍權貴不公不義行徑的決心也更堅強。台灣人應該掌握這種有利的形勢，不斷大聲疾呼「中華民國」不是台灣人的國家，讓更多人瞭解「中華民國」流亡政府在台灣沒有合法性。如此，當時機來臨，咱就知道要勇敢脫掉帽子，管他是晴是雨，即使淋得全身濕漉漉，又何妨！

作者於2011年7月10日在楊基銓中心會議室，向聽眾解釋台灣民族運動1.0的終局。

　　反台獨陣營的媒體，稱黃昭堂是「思想激烈的溫和革命者」，因為台獨聯盟自2000年之後，基本上是跟隨著民進黨而失去「追求獨立建國」的主體性作為，把昭堂先的去世看做一個台獨世代的落幕。剷除「中華民國」非法體制、剝奪赤藍權貴的公權力，在思想上當然是激烈的，但卻是正義、合理的，合乎進步社會所揭櫫的民主、人權價值。赤藍反動集團和中共併吞勢力都企圖分化台灣人，宣傳ECFA的文宣挑撥客家人和福佬人的對立，吳伯雄為了打擊小英，分化客家人當中會與不會講客家話的族群，現在，他們又將台獨陣營分為溫和的革命者與激烈的革命者。不管是溫和的或激烈的，當時機愈有利於台獨，兩者

都會順勢提升運動的強度。

　　黃昭堂的去世爲台灣民族運動1.0畫下句點，接下來，就是革命2.0時代的台灣民族運動2.0。台灣人將以台灣民族主義爲核心理念，充分應用網際空間的技術與資源，凝聚群眾抗爭的爆發力，爭回台灣人不可被剝奪的權利。少數的外來赤藍權貴壓迫、剝削多數的在地台灣人的時代，必須落幕！

$$第四章$$

台灣民族運動2.0

4.1 民族運動2.0順應革命潮流

台灣社會長期受到落後的赤藍習性與思想的侵蝕與污染，整體社會的現代化水平不但沒有向上提升，反而，在時代潮流的衝擊下失去平衡而捲入逆流。最明顯的例子是：社會一方面有蓬勃的高科技產業與建設，另一方面，新聞媒體卻常在黃金時段藉怪力亂神來解釋與評論時事。很不幸，相當部分的民族運動領導菁英也一樣受到赤藍習性與思想的潛移默化，缺乏科學的思考與分析，無法提出清晰進步的民族主義和建國理念，行動上無法展現追求革命理想的熱忱。他們在擁護群眾眼裡缺乏創新的進步性，因此也就很難說服、凝聚足夠多的擁護者，形成能夠真正發揮革命功能的組織，也就很難鼓舞熱烈的運動氣勢。

赤藍權貴自2008年復辟之後，一方面必須向中共貴族償付「聯共制台」的貢品，經濟政策被中共左右，讓台灣大量失血，使台灣人更窮、更苦、更餓，以方便中共劃經濟大餅做誘惑併吞的統戰。另一方面，赤藍權貴及其黨羽在前途莫測的憂慮下，不顧吃相難看地大肆收刮、囤積個

人財富。

　　台灣社會因此陷入「四大皆空」的茫然困境：肚子空空、頭路空空、口袋空空，又頭腦空空。

　　中下層家庭入不敷出，無法應付飛揚的物價，許多人每天只能有不到100元的生活費，無奈地肚子空空飢餓渡日；台灣產業與資金大量外流，外資卻步比對投資北韓更乏意願，頭路空空無處就業，年輕人實際失業率遠高過公開的數字12.2％；長期失業者燒積蓄或舉債渡日，即使幸運保有工作者，薪資不僅不漲，還倒退了15年，加上赤藍政權不斷巧立名目搶錢，窮忙族口袋空空所剩無幾；在殖民教育體制與媒體操弄下，相當多的台灣社會菁英對外來的赤藍統治集團已經喪失主體性與科學性的思考，頭腦空空無法辨識妖言邪說，汲汲營營維護奴隸工頭的地位，把台灣民族運動1.0帶向絕路。

　　這樣的社會使大多數台灣人對前途充滿焦慮不安，自殺解脫或暴力發洩日有所聞，民心思變使社會將更緊張、更動盪不安。這正是革命的溫床。

　　台灣指標民調公司於2012年8月針對台灣人「終極統獨觀」的調查顯示：高達66.6％民眾不贊成兩岸最終應該統一，只有18.6％表示贊成；至於「是否贊成台灣最終應該獨立成為新國家」，有55.4％表示贊成，而29.9％不贊成(自由時報，2012)。就革命理論而言，只要支持台獨心不死的台灣人超過台灣總人口的10％，無論情勢多麼艱困，只要有正確的鬥爭理念和方法，台灣民族獨立運動就有成功

的希望，何況堅持獨立的人口仍然超過50%。

另外為台灣革命製造的有利條件是統治集團內部的分裂，因為這是他們最容易誤判、犯錯的危險時刻。一方面，馬英九用小圈圈獨占權力與利益，制定來執行剝削與壓迫的政策，把台灣社會搞得怨聲載道。而馬英九卻表演推諉卸責事不關己，讓某些黨內圈外高層忍無可忍，毫不掩飾他們的公開異見。另一方面，赤藍權貴之間對於投降中國的方式與條件很明顯出現了「急進的投降派」和「漸進的投降派」，兩者互相勾心鬥角：急進派急於向中共貴族表態邀功、爭寵，希望占有先機；漸進派看透急進派的陽謀，痛恨急進派亂挖牆腳，可能損害他們和中共貴族議價獲利的空間。

中共貴族在釣魚台的軍事挑釁示威，以及在其2012年新版護照內頁印上地圖，片面將台灣、南海等有爭議的海域和邊界劃入中國版圖。這些魯莽又幼稚的行徑更增強了美國、日本、韓國、印度、越南等聯合圍堵中共擴張主義的決心。美國從2012年初開始實質部署軍事重點於亞洲和網際空間，在這樣的國際形勢下，中共貴族對台灣爆發民族獨立革命，除了叫囂恐嚇外完全無步：既沒有封鎖台灣的把握，又毫無登陸占領台灣的勝算，如果用飛彈濫炸台灣或利用其潛伏的特工進行恐怖活動，只能引發國際社會更強烈的譴責。

既然台灣革命的有利時機擺在眼前，咱台灣人應該如何掌握並善用這個機會呢？首先，咱必須警覺，具有高度

顛覆政權經驗的中國共產黨，一樣地看出這個台灣革命可能爆發的時機。赤藍權貴為了維護他們在台灣非法占有的優勢地位與利益，他們採取聯共制台的策略引狼入室，使中共貴族已經有能力在台灣社會發動適度偽裝其政治意圖的群眾性活動。中共貴族除了拉攏上層急進的赤藍投降派外，也企圖利用群眾運動從台灣社會內部打擊赤藍權貴當中漸進的投降派。其目的是分化、瓦解赤藍統治集團的勢力，逼迫赤藍權貴不得不以低價條件投降。

當此革命的大好時機，不願意繼續被赤藍集團掏空，決心掀起抗爭的個人或團體，一定要用智慧與創意採取行動，讓赤藍集團無法預測並掌握整個行動的發展方向，把焦慮與困惑塞給他們。抗爭行動一旦展開，要隨時用錄影、錄音或電子郵件把抗爭行動上傳網路，爭取台灣人和全世界正義人士的支持。

台灣民族運動2.0要有一靜不如一動的策略思維。除了支持台灣社會具有台灣本位意識自發性的抗爭外，也必須在理念上讓台灣人領悟「四大皆空」的困境正是外來統治的必然惡果。讓台灣人瞭解唯有台灣人當家作主，才能堅持台灣人的集體利益，才會努力打造公平合理、繁榮發展的台灣社會。這也就是宣揚台灣民族主義。

當此革命的大好時機，台灣民族運動的組織或本土社團更應該團結合作，對付共同的敵人──不會超過兩千人的赤藍權貴。大家應該運用網際空間新的通訊環境，勇敢主動分頭創造持續性遍地開花的抗爭形勢，絕不讓赤藍權

貴繼續好呷好睏，安心地吃香喝辣，傲慢地壓迫與剝削台
灣社會。

　　台灣民族運動2.0必須認清在1.0階段的錯誤觀念，相
信群眾的智慧與力量，回歸正確的運動理念與革命方法，
學習運用先進國家的企業與政府所採取的策略規畫技術，
健全組織並提高成員素質來推展新階段的民族運動。民族
運動的領導組織必須明確掌握台灣的矛盾與問題本質，擬
訂有意義的階段性目標和工作，使台灣社會各階層的抗爭
能量能夠有效整合並累積，踏實完成每個運動階段的目
標，如此，終必能達到咱期待的政治目標，實現台灣人出
頭天的願景。

4.2 「台灣問題」的本質

　　台灣社會讓馬英九及其赤藍黨羽能夠在2008年復辟，
可以歸咎於台灣人領導者沒有認清政治情勢，以及社會菁
英對赤藍權貴懷「鄉愿」的心態：把台灣民族主義束之高
閣；把赤藍人當做台灣人；把「中華民國」誤導為台灣人
的國家。許多台灣社會菁英莫名其妙地接受赤藍權貴誣蔑
台灣民族主義是「撕裂族群、破壞社會和諧」，於是，台
灣人領導者愚蠢地放棄了團結台灣人、對抗外來敵人最容
易使用、也最強有力的鬥爭武器。結果，敵人掌握的優勢
媒體成功地詆毀、踐踏台灣人領導者的形象，成功地打擊
台灣人的民族尊嚴和信心。台灣社會因此對台灣人領導者

失去信心，在沒有足以信託的選擇下，麻木地墜入赤藍詐騙欺集團的六三三設局，而匯出自己的命運。

台灣人必須痛定思痛，堅定民族主義的立場，認清台灣問題的本質，才能瞭解及掌握台灣政治和社會在「中華民國」流亡政府體制下的發展規律，據此持續地教育群眾、鬥爭敵人與發展組織。台灣問題的本質有二個重點：

1.赤藍權貴企圖維護他們源自過去蔣家暴力集團時代奪取的特權和利益，繼續壓迫多數的台灣人。

2.中共貴族企圖併吞台灣，以突破美國爲首的民主國家在東亞戰略上的第一島鏈。

赤藍權貴在兩位台灣人「總統」主政的二十年間，無法如過去在兩蔣時代，只要忠誠擁護獨裁領袖，就有機會擠入共犯結構，就可結黨營私大肆收刮，甚至無惡不作。因此，台灣人「總統」主政是讓他們難以忍受的時代，許多赤藍權貴在那段日子開始從「反共」轉向「聯共」，暗中準備奪回執政權。馬英九於2006年3月訪問美國時，在華府向中共喊話，要中共弄清楚，「中華民國」與「台灣共和國」誰是主要敵人，誰是次要敵人，毫不掩飾他「聯共制台」的意向。

赤藍權貴在2008年復辟後，就急著要穩固其外來少數人的統治結構，他們認清台籍奴才的胃口會愈來愈大，愈來愈難完全忠誠順服，因而迫不及待地出賣台灣主權和領先技術換取中共貴族的支持，來壓制並清除兩位台灣人「總統」過去所推動的民主化和本土化。

　　中共貴族的目標是要併吞台灣，因此，當然玩弄「既聯合、又鬥爭」的手法，削弱赤藍集團的勢力，逼他們投降就範。中共事實上已經很成功地分化赤藍集團成為「急進的投降派」和「漸進的投降派」，使兩者互相勾心鬥角。中共特使陳雲林於2009年二度來台時，馬英九就曾制止某些赤藍人去巴結逢迎陳雲林，這是赤藍權貴各懷鬼胎所爆出的尖銳矛盾。

　　赤藍權貴為了維護他們過去在台灣不當取得的政經、社會地位與資產而自掘墳墓，完全無力扭轉這場「國共合作」的敗亡之勢。許多赤藍權貴和他們的台籍奴才都已經公開向中共靠攏，許多退役的將領到中國和解放軍將領把酒言歡，高喊「國軍、共軍都是中國軍」，過去捧「反共義士來歸」，現在逆轉成「親共義士歸去」。因此，台灣人必須在中共得逞之前，剷除赤藍權貴及其背後的赤藍反動勢力。

4.3 台灣人出頭天的願景

　　台灣民族運動的大目標是要剷除荒謬的「中華民國」體制，使台灣成為新而獨立的國家。由台灣人當家作主，把台灣建設成為世界的美麗島，平等參與、貢獻國際社會。

　　台灣從1930年代在亞洲地區就已經是僅次於日本的進步發展社會，遙遙領先其他國家與地區。然而，戰後的台

灣卻不幸被來自遠遠落後的中國的國民黨政權非法強占盤
據，台灣人也被非法更改為「中華民國」國籍。中國國民
黨因為貪污腐敗、殘暴無能而被中國人唾棄，於1949年被
逐出中國。他們失去母國而流亡台灣，乞丐趕廟公而聚成
連勝文自白的「丐幫」。因此，他們必須把台灣定型成為
由占人口少數的外來族群宰制，又能夠生產、供養其生活
需求的殖民社會。

　　台灣人在此過程雖然創造了經濟奇蹟，提升了整體社
會物質上的滿足，但是在現代社會意識方面，社會菁英卻
遭受赤藍權貴的恐怖摧殘加上洗腦扭曲，思想與心態難以
建立做主人的尊嚴與積極性。這樣的社會菁英所領導的民
族運動，自然缺乏追求民族榮譽的動力，也就沒有認真跟
上進步社會腳步的衝勁，造成了台灣社會不平衡的現代化
發展，使台灣人無法真正享受進步國家的優質社會。李登
輝先生在2012年11月初對幾位訪客感慨地說：「台灣人太
俗氣，只想到錢和地位，不思索更高的價值。」

　　因此，台灣民族運動除了剷除赤藍勢力，還擔負著把
飽受扭曲的台灣社會導向正常化。咱的民族願景是要使台
灣成為政治、經濟和社會各方面平衡發展的優質國家：

　　　・民主自由的現代國家：「中華民國」體制是赤藍權
　　　　貴引進、操弄來壓迫、剝削多數台灣人的邪惡體
　　　　制，台灣人應堅持主人的權利奮起剷除它，建設
　　　　真正屬於台灣人的民主自由的現代國家。

- 公平合理的幸福社會：赤藍權貴依其野蠻、貪婪落後的掠奪文化，以暴力扭曲台灣人的社會價值，製造族群對立與階級對立，分化、撕裂台灣社會，台灣人應掃除惡劣的赤藍習性與思想，發展和諧進取的公平合理的幸福社會。
- 永續發展的優質環境：赤藍權貴短視的過客心態，使台灣的公共建設支離破碎、生態環境橫遭浩劫、社會文化六神無主，台灣人應確立主體性、發揚民族意識，為自己和後代子孫營造永續發展的優質環境。

　　無論是維護「中華民國」流亡政府或是支持中共併吞台灣的赤藍人，他們都堅持「台灣是中國的一部分」來阻撓「台灣成為新而獨立的國家」。把「中華民國」當做台灣人的國家，是接受一個早已被國際社會唾棄的荒謬落伍體制、自欺卻欺不了人的「非主權國家」，何況它合理化占人口不到5%的赤藍人繼續占有，過去在台灣以政治暴力強占的政經、社會優勢地位和資源，等於擁護少數赤藍權貴繼續剝削、壓迫占絕大多數的台灣人。

　　馬英九2008年復辟之後，赤藍權貴絲毫不掩飾其外來過客本相，上下爭相貪污、糟蹋台灣人的血汗錢自肥，更不隱瞞他們在現代社會潮流的落伍性，對台灣主權、民主、經濟、司法、人權、文化和環境踐踏破壞，台灣社會在軟硬體的永續發展又像在兩蔣時代遭逢浩劫。因此，唯

有台灣人解除赤藍權貴的不法權位，真正掌握做台灣主人的權力，剷除「中華民國」體制，咱才能擺脫落伍的制度、習性和觀念，真正實現國家願景，台灣人才真正會有出頭天。

4.4 台灣民族運動的階段性目標

基於現實，要把台灣建設成為世界的美麗島，可以分三個階段：第一階段是剝奪赤藍權貴在「中華民國」體制內不當占有的公權力，但應該尊重所有赤藍人的人權和居留權，給他們二年的時間決定他們個人的國家認同，願意成為台灣國民的則恢復他們的公民權，不願意成為台灣國民的，如果希望繼續居住在台灣，則保有其居留權；第二階段是剷除「中華民國」體制，建立以台灣為國家的民主憲政體制和政府，向國際社會宣佈台灣成為台灣民族的獨立國家；第三階段則是較長期的國家建設規劃和發展，追求實現咱台灣人的國家願景。

第一階段「剝奪赤藍權貴不當占有的公權力」和第二階段「剷除中華民國體制」可能同時完成，也可能有一段間隔。無可諱言的，中共對台灣獨立的武力威脅不容忽視，因此，第二階段如何達成，必須評估國際環境和台灣人的國防準備成熟度來決定。但無論第二階段何時成功，第三階段「國家建設規畫和發展」可以緊接著第一階段就開始運作，以創造獨立國家的實質運作和存在，參與國

際社會。

　　赤藍人自認爲是中國人而拒絕成爲台灣國民，他們在台灣社會的政經優勢地位是依賴過去的中國黨暴力政權來占有，因此，基本上這些人不應被容許據有公職，就如他們不讓美國人李慶安任「中華民國」的「立法委員」一樣。即使基於台灣民族所認同的民主價值，在台獨運動過程中，從事體制內鬥爭的民主運動，至少也應該堅持赤藍人所掌握的公職必須合理侷限於其所占之5%的人口比例，以降低台灣被聯共的赤藍勢力出賣的危險。

　　從2000年到2008年民進黨執政的時代，台灣人領導者無法在「中華民國」體制內，實質撼動赤藍勢力在行政、立法和教育體系以及官營事業裡根深柢固盤據的大量高階職位。尤其，「立法院」被赤藍權貴透過中國黨所掌控，行政體系的赤藍權貴勾結赤藍「立委」，更強力牽制行政單位及其附屬非官方機構的運作。所以，如果台灣民族運動不依靠群眾進步的革命力量，堅持正義、公平和人權推動國家獨立和正常化，反而自囿於荒謬的殖民體制謀求「正名制憲」，在當前的政經環境下，其實只是在消耗台灣人的熱情，不但沒有成功的希望，而且傷害了民族運動的發展。所以，台灣人必須完成第一階段目標，對民族運動的前途才具有重大的實質意義。

4.5 台灣民族運動的利益相關者

在「北美洲台灣人教授協會論壇」(NATPA Forum)上，「赤藍人」這個名詞曾經引發了高度的爭執。有些教授認為既然馬英九等「這群權貴」認同中國，那就稱他們為「中國人」就好了；咱因為認同台灣，不就自稱為「台灣人」嗎？有些教授更激烈的認為「赤藍人」帶有種族歧視的意味，宣傳使用這個名詞的人是「種族主義者」(racist)，一個令人難以置信的指控。種族主義是指一套相信人群及人種區分可以絕對分類，並直接決定各成員肉體特徵及能力的意識形態。而種族歧視是指根據種族將人們分割成不同的社會階層從而加以區別對待的行為。赤藍人這個名詞根本和種族毫不相關，它是基於民族認同所界定的用語，更不涉及成員肉體特徵及能力的牽扯。

對「赤藍人」這個名詞的爭執，暴露了某些台灣社會菁英無法正確掌握台灣民族運動主要的「利益相關者」(stakeholder)。誰是咱民族運動的利益相關者呢？完整的答案會隨咱關注的焦點而有所變動。比較持續穩定相關的是：台灣人、赤藍人、美國人、中國人和日本人。然而，若特別就台灣的國際化來考慮，則可能要增加歐盟、印度、新加坡、南韓與俄羅斯；若將台灣放在當前世界民族解放運動的範疇內，則可能要增加圖博、東土耳其斯坦、中國維權運動與愛沙尼亞。

在所有可能的利益相關者當中，針對當前的困擾而言，真正有必要再加以明確定義的就是台灣人、赤藍人和中國人。

　　每個國家都有其機制來規範那些人是國民、非國民如
何成爲國民，以及如何消除一個國民的身分。不會因爲某
人認同某個國家，他就自動成爲那個國家的國民。同理，
不會因爲某人否定自己是某個國家的國民，他就不再是那
個國家的國民。

　　台灣民族運動認同國際主流社會的立場，認定中華人
民共和國是中國的唯一政府。但是，咱堅持台灣不是中國
的領土、不屬於中國的一部分。也因此，咱不承認「中華
民國」可以是代表中國的另一個政府，而且它在台灣根本
不具有統治的合法性。因此，很清楚的，中國人就是中華
人民共和國的國民(鄭欽仁，2008)。所以馬英九、郝龍斌和吳
伯雄都不是中國人，除非他們暗地裡擁有中華人民共和國
的國籍。

　　台灣人還沒有建立自己的國家，因此，並沒有合法機
制來規範那些人是台灣人。咱只能從台灣民族運動的理念
加以「認定」，如此，則台灣人由兩種主要類型的住民和
移民組成：(一)在日治時期已經移民且定居台灣的住民和
他們繼續定居在台灣的子孫；(二)戰後遷居到台灣，願意
以台灣爲家園，認同台灣人有權利建立自己的獨立國家的
新移民。

　　所以李登輝、陳水扁都是台灣人。又不管你高不高
興，吳敦義、林益世和吳伯雄也都是台灣人，但他們是違
背台灣民族利益的台灣人。他們確實口口聲聲自稱「中國
人」，但是，除非有一天存在一個讓他們放棄台灣人身分

的機制，他們才可能不再是台灣人。陳師孟、金恆煒也是台灣人，而不是中國人。但是，馬英九、關中、郝龍斌卻不是台灣人，也不是中國人，咱因此創造「赤藍人」這個名詞給予歸類，以供正確的民族運動論述。

　　某些台灣人把使用「赤藍人」這個名詞套上種族主義者是不可思議的心態。這些人排斥矯正錯誤觀念所創新的無錯語彙，一方面是出自語言上的惰性，就像許多人難以拋棄觀念上錯誤的「外省人」這個用詞。另一方面，比較難以理解的是，這些人把必要的，對壓迫族群重新賦予除錯觀念的稱謂認定是種族主義，這種鄉愿地處心積慮「保護」赤藍壓迫族群，比意識上被混亂的台灣年輕人，在國際場合為了保護象徵壓迫台灣人的「車輪旗」的行為還荒謬。

4.6 赤藍權貴的統治支柱

　　著名的非暴力抗爭戰略家夏普把政治權力解釋為：「權力擁有者可以運用來達成其目標的所有方法、影響和壓力的總和，包括施展威勢、犒賞、強制等手段。政治權力是在相關政治範圍內，行使來管理公共資源並維護與執行相關政治體系內的約制關係，這個權力可能來自政府或反政府團體。」(Sharp, 1973)

　　貪污、濫權以及對權力客體的歧視、迫害等，都是許多墮落的權力擁有者運用政府體制的政治權力可以達到

的惡質目的。所以，英國史學家艾頓勛爵(Lord Acton)有句名言：「權力使人腐化，絕對的權力使人絕對地腐化。」緬甸的民主鬥士翁山蘇姬則從恐懼的心態來切入：「讓人腐敗的不是權力，而是恐懼。害怕失去權力，讓擁有權力的人腐化；而害怕被掌權者迫害，讓屈服於恐懼的人淪落。」換句話說，害怕失去權力和害怕受到權力迫害，都使人沉淪腐化。

赤藍權貴已經在中國澈底喪失權力，也曾經在台灣失去絕對壟斷的行政權力達20年，如今他們更害怕再失去權力，也因此更讓他們澈底腐敗。雖然生活在台灣已超過60年，卻完全不認同這塊土地和住民，把台灣人對他們的寬容與善意曲解為怯弱與畏懼，乞丐趕廟公還繼續軟土深掘。自2008年復辟之後，在前途莫測的憂慮下，赤藍權貴不顧吃相難看地大肆剝削台灣人，收刮台灣社會的資產，囤積個人財富，十足暴露其不計後果的逃難心態。

馬英九的「總統」施政滿意度在2012年10月初低到慘不忍睹的13%。2006年紅衫軍作亂時，馬英九曾高分貝公開嗆陳水扁說：民調降到18%的人要有羞恥心，別等人家罷免，應該自己下台。結果，毫無羞恥心的馬英九，降到13%還死賴不走，成為台灣社會大眾的笑柄。10月17日的《經濟學人》毫不客氣地用「漏屎馬」(Ma the bumbler)做為標題，批判他笨拙無能，又被國際媒體當做笑話(Economist, 2012)。事實上，早在2012年初大選前，馬的施政滿意度就已經降到很沒面子的35%以下。

　　許多台灣人納悶地問：爲什麼還有那麼多台灣人選他？雖然，競爭者蔡英文的個人素質及民進黨的公信力在當時確實無法有效鼓動台灣人的支持熱情，但是，赤藍權貴長期樹立的統治支柱才是眞正難以顛覆的支撐力量。

這些樹立在台灣社會各層面的柱仔，挺住「中華民國」體制，讓許多台灣人感到無力促成改變，只好自悲自嘆，任憑他們宰制。以下是支撐赤藍統治集團的八根主要大支柱仔：

2011年7月19日民衆「摃面桶」抗議特偵組教唆辜仲諒作僞證構陷阿扁

　　1.檢調、司法是羅織反對者入罪的工具——特偵組「辦綠不辦藍」，法律碰到馬英九和他的黨羽就會轉彎，法院是中國黨開的，這些都是當前台灣社會的常識。白色恐怖時期，檢調、司法臣服於獨裁者，助紂爲虐迫害台灣人。到陳定南當「法務部長」的時候，他發現75%的法官還是以赤藍意識形態辦案，而不是專業辦案。赤藍意識裡的檢調、司法是用嘴巴說「依法行政」，用「玩法」來爲自己人解脫，用「構陷」來打擊反對者，目的就是維護其壓迫剝削台灣人的權位。赤藍權貴復辟後對陳水扁及其他民進黨人的追殺，更讓咱看出這些反動、落伍的檢調、司法人員難以跳脫其根

被赤藍集團命令來鎮壓自己台灣人的台籍警察，當「驅逐赤藍」的革命義旗揭起，循例，他們會按兵不動或投入革命行列。(2012年12月8日拍攝)

深柢固被毒化的反社會心態。

　　2.警察、特務是監視和鎮壓群眾的棍棒──警察是結構性「奉命維護秩序」，其中大多數站第一線手持棍棒面對群眾的低階警員，其實都是台灣人的親戚朋友。赤藍權貴復辟後，恢復了他們過去賴以鞏固外來統治的特務運作，滲透本土社團挑撥離間，監控台灣人的行動與通訊。街頭巷尾密佈的監視器美其名為維護治安，事實上是用來控制台灣人行動的網絡。他們也潛伏在網路社群內，散播非理性、低俗、挑撥猜忌、失敗主義之類的文字，借此擾亂網友間健康的討論，企圖驅散社群意識的凝聚。在近代許多國家的群眾革命過程，軍隊和警察在關鍵時刻都會拒絕執行反動集團的命令，按兵不動或甚至投入革命行列。在台灣民族主義的號召下，台灣人軍警也必然會作正確的

抉擇。

3.黑道、流氓是執行恐嚇和暗殺的凶手——以黑道流氓執行不可告人的政治任務是赤藍權貴一貫的黑暗面。過去派竹聯幫到美國謀殺江南，現在的馬英九對有殺人、竊盜、偽造文書等前科的蘇安生偷襲陳水扁、許世楷等人的行為，則賞以「國慶」典禮的貴賓席，以表示嘉許。馬英九以吳敦義為「副總統」，除了必須向國際社會表示有讓台灣人參與高層決策外，還借重吳敦義和各方本土黑道的掛鉤。2010年6月台中角頭老大翁其楠在自家被槍殺，現場錄影帶顯示台中市的多位現職或退職員警，當時竟然就在命案現場泡茶哈拉。為赤藍權貴效力的黑道流氓，很多是赤藍人的後代，其幫派和調查局或特務組織有密切關係。2005年4月26日，他們教唆黑衫隊流氓在中正機場圍毆毒打在抗議連戰到中國的示威隊伍落單的老年人，企圖重塑恐怖氣氛，壓制日益高漲的台灣主體意識。《壹週刊》2008年2月28日刊載，馬英九的大姊馬以南和綽號「白狼」、被通緝而逃亡海外的前竹聯幫主張安樂關係匪淺，兩人在大選前會面並一同向深圳地區的台商為馬英九拉票、募款二千萬，之後，還有第二次的挺馬密會。「高級外省人」郭冠英一向與馬英九、周美青夫婦很熟，2009年4月郭冠英因為侮辱台灣人而引起公憤，不得已被召回台灣時，張安樂派遣手下的小弟在桃園機場「護駕」，警察任由這些黑道小弟在為郭冠英開道時，毆打抗議民眾及現場記者。

　　4.立法、監察是粉飾邪惡體制的巫師——「立法院」
制定剝削台灣社會資源、圖利赤藍權貴以及壓迫與摧殘台
灣人權的法律規章，「合法化」外來赤藍權貴非法的特權
與惡行，奴役、壓榨在地的台灣人。「監察院」平時假仙
「澄清吏治」，只拍蒼蠅不打老虎，搞王建煊嘴裡的「小
屁屁」或在辦公室和年輕女記者分享性經驗。可是，最重
要任務是支援和配合赤藍權貴迫害反對人士，適時補上一
腳下馬威。兩院的存在意義都已工具化，都是爲了粉飾流
亡政權邪惡污穢的民族壓迫體制。

　　5.中國黨是赤藍權貴策劃運作的邪惡軸心——黨的決
策核心由赤藍權貴壟斷，忠順的台籍奴才充當花瓶。這些
赤藍核心份子父執輩的雙手，大都要不是沾滿了台灣先賢
的鮮血，就是「白色恐怖」的擁護者和執行者。他們以結

構性的偷、盜、搶、騙、拗來掠奪台灣社會的資產，造就龐大的黨產、特權事業和外圍相關企業，2010年中國黨僅黨產的股利收入就高達29億。根據民進黨在2005年與2007年所公佈的資料顯示，以「黨職併公職」溢領退休金的特權人士至少有五百多人，其中大都爲赤藍要員，例如關中、胡自強等皆是。關中個人部分就加計超過十年，多領的金額則超過千萬。陳師孟指出：中國黨的基本策略就在以掌控「民生」命脈來扼殺「民主」籲求，任何另組政黨的企圖即使僥倖成功，也無足夠資源去挑戰其執政地位(陳師孟，2006)。到2012年12月中旬，中國黨因提名的候選人賄選被法院判刑定讞，裁罰的案件有57件，占總件數68件的84%，累計罰款金額爲四千五百五十五萬五千元，黨務主管向其中常會報告時感嘆，黨中央編了預備金三千萬，都不夠用！賄選連坐罰款的件數及金額都遙遙領先各政黨，奪得不名譽的「雙冠王」。

　　6.併吞派媒體是顛倒是非造謠統戰的管道──赤藍權貴既然引狼入室，也就無法制止中共政治力和經濟力侵蝕台灣的媒體，削弱赤藍權貴對媒體

逾千名學生於2012年最後一夜，不去101賞煙火狂歡，而是冒低溫風寒聚集台北自由廣場守夜，展開「維護新聞自由、拒絕中國黑手」的反媒體壟斷行動。

的控制力。併吞派媒體明顯受到中共及其應聲蟲的操弄與
影響，已淪為中共對台灣人和對赤藍權貴當中的「漸進投
降派」統戰及鬥爭的主要武器。中時集團下的中國時報、
中天、中視、旺報，言論上「全力哄抬中國」。台北大學
的陳耀祥教授於2012年3月在台灣教授協會主辦的「媒體
赤化？」研討會中表示：如今中國以購買媒體、操控媒體
和媒體置入性行銷等方式來貫徹「入島、入戶、入心」的
統戰策略。

　　7.教育、考試是混淆台灣意識的洗腦機器——赤藍權
貴強制性地「以豐厚的中國文化來補救狹隘的台灣本土意
識」，顯然是出自夜郎自大，也出自鞏固外來統治的必要
性。台灣知識份子長期飽受神化及美化過度的中國文化所
薰陶，一代接著一代深深的染於那種泛道德主義的醬缸
中，而養成了自大狂妄的變態心理(林玉体，2008)。除了毒化
和貶抑台灣人意識外，赤藍權貴基於民族壓迫的教育、

李嗣涔公開捧為具隔空抓藥特
異功能的中國人張穎，被具科
學常識的台灣年輕攝影師不消
20分鐘就拆穿其簡單的騙局。
(照片取自台灣數位典藏與數位
學習網站之影片)

考試制度，也是要保證「外省
人」能夠把持大學及公務機構
的主宰權，藉此控制相當部分
的台灣社會菁英，使他們害怕
被赤藍權貴迫害，而不得不認
賊做爸。宣揚「隔空抓藥」的
赤藍人李嗣涔當台灣大學的校
長；上班溜出去抓龍的赤藍人
關中當「考試院長」；通令各

大學「關心」反媒體壟斷學生的赤藍人蔣偉寧當「教育部長」，展現赤藍權貴在教育與考試的銳利魔爪。

　　8.樁腳、線民是替赤藍權貴護盤的奴才──嚴密的樁腳和線民網絡是赤藍權貴為了在台灣生存而建立的，過去各地的「民眾服務站」、「水利會」、「農會」等是典型的基層據點。它深入控制台灣社會，監視、瞭解所屬社區和社團的基層民眾，以便進行必要的政治操作，尤其是操縱假民主的選舉買票。樁腳一般都是貪圖利益或因故被迫就範的社區和社團中的知名人士，中國黨籍的村、里、鄰長多屬此類。線民則多屬無知、無賴或犯案被檢警掌握者，他們是抓扒仔，往往陷害自己的同胞來向赤藍權貴邀功，賺取小恩小惠。

4.7 台灣和美國的共同利益

台美人返台參加2004年228牽手護台灣的盛況

美國人和台灣人具有共同的尊重自由、民主和人權的價值觀。美國已警惕到：中共蠻橫粗暴，難以和平共處。台灣位於圍堵中共擴張主義的島鏈上，對美國有戰略上的長遠利

益。經濟上，台灣高效率的產品加值和製造能力，能爲美國和日本的先進技術創造更高的價值和利潤。此外，美國和台灣已有長期的友好合作關係，此關係也代表了美國對全球民主盟邦的承諾。

自911事件之後，美國以拉攏中共做爲國際反恐外交手段，中共則相當依賴美國市場來繼續發展經濟，到目前雙方都不希望台灣問題尖銳到成爲改善美、中關係的障礙。美國對台灣的立場以《台灣關係法》爲準則，中共迄今並沒有能力改變它。美國事實上會憂慮赤藍集團過度傾中而且民主倒退，可能引發台灣社會的衝突和不安，給予中共插手的藉口。台灣人必須不斷向美國人揭穿赤藍人非台灣人，並且在台灣升高對赤藍權貴的鬥爭。台灣人應積極透過在美國的台美人，將台灣人的民族自決意願與決心，充分讓美國行政部門、國會、智庫、教會、媒體等瞭解，爭取他們的友誼和支持。

4.7.1 美國支持台灣卻不一定支持台灣人

美國是超級強權，涉足並主導許多國內外議題，新的、獨立於冷戰之外的全球性議題陸續浮出，如能源危機、南北落差(north-south divide)、愛滋病防治、氣候變遷、核武擴散、數位落差(digital divide)、海洋污染、人口過多(overpopulation)、恐怖攻擊等，大都不涉及民主與共產意識的矛盾，冷戰結束後，美國社會的反共意識更趨於淡化。

另一方面，中共在1976年毛澤東逝世後，開始引進資

本主義經濟運作，有效地刺激國內經濟發展，到2010年已經取代日本成為全球第二大經濟體，軍事力量也跟著大幅更新，在國際社會具有舉足輕重的地位。而赤藍權貴基於「聯共制台」的策略，在民進黨執政期間，駕馭中國黨故意封鎖軍購，使中國與台灣雙方的台海戰力趨向失衡，使中共的武力威嚇更具實質威脅。

　　從戰後迄今，台灣人反抗外來赤藍統治集團愈激烈，美國就愈支持台灣人。台灣民族運動的領導者，自1996年之後逐漸被「中華民國」體制吸納，台灣人的抗爭意志漸趨消沉。華府政壇中注意台灣問題的政治人物，在變動的環境下自然會各依其算計來調整其立場，多年來不斷有人建議重新思考對台政策，避免台灣問題影響美中關係的發展。經過幾番評估與分析的激盪，美國再度確立返回亞洲「圍堵中國擴張主義」的大戰略，並且著手執行、發展與中共爆發戰爭的必要軍事與外交準備。

　　雖然這種發展對台灣的安全是有利的，然而，因為台灣社會對被壓迫的「無感」，美國傾向支持赤藍權貴主政，因為他們很願意配合出賣台灣人的利益來博取美國的支持，使美國在施行安撫中共的策略上，沒有因為傷害台灣人利益而引起社會動亂的顧慮。美國政府在2008年和2012年都不避諱地支持馬英九，道理非常明顯。換句話說，如果台灣社會菁英甘願繼續乖順地當赤藍人的奴才，美國將更加支持赤藍人。美國在世界各地支持壓迫集團的例子俯拾皆是。

4.7.2 中共拉攏美國的「三亞倡議」

台美人在華府向訪美的溫家寶示威(2003年12月9日拍攝)

自2000年以來，中共僱用華府地區一些最著名、具有特殊政治管道的公關公司、遊說專業及法律顧問，如 Patton Boggs、Hogan & Hartson，還有Wexler and Walker Public Policy Associates等，爲中國駐美大使安排和參、眾議員見面，溝通關係台灣安全的法案及其他美、中貿易相關的議題(Guevara, 2011)。中共解放軍不僅會拉攏台灣的赤藍將領，搞「黃埔論壇」喧嚷「國軍、共軍都是中國軍」的併吞統戰氣勢，也透過季辛吉與前美軍參謀長聯席會議副主席歐文(William Owens)等網羅尚具影響力的美國資深退役將領，在2008年2月於海南島開始「三亞倡議」(Sanya Initiative)，要求美國停止對台軍售、修改台灣關係法並放棄台灣(TTL, 2011；Kan, 2010)。

中共的主要目的之一就是要影響美國對台政策，打造有利於併吞台灣的大環境。自2009年以來，美國社會「棄台論」顯著地浮上檯面，是中共努力的成果，雖然反對「棄台論」的輿論仍非常強烈，終究，一股不可忽視，可能對台灣人不利的勢力已經結合、發動起來。

「三亞倡議」於2009年10月在夏威夷召開第二次會

議，美國方面還是由歐文領隊，中國方面是前解放軍副總
參謀長熊光楷，此人據說在1996年曾向記者揚言，中國可
以把核彈打到洛杉磯去，而名噪一時。歐文運用他和歐
巴馬政府的密切關係，安排中國代表團和參謀長聯席會
議主席馬倫(Mike Mullins)及前太平洋司令部司令基廷(Timothy
Keating)見面，馬倫和基廷先前都已對首次「三亞倡議」會
談表態支持。夏威夷會後，也安排到華府會見國務卿希拉
蕊和副國防部長凌恩(Bill Lynn III)等。歐文更於11月17日在
《金融時報》(*Financial Times*)投書指出：美國應該重新評估
與中國的關係、檢討修正台灣關係法並停止對台軍售，因
為目前持續的國防支出以及已經30年的舊法規對美國的傷
害大於利益(Owens, 2009)。

　　「三亞倡議」第三次會談於2010年10月在杭州舉行，
這次基廷也加入美方代表團。不過，因為歐文是香港
AEA控股董事長兼首席執行官，「三亞倡議」的資助來
源都直接與中國官方有密切關係或在中國有商務利益，因
此，這些退役將領言論的客觀性受到高度質疑。

　　2010年1月底，歐
巴馬通知國會將售予台
灣總共63.92億美金的武
器之後，接替歐文任參
謀長聯席會議副主席，
但已於2003年退休的羅
爾斯頓(Joseph Ralston)旋即

緊跟溫家寶行程示威直到夜晚仍不休(2003
年12月9日拍攝)

於2月在華爾街日報投書說：通過對台軍售案已造成中國中斷美中軍事交流，而美中軍事交流相當地關係到國家安全。該文影射對台軍售會阻礙美中軍事關係。換句話說，羅爾斯頓呼應三亞倡議反對美國賣武器給台灣。羅爾斯頓當時是科恩集團(Cohen Group)的副董事長，正在中國擴大業務，他在服軍職期間的利益迴避操守備受爭議。

三亞倡議的另一個要角是前太平洋美軍司令也是前美國駐中國大使普里赫(Joseph Prueher)，他趁中國國家主席胡錦濤於2011年1月訪美之際，集合了專家學者在華府舉辦了三天的圓桌會議，討論如何加強美中關係。主辦單位的維吉尼亞大學米勒中心(Miller Center)，於3月底整理發表了會議報告，做了六點建議，其中的第二點涉及台灣，內容扼要如下：美國應正視台灣與中國已經逐漸步調一致，因此對台軍售政策應予重新檢討，避免美中關係為之陷入惡性循環，而且台灣關係法所制訂的目標也應該超越軍事的範疇來重新思考，另外，對於美中台三角關係的對話不應限於軍事議題，也應該包括政、經議題。在呼籲美中雙方採取積極步驟打破前述「惡性循環」，建議裡暗藏玄機，以隱隱約約的語詞：「其實，中共可以很容易地、極具政治風範地踏出那一步。」似乎暗示中共盡快主動釋出某種「和平」意願，好讓美國的傾中集團更能振振有詞地要求停止對台軍售。(MCPA, 2011)

4.7.3 「棄台論」探頭

在三亞倡議的熱絡交往中，喬治華盛頓大學教授格拉瑟(Charles Glaser)在《外交事務》期刊發表《放棄台灣可換取美中和平》的論文，他勾勒一種國際間的安全困境(security dilemma)：二個互相匹敵的國家，若對方愈有安全感，反而愈能夠提升本身的安全，因為缺乏安全感就可能驅使對方採取較激進的策略。依此，格拉瑟認為當前的國際環境提供美、中兩國很好的條件，雙方可以保護各自的關鍵利益，而不會對另一方造成太大的威脅。他斷言，在可見的將來，即使中國的武力超越美國，也絕對不敢直接挑戰美國，因為無論如何美國已經擁有中國無法承受的反擊能力。同樣地，中國的武力不久將會強到使美國也不敢直接挑戰中國。但是，他認為台灣是一個可能引發美、中衝突的熱點，因此，建議美國應放棄對台灣的安全承諾。(Glaser, 2011)

格拉瑟是有分量的學者，他的論文可能引發較強的效應。「北美洲台灣人教授協會」商請3F創會者之一，也曾經於1958年4月在《外交事務》期刊發表《中國死巷》(*The China Impasse*)的盧主義先生，對格拉瑟的文章提出反面觀點，指出格拉瑟錯估中國大幅發展武力的動機，中國並未遭受美國或其他鄰近國家的威脅，中國是為了把現在引以自傲的一黨專政的資本主義經濟模式，發展成為超級強權，以雪過去被西方國家侵略的恥辱。盧主義據此指出中國將成為美國安全的重大顧慮。該文以北美洲台灣人教授協會會長李學圖名義投書，刊登於次一期的《外交事務》

(Lee, 2011)。前美國在台協會台北辦事處處長包道格(Douglas Paal)也在同一期撰文指出，一味對中國讓步不是辦法。

哈佛大學甘迺迪學院研究員凱恩(Paul Kane)，認為台灣被中國併吞是不可避免的，於是2011年11月10日在《紐約時報》投書大膽提議：歐巴馬應承諾在2015年底結束對台灣的軍援、軍售，以及取消當前的美台防衛協議，來換取中國一筆勾銷美國高達$1.14兆美元的債務(Kane, 2011)。

剛好同一天，國務卿希拉蕊在檀香山「東西中心」就美國的亞太政策發表演講，她指出：美國和台灣有堅強的關係，台灣是一個重要的安全與經濟夥伴；美國無意圍堵中國，而是希望與中國加強對話，包括在美中戰略暨安全對話中，就網路安全議題進行坦誠且公開的討論。希拉蕊也指出，中國應該進行經濟改革，以終止對美國和外國公司的不公平歧視。希拉蕊的談話無疑地是針對「棄台論」風潮，表達美國政府的立場，也回應美國人民對中國傾銷低價物品，傷害美國人工作機會的反彈。隔日，身兼美軍太平洋司令部顧問的政治分析家米納(David Millar)，也撰文駁斥凱恩賣台救美國經濟的建議，指出放棄台灣的主張誤解了美國與亞洲的關係，同時也違背了美國的基本價值(Millar, 2011)。

4.7.4 美國重返圍堵政策

麥克阿瑟曾說：「台灣是不沉的航空母艦，巡視中國沿海的中域。」地理上，台灣位於「第一島鏈」，自千島

群島、日本、琉球、台灣、菲律賓至巽他群島；而「第二島鏈」指從小笠原、馬里亞納、關島、加羅林群島至印尼一線。這兩條島鏈形成兩道阻礙中國進入廣闊的太平洋的海上長城。

中國有14,500公里的海岸線，其中有不少良好的港口。自1985年之後，中共不再認為蘇聯可能自北方入侵，因此轉而全力發展海軍力量，不僅具有調整國防戰略著重近海防禦(offshore defense)的意義，也配合經濟發展策略，要保障國家現代化發展所需自海道進口的食物及能源供應的安全(GlobalSecurity, 2011)。

一般相信中共在1996年製造台海危機失敗後，更痛下決心加強海軍現代化。當時中共不滿李登輝先生獲邀以校友身分前往其母校美國康乃爾大學發表公開演講，並企圖影響台灣第一次的「總統」直接選舉結果。於是，對台灣近海試射飛彈，並舉行兩棲登陸作戰演習，威脅意味十足囂張。美國總統柯林頓即時派遣二組航空母艦戰鬥群進入台灣海峽應對，有效地壓制了中共的挑釁。這個事件很可能促使中共解放軍內部做了戰略檢討而決定要有大作為。(O'Rourke, 2011)

美國國會研究服務(Congressional Research Service)的「振新美國安全中心」(Center for a New American Security)的資深研究員卡普廉(Robert Kaplan)，撰文發表在2010年5、6月份的《外交事務》雜誌，引用蘭德公司(Rand Corporation)的研究指出，到2020年美國就無法保護台灣免於中國的攻擊。該報告是強

調中共會具有空戰的優勢，但是實質運送軍隊的登陸船艦就很可能在台灣海峽遭到美國潛水艇的攻擊。卡普廉的論文指出：基於地緣優勢，中共最終必然能夠發展足夠強的戰力，嚴重威脅美國艦艇在第一島鏈海域安全，但是，美國仍然不應該放棄台灣，以免動搖盟邦對美國安全承諾的信心而尋求接近中國。因此，他認為美國的戰略不是在台灣海峽擊敗中共，而是讓中共瞭解：進犯台灣的代價會高到讓他們無法承擔。(Kaplan, 2010)

曾在雷根與老布希總統時代任海軍副部長的克羅勃希(Seth Cropsey)隨後也在9、10月份的《外交事務》雜誌撰文，警告歐巴馬政府：中共發展攻擊海上艦艇的遠程彈道飛彈，直接威脅美國艦隊在太平洋大海域的活動，更可能侵蝕美國對台灣的安全承諾。該文也指出：中共將南海及黃海與周邊國家存在主權爭議的島嶼海域，片面劃為其核心利益海域，十足暴露其擴張主義。克羅勃希呼籲歐巴馬政府：要約制中國的霸權主義，美國在亞洲需要精力旺盛又強勁的安全與外交政策，讓太平洋能夠太平。(Cropsey, 2010)

2011年11月，歐巴馬政府就由國務卿希拉蕊宣示要將美國的軍事重點從中東移至亞洲和網際空間。而歐巴馬同樣在11月中旬訪問澳洲時也表示，儘管美國國防預算將面臨重大削減，但絕不會以犧牲亞太地區的利益為代價。2012年1月5日，歐巴馬利用到國防部五角大廈出席記者會的時機，再度清楚勾勒這個重返亞洲的戰略部署，指出：美國將縮減陸軍規模，並減少在歐洲的軍力，轉而加強在

亞太地區的軍事部署，以維護亞太地區的安全與繁榮。雖然歐巴馬的談話完全沒有提到中國，中共貴族則敏感地意識到美國針對中國的圍堵政策將再度來臨。1月6日英文的新華網評論：歡迎美國更加貢獻亞太區域的和平與安定，但是可能的軍事主義將造成惡果，而在這全世界最具動力的地區遭遇強烈的反對。(Mandalia, 2012; Yu, 2012)

　　中共企圖利用南海島嶼和釣魚台的主權爭執，煽動仇外的民族情緒，來轉移中國人對內部社會貧富矛盾對立問題及共產黨官員貪污腐敗問題的注意力。他們2012年加強在釣魚台和南海島嶼的魯莽挑釁示威，以及在其新版護照內頁印上地圖，片面將台灣、南海等有爭議的海域和邊界劃入中國版圖。這些魯莽又幼稚的行徑只會更增強美國、日本與其他盟國聯合圍堵中共擴張主義的決心。早在2012年4月，美國海軍戰爭學院(U. S. Naval War College)的兩位教授，古原俊井(Toshi Yoshihara)和霍姆斯(James Holmes)，就撰文要美國政府不必刻意迴避，應該明講：美國在東亞的海空戰爭就是針對中國。兩位教授認為：關閉給中共僥倖的選項，可能是制止侵略最可靠的方法(Yoshihara and Holmes, 2012)。這些都說明，中共霸權主義的野心早已被看穿，美國政府只是還不願意撕破臉揭露中共的底牌，但是美國已經著手佈建對中共作戰的軍事準備。

4.8 台灣民族運動的SWOT分析

台灣民族運動的強勢(Strength)	台灣民族運動的弱點(Weakness)
a. 台灣獨立有大多數台灣人的贊同	a. 台灣菁英無知排斥民族主義自宮
b. 台灣人的經濟能力能夠發展運動	b. 運動領導者承認赤藍體制是合法
c. 台灣主權未定論有國際法的效力	c. 鼓吹革命的人才和媒介嚴重短缺
d. 台灣人不怕發表和聽取台獨言論	d. 鬥爭理念混淆削弱抗爭行動意志
e. 海內外台灣人具有國際關係脈絡	e. 民進黨投機份子逐漸向中共靠攏
台灣民族運動的機會(Opportunity)	台灣民族運動的威脅(Threat)
a. 赤藍權貴貪瀆無能驕傲不容異己	a. 赤藍人操控國家機器和社會資源
b. 赤藍權貴聯共制台暴露外來本相	b. 中共勢力全面滲透影響台灣社會
c. 赤藍集團勢力漸被中共分化削弱	c. 赤藍集團與中共唱和台灣屬中國
d. 赤藍集團破壞台灣經濟怨聲載道	d. 美國政府偏好赤藍權貴控制台灣
e. 中共擴張主義觸發國際社會戒心	e. 台灣經濟發展鎖在中國愈陷愈深

SWOT分析結果

　　現階段台灣民族運動的SWOT分析是以剝奪赤藍權貴在「中華民國」體制內不當占有的公權力為目標。在此分析架構，咱將台灣人整體及民族運動的社團與組織環境視為「內部」，來檢視咱的強勢(s)與弱點(w)，而將赤藍人和其他非台灣人能掌握的環境視為「外部」，來檢視對咱民族運動的機會(o)與威脅(t)。

　　SWOT分析所歸納的強勢與機會就是對運動有利的環境，而弱點與威脅則顯示不利的環境。此方法是由美國企業管理專家韓福瑞(Albert Humphrey)所設計，用在制定企業的發展戰略之前，對企業進行深入全面的分析以及競爭優勢

的定位。

　　本節所陳列的SWOT分析結果是集合海內外數十位教授與專家，就台灣現實環境互相腦力激盪與討論所整理歸納出來。

4.9 無體制內外之分

　　台灣民族運動2.0是要以創新的思維與行動，大力宣揚台灣民族主義，讓台灣人認清外來赤藍統治集團對台灣人的剝削與壓迫，否定「中華民國」體制的合法性，也否定中共貴族任何對台灣與台灣人的片面要求與規範，堅強台灣人獨立建國、當家作主的意志與行動。

　　革命理論與歷史經驗都指出：反動政權即使是合法產生，反對者與革命者都必須撕毀它的合法性，否定它權力的正當性。換句話說，台灣民族運動根本不需要有體制內外之分，攏總都參與「體制外」鬥爭。否定「中華民國」在台灣的合法性既然是台灣民族運動2.0的鬥爭理念，台灣人如何在敵人「管轄」的環境裡合理化咱的鬥爭行動呢？

　　首先，咱必須確信咱是台灣的主人，因此，在台灣什麼是「合法」、什麼是「非法」，是由台灣民族運動決定，而不是由「中華民國」體制的法律規範決定。可是，現階段的台灣民族運動只是台灣人在台灣社會裡自覺的群眾反抗運動，並不像當年中共據有江西井崗山一帶山區，

建立相當獨立的蘇維埃政府，可以制定自己的法律、發行
自己的錢幣等。目前台灣民族運動的現實是，沒有被認可
的組織可以制定法律與制度供台灣人遵循，所以，咱只能
先以台灣民族的倫理、先進國家的法律規範，以及聯合國
所宣示的人權公約等，做為咱台灣民族運動者的參考準
則。既然如此，其中必然有某些和「中華民國」體制內的
規範相符，例如十字路口的紅綠燈規範。因此，咱絕不必
因為遵循一個符合「中華民國」體制內規範的行為，就以
為咱是承認「中華民國」的合法性。

　　有人會質疑如果不承認「中華民國」體制的合法性，
那麼是不是咱就不應該參與其體制的運作？例如，不應該
參與體制內的選舉、繳稅、當公務員等。答案是：否定
「中華民國」體制的合法性，並不意指盲動挑戰其法律規
範，個人何時何地採取否定「中華民國」體制的實際行
動，取決於個人或其所屬組織願意承擔後果的意識與判
斷。就以繳稅來說，咱應該不斷宣傳台灣人對「中華民國
政府」沒有納稅的義務，但是，實際抗稅者會有來自赤藍
體制的直接報復性壓迫，個人可以選擇採取實質拒繳的反
抗行動，或個人可以努力支援台灣民族運動累積足夠集體
反制的力量，屆時台灣人才集體參與抗稅運動。

　　甘地、金恩和曼德拉都曾經採取直接否定壓迫集團法
律的行動而被監禁入獄，鄭南榕更為了反抗赤藍警總的
「言論限制」與「逮捕」而自焚殉道。茉莉花革命的時
期，突尼西亞和埃及的民眾在匯聚了足夠的集體能量之

後，才集體公開挑戰獨裁集團的戒嚴法，把獨裁總統趕下台。

　　那麼，既然不參與選舉並不會受到赤藍體制立即直接的壓迫，咱是不是應該鼓勵台灣人拒絕參與選舉呢？某些台灣民族運動者認為，參與「中華民國」體制內的選舉就是承認它的合法性，這是錯誤而且不理性的觀點。前面已經強調過，咱才是決定任何行為是合法或非法的主體。因此，是不是應該參與「中華民國」體制內的選舉，這個答案應該從整體民族鬥爭的策略來考量。

　　愛爾蘭獨立運動的過程中，新芬黨(Sinn Fein)就投入大不列顛愛爾蘭議員選舉，利用選舉期間更激烈地宣揚愛爾蘭民族主義。他們在「復活節起義」之後1918年的選舉，新芬黨在105個席位中贏了73席，而當選的新芬黨人都拒絕就任以凸出追求愛爾蘭獨立的氣魄。1922年的一場慘烈戰爭終於促使英國與愛爾蘭簽訂條約，讓愛爾蘭南部26郡成為大英國協內的自治國家。

　　「中華民國」在台灣的選舉，是赤藍權貴不得不擺設的山寨版「民主」櫥窗。因此，他們必須用盡一切奧步來維護有利的選舉結果，絕不可能讓台灣有乾淨、公平的選舉。但是，獨裁集團在操縱其設計的「瑕疵民主」也可能有失算的時候，例如：1960年南韓獨裁者李承晚流亡美國是硬拗「四捨五入」來連任總統而激怒學生示威的；1977年的中壢事件就是中國黨在桃園縣長選舉作票引爆的；1986年菲律賓的「民力革命」是馬可仕在總統選舉舞弊觸

發的；2003年喬治亞的「玫瑰革命」是國會大選舞弊導致
的；2009年伊朗的「推特革命」是總統選舉結果的合法性
受質疑而發動的。

　　台灣民族運動目前應該堅持民族鬥爭的思維投入選舉
才是正確的，應該善用選舉期間向民眾努力宣揚台灣民族
主義，揭露外來赤藍權貴壓迫與剝削台灣人的事實，否定
「中華民國」的合法性，號召台灣人勇敢建立自己的國
家。當很多台灣人把票投給主張民族主義的候選人，而不
投給一般不敢伸張民族立場的政客的時候，台灣民族運動
才會回歸正軌，台灣人的出頭天才會實現。

4.10 培養民族尊嚴與勇氣

　　荒野大鏢客克林伊斯威特(Clint Eastwood)所導演的《打不
倒的勇者》(*Invictus*)，是從《與敵人競賽》(*Playing the Enemy*)這
本書改編拍製的電影，描述1994年新當選南非總統的曼德
拉接手了百廢待舉的國家，智慧地抓住1995年的世界盃橄
欖球賽的機會，大力支持以白色膚種球員為主的南非球隊
出賽，成功地凝聚國人的向心力，讓因為黑白種族問題嚴
重分裂的南非社會能夠經驗到團結一致的勝利。原書著者
卡林(John Carlin)出書前事先訪談了已退休的曼德拉，書中有
相當的篇幅介紹曼德拉被釋放出獄的過程，但是，電影並
沒有涉入這部分的情節。

　　曼德拉是在1944年加入「非洲民族議會」(ANC)，這個

組織從1912年成立以來，一直標榜用和平手段爭取黑色膚種的非裔族群的權利。然而，曼德拉發現壓迫非裔族群的惡法卻反而愈來愈多，而享有的權利卻變得愈來愈少。ANC並且在1960年被白人政權列為非法組織而禁止活動。1961年曼德拉仿傚他所敬佩的南美革命英雄齊克瓦拉，開始組織並領導「民族之矛」(Umkhonto we Sizwe)準備進行武裝鬥爭，反抗南非白人政權的種族隔離政策。1962年他偷渡出國到阿爾及利亞接受軍事訓練，返國後被捕並以偷渡及煽動罷工罪名被判服五年勞役。但是，當曼德拉還在獄中服刑的時候，白人政權發現了武裝行動的具體證據，1964年曼德拉和其他因此被捕的七位ANC的同志被控「陰謀以武力推翻政府」。

　　在死刑的威脅下，曼德拉在法庭的陳述，堅守被壓迫者有抵抗權的信念，不卑不亢挑戰法庭。他承擔領導「民族之矛」進行武裝鬥爭的所有責任，他靈巧地切割ANC和武裝行動的責任關係，為組織的領導階層「脫罪」。他意識到可能被處死刑，因此藉法庭陳述的機會，清晰地向後續接棒的同志交代此後武裝鬥爭的策略。對於其他不實和基於惡法違反公義的指控，他不採取迴避、否認以求生存，反而據理宣揚他的理念，雄辯滔滔大義凜然：「我們絕不屈膝，我們別無選擇，只好採取一切可用的手段反擊，以保護我們的族群、我們的前途和我們的自由。」他在庭上總結：「我珍惜民主、自由社會的理想，讓所有的人和諧相處，大家機會均等。我希望為這個理想而活並且

實現它，但是，如果有必要，我也準備爲這個理想付出生命。」(Mandela, 1964)

曼德拉的法庭陳述引起西方國家的注意與同情，在國際社會的聲援下，南非白人政權才不便判他們死刑，只判無期徒刑。曼德拉和其他被關在一起的ANC領導者在獄中教育、訓練刑期較短的年輕人，使他們出獄後更投入而且更能領導反對種族隔離政策的鬥爭。這所監獄成了非裔年輕人獲得深造的「革命大學」。曼德拉更能夠說服不同組織的反抗者團結起來，爭取改善在獄中的待遇和尊嚴，因此逐漸確立他在南非反抗運動的領袖地位。長年流亡國外、曼德拉學生時代的戰友湯伯(Oliver Tambo)，於1980年開始在國際社會發動「釋放曼德拉」運動，曼德拉成爲國際社會反對種族隔離的象徵。

國外譴責與制裁南非的壓力不斷升高，非裔黑人的抗爭此起彼落讓白人政權疲於奔命。1985年2月，南非總統伯塔(Pieter Willem Botha)公開宣佈願意釋放曼德拉，條件是：曼德拉必須無條件拒絕以暴力做爲政治武器，而且必須遵守法律不能再犯法被捕。已經被關了23年尚未看過電視的曼德拉，即使很希望能出獄，卻嚴詞拒絕伯塔的提議，他透過他女兒在群眾集會上聲明：「在我們的組織仍被禁止，我能得到什麼樣的自由呢？……只有自由人能夠談判，一個犯人是不能與人簽約的。」他挑戰伯塔棄絕使用暴力對付非裔黑人族群，也要伯塔廢除種族隔離政策。他堅定地向群眾宣示：「當我和你們沒有獲得自由的時候，

我無法接受釋放。你們的自由和我的是不能分開的。」
1990年2月，新上任的南非總統不得不無條件地釋放他並
廢止種族隔離政策。(Carlin, 2008)

聯合國大會在2012年11月29日以壓倒性票數通過巴勒
斯坦升格案，將巴勒斯坦從「政治實體觀察員」升格為
「非會員觀察國」，未來可以參加聯合國組織，也等同聯
合國間接承認巴勒斯坦的主權獨立。65年前的11月29日正
好是聯合國通過以巴分治決議案的日子，建議把當時英國
掌控的巴勒斯坦分為阿拉伯人與猶太人的兩個國家，奠定
了以色列誕生的基礎。

巴勒斯坦解放組織(PLO)在1964年的第一次巴勒斯坦武
裝起義中成立，被公認是代表巴勒斯坦人民的政治組織。
阿拉法特自1969年開始接掌PLO主席，一直到他2004年過
世。在阿拉法特領導下的前五年，PLO組織巴勒斯坦人不
斷攻擊、挑戰以色列，成為阿拉伯人反「猶太主義」的堅
強隊伍。他們拋灑血淚與生命的民族勇氣，博得全世界維
護被壓迫民族權益的正義人士的同情與支持。聯合國因此
在1974年接納PLO為觀察員。

巴勒斯坦人勇敢踏上坎坷的建國之路，如今獲得了更
具體的進展，許多台灣人為他們的成就感到欣慰與驕傲，
但也回頭怨歎台灣建國遙遙無期。3F的前輩早就引用著
名的作家戴維斯的名言提醒咱：「只有勇敢的人民，才配
享有自由的國家。」像曼德拉與阿拉法特這樣偉大的領導
者可遇而不可求，但是，塞爾維亞革命和茉莉花革命沒有

曼德拉和阿拉法特，社會大眾群策群力一樣能夠激發驚人
的革命力量。

台灣民族同盟紀念519綠色行動示威(2012年5月19日拍攝)

　　台灣民族運動者應該掌握2.0的思潮與技術，宣揚民
族主義團結台灣社會各階層。既然台灣人宣示要當家作
主，更不應該過度寄望傳統觀念下的領導者，每個台灣人
應該仿傚曼德拉和鄭南榕的氣魄，堅持台灣民族的尊嚴，
仿傚阿拉法特和莫那魯道的精神，反抗的決心要比奇萊山
還堅定，以剷除民族壓迫的勇氣不斷鬥爭赤藍權貴，如
此，無論情勢如何發展，最後的勝利必然屬於台灣人。

參考文獻

1. BBC(2012)。英媒：香港人的身分認同惹惱北京。BBC中文網，2012年1月13日。2012年12月6日取自：http://www.bbc.co.uk/zhongwen/trad/chinese_news/2012/01/120113_ukpress_hk.shtml

2. 王宏仁(1999)。一九五○年代的台灣階級結構與流動初探。台灣社會研究季刊第36期，1999年12月。2012年12月6日取自：http://benz.nchu.edu.tw/~hongzen/paper/class50s.htm

3. 王育德(1979)。台灣──苦悶的歷史。台灣青年社，日本東京，1979年8月20日。

4. 王英欽(2003)。嘉南大圳、烏山頭水庫。選自《台灣‧咱的國家──正名運動手邊冊》，現代文化基金會，2003年4月。

5. 王建生等(1984)。一九四七台灣二二八革命。美國加州洛杉磯台灣文化事業公司，1984年7月。

6. 王宣智等(2012)。服務科學導論。財團法人國家實驗研究院科技政策研究與資訊中心編印，2012年8月。

7. 王景弘(2004)。慣看秋月春風──一個台灣記者的回顧。台北市前衛出版社，2004年7月。

8. 王景弘編譯(2002)。第三隻眼睛看二二八：美國外交檔案揭密。台北市玉山社，2002年2月。

9. 台灣教會公報社(2012)。公報百年大事紀。2012年12月6日取自：http://www.pctpress.org/about/address.html

10. 史明(1980)。台灣人四百年史。蓬島文化公司，San Jose, CA. 1980年9月。

11. 史明(2005)。不要怕台灣民族主義。自由時報電子報，2005年5月13日。

12. 自由時報(2012)。55.4%民眾支持台灣獨立成新國家。自由時報電子報，陳慧萍報導，2012年8月11日。

13. 朱浤源(1992)。從族國到國族──清末民初革命派的民族主義。思與

言，30:2(1992)。

14. 何義麟等譯(2007)。台灣抗日運動史研究。若林正丈原著。東京：研文出版，1983年。翻譯：台灣史日文史料典籍研讀會。播種者出版，2007年3月。

15. 吳乃德(1997)。檳榔和拖鞋，西裝及皮鞋：台灣階級流動的族群差異及原因。台灣社會學研究，第一期，1997年12月，137-167頁。

16. 吳明勇(2009)。台灣總督府中央研究所。台灣大百科全書。2012年12月10日取自：http://taiwanpedia.culture.tw/web/content?ID=3822

17. 吳祥輝(2002)。吳祥輝選舉學。遠流出版社，2002年9月。

18. 吳學明(2007)。近代長老教會來台的西方傳教士。日創社，2007年8月。

19. 吳濁流(1995)。亞細亞的孤兒。草根出版社，1995年12月。

20. 李欣芳(2011)。台獨運動「歐吉桑」 志業未竟全功。自由時報電子報，2011年11月18日特稿。2012年12月6日取自：http://www.libertytimes.com.tw/2011/new/nov/18/today-p7-2.htm

21. 李忠勝(2011)。2000年至2008年兩岸關係綜述。聯合早報網，2011年8月2日。2012年12月6日取自：http://www.zaobao.com/forum/pages4/forum_tw110802.shtml

22. 李敏勇(2004)。阿，福爾摩沙！李敏勇編選/解說，本土文化事業，2004年2月。

23. 李禎祥(2007)。假匪諜真害人 吳泰安推余登發下獄。新台灣新聞周刊，第610期，2007年11月29日。2012年12月6日取自：http://www.newtaiwan.com.tw/bulletinview.jsp?bulletinid=74218

24. 李筱峰(2000)。台灣史100件大事(上)。台北市玉山社，2000年3月。

25. 李筱峰(1998)。解讀二二八。台北市玉山社，1998年1月。

26. 沈志華(2010)。蘇聯為何沒否決聯合國出兵朝鮮的議案？人民網，文史頻道，2010年8月2日。2012年12月6日取自：http://www.people.com.cn/BIG5/198221/198819/198856/12313939.html

27. 周雪玉(1979)。施琅之研究。中國文化大學史學研究所碩士論文。台北市中國文化大學，1979。

28. 東方(2012)。今日神州：中港人矛盾升級 孔子後人罵港人是狗。東

方日報新聞網，2012年1月22日。2012年12月6日取自：http://chinese.
cari.com.my/news/news.php?id=175755

29. 林玉体(2008)。台灣主體意識的延續與發展。新世紀智庫論壇第44
期，2008年12月30日。2012年12月6日取自：http://www.taiwanncf.org.
tw/ttforum/44/44-09.pdf

30. 林世煜、胡慧玲(2008)。白色恐怖政治案件概述。寫給台灣的情
書，2008年5月20日。2012年12月6日取自：http://blog.roodo.com/
michaelcarolina/archives/6053895.html

31. 林丘湟(2006)。國民黨政權在經濟上的省籍差別待遇體制與族群建
構。中山大學中山學術研究所碩士論文，2006年6月。

32. 林弘宣譯(2009)。福爾摩沙及其住民。Formosa and Its Inhabitants by
Joseph Beal Steere, organized and published by李壬癸。台北市前衛出版
社，2009年12月。

33. 林呈蓉(2006)。牡丹社事件的真相。新北市博揚文化事業，2006年4
月。

34. 林昌華(2011)。李庥與卑南族。台灣原住民族歷史語言文化大辭典。
2012年12月6日取自：http://citing.hohayan.net.tw/citing_content.asp?id=
3595&keyword=%A7%F5%CE%BA%BBP%A8%F5%ABn%B1%DA

35. 林晚生(2007)。福爾摩沙紀事——馬偕台灣回憶錄，譯自馬偕原著，J.
A. MacDonald 編著之From Far Formosa。台北市前衛出版社，2007年8
月。

36. 林啓旭(1984)。台灣二二八事件綜合研究。美國紐約台灣公論報社，
1984年2月。

37. 林媽利(2010)。我們流著不同的血液。台北市前衛出版社，2010年7
月。

38. 侯坤宏(2007)。戰後台灣白色恐怖論析。國史館學術集刊第12期，
2007年6月。2012年12月6日取自：http://www.drnh.gov.tw/ImagesPost/
a413570b-20df-47ac-a2c0-9f821ebe73bd/91590a3b-a998-4595-a954-
03a3dff5e0d1_ALLFILES.pdf

39. 南方朔(2012)。這次大選 我為何挺蔡不挺馬？新新聞，2012年1月11
日。

40. 姚嘉文(1975)。一八七比一的差異 —— 高普考還要論省籍嗎？台灣政
    論，第二期，1975年9月。

41. 施正鋒(2003)。台灣民族主義。台北市前衛出版社，2003年3月。

42. 施正鋒(1998)。語言的政治關聯性。族群與民族主義，頁39-69。台北
    市前衛出版社，1998 年10月1日。

43. 流星人(1974)。康寧祥在哥城的演講。台獨月刊，第32期，1974年10
    月28日。台灣獨立聯盟總部，Kearny, New Jersey, USA

44. 容易(2010)。中國崛起影響台灣自由度。美國之音粵語主頁，2010年
    11月16日。2012年12月6日取自：http://www.voanews.com/cantonese/ne
    ws/20101116TaiwanFreedomEroding-108395999.html

45. 翁青志(2009)。南島語系：台灣獻給世界的禮物。2009年2月24日
    發表。2012年12月6日取自：http://yehtt1.blogspot.com/2009/02/blog-
    post_24.html

46. 翁佳音(2007)。虛實之間的台灣。中央研究院台灣史研究所檔案館。
    2012年12月6日取自：http://ithda.sinica.edu.tw/node/3217

47. 翁佳音(1992)。被遺忘的台灣原住民史 —— Quata(大肚番王)初考。
    《台灣風物》，第42 卷4 期。

48. 高金郎(2007)。泰源風雲：政治犯監獄革命事件。台北市前衛出版
    社，第三版，2007年5月。

49. 袁紅冰(2009)。台灣大劫難。星島國際有限公司，2009年11月。

50. 桑普(2012)。網路實名制韓國取消中國硬上。自由時報電子報，自由
    廣場，2012年12月31日。

51. 張炎憲等(2006)。二二八事件責任歸屬研究報告。台北市二二八事件
    紀念基金會，2006年2月。

52. 張隆志(2010)。斷裂與匯聚：當代台灣史研究的多重知識系譜。《中
    央研究院週報》第1274期，2010年6月10日出版。2012年12月6日取
    自：http://newsletter.sinica.edu.tw/file/file/39/3967.pdf

53. 張富忠、邱萬興編著(2005)。高雄縣橋頭示威遊行。綠色年代：台灣
    民主運動25年。綠色旅行文教基金會，2005年12月1日。2012年12月6
    日取自：http://www.wretch.cc/blog/feidy/7996261

54. 張麗雪(2011)。公務人員高普考試按省區定額錄取制度沿革。考選論

壇季刊，第1卷，第2期，2011年4月。

55. 莊永明(1998)。台灣醫療史：以台大醫院為主軸。台北市遠流出版社。

56. 莊萬壽(2011)。中國民族主義與文化霸權。台北市允晨文化實業公司，2011年12月。

57. 莊萬壽(1994)。「中國」及其霸權主義的形成。台灣教授協會企劃，施正鋒編《台灣民族主義》。台北市前衛出版社，1994年12月。

58. 許維德(2001)。中國國族主義‧帝國主義‧台灣獨立運動——評三本90年代中國出版的「台獨研究」專書。思與言，39:2(2001年6月)。

59. 郭祐慈(2007)。日治前期的政策：「平地番」的特殊性。2012年12月6日取自：http://nccur.lib.nccu.edu.tw/bitstream/140.119/34598/8/59505208.pdf

60. 陳少廷(1999)。東帝汶公投獨立的啓示。民眾日報，1999年9月7日。2012年12月22日取自：http://taup.yam.org.tw/comm/comm9912/t006.htm

61. 陳正茂(2010)。《台灣經濟史》。台北市新文京出版，2010年7月。

62. 陳永興(2011)。無悔之旅——陳永興醫師的心路歷程。第三版。新北市望春風文化事業公司，2011年1月。

63. 陳佳宏(2006)。台灣獨立運動史。台北市玉山社，2006年。

64. 陳政三譯(2008)。征台紀事——牡丹社事件始末。Edward H. House原著The Japanese Expedition to Formosa。台北市台灣書房，2008年10月修訂版。

65. 陳師孟(2006)。政治經濟——現代理論與台灣應用。翰蘆圖書出版，2006年2月。

66. 陳婉琪(2005)。族群、性別與階級：再探教育成就的省籍差異。台灣社會學，第十期，2005 年12 月，1-40頁。

67. 陳隆志(1971)。台灣的獨立與建國。美國耶魯大學法學院，1971年1月。

68. 陳逸君譯(2010)。歷險福爾摩沙：回憶在滿大人、海賊與「獵頭番」間的激盪歲月。原著PIONEERING IN FORMOSA--Recollections of Adventures among Mandarins, Wreckers, and Head-hunting Savages, by

William Alexander Pickering, 1898. 台北市前衛出版社，2010年5月。

69. 陳榮成譯(1984)。被出賣的台灣。譯自George Kerr原著《Formosa Betrayed》，Boston Houghton Mifflin Company 1965年出版。台灣獨立聯盟1984年5月譯本再版。

70. 陳銘城(2009)。張金策、吳銘輝政治逃亡記。綠島人權文化園區，2009年7月7日。2012年12月6日取自：http://2009forum.blogspot.tw/2009/07/blog-post_8287.html

71. 陳儀深(2011)。民主運動小兒科。自由時報電子報，2011年11月18日自由廣場。2012年12月6日取自：http://www.libertytimes.com.tw/2011/new/nov/18/today-o2.htm

72. 陳儀深(1994)。二十世紀上半葉中國民族主義的發展。中央研究院近代史研究所編《認同與國家——近代中西歷史的比較》，1994年。

73. 陳鴻圖(2009)。台灣水利史。台北市五南圖書出版有限公司，2009年11月。

74. 彭明敏(2001)。「省籍」和「族群」——台灣社會的箍咒。鯨魚網站，2001年12月13日。2012年12月6日取自：http://www.hi-on.org.tw/bulletins.jsp?b_ID=47280

75. 曾逸昌(2009)。悲情島國四百年。增訂三版，2009年1月。

76. 湯熙勇(1999)。近代東亞海域的海難救助及爭議——以台灣的外籍船難與救助為中心。中央研究院人文社會科學研究中心。2012年12月6日取自：http://www.imece.ntou.edu.tw/ks/images/Tang_handout.pdf

77. 湯錦台(2001)。大航海時代的台灣。台北市貓頭鷹出版，城邦文化發行，2001年12月初版。

78. 酥餅(2012)。獨裁者的進化。酥餅的BLOG，2012年7月2日。2012年12月6日取自：http://blog.roodo.com/subing/archives/19772262.html

79. 黃中憲譯(2011)。海洋台灣。譯自蔡石山(Shih-Shan Henry Tsai)原著《Maritime Taiwan: Historical Encounter with the East and West》。台北市聯經出版事業公司，2011年1月。

80. 黃玄銘(1997)。戰後台灣黑道的政治分析。國立台灣大學政治學研究所碩士論文，1997年。

81. 黃守禮(2007)。八田技師與明石總督。自由時報電子報，自由廣場，

2007年5月13日。2012年12月6日取自：http://www.libertytimes.com.tw/2007/new/may/13/today-o6.htm

82. 黃育智(2012)。重讀高中歷史課本——日治時代的台灣(二)：近代化的基礎建設與經濟發展。Tony的自然人文旅記(0537)。2012年12月6日取自：http://www.tonyhuang39.com/tony0537/tony0537.html

83. 黃招榮(2012)。外省人與失蹤者。自由時報電子報，2012年2月28日。

84. 黃紀南(1991)。黃紀南泣血夢迴錄。台北市獨家出版社，1991年12月。

85. 黃昭堂(2001)。不是真獨立的台灣民主國。2001年6月9日台灣博物館「黃虎旗的故事」特展之專題演講。台灣獨立建國聯盟。2012年12月6日取自：http://www.wufi.org.tw/%E4%B8%8D%E6%98%AF%E7%9C%9F%E7%8D%A8%E7%AB%8B%E7%9A%84%E8%87%BA%E7%81%A3%E6%B0%91%E4%B8%BB%E5%9C%8B/

86. 黃界清(2010)。1980年代史明與《台灣大眾》政論選輯——台灣民族理論。北美洲台灣人教授協會、台灣教授協會共同贊助推薦出版，2010年9月。

87. 黃華(2008)。別無選擇——革命的掙扎。台北市前衛出版社，2008年11月。

88. 楊慶平(1995)。清末台灣的「開山撫番」戰爭。國立政治大學民族研究所碩士論文。台北市國立政治大學，1995年。

89. 楊鴻儒譯(2002)。八田技師所遺留的。古川勝三原著。收錄於黃昭堂主編之《八田與一の研究》，現代文化基金會出版，2007年5月第二刷，台灣教授協會助印。

90. 工研院產業中心(2008)。2015台灣產業發展服務業中長期發展關鍵議題與思維。工業技術研究院產業經濟與趨勢研究中心，2008年4月。

91. 鄒景雯(2007)。楊金海：國民黨特務殺了我哥哥。自由時報電子報，焦點新聞，2007年10月17日。2012年12月6日取自：http://www.libertytimes.com.tw/2007/new/oct/17/today-fo3-4.htm

92. 廖為智譯(1993)。台灣民主國之研究。譯自黃昭堂著1970年東京大學出版會出版之日文版《台灣民主國之研究》。新北市現代學術研究基金會，1993年12月。

93. 管仁健(2011)。走過那「我不說方言」的荒謬時代。PCHome個人新聞台，2011年5月5日。2012年12月6日取自：http://mypaper.pchome.com.tw/kuan0416/post/1322128051

94. 管仁健(2006)。遙想當年台灣的「山中傳奇」。2006年5月22日。2012年12月6日取自：http://mypaper.pchome.com.tw/kuan0416/post/1281895869

95. 管仁健(2005)。第一位被日本判刑的「台獨」分子。2005年12月31日。2012年12月6日取自：http://mypaper.pchome.com.tw/kuan0416/post/1281895812

96. 台灣省文獻委員會(1991)。二二八事件文獻輯錄。台北市正中書局，1991年11月。

97. 趙卿惠、王昱婷(2000)。八田與一：嘉南平原水利之父。《自由時報》記者專題報導，2000年4月27日，收錄於黃昭堂主編之《八田與一の研究》，現代文化基金會出版，2007年5月第二刷，台灣教授協會助印。

98. 劉重義(2009)。引領台灣突破困境的動力──台灣民族主義。台灣教授協會《極光電子報》，2009年3月24日。

99. 劉重義、李逢春(2006)。革命運動研究。台北市前衛出版社，2006年10月。

100. 劉重義等(1985)。風起雲湧──北美洲台灣獨立運動之發展。作者：李逢春、陳志清、林泰源及劉重義。台灣獨立聯盟發行，1985年6月。美國國會圖書館編號85-172345。

101. 劉益昌(2001)。台灣的史前文化。2001年3月19日。2012年12月6日取自：http://www.twhistory.org.tw/20010319.htm

102. 劉聰德(2012)。台灣資訊安全的危機──引言。台灣教授協會《極光電子報》第305期，2012年6月12日。

103. 劉聰德、莊純琪(2008)。探索資訊化社會的驅動力。台灣資訊社會學會年會暨學術研討會(TAIS 2008)，November 2008。

104. 劉聰德(2007)。人造衛星所帶動的國家政策。科技發展政策報導，國家實驗研究院科技政策研究與資訊中心出版，2007年1月第1期，80-84頁。

105. 蔡英文(2011)。我承認自己不太會講客家話，但是我以客家的血統為榮。Facebook, 2011年11月13日。2012年12月6日取自：http://www.facebook.com/tsaiingwen/posts/10150363002706065

106. 鄭弘斌(2003A)。台灣人的台灣史：東京台灣青年會。台灣海外網。2012年12月6日取自：http://www.taiwanus.net/history/4/50.htm

107. 鄭弘斌(2003B)。台灣人的台灣史：台灣新民報日報。台灣海外網。2012年12月6日取自：http://www.taiwanus.net/history/4/59.htm

108. 鄭昭任(2002)。台灣人和印支半島族群的關係。2002年7月29日，台灣獨立建國聯盟網站。2012年12月6日取自：http://www.wufi.org.tw/%E5%8F%B0%E7%81%A3%E4%BA%BA%E5%92%8C%E5%8D%B0%E6%94%AF%E5%8D%8A%E5%B3%B6%E6%97%8F%E7%BE%A4%E7%9A%84%E9%97%9C%E4%BF%82/

109. 鄭南榕(1988)。陳啓禮說：「汪希苓後面的人沒有擔當。」自由時代，第217期，1988年3月26日。鄭南榕基金會。2012年12月6日取自：http://www.nylon.org.tw/index.php?option=com_content&view=article&id=305:2011-02-19-07-45-04&catid=2:2009-04-05-16-41-44&Itemid=9

110. 鄭欽仁(2010)。中華民族論。台灣風物六十周年專刊，2010年12月。

111. 鄭欽仁(2008)。台灣應該用自己的名字做為國號——「近代」以來，「中國」一詞即是國號，現在指的是「中華人民共和國」。原載於2003年9月6日《台灣日報》，收錄於《台灣，破繭而出的國家》，新北市稻鄉出版社，2008年2月。

112. 鄭懿瀛(2007)。布袋戲(雲州大儒俠)。中央日報。2012年12月6日取自：http://km.moc.gov.tw/myphoto/show.asp?categoryid=103

113. 駱明慶(2003)。高普考分省區定額錄取與特種考試的省籍篩選效果。經濟論文叢刊，31:1(2003), 87-106。台灣大學經濟學系。2012年12月6日取自：http://homepage.ntu.edu.tw/~luohm/selection.pdf

114. 駱明慶(2002)。誰是台大學生？——性別、省籍與城鄉差異。經濟論文叢刊，30:1(2002), 113-147。台灣大學經濟學系。2012年12月6日取自：http://homepage.ntu.edu.tw/~luohm/NTU.pdf

115. 薛化元(2010)。戰後台灣歷史閱覽。五南圖書公司，2010年3月。

116. 謝宗倫(2008)。日治時期後藤新平現代化政策之研究——以「生物學原理」為中心。國立高雄第一科技大學應用日語研究所碩士論文。高雄市國立高雄第一科技大學，2008年。

117. 謝清志、彭琳淞(2008)。謝清志的生命振動。台北市玉山社，2008年10月。

118. 鍾肇政譯(1987)。台灣連翹。吳濁流原著。台灣出版社，Irvine, CA，1987年6月。

119. 魏廷朝(1997)。台灣人權報告書，1949-1996。台北市文英堂出版社，1997年。

120. 顧瑞鈴(2008)。劉銘傳新政之研究。銘傳大學應用中國文學系碩士在職專班碩士論文。桃園縣銘傳大學，2008年。

121. Anderson, Benedict(1983). Imagined Communities: Reflections on the Origin and Spread of Nationalism. New York: Verso.

122. Barlow, John P.(1996). A Declaration of the Independence of Cyberspace. Davos, Switzerland. February 8, 1996. Retrieived on December 6, 2012 from: https://projects.eff.org/~barlow/Declaration-Final.html

123. BBC News(2008). Estonia fines man for 'cyber war'. BBC News January 25, 2008. Retrieived on December 6, 2012 from: http://news.bbc.co.uk/2/hi/technology/7208511.stm

124. Bellwood, Peter(1991). "The Austronesian Dispersal and the Origin of Languages". Scientific American 265(1): 88-93, July 1991.

125. Bhattacharjee, Yudhijit(2011). How a Remote Town in Romania Has Become Cybercrime Central. Wired Magazine, January 31, 2011. Retrieved on December 6, 2012 from: http://www.wired.com/magazine/2011/01/ff_hackerville_romania/all/1

126. Blust, R.(1999). Subgrouping, Circularity and Extinction: Some Issues in Austronesian Comparative Linguistics. Selected papers from the Eighth International Conference on Austronesian Linguistics, Institute of Linguistics, E. Zeitoun & P. J. K Li(Eds.). Taipei: Academia Sinica, pp. 31-94, 1999.

127. Boyd, Clark(2010). Cyber-war a growing threat warn experts. BBC News

June 17, 2010. Retrieived on December 6, 2012 from: http://www.bbc. co.uk/news/10339543

128. Broad, J. W., Markoff, J. and Sanger, E. D.(2011). Israeli Test on Worm Called Crucial in Iran Nuclear Delay. The New York Times, Middle East, January 15, 2011. Retrieved on December 6, 2012 from: http://www. nytimes.com/2011/01/16/world/middleeast/16stuxnet.html

129. Carlin, John(2008). Playing the Enemy. The Penguin Press, New York, 2008.

130. Chao, Eveline(2012). Five Myths about the Chinese Internet. Foreign Policy, November 21, 2012. Retrieved on December 6, 2012 from: http:// www.foreignpolicy.com/articles/2012/11/20/five_myths_about_the_ chinese_internet?page=0,0

131. Cheng, Alex(2010). Six Degrees of Separation, Twitter Style. Sysomos Resource Library, April 2010. Retrieved on December 6, 2012 from: http:// www.sysomos.com/insidetwitter/sixdegrees/

132. CIA(2012). The World Factbook. Retrieved on December 19, 2012 from: http://www.cia.gov/

133. Coyne, Christopher J., and Leeson, Peter T.(2008). Media as a Mechanism of Institutional Change and Reinforcement. Retrieved on December 6, 2012 from: http://www.peterleeson.com/media_and_inst_change.pdf

134. Cropsey, Seth(2010). Keeping the Pacific Pacific. Foreign Affairs, September/October 2010, Volume 89, No. 5.

135. Davidson, James Wheeler(1903). The Island of Formosa, Past and Present. London and New York: Macmillan & co. 1903. Retrieved on December 6, 2012 from: http://www.archive.org/stream/islandofformosap00davi#page/ n9/mode/2up

136. Diamond, Jared M.(1988). Express Train to Polynesia. Nature 336: 307-308.

137. Diamond, Jared M.(2000). Taiwan's Gift to the World. Nature, Vol. 403, February 17, 2000.

138. Dodds, P. S., Muhamad, R., and Watts, D. J.(2003). An Experimental Study

of Search in Global Social Networks, Science, 301, 827-829.

139. Dobson, J. William(2012). The Dictator's Learning Curve. Doubleday, New York, 2012.

140. Dutta, Soumitra and Mia, Irene(2011). The Global Information Technology Report 2010-2011, Transformation 2.0. by the World Economic Forum and INSEAD, 2011.

141. Economist(2012). Ma the bumbler. Taiwan Politics, November 17, 2012, from the print edition. Retrieved on December 6, 2012 from: http://www. economist.com/news/asia/21566657-former-heart-throb-loses-his-shine-ma-bumbler

142. Economist(2010). War in the fifth domain: Are the mouse and keyboard the new weapons of conflict? July 1, 2010, from the print edition. Retrieved on December 6, 2012 from: http://www.economist.com/node/16478792?story_id=16478792&fsrc=rss

143. EIU(2011). Democracy Index 2011-Democracy under stress. the Economist Intelligence Unit Limited, 2011.

144. EIU(2009). A new ranking of world's most innovative countries-An Economist Intelligence Unit report, sponsored by Cisco. April 2009.

145. eTForecasts(2011). Internet User Forecast by Country. Retrieved on December 6, 2012 from: http://www.etforecasts.com/products/ES_intusersv2.htm

146. Ferranti, Marc(2011). Tech stories of 2011: Jobs, Android and Anonymous rank in top 10. IDG News Service, December 14, 2011. Retrieved on December 6, 2012 from: http://www.pcworld.com/article/246132/tech_stories_of_2011_jobs_android_and_anonymous_rank_in_top_10.html

147. Galloway, Jonathan F.(1970). Worldwide corporations and international integration: The case of INTELSAT. International Organization, 24(3), 503-519.

148. Gartner(2012). Gartner Identifies the Top 10 Strategic Technology Trends for 2013. Gartner Newsroom, October 23, 2012. Retrieved on December 28, 2012 from: http://www.gartner.com/it/page.jsp?id=2209615

149. Gartner(2008)。Press Release, Gartner Newsroom, June 23, 2008. Retrieved on November 7, 2012 from: http://www.gartner.com/it/page. jsp?id=703807

150. Glaser, Charles(2011). Will China's Rise Lead to War? Foreign Affairs, March/April 2011.

151. GlobalSecurity(2011). People's Liberation Navy-Offshore Defense. Retrieved on December 6, 2012 from: http://www.globalsecurity.org/ military/world/china/plan-doctrine-offshore.htm

152. Gray, R. D., Drummond, A. J. and Greenhill, S. J.(2009). Language Phylogenies Reveal Expansion Pulses and Pauses in Pacific Settlement. Science, January 23, 2009: Vol. 323, 479-483.

153. Greene, Thomas H.(1974). Comparative Revolutionary Movements. Prentice-Hall, Inc., Englewood Cliffs, N. J.

154. Guevara, Marina Walker(2011). China steps up its lobbying game. iWatch News, published on September 13, 2005 and updated on December 6, 2011. Retrieved on December 6, 2012 from: http://www.iwatchnews. org/2005/09/13/6554/china-steps-its-lobbying-game

155. Gurr, Ted Robert(1970). Why Man Rebel. Princeton University Press, 1970.

156. Hartman, Gary(1992). The Origins and Growth of Baltic Nationalism as a Force for Independence. LITUANUS, Volume 38, No.3-Fall 1992.

157. Havel, Vaclav(1978). The Power of the Powerless. October 1978. Retrieved on December 6, 2012 from: http://s3.amazonaws.com/Random_Public_ Files/powerless.pdf

158. Hobsbawn, Eric J.(1990). Nations and Nationalism since 1780: Programme, Myth, Reality. Cambridge University Press.

159. Hughes, Thomas G.(2007). Claiborne Pell, former US Senator. Taiwan Communique, 116, November/December 2007. Formosan Association for Public Affairs. Retrieved on December 6, 2012 from: http://www.taiwandc. org/twcom/tc116-int.pdf

160. Huntington P. Samuel(1991). The Third Wave: Democratization in the Late Twentieth Century. University of Oklahoma Press.

161. ITU(2012). ICT Data and Statistics. Retrieved on December 6, 2012 from: http://www.itu.int/ITU-D/ict/statistics/at_glance/KeyTelecom.html

162. Kan, Shirley A.(2011). China/Taiwan: Evolution of the "One China" Policy-Key Statements from Washington, Beijing, and Taipei. Congressional Research Service, June 24, 2011.

163. Kan, Shirley A.(2010). U.S.-China Military Contacts: Issues for Congress. Congressional Research Service, July 22, 2010.

164. Kane, Paul(2011). To Save Our Economy, Ditch Taiwan. Op-ed in New York Times, November 10, 2011.

165. Kaplan, Robert D.(2010). The Geography of Chinese Power. Foreign Affairs, May/June 2010, Volume 89, No. 3.

166. Katz, Ian(2012). Tim Berners-Lee urges government to stop the snooping bill. The Guardian, April 17, 2012. Retrieved on December 6, 2012 from: http://www.guardian.co.uk/technology/2012/apr/17/tim-berners-lee-monitoring-internet

167. Kelly, George A. and Miller, Linda B.(1970). Internal War and International Systems: Perspectives on Method. In "Struggles in the State: Sources an Patterns of World Revolution" edited by George Kelly and Clifford Brown. John Wiley & Sons, Inc., New York, 1970.

168. Kennan, George F.(1961). Russia and the West under Lenin and Stalin. Princeton University Press 1961, 376-377.

169. Kerr, George(1992). Formosa Betrayed. 2nd Edition from Taiwan Publishing Co., Upland CA.

170. Kirjassoff, Alice Balantine(1920). Formosa the Beautiful. The National Geographic Magazine, March 1920. The National Geographic Society, Washington D. C.

171. Kleinwachter, Wolfgang(2009). The History of Internet Governance. Internet Governance, October 20, 2009. Retrieved on December 6, 2012 from: http://www.intgov.net/papers/35

172. Koppline, J.(2002). An Illustrated History of Computers. Part 1. Retrieved on December 6, 2012 from: http://www.computersciencelab.com/

ComputerHistory/History.htm

173. Kuran, Timur(1989). Sparks and Prairie Fires: A Theory of Unantipiated Political Revolution. Public Choice 61(1): 41-74.

174. Larson, R. C.(2008). Service science: At the intersection of management, social, and engineering sciences, IBM Systems Journal vol. 47, 2008.

175. Laudon, Kenneth and Traver, Carol(2009). E-Commerce: Business, Technology, Society. 5th edition, 2009, 6-46, 47. Pearson Prentice Hall, New Jersey, USA.

176. Lee, Shyu-tu(2011). MISREADING CHINA'S INTENTIONS. Response to Foreign Affairs. July/August 2011.

177. Leskovec, Jure and Horvitz, Eric(2007). Planetary-Scale Views on an Instant-Messaging Network. Microsoft Research Technical Report, MSR-TR-2006-186, June 2007.

178. Levy, Steven(1984). Hackers, Heroes of the Computer Revolution. Doubleday 1984. Part I & II. Retrieved on December 28, 2012 from: http://www.dvara.net/HK/LevyStevenHackers1&2.pdf

179. Lomas, Natasha(2012). Gartner: 1.2 Billion Smartphones, Tablets To Be Bought Worldwide In 2013; 821 Million This Year: 70% Of Total Device Sales. TechCrunch, November 6, 2012. Retrieved on December 28, 2012 from: http://techcrunch.com/2012/11/06/gartner-1-2-billion-smartphones-tablets-to-be-bought-worldwide-in-2013-821-million-this-year-70-of-total-device-sales/

180. Lordet, Gilles(2012). Internet Enemies Report 2012. Reporters without Borders, March 12, 2012.

181. Lordet, Gilles(2011). Internet Enemies Report 2011. Reporters without Borders, March 12, 2011.

182. Mandalia, Sangeeta(2012). Obama unveils new Defence Strategy. C21, January 9, 2012. Retrieved on December 6, 2012 from: http://www.catch21.co.uk/2012/01/obama-unveils-new-defence-strategy

183. Mandela, Nelson(1964). An ideal for which I am prepared to die. April 20, 1964. Retrieved on December 6, 2012 from: http://www.guardian.co.uk/

world/2007/apr/23/nelsonmandela1

184. Markoff, John and Sengupta, Somini(2011). Separating You and Me? 4.74 Degrees. Business Day Technology, the New York Times, November 21, 2011. Retrieved on December 6, 2012 from: http://www.nytimes. com/2011/11/22/technology/between-you-and-me-4-74-degrees.html

185. McCullough, David(1992). Truman. Simon & Schuster, New York, 1992.

186. MCPA(2011). A Way Ahead with China: Steering the Right Course with the Middle Kingdom. Miller Center of Public Affairs, University of Virginia, March 29, 2011.

187. Mendel, Douglas(1970). The Politics of Formosan Nationalism. University of Caifornia Press, Berkeley and Los Angeles 1970.

188. Milgram, Stanley(1967). The Small-World Problem. Psychology Today, vol. 1, no. 1, May 1967, 61-67.

189. Millar, David(2011). Why You Should Care About Taiwan. The Huffington Post, posted on November 11, 2011. Retrieved on December 6, 2012 from: http://www.huffingtonpost.com/david-millar/why-you-should-care-about_2_b_1001169.html

190. Miller, Merle(1974). Plain Speaking, Berkley Publishing Co., 1974, p. 289.

191. Moodley, Yoshan et al.(2009). The Peopling of the Pacific from a Bacterial Perspective. Science, January 23, 2009: Vol. 323, pp. 527-530

192. Morozov, Evgeny(2011). Net Delusion: The Dark Side of Internet Freedom. Public Affairs, New York, 2011.

193. Nachi, Mohamed(2011). "Spontaneous Revolution" in Tunisia: Yearnings for Freedom, Justice, and Dignity. Institute for Advanced Study, Spring 2011 issue. Retrieved on December 6, 2012 from: http://www.ias.edu/about/publications/ias-letter/articles/2011-spring/tunisia-revolution-nachi

194. Nielsen, J.(2006). Participation Inequality: Encouraging More Users to Contribute. Alertbox, October 9, 2006. Retrieved on December 6, 2012 from: http://www.useit.com/alertbox/participation_inequality.html

195. Oates, Stephen B.(1982). Let the Trumpet Sound-The Life of Martin Luther King, Jr.. New American Library, New York, NY, 1982.

196. Occupy WallStreet(2012). Main page. Retrieved on December 6, 2012 from: http://occupywallst.org/

197. O'Rourke, Ronald(2011). China Naval Modernization: Implications for U. S. Navy Capabilities-Background and Issues for Congress. Congressional Research Service, November 30, 2011.

198. Orwell, George(1949). Nineteen Eighty-four. Secker and Warburg, June 1949.

199. Owens, Bill(2009). America must start treating China as a friend. Opinion on Financial Times, November 17, 2009. Retrieved on December 6, 2012 from: http://www.ft.com/cms/s/0/69241506-d3b2-11de-8caf-00144feabdc0. html#axzz1ijsdxhMA

200. Pickering, William Alexander(1898). Pioneering in Formosa: Recollections of Adventures among Mandarins, Wreckers and Head-Hunting Savages. London: Hurst & Blackett, 1898. Retrieved on December 6, 2012 from: http://www.archive.org/stream/pioneeringinform00pickrich#page/n9/ mode/2up

201. POSTNOTE(2006). Military Use of Space. December 2006, Number 273, The Parliamentary Office of Science and Technology, London. Retrieved on December 6, 2012 from: http://www.parliament.uk/documents/post/ postpn273.pdf

202. Rheingold, Howard(1993). The virtual community. Retrieved December 6, 2012 from http://www.rheingold.com/vc/book/

203. Richie, Hugh(1875). Notes of a Journey in East Formosa. The Chinese Recorder and Missionary Journal 6(1875): 206-211. Retrieved on December 6, 2012 from: http://academic.reed.edu/formosa/texts/Ritchie1875.html

204. Roddy, Dennis(1989). Satellite communications. Englewood Cliffs, NJ: Prentice-Hall, Inc.

205. Romberg, Alan(2003). Rein In at the Brink of the Precipice: American Policy Toward Taiwan and U. S-PRC Relations. Washington, D. C.: Henry L. Stimson Center, 2003, 36.

206. Rooney, Paula(2002). Microsoft's CEO: 80-20 Rule Applies To Bugs, Not

Just Features. News, CRN, Oct. 3, 2002. Retrieved on December 6, 2012 from: http://www.crn.com/news/security/18821726/microsofts-ceo-80-20-rule-applies-to-bugs-not-just-features.htm; jsessionid=jTDkOG3BznFgxok F6kEz5Q**.ecappj02

207. San Francisco Call(1896). Relics of an Ephemeral State. The San Francisco Call, March 28, 1896, page 6.

208. Sanger, David(2012). Obama Order Sped Up Wave of Cyberattacks Against Iran. Middle East, New York Times, June 1, 2012. Retrieved on December 6, 2012 from: http://www.nytimes.com/2012/06/01/world/middleeast/obama-ordered-wave-of-cyberattacks-against-iran.html?_r=4&pagewanted=all

209. Schwab, Klaus(2011). The Global Competitiveness Report 2011-2012. World Economic Forum, Geneva, Switzerland 2011.

210. Sharp, Gene(2010). From Dictatorship to Democracy: A Conceptual Framework for Liberation. 4th edition. The Albert Einstein Institution, East Boston, May 2010.

211. Sharp, Gene(1973). The Politics of Nonviolent Action. Porter Sargent Publishers Inc., Boston 1973.

212. Shikama, Tokio, Ling, C. C., Shimoda, Nobuo and Baba, H.(1976). Discovery of Fossil Homo Sapiens from Chochen in Taiwan. Journal of the Anthropological Society of Nippon 84, no. 2: 131-38.

213. Shutler, Richard Jr., and Marck, Jeff(1975). On the Dispersal of the Austronesian Horticulturalists. Archaeology and Physical Anthropology in Oceania 10: 81-113, 1975.

214. Stephenson, Samuel(2011). William Alexander Pickering 1840-1907, Edited by Douglas Fix. Retrieved on December 6, 2012 from: http://academic.reed.edu/formosa/texts/PickeringBio.html

215. Taylor, Jerome(2012). What if hackers hijacked a key satellite? Belfast Telegraph, October 3, 2012. Retrieved on December 6, 2012 from: http://www.belfasttelegraph.co.uk/lifestyle/technology-gadgets/what-if-hackers-hijacked-a-key-satellite-16219260.html#ixzz28J7SLFZV

216. Thoreau, Henry David(1981). Civil Disobedience. From The Works of Henry David Thoreau. Ed. Lily Owens. Crown Publishers Inc., 1981.

217. Times(1904). Savage Island of Formosa Transformed by Japanese. NY Times report on Formosa, Sept. 24, 1904. Retrieved on December 6, 2012 from: http://query.nytimes.com/mem/archive-free/pdf?res=9902E5D8123A E733A25756C2A96F9C946597D6CF

218. TTL(2011). Obama's Failing Taiwan Policy. The Taiwan Link, August 2, 2011. Retrieved on December 6, 2012 from: http://thetaiwanlink.blogspot. com/

219. UN(2011). Letter dated 12 September 2011 from the Permanent Representatives of China, the Russian Federation, Tajikistan and Uzbekistan to the United Nations addressed to the Secretary-General. United Nations General Assembly. Retrieved on December 6, 2012 from: http://www.cs.brown.edu/courses/csci1800/sources/2012_UN_Russia_and_ China_Code_o_Conduct.pdf

220. Washington Times(2010). Internet traffic was routed via Chinese servers, by Shaun Waterman, The Washington Times. November 15, 2010.

221. Watch Guard(2012). Cyber attacks resulting in death forecasted next year. December 6, 2012. Retrieved on December 15, 2012 from: http://www.net-security.org/secworld.php?id=14075

222. Weigel, Jen(2011). Cybercrime: A billion-dollar industry. Chicago Tribune, September 20, 2011. Retrieved on December 6, 2012 from: http://articles. chicagotribune.com/2011-09-20/features/ct-tribu-weigel-cybercrime-20110920_1_cybercrime-online-credit-card-fraud-adult-sites

223. White House(2011). International Strategy for Cyberspace. White House, May 2011.

224. Worldbank(2012). 2012 Information and Comminications for Development: Maximizing Mobile. The World Bank, Washington D. C.

225. Yomiuri(2012). Govt working on defensive cyberweapon/Virus can trace, disable sources of cyber-attacks. Daily Yomiuri Online, Jan. 3, 2012. Retrieved on December 6, 2012 from: http://www.yomiuri.co.jp/dy/

national/T120102002799.htm

226. Yoshihara, Toshi and Holmes, James(2012). Asymmetric warfare, American style. U. S. Naval Institute Proceedings, April 2012, Vol. 138 Issue 4, p. 24. Retrieved on December 6, 2012 from: http://www.usni.org/magazines/ proceedings/2012-04/asymmetric-warfare-american-style

227. Yu Zhixiao(2012). Commentary: Constructive U. S. role in Asia-Pacific welcome, but not warmongering. 新華網 English News, January 6, 2012. Retrieved on December 6, 2012 from: http://news.xinhuanet.com/english/ indepth/2012-01/06/c_131346348.htm

【台灣經典寶庫】07

李仙得台灣紀行

南台灣踏查手記

FC07／李仙得著／黃怡漢譯／陳秋坤校註／272 頁／300 元

原著李仙得 Charles W. LeGendre《Notes of Travel in Formosa》（1874）
校註者／陳秋坤（史丹福大學博士‧中研院台史所研究員退休）

※ 特別感謝：本書承財團法人世聯倉運文教基金會董事長
黃仁安先生認養贊助出版。

財團法人世聯倉運文教基金會近年持續投入有關蒐集及保存早期台
灣文獻史料的工作。機緣巧合下，得知前衛出版社擬節譯李仙得原
著《台灣紀行》（Notesof Travel in Formosa , 1874）第 15~25 章，首
度以漢文形式出版，書名定為《南台灣踏查手記》。由於出版宗旨
與基金會理念相符，同時也佩服前衛林社長堅持發揚台灣本土文化
的精神，故參與了本書出版的認養。

希望這本書引領我們回溯過往，從歷史的角度，進一步認識我們的家鄉台灣；也期盼透過歷史的觀察，
讓我們能夠以更客觀、更包容的態度來面對未來。

財團法人世聯倉運文教基金會 董事長 黃仁安

19 世紀美國駐廈門領事李仙得，被評價為「可能是西方涉台事務史上，最多采多姿、最具爭議性的人物」

李仙得在 1866 年底來到中國廈門，其領事職務管轄五個港口城市：廈門、雞籠（基隆）、台灣府（台
南）、淡水和打狗（高雄）。不久後的 1867 年 3 月，美國三桅帆船羅發號（Rover）在台灣南端海域
觸礁失事，此事件成為關鍵的轉折點，促使李仙得開始深入涉足台灣事務。他在 1867 年 4 月首次來台，
之後五年間，前後來台至少七次，每次除了履行外交任務外，也趁機進行多次旅行探險，深入觀察、
記錄、拍攝台灣社會的風土民情、族群關係、地質地貌、鄉鎮分布等。1872 年，李仙得與美國駐北
京公使失和，原本欲過境日本返回美國，卻在因緣際會之下加入日本政府的征台機構。日本政府看重
的，正是李仙得在台灣活動多年所累積的縝密、完整、獨家的情報資訊。為回報日本政府的知遇之恩，
李仙得在 1874 年日本遠征台灣前後，撰寫了分量極重的「台灣紀行」，做為獻給當局的台灣報告書。
從當時的眼光來看，這份報告絕對是最權威的論述；而從後世台灣人的角度來看，撇開這份報告背後
的政治動機不談，無疑是重現 19 世紀清領時代台灣漢人地帶及原住民領域的珍貴文獻。

李仙得《南台灣踏查手記》內容大要

李仙得因為來台交涉羅發號事件的善後事宜（包括督促清兵南下討伐原住民、與當地漢番混生首領協
商，以及最終與瑯嶠十八番社總頭目卓杞篤面對面達成協議等），與當時島上的中國當局（道台、總
兵、知府、同知等）、恆春半島的「化外」原住民（豬朥束社頭目卓杞篤、射麻里頭目伊厝等）、島
上活躍洋人（必麒麟、萬巴德、滿三德等）及車城、社寮、大樹房等地漢人混生（如彌亞等）皆有親
身的往來接觸。這些經歷，當然也毫無遺漏地反映在李仙得「台灣紀行」之中。

它所訴說的，就是在 19 世紀帝國主義脈絡下，台灣南部原住民與外來勢力（清廷、西方人）相遇、
衝突與交戰的精彩過程。透過本書，我們得以窺見中國政府綏靖南台灣（1875，開山撫番）之前
的原住民社會，一幅南台灣生活的生動影像。而且，一改過往的視角，在中國政府與西方的外交
衝突劇碼中，台灣原住民不再只是舞台上的小道具，而是眾人矚目的主角。

【台灣經典寶庫】出版計畫

台灣人當知台灣事，這是台灣子民天經地義的本然心願，也是進步台灣知識份子的基本教養。只是一般台灣民眾對於台灣這塊苦難大地的歷史認知，有人渾然不覺，有人習焉不察，而且歷史上各朝代有關台灣史料典籍汗牛充棟，莫衷一是，除非專業歷史研究者，否則一般民眾根本懶於或難於入手。

因此，我們堅心矢志為台灣整理一套【台灣經典寶庫】，留下台灣歷史原貌，呈現台灣山川、自然、人文、地理、族群、語言、政治、經濟、社會、文化、風土、民情等沿革演變的真實記錄，此乃日本學者所謂「台灣本島史的真精髓」，正可顯現台灣的人文深度與歷史厚度。

做為台灣本土出版機關，【台灣經典寶庫】是我們初心戮力的出版大夢。我們相信，這套【台灣經典寶庫】是恢弘台灣歷史文化極其珍貴保重的傳世寶藏，是新興台灣學、台灣研究者必備的最基本素材，也是台灣庶民本土扎根、認識母土的「台灣文化基本教材」。我們的目標是，每一個台灣人在一生當中，至少要讀一本【台灣經典寶庫】；唯有如此，世代之間才能萌生情感的認同，台灣文化與本土意識才能奠定宏偉堅實的基石。

目前已出版

福爾摩沙紀事：馬偕台灣回憶錄
FC01／馬偕著／林晚生譯／鄭仰恩校註／384頁／360元

田園之秋（插圖版）
FC02／陳冠學著／何華仁繪圖／全彩／360頁／400元

素描福爾摩沙：甘為霖台灣筆記
FC03／甘為霖著／阮宗興校訂／林弘宣等譯／424頁／400元

福爾摩沙及其住民－19世紀美國博物學家的台灣調查筆記
FC04／史蒂瑞著／李壬癸校訂／林弘宣譯／306頁／300元

歷險福爾摩沙：回憶在滿大人、海賊與「獵頭番」間的激盪歲月
FC05／必麒麟著／陳逸君譯／劉還月導讀／320頁／350元

被遺誤的台灣：荷鄭台江決戰始末記
FC06／揆一著／甘為霖英譯／許雪姬導讀／272頁／300元

南台灣踏查手記：李仙得台灣紀行
FC07／李仙得著／黃怡漢譯／陳秋坤校註／272頁／300元

即將出版：《蘭大衛醫生媽福爾摩故事集：風土、民情、初代信徒》

進行中書目：井上伊之助《台灣山地醫療傳道記》（尋求認養贊助出版）
甘為霖 (William Campbell)《荷治下的福爾摩沙》（尋求認養贊助出版）
黃昭堂《台灣總督府》（尋求認養贊助出版）
王育德《苦悶的台灣》（尋求認養贊助出版）
山本三生編《日本時代台灣地理大系》（尋求認養贊助出版）

前衛【台灣經典寶庫】計畫

【台灣經典寶庫】預定 100 種書。

【台灣經典寶庫】將系統性蒐羅、整理信史以來，各時代（包括荷蘭時代、西班牙時代、明鄭時代、滿清時代、日本時代、戰後國府時代）的台灣歷史文獻資料，暨各時代當政官人、文人雅士、東西洋學者、調查研究者、旅人、探險家、傳教士、作家等所著與台灣有關的經典著書或出土塵封資料，經本社編選顧問團精選，列為「台灣經典寶庫」叢書，其原著若是日文、西文，則聘專業譯者迻譯為漢文，其為中國文言古籍者，則轉譯為現代白話漢文，並附原典，以資對照。兩者均再特聘各該領域之權威學者專家，以現代學術規格，詳做校勘及註解，並佐配相關歷史圖像及重新繪製地圖，予以全新美工編排，出版流傳。

認養贊助出版：每本 NT$30 萬元。

*指定某一部「台灣經典寶庫」，全額認養贊助出版。

· 認養人名號及簡介專頁刊載於本書頭頁，永誌感謝與讚美。
· 認養人可獲所認養該書 1000 本，由認養人分發運用。

預約助印全套「台灣經典寶庫」100 種，每單位 NT$30,000 元（海外 USD1500 元）。

· 助印人可獲本「台灣經典寶庫」100 本陸續出版之各書。
· 助印人大名寶號刊載於各書前頁，永遠歷史留名。

感謝認養【台灣經典寶庫】

FC01 馬偕《福爾摩沙紀事：馬偕台灣回憶錄》
（台灣基督長老教會總會助印 1000 本）

FC02 陳冠學《田園之秋》（大字彩色插圖版）
（屏東北旗尾社區營造協會黃發保先生認養贊助出版）

FC03 甘為霖《素描福爾摩沙：甘為霖台灣筆記》
（台北建成扶輪社謝明義先生認養贊助出版）

FC04 史蒂瑞《福爾摩沙及其住民：19 世紀美國博物學家的台灣調查筆記》
（北美台灣人權協會＆王康陸博士紀念基金會認養贊助出版）

FC05 必麒麟《歷險福爾摩沙：回憶在滿大人、海賊與「獵頭番」間的激盪歲月》
（北美台灣同鄉 P. C. Ng 先生認養贊助出版）

FC06 揆一《被遺誤的台灣：荷鄭台江決戰始末記》
（棉品實業股份有限公司洪清峰董事長認養贊助出版）

FC07 李仙得《南台灣踏查手記》
（財團法人世聯倉運文教基金會認養贊助出版）

FC08 連瑪玉《蘭大衛醫生娘福爾摩沙故事集》
（即將出版）（彰化基督教醫院認養贊助出版）

感謝預約助印全套【台灣經典寶庫】

明宗先生 鄭文煥先生 廖彬良先生 林承謨先生

國家圖書館出版品預行編目資料

網際時代的台灣民族運動2.0 / 劉重義著.
- - 初版. - - 台北市：前衛，2013.03
464面；15×21公分

ISBN 978-957-801-704-7(平裝)

1. 台灣民族運動

733.286   102003132

網際時代的台灣民族運動2.0

著　　者　劉重義
責任編輯　陳淑燕
電腦排版　宸遠彩藝
出 版 者　台灣本鋪：前衛出版社
　　　　　10468 台北市中山區農安街153號4F之3
　　　　　Tel：02-2586-5708　Fax：02-2586-3758
　　　　　郵撥帳號：05625551
　　　　　e-mail：a4791@ms15.hinet.net
　　　　　http://www.avanguard.com.tw
　　　　　日本本鋪：黃文雄事務所
　　　　　e-mail：humiozimu@hotmail.com
　　　　　〒160-0008 日本東京都新宿區三榮町9番地
　　　　　Tel：03-3356-4717　Fax：03-3355-4186
出版總監　林文欽　黃文雄
法律顧問　南國春秋法律事務所林峰正律師
總 經 銷　紅螞蟻圖書有限公司
　　　　　台北市內湖舊宗路二段121巷28、32號4樓
　　　　　Tel：02-2795-3656　Fax：02-2795-4100
出版日期　2013年2月28日初版一刷

定　　價　新台幣450元

*「前衛本土網」http://www.avanguard.com.tw
*加入前衛facebook粉絲團，上網搜尋「前衛出版社」並按"讚"。
◎更多書籍、活動資訊請上網輸入"前衛出版"或"草根出版"。